Anleitung

zur

Ablösung der Wald-Servituten

sowie

zur Theilung gemeinschaftlicher Wälder und Zusammenlegung einzelner Forstgründe

mit besonderer Rücksicht auf die Preußische Gesetzgebung.

Von

Dr. W. Pfeil,

Königlich Preußischem Ober-Forstrathe, Director der Königlich höhern Forst-Lehranstalt in Neustadt-Eberswalde, Ritter des Rothen Adler-Ordens zweiter Klasse mit Eichenlaub, des Kaiserlich Russischen St. Annen-Ordens und Commandeur des Königlich Sardinischen Mauritius- und Lazarus-Ordens.

Dritte, mit Rücksicht auf die Preußische Gesetzgebung bis zum Jahre 1854 gänzlich umgearbeitete Auflage.

Berlin.

Verlag von Veit u. Comp.

1854.

Vorrede zur dritten Auflage.

Die besonders durch das Gesetz vom 2. März 1850 sehr geänderte Gesetzgebung in Bezug auf die Gemeinheitstheilung in Preußen, machte es nöthig, daß die im Jahre 1844 von dem Verfasser herausgegebene Anleitung geändert wurde, da sie in wesentlichen Punkten nicht mehr passend und zugleich unvollständig war. Er ergriff diese Gelegenheit, um die ganze Schrift umzuarbeiten und für die praktische Benutzung brauchbarer zu machen, zugleich auch die Ansichten zu entwickeln, nach denen, wie er glaubt, die Gesetzgebung in Bezug auf diesen Gegenstand überhaupt geregelt werden muß.

Um mehr Raum zu gewinnen und die Gegenstände specieller behandeln zu können, welche dem Forstwirth besonders angehen, ist gegen die früheren Auflagen vieles weggelassen, was ihn nicht direct berührt. Eben so ist auch mehr das Verfahren vorgezeichnet, was in den verschiedenen Fällen eintreten muß, als das rein Technische, um es durchzuführen, vollständig gelehrt worden, weil vorausgesetzt wird, daß diejenigen Forstwirthe, welche sich mit Servitutablösungen oder Waldtheilungen beschäftigten, mit der Lehre von der Taxation oder Waldwerthberechnung schon soweit bekannt sind, daß man nur nöthig hat, ihnen das zu bezeichnen, was geschehen muß, nicht aber wie es auszuführen ist. Hätte dies geschehen sollen, so würde zugleich eine Anleitung zur Taxation und Waldwerthberechnung mitgegeben werden müssen, die wir schon anderweitig besitzen.

So wie das Buch ist, hofft der Verfasser dem Waldbesitzer oder Forstbeamten einen Leitfaden dargeboten zu haben, dem er folgen kann, um beurtheilen zu können, ob eine nach Preußischem Gesetze durchgeführte Servitutablösung rathsam ist, was sie kosten und eintragen kann und wie sie dem Gesetz nach ausgeführt werden muß. Es ist aber dabei eben so das Streben des Verfassers gewesen, dem Walde sein Recht wiederfahren zu lassen, als dem Eigenthümer eines Nutzungsrechts zu sichern, die Ausführung der Gesetze in dem Sinne, wie sie erlassen wurden, herbeizuführen.

Auch der Forstwirth in andern deutschen Ländern wird hoffentlich finden, daß dieser wichtige, jedes Land angehende Gegenstand, darin zugleich aus dem allgemeinen wissenschaftlichen Standpunkte aufgefaßt worden ist und mithin für ihn ebenfalls nicht ohne Interesse ist.

Inhalts-Verzeichniß.

Erster Abschnitt.

Von den Waldservituten im Allgemeinen.

Seite

Entstehung der Servituten (§. 1.) 1
Die Nothwendigkeit ihrer Beschränkung (§. 2.) 4
Wie weit diese ausgedehnt werden kann (§. 3.) 7
Nachtheile und Vortheile der Waldservituten im Allgemeinen (§. 4.) 9

Einzelne Nutzungsrechte:

Das Recht auf freies Brennholz (§. 5.) 15
Bau- und Nutzholzgerechtsame (§. 6.) 32
Die Theerschwelereigerechtsame und das Harzscharren (§. 7.) . . . 35
Die Mastberechtigung (§. 8.) 38
Das Recht, das auf fremdem Grund wachsende Holz benutzen zu dürfen (§. 9.) 40
Die Waldweide (§. 10.) 42
Die Gräsereigerechtigkeit (§. 11.) 48
Das Laubstreifeln (§. 12.) 50
Das Streurechen (§. 13.) 51
Das Recht zum Plaggen- und Bültenhiebe (§. 14.) 60
Das Recht zum Torfstechen (§. 15.) 61
Von den nichtablösbaren Servituten (§. 16.) 62
Allgemeine Grundsätze der erzwungenen Servitutablösung (§. 17. nnd 18.) 68

Zweiter Abschnitt.

Die Ablösung der Waldservituten nach der Preußischen Gesetzgebung.

Einleitung (§. 19.) 73
Gesetzliche Bestimmungen hinsichts des Antrages auf Ablösung der Servituten (§. 20.) 78

Seite

Erwägung des Antrags auf Ablösung (§. 21.) 79
Von der Ablösung auf Antrag des Berechtigten (§. 22.) 87
Ablösung der festen Deputathölzer (§. 23.) 94
Ablösung des Rechts auf den vollen Brennholzbedarf (§. 24., 25., 26. und 27.) 108
Ablösung des Rechts, wenn nicht der volle Bedarf an Brennholz verlangt werden kann (§. 28.) 147
Ablösung des Rechts auf Stockholz (§. 29.) 157
Ablösung des Rechts auf eine gewisse Holzgattung (§. 30.) . . . 166
Das Recht zum Verkaufe des auf Grund einer Holzberechtigung aus einem Walde bezogenen Holzes (§. 31.) 172
Das Recht auf freies Bauholz und dessen Ablösung (§. 32.) . . 177
Ablösung des Pflanzrechts (§. 33.) 188
Ablösung des Mastrechts (§. 34.) 194
Ablösung des Harzscharrens (§. 35.) 205
Ablösung der Waldweide (§. 36. und 37.) 208
Bonitirung der Waldweide (38., 39., 40. und 41.) 221
Von der Entschädigung in Kulturland und der Vergleichung des Ertrages des Waldbodens und Kulturlandes (§. 42.) 276
Ablösung der Gräsereigerechtsame (§. 43.) 285
Ablösung des Laubstreifelns, der Schneidelstreu und des Streurechens (§. 43.) 294
Von der Entschädigung für Aufgabe des Streurechens (§. 44.) . . 317
Ablösung des Plaggenhauens und Bültenhiebes (§. 45.) 318

Dritter Abschnitt.

Von der Theilung gemeinschaftlicher Wälder und der Zusammenlegung einzelner getrennter Grundstücke zu einem zusammenhangenden Holzstücke.

Allgemeine Ansichten (§. 46.) 324
Von der Theilung der Wälder, aus denen die Eigenthümer gleichartige Nutzungen beziehen (§. 47. und 48.) 336
Wenn den Eigenthümern ungleichartige Nutzungen zustehen (§. 49.) 355
Von der Zusammenlegung einzelner Forsttheile zu einem Ganzen (§. 50.) 361

Erster Abschnitt.

Von den auf den Wäldern bestandenen fremden Nutzungsrechten im Allgemeinen.

§. 1.

Entstehung der Servituten.

Man kann wohl annehmen, daß der Boden von ganz Deutschland, so weit er bewohnbar ist, in der Urzeit überall mit Wald bedeckt war. Noch zu der Zeit, als es den Römern bekannt wurde, war es nur spärlich bevölkert und größtentheils mit Urwald bedeckt. So lange das Holz noch in einer solchen Menge vorhanden ist, daß jeder der wenigen Bewohner einer Gegend seinen Bedarf willkührlich daraus befriedigen kann, daß es gar keinen Werth hat, weil mehr vorhanden ist, als bedürft wird, bildet es gar kein Eigenthum, wie noch jetzt in den Urwäldern Amerikas. Man betrachtet den Wald als Gemeingut, den Jeder benutzt, wie es ihn gut dünkt. So ziehen noch jetzt die Holzschläger in Kanada herum und fällen die zur Ausfuhr tauglichen Bäume, wo es ihnen vortheilhaft erscheint. Bei der wachsenden Bevölkerung bildet sich zuerst ein Gemeindeeigenthum, welches alle Gemeindemitglieder zu gleichen Rechten benutzten, so weit sie Freie waren; denn nur diese konnten einen Antheil an dem

Eigenthum des Bodens haben.*) Dieser wurde in Bezug auf das Feld bald in ein Privateigenthum verwandelt, der Wald blieb aber noch lange ein gemeinschaftlicher. Selbst mehrere Gemeinden hatten oft Waldungen, welche sie gemeinschaftlich benutzten, die Markwaldungen, welche ihren Namen davon erhielten, daß sie zwischen den Marken (Grenzen) verschiedener Gemeindestämme lagen. Die Unfreien durften aus diesen Wäldern nur diejenigen Nutzungen beziehen, welche ihnen von den Freien als wirklichen Eigenthümern eingeräumt wurden und die sie zu ihrer Existenz nicht entbehren konnten. Dahin gehörte das geringere Holz, das nur als Brennholz benutzt werden konnte, die Waldweide zur Ernährung des Viehes, sowie die Benutzung der Beeren und Schwämme, die im Walde wuchsen. Wir finden hier die Entstehung von Waldservituten, wie sie noch jetzt zum Theil bestehen.

Die bedeutendsten Mitglieder der Gemeinden nahmen aber auch bald einzelne Theile des früher überall gemeinschaftlich benutzten Waldes für sich in Besitz, wovon das Privatwaldeigenthum entstand. Vorzüglich die fränkischen Könige bildeten aber auch noch aus den noch nicht von den Gemeinden oder Privaten in Besitz genommenen größern Waldmassen die Staats- oder Domänenforsten, indem sie darin die Jagd, Mast oder andere wichtigere Nutzungen als ihr Eigenthum für sich reservirten und andere von ihnen ausschlossen, die sogenannten Bannforsten als Privatdomänen in Besitz nahmen. Die Waldproducte, welche gar keinen oder nur einen geringen Werth hatten, konnten die Anwohner dagegen vor wie nach ungehindert daraus beziehen. Dies Verhältniß blieb auch ungeändert, als die Staats- oder Reichsdomänen den Grafen, Herzögen als Stellvertretern der Kaiser erst als Besoldung überlassen wurden und später in ihren Besitz übergingen.

*) Stieglitz geschichtliche Darstellung der Eigenthumsverhältnisse von Wald und Jagd in Deutschland (§. 2—7).

In den von den Deutschen eroberten slavischen Ländern, wozu ein großer Theil der östlichen Provinzen Preußens gehört, setzten sich die Eroberer in den Besitz nicht bloß der Wälder, sondern alles Grund und Bodens, machten die Ureinwohner zu Leibeigenen, die den Boden für den Herrn bebauen mußten, ja zu ihrer Existenz so viel Land zum Nießbrauch überwiesen erhielten, als sie dazu bedurften. Auch diesen mußten aber Nutzungsrechte im Walde angewiesen werden, da sie ohne Brenn- und Bauholz, Waldweide und auch wohl Streunutzung nicht im Stande gewesen wären, die Dienste zu leisten und Abgaben zu zahlen, die man von ihnen forderte. Man kann daher wohl sagen, daß die auf dem Walde lastenden fremden Nutzungsrechte vielfach daraus entstanden sind, daß sich die Fürsten und Herrn im Besitz des früher gemeinschaftlich benutzten Waldes setzten, die wichtigsten Nutzungen für sich behielten und den Unfreien oder besiegten Einwohnern nur die werthloseren, soweit dies zu deren Existenz nöthig war, überließen.

Als die Fürsten in den Städten ein Gegengewicht herzustellen suchten, wodurch die Macht des Adels gebrochen wurde, wurden diesen, um ihr Aufblühen zu befördern, theils Wälder zugetheilt, theils auch Rechte in denselben verliehen, auf Grund deren sie ihren Holzbedarf u. s. w. daraus fordern konnten. Ebenso begünstigte man auch neue Ansiedlungen und Kolonien und suchte diese durch Einräumung von Nutzungsrechten im Walde zu unterstützen. Vielfach wurden solche auch wohl verkauft, besonders bei Veräußerungen von Domänen, Mühlen, Hüttenwerken und Fabrikanlagen, oder man verpachtete und vermiethete sie für ewige Zeiten für einen bestimmten Zins, der jetzt vielleicht sehr gering erscheint, damals aber dem Werthe des dafür eingeräumten Nutzungsrechtes vollkommen entsprechend war.

Daß auch diese wohl blos aus Gunst eingeräumt und geschenkt wurden, gehört unter die seltenen Arten der Entstehung der Waldservituten. Häufiger ist der auf Grund der

Verjährung erworbene Besitztitel. Wenn die Nutzung, die ein Anwohner aus dem Walde bezog, an und für sich ganz werthlos war, auch demselben durch ihre Beziehung kein Nachtheil zugefügt wurde, so blieb es wohl längere Zeit unbeachtet, daß derjenige, welcher sie an sich nahm, gar kein eigentliches Recht dazu hatte, bis er dies durch die Verjährung zuletzt erwarb.

Mag nun auch die Entstehung der Waldservituten in einer noder der andern Art verletzt esein, so bild sie immer ein Eigenthum eben so gut wie der Besitz eines Grundstücks, was den Schutz der Gesetze in Anspruch nehmen kann. Ob Jemand das Recht besitzt, 10 Klaftern Holz jedes Jahr aus einem Walde fordern zu können, oder einen Wald, der gleichviel jährlich zu schlagen gestattet, bleibt sich im Allgemeinen hinsichts des Werths ziemlich gleich.

§. 2.
Nothwendige Beschränkung.

Ebenso wie der Besitzer eines Grundstückes dasselbe nicht in einer Art benutzen darf, daß das Wohl des Ganzen dadurch gefährdet wird, dürfen auch die fremden, auf einem Walde lastenden Nutzungsrechte nur innerhalb derselben Schranken ausgeübt werden. Der Staat ist befugt, solche ohne Entschädigung so weit zu beschränken, als es das allgemeine Wohl erfordert. Viele Servituten, selbst wohl die mehrsten und bedeutendsten, sind zu einer Zeit entstanden, wo man theils noch wenig Werth auf den Wald legte, theils so geringe Ansprüche an ihn machte, daß sie befriedigt werden konnten, auch wenn man ihn noch so rücksichtslos behandelte. Die geringe Bevölkerung fand Holz für ihre Bedürfnisse in Ueberfluß, denn die Natur ersetzte reichlich von selbst das, was daraus entnommen wurde. Das wenige Vieh, was sich darin ernährte, hinderte den Wuchs der jungen Pflanzen nicht, wenn ja etwas Waldstreu zum Unterstreuen in die Ställe aus dem Walde geholt wurde, so bemerkte man davon keinen Nachtheil. Das Alles hat sich mit der steigenden Bevölkerung, dem vermehrten Viehstande, der ausgedehntern Ackerkultur, der unendlich gestiegenen Gewerbsthätigkeit und der dabei sehr verringerten Waldfläche, der durch zu starker Benutzung des Bodens herbeigeführten Erschöpfung desselben sehr verändert. Die Zahl und der Bedarf derjenigen, welche fremde Nutzungsrechte ausüben, die allen Bewohnern einer Ortschaft oder Gegend zustanden, ist unendlich gestiegen, da die Bevölkerung derselben sich oft auf das drei- und vierfache vermehrt hat. Der Wald soll soviel Holz und Producte liefern, daß er dies nur kann, wenn er auf das sorgfältigste angebaut und bewirthschaftet wird. Die fremden Nutzungsrechte dürfen daher nicht in einer-Art ausgeübt werden, welche die Erhaltung des Waldes unmöglich macht, oder wodurch auch nur die Herstellung voller Holzbestände verhindert werden würde. Wenn die gestiegene Bevölkerung Nahrung und Holz zu ihrer Existenz bedarf, so ist es Pflicht der Regierung, alle Hindernisse der Bodenkultur hiwegzuräumen, damit beides in hinreichender Menge beschafft werden kann. Ebenso wie man von ihr verlangt, daß sie alle Hindernisse beseitigt, welche sich der vortheilhaftesten Verwendung der Arbeit entgegensetzen, damit jeder Bewohner des Landes, der arbeiten kann und will, sich dadurch ernähren kann, muß sie auch dem Eigenthümer des Bodens die Freiheit verschaffen, diesen für sich wie für das Allgemeine am vortheihaftesten benutzen zu können.

Zuerst muß Jeder, der ein Nutzungsrecht in einem fremden Walde besitzt, einer Beschränkung desselben sich somit unterwerfen, ohne daß er dafür Entschädigung fordern kann, daß dessen Erhaltung überhaupt möglich wird. Eine Verwüstung des Waldes kann selbst dem freien Eigenthümer desselben untersagt werden, da sie verderblich für den Staat sein würde. In den Gebirgen werden dadurch Lawinen und Erdstürze herbeigeführt, der Boden wird durch das auf den entblößten Berghängen herabströmende Wasser abgespült, die darunter liegenden Grundstücke werden mit Schutt bedeckt und es entstehen gefährliche Ueberschwemmungen durch die rasch anschwellenden Gebirgsströme. In der sandigen Gegend bilden sich in Folge der Waldverwüstung nicht nur gefährliche Flugsandschollen, sondern der Boden verliert dadurch auch oft seine ganze Ertragsfähigkeit, die Quellen versiegen, das Klima wird im Winter rauher, im Sommer heißer, der Schutz gegen die Stürme fehlt, so daß die Wälder selbst zum Schutz des Landbaues oft ganz unentbehrlich sind. Sie liefern aber auch ein ganz unentbehrliches Lebensbedürfniß, denn ohne Holz würde selbst das fruchtbarste Land, wenigstens in dem kalten Klima, ganz unbewohnbar sein.

Muß sich nun aber selbst der Eigenthümer zum Wohle des Ganzen in der Benutzung seines Waldes Beschränkungen unterwerfen, soweit sie zur Erhaltung desselben nöthig sind, so kann dies noch weit mehr von demjenigen verlangt werden, dem nur Nutzungsrechte eingeräumt worden sind, welche allein im Walde ausgeübt werden können. Nun sind aber viele derselben, wenn sie willkührlich und in der größten Ausdehnung geltend gemacht werden, so verwüstend, daß bei ihnen der Wald gar nicht bestehen kann. Wo zahlreiche Heerden allerlei Vieh den ganzen Wald durchstreifen, können keine jungen Holzpflanzen aufwachsen und das eingeschlagene Holz ersetzen. Wo das Streumachen so ausgedehnt wird, daß selbst schon aus den jungen Beständen alle Abfälle von Laub und Nadeln weggenommen werden, verliert der Boden zuletzt seine ganze Ertragsfähigkeit und besonders, wenn er von Natur arm ist, kann oft gar kein nutzbares Holz mehr nachgezogen werden. Wo die Bäume schon jung zur Harzgewinnung verwendet worden, kann wenigstens kein Bauholz mehr gezogen werden.

Das Recht wie die Pflicht der Regierung, die Ausübung der Waldservituten soweit zu beschränken, als es die Erhaltung des Waldes nöthig macht, ohne daß dafür der Berechtigte einen Anspruch auf Entschädigung machen könnte, ist daher auch unbestritten und von jeher anerkannt worden. Alle Regierungen kultivirter Staaten haben es auch zum Schutze des Waldes geltend gemacht.

§. 3.
Fortsetzung.

Einer verschiedenen Ansicht ist man dagegen bei der Beschränkung der auf dem Walde lastenden Servituten nach der Beziehung gefolgt: daß sie die Erziehung des mehrsten und werthvollsten Holzes nicht hindern sollen.

In einigen Staaten, in Frankreich und mehreren des westlichen Deutschlands, wo man die Grundsätze der französischen Forstgesetzgebung annahm, ging man davon aus, daß die Erziehung des mehrsten und werthvollsten Holzes der Zweck jeder guten Forstwirthschaft sein müsse, da der Waldboden nur dabei den höchsten Ertrag liefern könne und daß kein fremdes Recht den Eigenthümer hindern dürfe, diesen Zweck ungehindert zu verfolgen.

Dagegen läßt sich aber zuerst einwenden, daß wenn auch das Holz wohl unstreitig in den mehrsten Fällen das werthvollste und wichtigste Erzeugniß des Waldes ist, doch auch wohl solche Verhältnisse stattfinden können, wo andere Nutzungen gleich werthvoll sind und daß man dann leicht die Holzerzeugung vermehren und doch den Gesammtertrag des Waldbodens für das Nationaleinkommen vermindern kann, daß daher dieser Grundsatz in seiner allgemeinen Anwendung leicht ein unrichtiger sein kann. So hat in den höhern Gebirgsgegenden für die Bewohner die Waldweide oft einen größeren Werth als das Holz, was vielleicht gar nicht einmal vollständig benutzt werden kann. Die Waldstreu giebt hin und wieder in waldreichen Gegenden bei sehr vertheiltem Grundbesitz, bei der Verwendung im Landbau einen größern Ertrag, als der Verlust ist, wenn es in den nöthigen Schranken gehalten wird, der durch ihre Wegnahme an der Holzerzeugung entstehet. Die Mastnutzung ist in den großen

Wäldern der Donauprovinzen wichtiger als die Holzerzeugung, selbst das Harzscharren kann mehr Gewinn als Verlust erzeugen.

Dann ist aber noch sehr unbestimmt, in welchem Zustande der Wald das mehrste und werthvollste Holz bietet und man kann leicht dem Waldeigenthümer, dadurch, daß man ihm das Recht giebt, den Zustand, der für ihn der vortheilhafteste ist, weil er davon das mehrste ihm gehörende Holz erziehet, herzustellen, die Befugniß ertheilen, die Nutzungen, die andern gehören, zu vernichten, ohne daß dadurch der Gesammtertrag des Waldes für das Nationaleinkommen erhöhet wird. So gehet man gewöhnlich von der Ansicht aus, daß die Waldweide einen weit geringern Werth hat, als die Holzerzeugung. Folgerecht muß man bei jenem Grundsatze dann dem Waldeigenthümer auch das Recht einräumen, selbst um der geringsten Steigerung der ersten willen, die letztere z. B. durch den Anbau geschlossener Fichtenbestände ganz zu vernichten. Sehr leicht kann es aber sein, daß in einem gut besteckten Mittelwalde Holzerzeugung und Weideertrag zusammengenommen, doch einen größern Gesammtertrag geben, als das Holz des Fichtenwaldes allein.

Doch läßt sich dieses Princip allenfalls dennoch vertheidigen, wo, wie es in Frankreich der Fall war und was auch noch in einigen deutschen Staaten ist, alle Wälder ohne Ausnahme durch Staatsforstbeamte bewirthschaftet oder wenigstens beaufsichtigt werden. Man kann dann wenigstens voraussetzen, daß diese nicht einseitig blos im Interesse des Waldeigenthümers die Wirthschaft regeln, sondern sie nur so führen, wie es nach den geltenden Grundsätzen für den Staat am vortheilhaftesten erscheint.

Wo aber dem Privatmanne freigestellt ist, den Wald so zu benutzen, wie es für seinen Vortheil am zweckmäßigsten erscheint, bedürfen die fremden Nutzungsrechte mehr Schutz, als ihnen der Grundsatz: die Nebennutzungen müssen der Hauptnutzung weichen, wie er gewöhnlich ausgedrückt wird, gewähren. Darum hat man sich auch in Preußen, wo die Privatforsten ohne Einmischung des Staats in ihre Verwaltung, von den Eigenthümern frei benutzt werden, begnügt, die Beschränkung der Servituten soweit auszudehnen, als es die Erhaltung des Waldes erfordert, eine Aenderung des frühern und bisherigen Waldzustandes zum Nachtheile des Berechtigten und zum Vortheil des Eigenthümers, selbst dann nicht zu gestatten, wenn dadurch der Holzertrag desselben erhöhet werden würde, wenn jener nicht für seinen Verlust vollständig entschädigt wird. Da nun in der Regel eine Aenderung des Waldzustandes gar nicht zulässig ist, so lange noch fremde Nutzungsrechte darauf lasten, so müssen die Mittel gegeben werden, diese abzulösen und zu beseitigen. Dies wird übrigens auch da nöthig, wo die Waldwirtschaft zur Herstellung des vortheilhaftesten Waldzustandes nicht durch die fremden Nutzungsrechte beengt ist, sobald der Grund anders als zur Holzerziehung benutzt werden soll.

§. 4.
Nachtheile und Vortheile der Servituten.

Die Erhaltung eines unveränderten Waldzustandes, wie ihn fremde Nutzungsrechte bedingen, ist in sehr vielen Fällen der vortheilhaftesten Benutzung des Bodens hinderlich. Der bessere kann bei der steigenden Bevölkerung oft zweckmäßiger als Kulturland benutzt werden und ist auch wohl vielfach recht gut zur Holzerzeugung entbehrlich, wenn der bleibende Wald besser bewirthschaftet wird, die Ersatzmittel des Brennholzes wie Torf, Stein- und Braunkohlen zur Verwendung kommen, die nöthige Sparsamkeit bei dem Gebrauche des Brenn-, Bruchholzes stattfindet, massive Gebäude statt der hölzernen errichtet werden. Dann fordert die Erschöpfung des Bodens auch oft einen Wechsel mit den Holzarten, der für den Berechtigten nachtheilig sein würde, der kürzere Vertrieb, der eine Verminderung der Weidefläche herbeiführen würde, zeigt sich vortheilhaft, die Durchforstung, die den Holzberechtigten beeinträchtigen würde, nöthig.

Dies hat zu der Ansicht geführt, daß jedes fremde Recht, welches die freie Benutzung des Bodens hindert, durchaus abgelöset werden müsse; da nur, wenn diese frei sei, demselben der höchste Ertrag abgenommen werden könne. Dies beruht aber unläugbar auf einem Irrthum. Das freie Dispositionsrecht über den Boden hat nur dann einen Werth, wenn eine andere Verwendung desselben möglich und vortheilhaft ist, als diejenige, welche auch bei den dasselbe beschränkenden fremden Nutzungsrechte vollständig erfolgen kann. Nun giebt es aber sehr viele Wälder, wie die Kieferhaiden auf sandigem Boden im nordöstlichen Deutschlande, die höheren Gebirgswälder und überhaupt alle Forsten, die so schlechten Boden haben, daß er zu gar keiner andern Benutzungsart tauglich ist, als daß das Holz, was jetzt darauf wächst, ganz in derselben Art wie bisher darauf erzogen werden kann, die fremden Nutzungsrechte auch nicht im geringsten hinderlich sind, ganz vollkommene Holzbestände darauf zu erziehen. Wollte man hier den Waldeigenthümer nöthigen, diese an sich zu kaufen, während sie ihm vielleicht gar nichts eintragen können, so würde man sich der größten Ungerechtigkeit gegen diesen schuldig machen, ohne daß dies einmal durch eine beabsichtigte Erhöhung des Waldertrags entschuldigt werden könnte. Was soll der Waldbesitzer mit dem Raff- und Leseholze anfangen, was er theuer verkaufen muß, ohne es vielleicht wieder verwerthen zu können. Was nützt ihm die Waldweide, wenn er kein Vieh hat und sie auch gar nicht, oder doch nur zu einem unverhältnißmäßig niedrigen Preise, wieder verpachten kann. Ihn direct oder indirect zwingen zu wollen, etwas mit großen Opfern zu erwerben, was ihm nicht nachtheilig ist und was er gar nicht oder doch nicht so benutzen kann, daß er für diese entschädigt wird, ist offenbar eine Beraubung des Eigenthums, die durch einen hier nicht anwendbaren, allgemeinen, hier auch ganz unrichtigen staatswirthschaftlichen Satz nicht gerechtfertigt werden kann.

Man muß die Servituten aber auch zugleich nach derjenigen Seite hin betrachten, nach welcher sie als nützlich und vortheilhaft für das gesammte Volk sein können, wenngleich für den Eigenthümer immer lästig.

Sie bilden oft ein Eigenthum der ärmsten Volksklasse, wodurch diese in den Stand gesetzt wird, einen wesentlichen Theil ihrer Bedürfnisse befriedigen zu können, indem sie nur die Arbeit dazu verwendet, durch welche sie wieder nichts erwerben kann, während man nicht im Stande ist, ihr irgend eine Entschädigung zu bieten, durch welche dies gleich sicher geschähe. Der eigene Waldbesitz paßt nicht für den Armen, da er nicht genügt und auch nicht im Stande ist, die Auslagen zum Anbauen des Holzes zu machen, das erforderliche Materialkapital zur Erziehung desselben zu erhalten, auch selbst den Schutz kleiner Waldparcellen nicht zu besorgen vermag. Noch weniger würde sich ein Geldkapital in seinen Händen erhalten, um von den Zinsen desselben Holz zu kaufen, ja selbst ein Kulturgrund wird oft, wenn der Besitzer in Noth ist, verkauft. Eine immerwährende Geldrente setzt ihn sogar nicht in dem Maaße sicher in den Stand, sein Bedürfniß zu befriedigen, als ein Nutzungsrecht im Walde; theils auch die Gegenstände, die er dafür kaufen soll, nicht immer für das zu haben sind, theils weil die Armuth ihm verbietet, sie anderweitig zu erwerben. Eine Holz= und Weidegerechtigkeit, die auf einem Hause ruhet, kann aber nicht dann verkauft werden, sie bildet gleichsam einen damit verbundenen Fideicommiß, der den Besitzer desselben stets sicher in den Stand setzt, sein Holzbedürfniß zu befriedigen, eine Kuh oder ein Paar Schafe und Schweine zu halten und ihm so ein werthvolles, unveräußerliches Eigenthum sichert. Man klagt so sehr über das in der neuen Zeit zunehmende Proletariat, heißt dann dies aber nicht gewaltsam schaffen, wenn man den Landbewohner, der gar keinen oder nur einen sehr geringen

Grundbesitz hat, Geld oder leicht zu veräußernde Grundstücke statt eines unveräußerlichen Nutzungsantheils am Walde giebt? — Bis jetzt fehlt noch in den Gegenden, wo die Landbevölkerung noch Berechtigungen in fremden Wäldern besitzt, das eigentliche Proletariat in Deutschland, es beschränkt sich mehr auf die Fabrikgegenden und die Städte, wo die Menschen nichts besitzen, als das, was sie täglich erwerben. Man kaufe den Leerhäuslern und Einliegern aber das Recht ab, auch den fremden Wald mit für sich benutzen zu können, man befolge den Grundsatz, die größtmöglichste Theilung des Bodens zu begünstigen, nnd man wird bald ein Landproletariat so gut haben, wie das Stadtproletariat, was in den großen Städten Europa's so gefährlich ist und dessen ganze Kultur zu vernichten drohet, wenn es in einem solchen raschen Zunehmen bleibt, wie in den letzten 50 Jahren.

Auch noch in einer andern Hinsicht haben diese fremden Nutzungsrechte, die auf einem Walde lasten, eine conservative Seite, indem sie selbst den Eigenthümer desselben nöthigen, ihn pfleglich zu behandeln und in einem solchen Zustande zu erhalten, daß die Berechtigten die Bedürfnisse daraus in einer Art befriedigen können, wie ihnen das Recht dazu zustehet. Müssen Bau- und Brennhölzer daraus abgegeben werden, können die Raff- und Leseholzberechtigten erlangen, daß hinreichende Bestände zur Ausübung ihres Rechts vorhanden sind, die Weideberechtigten, daß die gesetzliche Waldfläche zur Beweidung offen bleibt, die Streuberechtigten, daß es nicht an Waldstreu fehlt, so kann der Eigenthümer des Waldes nicht willkührlich mit den Holzbeständen verfahren, wenn er sich nicht gefährlichen Entschädigungsklagen aussetzen will. Die Fälle sind in Preußen gar nicht selten gewesen, wo man blos darum alle Berechtigungen am Walde ablöste, um das Holz ganz herunter hauen und verkaufen zu können.

Dann ist auch der Waldeigenthümer gar oft nicht im Stande, allein die ganze Erzeugung für sich zu benutzen; dies kann nur geschehen, wenn die ärmere Volksklasse dazu befugt ist. Betrachten wir z. B. die im Walde wachsenden Beeren und Schwämme. So unbedeutend ihr Werth im Einzelnen erscheint, so bedeutend wird er aber für manche Waldgegenden. Es giebt im Harze Dörfer, welche für Erd=, Him=, Preißel= und Heidelbeeren in einem Sommer Tausend und mehr Thaler einnehmen. Wollte man sagen, der Eigenthümer kann ja das Recht zum Sammeln derselben verpachten, Zettel ausgeben, sie werden folglich benutzt werden, auch ohne daß die ärmere Volksklasse ein durch Verjährung erworbenes Recht darauf hat, so zeigt dies, daß man die Verhältnisse nicht kennt, wie sie wirklich sind. Einen beachtungswerthen Preis können die Leute, die sich mit der Sammlung dieser Waldproducte beschäftigen, nicht geben, denn sie bezahlen in der Regel nur die daran gewandte Arbeit, oft diese nur gering. Für einen sehr geringen wird der Waldeigenthümer sich aber freiwillig schwer entschließen, seine Schonungen und Bestände diesen Sammlern zu öffnen, die ihn nur beunruhigen oder mancherlei schwer zu verhütenden Unfug darin treiben, der aber durch den Werth der gewonnenen Producte auf diese übertragen wird. Noch viel bedeutender ist die Nutzung des Leseholzes. Selbst wenn nur das abgestorbene schwache Holz, die abfallenden kranken Aeste, das auf dem Schlage liegende geringere Holz dazu gerechnet wird, kann der Morgen Preußisch leicht 4 Kubikfuß jährlich davon bieten *). Nehmen wir an, daß eine Familie jährlich 6 Klafter gleich 80 Kubikfuß oder 480 Kubikfuß bedarf, so finden 10 Familien ihren Bedarf auf 1200 Morgen, und es ersetzt dasselbe 60 Klafter Scheitholz. Die Kur= und Neumark enthalten an productivem Holzboden 1,459278 Morgen Staatsforst, von denen der Raff= und Leseholzertrag demnach jähr=

---

*) Die sogenannten Heidemiether beziehen aus den Staatsforsten der östlichen Provinzen Preußens oft 8 Kubikfuß Raff= und Leseholz jährlich vom Morgen. Sie erhalten aber allerdings auch den Abraum von den Schlägen bis zu 3 Zoll Durchmesser.

lich einen Werth von nahe an 68000 Klaftern Scheitholz zu 80 Kubikfuß hat. Nehmen wir nun an, daß alle jetzige Berechtigte, welche dasselbe sammeln und auch wirklich ihren Brennholzbedarf dadurch befriedigen, durch ein schlagbares Holz, Forstgrund oder Geld abgefunden werden, so würde diese Holzmasse größtentheils unbenutzt bleiben und statt derselben Klafterholz verbraucht werden! Gäbe man eine Holzrente in nur schlagbarem Holze, so ginge diese ganze Holzmasse für die Städte und jetzigen Käufer verloren, und das Holz, was sie früher lieferte, blieb im Walde unbenutzt. Gäbe man Forstgrund, so müßten auch wenigstens 200000 Morgen an die Berechtigten abgegeben werden, um sie zu leisten, die dann ebenfalls für die übrigen Consumenten verloren gingen. Gäbe man Geldrente, die jährlich mindestens 250,000 Thlr. betragen würde, so erhält man dabei etwas, was nach dem jetzigen Preise der Leseholzzettel gewiß kaum 1000 Thlr. jährlich eintragen würde. Die eigentlichen Berechtigten, d. h. die alten Grundbesitzer, würden sicher keine Leseholzzettel mehr lösen, wenn sie das Geld dazu erhielten, um sich Klafterholz kaufen zu können, es bleiben also nur die Nichtberechtigten, sogenannte kleine Leute, übrig, welche dies Holz benutzen können, und es auch schon überall ohne eine Berechtigung dazu benutzt haben, wenn ihnen der Wald nicht zu fern liegt. Diese sind aber auf dem Lande, und besonders in den waldreichen Gegenden, viel zu wenig zahlreich, um alles dies Holz benutzen zu können, und würden sich begnügen, nur etwa das Bessere zu nehmen. Die unvermeidliche Folge einer gänzlichen Ablösung aller Raff- und Leseholzberechtigungen in der Mark Brandenburg würde also nur die sein, daß ganz abgesehen von dem großen Verluste, welchen die Staatskassen dadurch erleiden würden, jährlich vielleicht mehr als 68,000 Klafter Holz für die Consumtion verloren gingen und die Staatsforsten um so viel weniger producirten. Wahrscheinlich würde aber auch ein bedeutender Theil der Berechtigten, die man abgefunden hätte, seinen Bedarf an Holz künftig stehlen, da er ihn nicht mehr auf rechtliche Art unentgeltlich gewinnen könnte; denn zum Holzkaufen entschließt sich der, welcher von jeher an dem unentgeltlichen Bezug des Bedarfs gewöhnt war, sehr schwer und am wenigsten, wenn er vielleicht die erhaltene Entschädigung gar nicht mehr besitzt.

Dieselbe Rechnung könnte man in Bezug auf die Waldweide und den Waldgräsern, theilweise sogar hinsichtlich des Streusammelns, machen.

Eine große Täuschung ist es, wenn man glaubt, daß die Holzberechtigung eine Veranlassung zur Holzdieberei gebe. Die, welche ihren Holzbedarf auch auf rechtlichem Wege befriedigen können, sind sicher nicht die gefährlichsten Holzdiebe. Daß die Nichtberechtigten stets weit gefährlicher sind, davon kann man sich leicht in den Forsten, die in der Nähe von stark bevölkerten Orten liegen, die gar kein Holzrecht haben, überzeugen.

§. 5.
Brennholzgerechtsame.

Wenn bisher nur von den Nachtheilen und Vortheilen der Waldservituten im Allgemeinen die Rede war, so bleibt sich dies jedoch bei den einzelnen nicht gleich. Manche sind entschieden nur nachtheilig, indem sie für den Berechtigten weniger eintragen als den Belasteten kosten, andere dagegen haben oft für jene sehr hohen Werth und sind diesem durchaus nicht dem Boden den höchsten Ertrag für sich abzugewinnen, wenn er der Holzerziehung ferner gewidmet bleiben soll. Nur der Umwandlung der Länder in Kulturland jeder Art setzt sich natürlich jede Berechtigung, die nur ausgeübt werden kann, wenn ein Holzbestand vorhanden ist, unbedingt entgegen. Eine bestimmte Holzart, sogenanntes Deputatholz, genau festgesetzt nach Menge und Beschaffenheit, gestattet jedoch auch dies, wenn der Eigenthümer sich verpflichtet, dies auch nach der Rodung des Waldes ferner zu geben und diese Leistung sicher stellen kann.

Die Abgabe von solchem Holze, welches der Natur des Bodens, Klimas und den Verhältnissen gemäß ohnehin nur gezogen werden muß, wenn der Eigenthümer dasselbe selbst einschlagen läßt und in genau bestimmter Menge an den Berechtigten abgiebt, ist eine Verpflichtung, die allerdings das Einkommen vom Walde für ihn vermindern wird, bei der aber demselben der volle Ertrag abgenommen werden kann. Es ist nichts anderes, als daß auch ein anderer als der Eigenthümer des Grund und Bodens noch einen Theil des Einkommens, welches dieser gewährt, begehrt. Der Staat als solcher hat gar kein Recht, sich in das reine Privatverhältniß zu mischen, da das Gesammteinkommen von Grund und Boden dadurch nicht vermindert wird, im Fall der Berechtigte keinen Widerspruch gegen jede beliebige Benutzungsart desselben einlegen kann, so lange der Werth desselben dadurch nicht vermindert wird und er ihm zur andern Hypothek für seine Forderung dient, die durch dieselbe hinlänglich gesichert wird. Ob der Eigenthümer das Holz, das er jährlich zu geben hat, selbst erzieht oder ankauft, oder erforderlichen Falls eine Summe zahlen muß, für die es der Berechtigte von gleicher Beschaffenheit und mit nicht mehr Beschwerde ankaufen kann, muß für diesen ganz gleich sein. Da es leicht sein kann, daß der Werth des Deputatholzes in Zukunft steigt und der Berechtigte daher verlieren würde, wenn man ihn zwingen wollte, eine nach dem gegenwärtigen Werthe berechnete Entschädigung annehmen zu müssen und dafür auf die ihm zustehende Naturalrente zu verzichten, so erscheint eine erzwungene Ablösung derselben auch als ein durch nichts zu rechtfertigender Eingriff in das Eigenthumsrecht.

Der Grundsatz: daß nur dann die Aufgabe eines Nutzungsrechts oder einer Naturalrente von Staats wegen erzwungen werden kann, wenn dieselbe ein Hinderniß ist, dem Boden den vollen Ertrag abzugewinnen, wie dies z. B. bei dem Naturalzehnten der Fall ist, muß durchaus festgehalten werden, wenn man nicht die größten Ungerechtigkeiten begehen will.

Der Werth des Geldes ist fortwährend im Sinken, während derjenige der Naturalien im Verhältniß zu diesem um ebenso viel oder mehr noch steigt, da sich die Nachfrage vermehrt, als diese sinkt. Man kann daher mit Bestimmtheit sagen, daß derjenige, welcher mit Geld für einen Naturalbezug entschädigt wird, in Zukunft jedenfalls eine geringere Einnahme haben wird, als er gegenwärtig von dem Belasteten bezieht. Muß die Naturalrente zum Wohle des Ganzen beseitigt und eine Entschädigung in Gelde dafür bestimmt werden, weil sich keine andere dafür geben läßt, so darf sich allerdings der Einzelne dem Opfer, das er dem Staate zu bringen hat, nicht entziehen, die Nothwendigkeit davon meist aber dann unbestritten vor Augen liegen. Wollte der Staat blos darum sich solche Eingriffe erlauben, um dem Einen einen Vortheil auf Kosten des Andern zu verschaffen, wie das 1848/49 wohl geschehen ist, so gleicht er dem Crispin, welcher das Leder stahl und die Schuhe verschenkte.

Nur wenn das festbestimmte Deputatholz in solchen Holzgattungen oder von solcher Beschaffenheit gegeben werden muß, daß es entweder gar nicht oder nur mit großem Nachtheile gezogen werden kann, muß sich der Berechtigte entweder gefallen lassen, daß es in anderes Holz, wodurch der Zweck, zu dem es gegeben wird, gleich gut erfüllt werden kann, umgewandelt oder, wo dies nicht möglich ist, abgelöset wird. So sind oft Deputathölzer in Eichen oder Buchen bestimmt, während diese Holzarten wegen Verschlechterung des Bodens gar nicht mehr gezogen werden können. Vorausgesetzt, daß die verschiedene Güte des Holzes ausgeglichen wird und die vielleicht größeren Kosten der Gewinnung dem Berechtigten vergütigt werden, muß dieser sich dann unstreitig die Umwandlung dieser Holze in Nadelholz oder andere Holzgattungen gefallen lassen, denn der Belastete kann nicht gezwungen werden, eine Verpflichtung zu erfüllen, die gar nicht erfüllbar ist, und der Berechtigte kann nichts fordern als die Befriedigung des Bedürfnisses in einer Art, daß er dabei keinen Verlust oder andere Nachtheile hat.

Außer dem Rechte auf festes Deputatholz, worunter vorzüglich Brennholz verstanden wird, kommen noch folgende Holzberechtigungen vor.

1. Das Recht, den Bedarf an Holz selbst beliebig im Walde hauen und aus diesem entnehmen zu können, oder das Recht zum freien Holzhiebe. Es ist ganz unverträglich mit irgend einer Art von geregelter Wirthschaft im Walde. Der Bedarf muß wo möglich fixirt und der Waldbesitzer berechtigt werden, das Holz in dem belasteten Walde und in einer Art einzuschlagen, wie es ihm nach den Grundsätzen einer geregelten Forstwirthschaft am zweckmäßigsten erscheint. Daß dabei der Berechtigte den Ersatz des Schlager- und Rückerlohnes leisten muß, ist der Billigkeit gemäß. Die schon längst bestehende gesetzliche Beschränkung, daß der Berechtigte sich das Holz durch den Waldeigenthümer muß anweisen lassen, sichert nicht gegen seinen Nachtheil.

2. Das Recht, den vollen Bedarf an Bau-, Nutz- und Brennholz an eingeschlagenem Holze fordern zu können, ist ebenfalls für den Belasteten, wie für den Staat, zu nachtheilig, um es so bestehen zu lassen, daß das, was der Berechtigte als Bedarf ansieht, unbeschränkt auf Grund desselben von ihm verlangt werden kann. Es ist zuerst immer Veranlassung zu einer nachtheiligen Holzverschwendung, denn wenn man so viel Holz unentgeltlich erhält, als man nur immer verbrauchen will, ist keine Ursache, da irgend eine Einrichtung zu treffen, um den unnöthigen und unzweckmäßigen Verbrauch des Holzes zu vermindern. Dann ist es auch sehr schwer zu controliren, ob auch wirklich alles abgegebene Holz zu dem bestimmten Zwecke, zu dem es nur verlangt werden kann, verwendet wird, ob nicht auch andere als der Berechtigte das Recht mit zu ihrem Vortheil benutzen, oder dieser selbst es zur Ungebühr ausdehnt. Eben

so muß auch wohl angenommen werden, daß sich dies Recht ursprünglich nur auf den Bedarf erstreckte, wie er zur Zeit der Entstehung desselben war. Derselbe wächst aber fortwährend, und es könnte sogar sehr leicht sein, daß die Forderung größer werden könnte als der ganze nachhaltige Ertrag des belasteten Waldes oder diesen wenigstens ganz in Anspruch nähme, so daß dem Eigenthümer desselben gar nichts mehr übrig blieb. So ist dies Recht oft allen Einwohnern eines Orts verliehen. Dieses kann sich aber leicht so ausdehnen, daß er mehr Holz bedarf, als der Wald, auf dem das Recht ruht, jemals liefern kann, oder die Einwohner desselben vergrößern ihre Wohnungsräume, führen holzconsumirende Gewerbe ein, wenn gleich sie diese nur für sich betreiben, wie z. B. das Bleichen, Obstdarren, Flachsdarren, Privatbäckereien u. s. w. Einzelne Güter legen auch wohl Bren- und Brauereien, Ziegeleien oder Kalkbrennereien an, die vergrößerten Kulturländer verlangen größere Wirthschaftsräume. Dies Alles ist eine Ausdehnung des Rechts auf Kosten der Belasteten, von der man nicht annehmen kann, daß sie bei der Entstehung desselben vorausgesehen worden ist und hat eingeräumt werden sollen. Es kann demnach das Recht leicht eine solche Ausdehnung erhalten, daß auf Grund desselben der ganze oder größte Theil des Ertrages eines Waldes von dem Berechtigten in Anspruch genommen wird. Daß dabei der Eigenthümer nicht geneigt sein wird, große Opfer zur Erziehung von Holz und Erhaltung des Waldes zu bringen, liegt in der Natur der Sache, und schon dadurch wird dies Recht schädlich. Es scheint daher im Rechte wie in der Billigkeit zu liegen, daß der unbeschränkte Bedarf zu jeder Zeit auf eine bestimmte Holzquantität muß fixirt werden können, wie es nach den bestehenden Verhältnissen zu der Zeit, wo diese Fixirung erfolgt, von dem Berechtigten verlangt werden kann. Eine gänzliche Aufhebung gegen Entschädigung wird aber stets vorzuziehen sein.

3. Das Recht auf eine bestimmte Holzgattung

kann ebenfalls als ein solches bezeichnet werden, welches im Allgemeinen für die Waldkultur als nachtheilig nicht geduldet werden kann, sondern ablösbar sein muß.

Gewöhnlich erstreckt sich dies Recht, wo es nicht als Regel vorkömmt, nur auf das geringere oder weniger benutzbare Holz, auf die weichen Hölzer und Straucharten. Als Regale wurde früher oft die Eiche als der nutzbarste Baum, der zugleich Nahrung für die vorbehaltenen Jagdthiere und die Mastschweine lieferte, betrachtet. Es kam daher häufig vor, daß sich die Fürsten bei Verschenkung von Wäldern diese Holzgattung vorbehielten, da das Eichennutzholz allein zu guten Preisen zu verkaufen war, oder auch als sogenannten Königsbaum in fremden Wäldern als ihr Eigenthum in Anspruch nahmen. Häufiger aber war es, daß man das in der frühern Zeit ganz werthlose Weichholz, Aspen, Linden, Weiden, Erlen, die Sträucher und Dornen durch die Anwohner des Waldes beliebig benutzen ließ und sich nur die bessere Sorte Brennholz vorbehielt.

Sobald ein wirkliches Recht auf eine oder die andere Holzgattung einem Fremden zustehet, darf der Eigenthümer nichts thun, um dieselbe zu vertilgen oder ihren Nachwuchs zu verhindern. Das Allgemeine Landrecht schreibt sogar vor, daß, wenn die Holzgattung, welche dem Berechtigten ausgegangen ist, dieselbe von dem Waldbesitzer wieder angebaut werden muß. Sind es wenig Werth habende und geringe Holzmasse liefernde Hölzer, so liegt schon darin ein großer Nachtheil, daß diese auf Kosten des bessern und mehr Ertrag gebenden Holzes erhalten werden müssen. Es kann sein, daß ein mit Weichhölzern gemischter Buchenort durch die größere Masse an Durchforstungsholz einen höhern Gesammtertrag liefert als reine Buchenbestände; dazu gehört aber, daß es ganz von dem Wirthschafter abhängt, sie herauszuhauen, sobald sie durch die Unterdrückung des bessern Holzes nachtheilig werden. Es kann daher auch der Eigenthümer des Waldes dies Holz dem Berechtigten voll bezahlen, und geht durch die Ablösung des Rechts darauf der Ertrag desselben für das Nationaleinkommen nicht verloren; es werden dadurch nur die Nachtheile, die es für eine regelmäßige Bewirthschaftung des Waldes hat, beseitigt. Ja man kann sogar behaupten, daß dieser Ertrag erhöht werden wird, weil der Eigenthümer des Waldes, wenn er es benutzt, mehr für seine Erhaltung thun kann und wird, als dies die Berechtigten thun werden, die blos das benutzen können, was von Natur aus unter einer unpfleglichen Behandlung aufwächst. Es rechtfertigt sich daher die Ansicht vollkommen, daß das Recht auf eine gewisse Holzgattung ein solches ist, was jedenfalls gegen volle Entschädigung der Berechtigten abgelöst werden muß.

4. Das Recht, das in einem Walde dem Berechtigten zustehende Holz außer der Verwendung zur Befriedigung des eigenen Bedarfs auch noch verkaufen zu dürfen, stammt aus den Zeiten her, wo ein Ueberfluß an trockenen Bäumen, Lagerholze und Windbrüchen in den Wäldern vorhanden war und wo besonders die Guts- oder Domänen-Unterthanen so mit Frohnden und Abgaben an die Gutsherrschaft überlastet waren, daß man ihnen den Verkauf dieses für den Waldeigenthümer damals ganz werthlosen Holzes gestattete, damit sie im Stande waren, ihre Verpflichtungen gegen die Gutsherrschaft zu erfüllen. Es kam häufig in der Lausitz und Schlesien oder andern waldreichen Gegenden der östlichen Provinzen Preußens vor, wie noch jetzt den Leibeigenen in Rußland gestattet wird, in dieser Art die herrschaftlichen Forsten zu benutzen, um ihre Abgaben entrichten zu können. Gegenwärtig werden wohl in Deutschland wenig Wälder mehr da vorhanden sein, in denen es in größerer Menge gefunden würde, als der eigene Bedarf der Berechtigten in Anspruch nimmt, so daß er den Ueberschuß verkaufen könnte. Schon darum, weil kein solches Holz mehr vorhanden ist, muß das Recht darauf abgelöst werden, weil sonst es leicht auf solches von anderer Beschaffenheit aus-

gedehnt wird, auf welche sich dasselbe eigentlich nicht erstreckt. Beinahe immer wird auch wohl nachgewiesen werden können, daß der Waldeigenthümer durch die stärkere Benutzung des Waldes diesen Mangel an verkäuflichem Holze herbeigeführt hat, indem er die unterdrückten oder zurückgehenden Bäume eher einschlägt, als sie trocken werden, kein Lagerholz entstehen läßt, auch das schwächere Holz auf den Holzschlägen benutzt, was, sonst nie beachtet, auf denselben liegen blieb. Es kann aber kein Zweifel obwalten, daß, wenn einmal ein solches Recht eingeräumt worden ist und der Wald ist durch willkührliche Handlungen des Besitzers in einen Zustand versetzt worden, daß es nicht mehr ausgeübt werden kann, dieser den Berechtigten nach dem frühern durchschnittlichen Ertrage desselben entschädigen muß.

5. Das Recht auf abgestorbene oder trockene Bäume schließt die Benutzung derselben für Rechnung des Waldeigenthümers aus, so lange die Besitzer desselben diese zur Befriedigung ihres Bedarfs selbst bedürfen, oder wenn sie auch zum Verkaufe berechtigt sind, sie dazu in Anspruch nehmen. Es erstreckt sich in der Regel nur auf diejenigen Bäume, welche im natürlichen Laufe der Dinge von selbst absterben, nicht auf die, deren Todt eine Folge von Beschädigungen ist, welche durch Menschen verursacht worden, weil sich sonst die Berechtigten leicht durch Ringeln oder Schälen der Bäume künstlich trockenes Holz verschaffen könnten. Auch ist überall, wenn nicht Documente oder das Herkommen es anders bestimmen, dasjenige Holz für den Waldeigenthümer reservirt und von der Benutzung durch den Berechtigten ausgeschlossen, was in Folge von Naturereignissen, von Feuer, Sturm, Insectenfraß, Ueberschwemmung, trocken wird, denn man kann nicht annehmen, daß der Eigenthümer des Waldes durch Einräumung dieses Rechts auf die Benutzung ganzer Bestände hat verzichten wollen, und daß dem Berechtigten mehr zugesprochen werden sollte, als das durchschnittlich im natürlichen Wege absterbende Holz, zumal da sie auch in der

Regel nicht mehr als ihren jährlichen Bedarf aus dem Walde entnehmen dürfen.

So wenig als der Waldbesitzer die im natürlichen Laufe der Dinge trocken gewordenen Bäume an sich nehmen darf, wenn dem Berechtigten ein Anspruch darauf eingeräumt worden ist, eben so wenig darf er etwas thun, wodurch das Vorhandensein von solchen verhindert würde, wie sie diese in Anspruch nehmen können. Es würde leicht sein, das ganze Recht dadurch zu beseitigen, daß man jeden Baum, von dem man voraussehen kann, daß er früher oder doch absterben muß, schon vorher einschlägt, ehe er in den Zustand kommt, daß er von dem Holzberechtigten genommen werden darf. Schon von allem unterdrückten Holze weiß man mit Bestimmtheit voraus, daß es absterben muß, weil ihm das Licht und der Raum zum Wachsen fehlen. Eben so kann man das wahrscheinliche Absterben eines Baumes schon längere Zeit an der Färbung seiner Nadeln und der Blätter oder nach andern Kennzeichen voraus wissen. Da nun aber der Waldbesitzer nichts thun darf, wodurch die rechtliche Ausübung des Nutzungsrechts eines Andern im Walde verhindert werden würde, so kann er auch in einem solchen, wo diese den Anspruch auf das trockene Holz haben, keine Durchforstung vornehmen, wodurch ihm dies Recht im voraus entzogen werden würde. Diese hat aber nicht allein den Zweck, das entbehrlich werdende oder absterbende Holz zu benutzen, sondern ist zugleich eine unerläßliche Kulturmaßregel, um den beengten dominirenden Stämmen in dichten Beständen den nöthigen Wachsraum zu schaffen, die Vermehrung schädlicher Insecten im absterbenden Holze zu hindern, Schnee und Durchbruch zu vermeiden. Es wird daher, wenn das Recht auf trocken Holz sie hindert, dasselbe immer nachtheilig für die Führung einer regelmäßigen Wirthschaft sein. Selbst für den Gesammtertrag des Waldes ist es nachtheilig, da das ganz trockene Holz einen geringeren Werth hat, als wenn es vor dem gänzlichen Absterben benutzt worden wäre, die Berechtigten es aber nicht eher an sich nehmen dürfen, ehe es nicht ganz todt ist. Da nun auch der Waldbesitzer das Holz eben so gut als die Berechtigten, oder selbst besser, benutzen kann, so ist er im Stande, diese für den Ertrag desselben vollständig und ohne Verlust zu entschädigen. Es ist daher stets als zweckmäßig anzusehen, daß es abgelöst wird, wo überhaupt das geringere und absterbende Holz einen Werth hat.

6. Das Recht auf Lagerholz erstreckt sich auf Bäume, welche vor Alter umgefallen sind oder durch den Wind umgeworfen wurden und unbenutzt im Walde liegen blieben. Es kann nur in wenig benutzten großen Wäldern vorkommen und nur in den höhern Gebirgen findet man wohl in unzugänglichen Orten noch Lagerholz, bei regelmäßig bewirthschafteten Forsten sind die frühern Vorräthe dann längst erschöpft und kann kein neues mehr entstehen. Es ist aber keinem Zweifel unterworfen, daß, wenn ein Recht auf die Benutzung desselben besteht und es wird dasselbe zur Befriedigung des Bedürfnisses bedurft, indem der Berechtigte das Holz, was er dazu bedarf, nicht mehr im Walde findet, dieser dafür, daß es jetzt fehlt, Entschädigung verlangen kann, da stets vorausgesetzt werden muß, daß die stärkere Benutzung des Waldes von Seiten des Eigenthümers den Mangel verursacht hat. Dies Recht kommt übrigens niemals allein vor, sondern es ist dasselbe mit dem Recht auf Abraum, Raff- und Leseholz, auch wohl auf trockenes Holz verbunden, und so lange dies noch den Bedarf vollständig deckt, kann auch keine Entschädigung für fehlendes Lagerholz verlangt werden. Der Ertrag desselben kann auch gar nicht speciell ermittelt werden, indem er von Zufällen, von stärkerer oder schwächerer Benutzung des Waldes abhängt, und es wird daher die Entschädigung dafür immer in Verbindung mit dem andern Holze, was der Berechtigte an sich nehmen darf, berechnet. Daß dies Recht mit einer regelmäßigen Bewirthschaftung des Waldes unvereinbar ist, liegt vor Augen, denn

es will gar keinen regelmäßigen Umtrieb, keine Schlagwirthschaft und keine Benutzung des schlagbaren Holzes gestatten, da nur in dem sich selbst überlassenen Walde Lagerholz entstehen kann.

7. Das Recht auf den Abraum oder den Afterschlag begreift die Befugniß in sich, die Aeste oder Spitze des Baumes, welche nicht zu Klafter- oder Nutzholz tauglich sind, und die daher bei dem Einschlage desselben vorher abgeräumt werden, ehe er aufgearbeitet oder als Nutzholz abgefahren wird, an sich nehmen zu dürfen. Auf welches Holz sich dasselbe erstreckt und bis zu welcher Stärke der Abraum oder Afterschlag auf Grund desselben gefordert werden kann, muß nach der bisherigen Observanz bestimmt werden. In Forsten, wo bisher niemals Ast- oder Knüppelklafter-, sondern nur Scheitholz aufgesetzt wurden, würde zum Abraume alles Holz des Wipfels unter 6 Zoll Durchmesser zu machen sein, wogegen da, wo auch Astklaftern eingeschlagen würden, nur das Holz unter 3 Zoll Durchmesser dazu gerechnet werden kann, indem dasjenige zwischen 3 und 6 Zoll Stärke in die Astklaftern gehört. Der Afterschlag, d. h. die liegen zu lassende Spitze des Baumes beginnt oft, wo er zu schwach ist, um noch zu irgend einer Art von Bau- oder Nutzholz verwandt werden zu können, was der Fall ist, wenn er unter 6 bis 7 Zoll Durchmesser hat.

In den Forsten, wo das schwache Wipfelholz oft gar nicht verkäuflich ist, würde der Waldeigenthümer nur einen Verlust davon haben, wenn er für eine Entschädigung an sich kaufen müßte, die einen höhern Werth für ihn hat, als dies Holz, das ohne allen Nachtheil für den Wald und ohne daß es eine regelmäßige Bewirthschaftung desselben hindert, den Berechtigten überlassen werden kann. Da, wo es aber von ihm so verwerthet werden kann, daß die für dessen Besitz zu gewährende Entschädigung dadurch gedeckt wird, ist es dagegen wünschenswerth, daß er sich denselben durch Ablösung zu verschaffen sucht, schon weil es schwer ist, zu verhindern, daß es nicht widerrechtlich ausgedehnt wird.

Das Recht, grüne Zacken an stehenden Bäumen zu brechen, welches auch wohl vorkömmt, ist ein so verderbliches, zumal da dessen widerrechtliche Ausdehnung beinahe gar nicht verhindert werden kann, daß es unbedingt abgelöset werden muß.

8. Das Recht auf Stockholz giebt die Befugniß, die bei der Fällung der Bäume in der Erde gebliebenen Stöcke und Wurzeln der Bäume roden zu dürfen. Wenn es nur so ausgeübt werden dürfte, daß dadurch keine junge Pflanzen beschädigt würden, die Erziehung regelmäßiger junger Bestände nicht gehindert würde, so konnte man es früher nicht blos als ein unschädliches, sondern sogar wohl als ein für den Gesammtertrag des Waldes vortheilhaftes Servitut bezeichnen, indem es das einzige Mittel war, die große, unverkäufliche Masse des Stockholzes zu benutzen, wenn man sie der ärmern Volksklasse unentgeltlich überließ. Diese rechneten sich dabei die Arbeit, die zur Gewinnung dieses Holzes nöthig ist, nicht so hoch, als man sie hätte bezahlen müssen, wenn man es für Lohn einschlagen ließ.

Dies hat sich jedoch in der neuern Zeit sehr geändert, denn überall, wo das Holz begehrt ist und seinen natürlichen Werth erhalten hat, wobei der Boden im Verhältniß seiner Ertragsfähigkeit dieselbe reine Rente giebt, wie bei einer andern Benutzung, fängt man an, das Stockholz für Rechnung des Waldeigenthümers umzuschlagen. Wo aber dies der Fall ist und wo der Ertrag des Stockholzes nur einigermaßen, wenn auch nicht vollständig, die für Aufgabe des Rechts zu gewährende Entschädigung deckt, ist es stets rathsam, dasselbe abzulösen, um das Stockholz für eigne Rechnung benutzen zu können. Zuerst ist die Gewinnung desselben leichter und wohlfeiler, wenn man die Bäume stehend ausroden kann, als wenn der nach dem Abhieb derselben stehen gebliebene Stock ausgegraben werden muß, was aber nur derjenige thun kann, dem das Recht der Fällung zustehet. Dann ist es sehr wünschenswerth, daß die Rodung gleich bei dem Abtriebe eines Bestandes erfolgt, um die Brutstätte, welche viele schädliche Insecten in den stehenbleibenden und absterbenden Stöcken haben, zu vernichten, um den Boden zu lockern und für die Besamung empfänglich zu machen, um die spätere Beschädigung der Schonungen durch Rodung und Absuchen des Stockholzes zu verhindern und weil das frische Stockholz einen weit höhern Werth hat, als das von solchen Stöcken, die in der Erde abgestorben sind und kann noch einige Jahre darin stehen bleiben. Die Rodung desselben, wie es am vortheilhaften ist, wird niemals erzwungen werden können, wenn sie auch wirklich vollständig auf Grund einer Berechtigung erfolgt, weil man die Berechtigten nicht zwingen kann, sie sogleich und ganz so, wie es die Kultur und der Schutz gegen Forstinsecten verlangt, auszuführen. Wo daher der Waldeigenthümer dies Holz selbst für sich oder durch Verkauf benutzen kann, wird es für ihn stets wünschenswerth und vortheilhaft sein, wenn er sich durch Ablösung des Rechtes auf Stockholz in den Besitz desselben zu setzen sucht.

Eine besondere Art dieses Rechtes ist diejenige, auf die harzreichen Stöcke des Kieferholzes, aus denen entweder Theer bereitet wird oder deren Holz man als Erleuchtungsmaterial benutzt, indem man es in kleinen Stücken als Leuchtkiehn in besonders dazu eingerichteten Kaminen verbrennt. Es wird hiervon bei der Erörterung des Verfahrens zur Berechnung der dabei zu gewährenden Entschädigung bei der Ablösung näher gehandelt werden, indem hier nur bemerkt werden muß, daß dadurch, daß die Berechtigten verlangen können, daß die Bäume, die den Kiehn liefern sollen, ein sehr hohes Alter erreichen, da erst in diesem das Holz dazu harzreich genug wird, sowie daß die Stöcke längere Zeit in der Erde stehen bleiben, bis der Splint abgefault ist, dasselbe so hinderlich ist, eine geregelte Waldwirthschaft, wie sie jetzt verlangt wird, zu führen, daß es stets durch eine Ablösung beseitigt werden muß. Blos in großen ausgedehnten Wäldern, wo noch keine regelmäßige Benutzung des Holzes stattfindet, wird es ohne Nachtheil bestehen können. Für den Waldbesitzer ist übrigens da, wo der Kiehn oder auch das jüngere gerodete Stockholz benutzt werden kann, die Ablösung mit keinem beachtungswerthen Verluste verbunden.

9. Das Recht auf Wind-, Duft- und Schneebruch giebt dem Berechtigten die Befugniß, das Holz, was durch diese Naturereignisse ganz vom Stamme getrennt worden ist, an sich nehmen zu dürfen. Blos umgebogene oder zur Erde niedergedrückte Stämme, die noch mit den in der Erde befindlichen Wurzeln zusammenhängen, die man, wenn sie durch den Wind umgeworfen sind, Windwurf nennt, dürfen dieselben nicht nehmen, wenn sie das Recht dazu nicht durch Verjährung oder in Folge eines andern Besitztitels erworben habe. Auch erstreckt es sich nur auf einzelne abgebrochene Bäume, Wipfel und Aeste, nicht aber auf ganze Bestände; wenigstens können die Berechtigten dann den Waldbesitzer nicht von der Mitbenutzung des gebrochenen Holzes ausschließen. Der Ertrag dieses Rechts ist ein zufälliger, der sich schwer speciell berechnen läßt, wenigstens könnte dabei nur der bisherige durchschnittliche Ertrag zum Grunde gelegt werden, der aber wohl niemals mit Sicherheit nachgewiesen werden kann, da über das Holz, als auf Grund dieses Rechts vom Berechtigten benutzt worden ist, keine Rechnung geführt sein wird. Es ist dies aber auch in der Regel nicht nöthig, da es wohl immer mit dem Rechte auf anderes Holz, Lagerholz, trockne Bäume, Abraum, Raff- und Leseholz in Verbindung vorkömmt und dann der Ertrag aller dieser Sortiments zusammen ermittelt werden muß. Wegen des unbestimmten Ertrages hat es keinen großen Werth für den Berechtigten, wohl aber oft einen sehr großen für den Belasteten, da dieser das gebrochene Holz nicht zur rechten Zeit aufarbeiten lassen kann, um die Vermehrung der Borkenkäfer zu verhin-

dern, es auch schwer zu controliren vermag, daß es nicht widerrechtlich ausgedehnt wird und nicht Holz als Windbruch genommen wird, was gar kein solcher ist. Da der Waldbesitzer dies Holz selbst benutzen kann, so ist auch das Recht daraus wohl immer mit geringen Opfern zu erwerben, wozu man nur rathen kann.

10. Das reine Raff- und Leseholzrecht beschränkt sich darauf, daß derjenige, welcher es besitzt, befugt ist, das abgestorbene Holz, was ohne Anwendung von Instrumenten genommen werden kann und dasjenige, was als unbenutzbar auf den Schlägen von dem Waldeigenthümer liegen gelassen wird, an sich zu nehmen. Sehr oft hat dasselbe aber auch eine größere Ausdehnung dadurch erhalten, daß die Berechtigten sich seit rechtsverjährter Zeit verschiedener Instrumente, wie Holzhaaken, Hacken zur Gewinnung von Erdstöcken u. s. w. bedient haben. Dann steht es auch nicht immer lediglich im Belieben des Waldeigenthümers, was er als unbenutzbar auf den Schlägen liegen lassen will. Wenn von jeher der Abraum unbenutzt geblieben und dem Raff- und Leseholzberechtigten überlassen worden ist, diese ihn auch bedürfen, um ihren Brennholzbedarf zu gewinnen, so wird er ihnen auch jetzt nicht entzogen werden können. Auch selbst der Aushieb des ganz jungen Holzes, welches trocken werdend mit der Hand abgebrochen werden kann, wird da, wo es zur Befriedigung des Bestandes der Berechtigten erforderlich ist, für unstatthaft erkannt werden müssen.

Die reine Raff- und Leseholzgerechtsame, auf Grund welcher nur das schwache, absterbende, mit der bloßen Hand zu gewinnende Holz genommen werden darf, ist unstreitig das allerunschädlichste Servitut, was mehr Vortheil für die Berechtigten gewährt, als Nachtheil für den Wald hat und dessen Ablösung der Eigenthümer des Waldes in der Regel nur mit sehr großen Verlusten bewirken kann. Wo diese daher nicht erfolgen muß, weil der Waldboden anders benutzt werden soll, als zur Holzerziehung, wird es in den mehrsten

Fällen wohl besser erhalten als abgelöset werden, da es die vortheilhafteste Benutzung des Holzbodens durchaus nicht hindert. Der Zustand des Waldes, wobei der Eigenthümer die größte Menge von Holz für sich bezieht, wird auch im Allgemeinen derjenige sein, welcher für den Raff- und Leseholzberechtigten der vortheilhafteste ist, so daß er keinen Widerspruch gegen die Herstellung desselben erheben kann. Blos die Umwandlung des Hoch-, Mittel- oder Niederwaldes von längerm Umtrieb, in Buschholz von sehr kurzem, würde für denselben nachtheilig sein; diese ist aber auch wohl nur etwa bei Eichenschälwald vortheilhaft für den Waldbesitzer, oder bei sehr schlechtem Boden.

11. Ein eignes Servitut ist die sogenannte Haidemiethe in den östlichen Provinzen Preußens. Es ist vielfach als eine bloße zeitweise Verpachtung des Raff- und Leseholzes, Abraumes und schwachen, absterbenden Holzes, so lange es noch ohne Anwendung eines schneidenden Instruments genommen werden kann, angesehen worden, so daß sie willkührlich von jedem Theile gekündigt werden kann; dies ist jedoch nur richtig in Bezug auf die sogenannten neuen Haidemiether, d. h. die neuen Ansiedler, Einlieger und überhaupt solcher Einwohner der zu Haidemiether berechtigten Art, welche kein Grundstück besitzen oder zur Zeit der Entstehung der Haidemiether bereits vorhanden war. Diese letzten sind allerdings nicht berechtigt, Haidemiethszettel zu fordern, dürfen gewöhnlich auch das genommene Holz nur mit Handkarren und in Traglasten aus dem Walde holen, die alten Wirthschaften der Bauern, Kossäten, Lehnschulzen u. s. w. haben aber ein eigentliches Recht gegen einen bestimmten Zins, ihren Brennholzbedarf in Raff- und Leseholze, Abraum und dem schwächer trockenwerdenden Holze zu fordern und die Haidemiether müssen in Bezug auf sie als Erbpacht und nicht als Zeitpacht angesehen werden. So lange das Verhältniß besteht, werden sie auch ihren vollen Brennholzbedarf auf Grund desselben fordern können. Sollen sie als Berechtigte

auf Antrag des Waldbesitzers abgelöset werden, so werden sie auch für diesen entschädigt werden müssen, was selten ohne großen Verlust für den Eigenthümer des Waldes ausführbar sein wird. Doch giebt es auch Fälle, wo man im Wege der gütlichen Einigung die entfernt wohnenden Haidemiether, welche ihr Recht wenig benutzen, mit einer geringen Entschädigung abfinden kann, was vorzüglich dann rathsam wird, wenn der Wald nicht mehr in dem Zustande ist, die Ansprüche aller Berechtigten zu befriedigen oder es wünschenswerth ist, Haidemiethszettel auch an Nichtberechtigten dafür auszugeben, um es diesen möglich zu machen, ihr Bedürfniß, ohne stehlen zu müssen, befriedigen zu können.

12. Das Recht, den vollen Brennholzbedarf aus einem fremden Walde fordern zu können, bezieht sich, wenn es nicht in dem Documente ausdrücklich anders bestimmt ist, immer nur auf die gewöhnliche häusliche Consumtion. Es wird davon unten näher gehandelt werden. Der Berechtigte muß das Holz in der Art nehmen, wie dies früher geschehen ist, so daß der größere oder geringere Nachtheil, den es für den Eigenthümer des Waldes haben kann, davon abhängt, ob das Holz, was dazu gegeben werden muß, für ihn mehr oder weniger Werth hat, in hinreichender Menge vorhanden ist oder durch anderes besseres Holz ersetzt werden muß.

13. Besonders in Fichtenwaldungen, wo die sogenannte Schneidelstreu benutzt wird, kömmt auch wohl das Schneidelholzrecht vor. Es begreift die Befugniß in sich, die Aeste des Baumes zur Gewinnung von Streumaterial oder Futterlaub aushauen zu dürfen. Es ist ein für den Wald durchaus verderbliches Recht, welches für den Berechtigten wenig Werth hat, so daß es durchaus beseitigt werden muß.

§. 6.

Bau- und Nutzholzgerechtsame.

Das Recht auf freies Bauholz begründet die Forderung auf alles Holz, was zum Neubau und zur Reparatur der Wohn- und Wirthschaftsgebäude des berechtigten Gutes, unentgeltlich aus dem belasteten Walde fordern zu können. Oft erstreckt es sich auch weiter, indem es zugleich das Holz zu Brücken, Zäunen, Brunnen und Tränktrögen in sich faßt, worüber der Wortlaut des Documents, oder das Herkommen entscheidet.

Im Allgemeinen ist dasselbe in national-ökonomischer Beziehung als ein nachtheiliges und wo möglich zu beseitigendes Servitut anzusehen, da es die Errichtung der dauerhaftern oder Feuersgefahr weniger unterworfenen Gebäude verhindert, wodurch nicht blos eine unnöthige Holzconsumtion erzeugt wird, sondern was zuletzt auch selbst für den Berechtigten nachtheilig wird. Dann veranlaßt es leicht zu einer ganz unnöthigen Holzverschwendung, besonders wenn es auch zu Zäunen, Brunnen u. s. w. verlangt werden kann, indem der Berechtigte keine Veranlassung hat, möglichst sparsam bei der Verwendung des Holzes zu sein. Dieser ist aber auch selbst dabei verhindert, zweckmäßige Aenderungen oder Erweiterungen seiner Gebäude vorzunehmen, da er diese nicht zum Nachtheile des Belasteten vergrößern oder ändern darf. Auch ist es sehr schwer, eine genaue Controle über die Verwendung des Holzes zu führen, so daß es leicht widerrechtlich ausgedehnt werden kann. Dazu kömmt, daß wenigstens in Gegenden, wo das Bauholz, was frei abgegeben werden muß, verkäuflich ist, der Belastete für Aufgabe des Rechtes die volle Entschädigung ohne Verlust geben kann, da diese durch den Gewinn des Holzes ersetzt wird.

Eine nothwendige Bedingung der Ablösung ist aber, daß der Berechtigte durch die ihm zu gewährende Entschädigung wirklich in den Stand gesetzt wird, das Bauholz künftig mit

Sicherheit dafür kaufen, oder es so ersetzen zu können, daß der Zweck, wozu es gegeben wird, erreicht wird.

Dies ist zuerst nicht immer bei ungewöhnlich starken Hölzern, die in der Gegend nicht gezogen werden, wie Mühlwellen zu Wind- und Wassermühlen, starken Brückenhölzern, Holz zu Fährprämen, Mühlarmen und Mühlständern, der Fall, die in den Privatforsten gar nicht gezogen werden und die schwer oder nur mit großen Kosten durch Eisen oder Massivbauten zu ersetzen sind, was oft den Umbau der Mühlen, Brücken oder andern Einrichtungen nöthig macht. Die Gerechtigkeit und Billigkeit erfordert dann, daß die Höhe der Entschädigung für den ungünstigsten Fall berechnet wird und dieselbe kann dann leicht so hoch werden, daß der Belastete das abzugebende Holz weit wohlfeiler in seinem Walde erzieht, als diese hohe Entschädigung für Aufgabe des Rechts zahlt, zumal da diese Abgabe leichter zu controliren ist, als die des gewöhnlichen Bauholzes.

Noch öfter kommt es aber vor, daß in waldreichen Gegenden das frei abzugebende Bauholz, wenn es dem belasteten Waldbesitzer nach Ablösung der Bauholzgerechtsame verbleibt, gar nicht als Bau- und Nutzholz zu verkaufen ist und zu Brennholz eingeschlagen werden muß; da er dasselbe aber stets dem Berechtigten zu den Nutzholzpreisen vergütigen muß, wenn der Antrag von ihm ausgeht, so kann er dann die Berechtigung nur mit großem Verlust ablösen.

Auch fehlt es in den rauhen Gebirgsgegenden, da, wo der arme Sandboden keine Abgabe am Kulturlande als Entschädigung gestattet, an einer solchen, wodurch der Berechtigte in den Stand gesetzt würde, sich dauernd und für ewige Zeiten das nöthige Baumaterial verschaffen zu können. Wald zu eigner Erziehung des Holzes kann man dazu nicht abgeben, weil es nicht möglich ist, eine solche Wirthschaft darin zu führen, daß nur Bauholz darin erzogen würde und dies zu jeder Zeit, wo es bedurft wird, darin gerade in der Menge und von der Beschaffenheit vorgefunden würde, wie es verlangt wird. Es bleibt also keine Entschädigung weiter übrig, als in Gelde, entweder in Rente oder in Kapital. Die Geldrente wird aber von der ärmern Volksklasse wohl so selten aufgesammelt, als das Kapital erhalten werden, um das Bauholz zur Zeit, wo es nöthig ist, ankaufen zu können, und der Berechtigte kömmt dann in Verlegenheit, wie er sein Bedürfniß befriedigen soll. Auch verwandeln sich dann gewöhnlich die räumlichen und gesunden Wohnungen von Fachwerk und Holz der Ersparniß wegen, da er dies dann nicht mehr frei erhält, in ungesunde und dumpfige Steinklumpen oder Lehmhütten. Es kann dann wenigstens nicht im Interesse der Regierung liegen, die Bauholzgerechtsame durch ein Kapital von den Staatsforsten abzulösen, wozu sich die Berechtigten, die nur auf den augenblicklichen Vortheil sehen, allerdings in der Regel sehr leicht bewegen lassen und desto leichter, je ärmer sie sind. Der Privatmann frägt in der Regel nur nach seinem eignen Vortheile und kümmert sich nicht darum, welche Nachtheile aus der Ablösung der fremden Nutzungsrechte für den Besitzer entspringen können; die Regierung muß aber dabei einen andern Standpunkt einnehmen, sie darf nicht ausschließlich das Interesse des Forstfiskus verfolgen, sondern muß stets das Wohl der Bevölkerung im Auge haben. Dies ist auch selbst zu der Zeit immer geschehen, wo alle Staatsforsten als Privateigenthum des Fürsten betrachtet wurden und wird jetzt, wo sie wenigstens in den mehrsten deutschen Ländern in Staatseigenthum verwandelt worden sind, noch weniger unbeachtet bleiben dürfen.

Wo aber größere oder wohlhabende Grundbesitzer, von denen man annehmen kann, daß sie stets im Stande sein werden, das nöthige Bauholz ankaufen oder auf eignem Grunde erziehen zu können, das freie Bauholzrecht besitzen, da wird es stets zweckmäßig sein, dasselbe abzulösen, zumal wenn es ihnen mit Sicherheit in den bleibenden Forsten dargeboten werden kann.

Noch weit mehr als das eigentliche Bauholzrecht muß dasjenige auf Nutzholz zum wirthschaftlichen und häuslichen Gebrauche abgelöset werden. Es erstreckt sich gewöhnlich auf das Holz zu Ackergeräthe, Pflüge, Eggen, Schlitten, Wagen, Bottichen, Fässer, Eimern, Baumpfähle, Hopfenstangen, Zaunruthen und Zaunpfählen, an Flüssen auch wohl zu Fährprämen, Rudern u. s. w. Die Verwendung dieses Holzes ist gar nicht zu controliren und wo es frei abgegeben werden muß, wird es gewöhnlich in einer weit größeren Menge verlangt, als der wirkliche Bedarf eigentlich verlangt. Auch wird es immer in jeder Gegend zu haben sein, wo es bedurft wird, und da es nur kleine alljährlich wiederkehrende Ausgaben verursacht, so ist auch wohl anzunehmen, daß jeder Berechtigte, der sein Recht darauf erkauft, es sich so, wie er es bedarf, wird beschaffen können.

Das Recht auf Wasserbauholz beschränkt sich gewöhnlich auf Faschinen und Baumpfähle. Man kann es als ein unablösbares betrachten, da dies Holz nicht im Privatinteresse eines Einzelnen, sondern in demjenigen des Staats erzogen werden muß und abgegeben wird, auch derjenige, welcher das Holz erhält und verwenden muß, sogar nicht mehr davon fordern wird, als unerläßlich bedurft wird und in der Regel es weder selbst erziehen, noch anderweitig kaufen kann.

Dasselbe gilt auch von dem Holze zu Brücken und andern öffentlichen Anlagen, deren Unterhaltung einem Privatmanne oder einer Commune obliegt, zu denen aber das Holz aus einem fremden Walde gegeben werden muß.

§. 7.
Theerschwelereigerechtsame und das Harzscharren.

Es kömmt das erstere Recht nur in den großen Kieferhaiden vor, wo in früherer Zeit denen, welche einen Theerofen für eigne Rechnung erbauten, gegen einen, gewöhnlich nur sehr niedrigen Zins, die harzreichen, im Boden zurückgebliebenen Stöcke alter Kiefern, zur Benutzung überlassen wurden. Oft erhielten sie dazu auch noch das zum Abschwelen erforderliche Holz, entweder in sogenannten Schwelbäumen oder in Fudern und Klaftern des geringen Brennholzes.

Dies Recht ist mit einer geregelten Wirthschaft ganz unvereinbar. Die Kiefer wird erst in einem so hohen Alter so harzreich, daß man, wenn man den Umtrieb oder das Haubarkeitsalter der Bestände danach bestimmen wollte, ein großer Verlust an Masse und Geld dadurch entstehen würde. Dem Rechte nach kann aber der Theerschweler, der diese Nutzung als Eigenthum besitzt, verlangen, daß sie nicht durch eine Aenderung des frühern Zustandes des Waldes, wo es Bäume von so hohem Alter in genügender Menge, wie er sie braucht, gab, zu seinem Nachtheil durch Abkürzung des Haubarkeitsalters vernichtet oder auch nur im Ertrage wesentlich verringert wird. Dann ließ man früher stets, um die Rodungskosten der Kiefer zu vermindern, die Stöcke so lange nach dem Abhieb der Bäume in der Erde stehen, daß das weniger harzreiche Holz, der Splint erst abfaulte und man nur den reinen Kiehn zu roden brauchte. Das war wohl in der frühern Plenterwirthschaft zulässig, ist aber unvereinbar mit einer regelmäßigen Schlagwirthschaft, wobei die abgetriebene Fläche gleich wieder voll angebaut wird und durch die spätere Rodung und Abfuhr der Kiehnstöcke aus den jungen Schonungen das Holz in diesen beschädigt wird. Dann sind diese stehen gebliebenen Stöcke auch die wahre Brutstätte der Rüsselkiefer, die so große Verheerungen in den Kieferschonungen anrichten. Ebenso verfault dabei eine Menge nutzbares Holz, was genommen werden kann, wenn man die Stöcke gleich frisch rodet.

Der Waldbesitzer kann daher immer den Berechtigten die volle Entschädigung für Aufgabe seines Rechtes gewähren, denn er wird dasselbe jedenfalls eben so hoch und oft höher benutzen, als dieser und ist dabei im Stande, die Gewinnung des Stockholzes ganz so zu regeln, wie es im Interesse der

Forstwirthschaft liegt. Im schlimmsten Falle wird er den Theerofen wenigstens in eben der Art wieder in Zeitpacht ausgeben können, wenn ihn der bisherige Betrieb auch nicht nachtheilig erschien. Der Gewinn, den der Waldbesitzer von der Ablösung hat, muß aber in diesem Falle auch als ein solcher für das Nationaleinkommen betrachtet werden. Am einfachsten erfolgt die Ablösung dieser Gerechtsame durch den Ankauf des Theerofens oder der Theergruben, wenn sich dazu Gelegenheit zeigt.

Noch weniger als das Theerschwelen in Kiefern, ist das Harzscharren in Fichten als Servitut zu dulden, wenn es auch in seltenen Fällen noch für eigne Rechnung des Waldbesitzers vielleicht mit Vortheil betrieben werden kann. Es stammt noch aus den Zeiten her, wo das Holz wenig Werth hatte und wo man froh war, durch eine oder die andere Nebennutzung eine geringe Einnahme aus dem Walde beziehen zu können.

Bei dem Harzscharren wird an den Fichten, wenn sie eine gewisse Stärke erreicht haben, die Rinde streifenweis abgeschält, um das an den Rändern der verwundeten Rinde sich sammelnde Harz abkratzen und zur Pech- und Kiehnrußbereitung verwenden zu können. Der blosgelegte Theil des Splintes stirbt dann bald ab, fault ein und die gescharrten Fichten werden in nicht langer Zeit rothfaul. Dadurch geht nicht blos der untere werthvollste Theil des Baumes zur Gewinnung von Nutzholz verloren, sondern das Holz verliert auch an Brenngüte. Außerdem entwickelt sich in den sehr stark geharzten Fichten, die dadurch in einen krankhaften Zustand versetzt werden, der Borkenkäfer leichter, sowie sie dem Windbruche mehr unterworfen sind, wenn der untere Theil faul ist. Der Gewinn, den der Harzberechtigte davon bezieht, ist daher viel geringer, als der Verlust, der dem Waldeigenthümer wie dem Nationaleinkommen dadurch zugefügt wird. Dieser letztere kann daher jedenfalls die volle Entschädigung für dies Recht gewähren, da er das Harzscharren, wenn er es für vortheilhaft hält, erforderlichenfalls wieder wird verpachten oder für eigne Rechnung wird betreiben lassen können.

§. 8.
Die Mastberechtigung.

Zu den Mastfrüchten gehören Eicheln und Bucheln, hin und wieder auch wilde Aepfel und Birnen, da sie zur Mastung der in den Wald eingetriebenen Schweine benutzt werden. Haselnüsse, obwohl sie das Schwein auch gern frißt, werden nicht dazu gerechnet, da sie überall zum Genusse für die Menschen gesammelt werden, wo sie dazu in genügender Menge vorkommen. Doch kömmt das Recht, sie zu sammeln, ebenfalls, aber als besonderes Servitut vor.

Die Mastberechtigung war früher, wo der Ackerbau noch sehr unvollkommen betrieben wurde, und es an Mitteln zur Stallmast fehlte, von sehr hohem Werthe; seit aber der Kartoffelbau diese bietet, hat sie diesen größtentheils verloren. Theils haben sich nicht blos die Mastbäume sehr nach der Einführung einer geregelten Schlagwirtschaft gegen früher vermindert, wo sie im ganzen Walde umherstanden, theils sind auch die Mastjahre wegen Vermindernng der Bodenkraft weit seltner geworden als früher. Das Gerathen der Mast ist daher so selten und unsicher, daß darauf gar nicht mehr regelmäßig gerechnet werden kann und Sorge dafür getragen werden muß, daß die Mittel zur Stallmast nicht fehlen. Selbst wenn aber auch die Bucheln und Eicheln in hinreichender Menge vorhanden sind, um Fehmen, d. h. Schweine zur Fastung einnehmen zu können, so werden diese selten mehr fett, da sie nicht mehr wie früher daran gewöhnt sind, von Jugend auf im Walde zu leben und jede Witterung ertragen zu können. Wo daher irgend die Mittel zur Stallmast zu erlangen sind, wird diese stets vorgezogen und die Waldmast nur etwa für Faselschweine, Zuchtsäue und den Nachwuchs benutzt. Sie wird gegenwärtig daher selbst nominell schlechter bezahlt als früher, wo doch der Werth des Geldes ein weit größerer war. Nur in den Gegenden, wo Eichen- und Buchenwälder in großer Ausdehnung vorkommen, der Ackerbau noch auf einer niedrigen Stufe steht, oder da, wo viele kleine Leute ohne Grundbesitz sind, die dadurch Gelegenheit erhalten, ein Schwein mit wenig Kosten zu mästen, legt man noch einen Werth auf sie.

Wo aber die Mastgerechtigkeit als Servitut vorkömmt, sind mancherlei Uebelstände damit verbunden. Der belastete Waldbesitzer wird dadurch genöthigt, die Eichen ein höheres Alter erreichen zu lassen, als es sonst wohl vortheilhaft erscheint, da sie erst spät anfangen, regelmäßig und reichlich Samen zu tragen und selbst in der Benutzung des alten überständigen Holzes wird er oft dadurch behindert, wo es an einem, dieselben ersetzenden Nachwuchs fehlt. Auch sind wohl da, wo früher Eichen und Buchen wuchsen, diese wegen der Verschlechterung des Bodens, gar nicht mehr nachzuziehen.

Da die Entschädigung für Aufgabe des Mastrechts nur nach dem Durchschnittsertrage derselben in der letztvergangenen Zeit gewährt werden kann, da eine andere Ertragsberechnung nicht gut möglich ist, dieser aber nie sehr groß sein wird und der Waldeigenthümer auch die Mast wenigstens ebenso gut wird benutzen können, als der Berechtigte, so wird die Ablösung derselben stets wünschenswerth und vortheilhaft sein. Ihre Erhaltung ist daher in keinem Falle wünschenswerth.

Nicht dasselbe ist es mit Rechte, was Communen oder einzelne Berechtigte zuweilen haben, die Bucheln umsonst oder gegen einen geringen Zins zur Bereitung von Speiseöl sammeln zu dürfen. Diese haben für die ärmere Volksklasse oft einen sehr großen Werth, der Ertrag der Berechtigung ist ein regelmäßig wiederkehrender und ist in der neuern Zeit eher gestiegen als im Werthe gesunken. Die Bucheln können auch ohne allen Nachtheil für den Wald gesammelt werden und dies Recht ist in keiner Art einer regelmäßigen Benutzung und Bewirtschaftung der Buchenwälder hinderlich, wenn es so beschränkt ist, daß die Samenschläge geschont werden müssen und die Bäume durch das Sammeln des Samens (durch das Buschlagen) nicht beschädigt werden dürfen. Es ist kein Grund vorhanden, die Ablösung erzwingen zu wollen, im Gegentheil wird die Erhaltung des Rechts oft wünschenswerth sein.

§. 9.

Das Recht, das auf fremdem Grunde ohne Anbau aufwachsende Holz benutzen, oder auch solches empfangen zu dürfen (das Pflanzrecht).

In den Gegenden des östlichen Deutschlands, wo die frühern slavischen Stämme von den erobernden Germanen unterjocht und zu Hörigen gemacht wurden, besaßen die Guts- und Domänen-Unterthanen den Acker und die Wiesen nur unter der Bedingung, daß sie dieselben fortwährend als Kulturland brauchten. Ließen sie dieselben wüste liegen, so daß sie mit Holze bewuchsen, so gehört das darauf aufwachsende Holz dem Gutsherrn, und selbst der Grund und Boden wurde oft wohl wieder von diesem eingezogen, sobald der Bauer kein volles Eigenthumsrecht desselben besaß. Dem Gutsunterthanen wurde überall das Holz, was er bedurfte, aus den herrschaftlichen Forsten unentgeltlich gegeben, oder er konnte sich dies darin sammeln, wogegen der Gutsherr auch wieder sich als der alleinige Forstherr betrachtete, der alles auf dem Gutsgrunde abwechselnde Holz als sein Eigenthum in Anspruch nahm.

Daß ein solches Verhältniß für die Bodenkultur nur verderblich und mit dem Grundsatze nicht vereinbart ist, daß jeder sein Eigenthum soweit benutzen könne, wie es ihm am vortheilhaftesten erscheint, braucht wohl kaum ausgeführt zu werden.

In der Preußischen Gemeinheit-Theilungs-Ordnung vom

7. Juni 1821 wird dies Recht nach den Bestimmungen der §§. 128—130. dadurch abgelöst, daß der Berechtigte das Holz, worauf er nach demselben einen Anspruch machen kann, wegnimmt oder den Werth desselben bezahlt erhält und außerdem für Ablösung des Rechts noch ein Procent des Werths des jetzt vorhandenen Holzes erhält.

Das Pflanzrecht ist mehr in den nordwestlichen Gegenden Deutschlands einheimisch, wo die Pflanzung hochstämmiger Eichen oder die harten Kopfhölzer von Hainbuchen, Eschen, Buchen gewöhnlich sind. Es besteht darin, daß die ständigen Triften oder Angerweiden mit hochstämmigem Holze bepflanzt werden dürfen, ohne daß dabei eine Einschonung stattfindet. Es ist in der Regel ein für die bessere Benutzung des Bodens hinderliches Recht, da diese räumlichen Baum- und Kopfholzpflanzungen nur einen geringen Holzertrag geben, der Boden sich bei ihnen immer mehr verschlechtert, und auch der Weideertrag nur ein sehr mäßiger ist, da die Beschattung dem Graswuchse nachtheilig ist. Können daher diese Pflanzwälder oder Kopfhölzer in regelmäßige geschlossene Holzbestände umgewandelt oder kann der Boden als Kulturland benutzt werden, so wird dies stets wünschenswerth sein. Dagegen kann aber auch wohl ausnahmsweise der Fall eintreten, daß die Holzerziehung auf dem Grunde, der doch fortwährend als ständiges Weideland benutzt werden soll, eher vortheilhaft als nachtheilig ist, weil der Holzwerth größer ist als der Verlust am Graswuchse, ja selbst dieser auf sehr armem Boden nach Wegnahme des Holzbestandes sich vielleicht eher verschlechtert als verbessert.

Bei der Ablösung des Rechts muß erst entschieden werden, wer der Eigenthümer des Bodens ist, ob der Weideberechtigte oder der, welcher das Pflanzrecht besitzt, was bei diesen Angerweiden, wenn sie als Gemeindeweide betrachtet werden, oft sehr zweifelhaft sein kann. Der Grundbesitzer hat dann nur den Berechtigten entweder für den Weidewerth oder für den Reinertrag des Pflanzenrechts zu entschädigen, worüber weiter unten das Nöthige angeführt werden wird.

§. 10.
Das Recht der Waldweide.

Die Benutzung des Grases, der Kräuter und Schwämme, welche in den Wäldern wachsen, durch eingetriebenes Vieh kann bald ein sehr werthvolles Recht von hohem Ertrage für den Berechtigten sein, ja von dem Genusse der Waldweide kann seine ganze Existenz abhängen, bald ein ganz werthloses, was er nur zu seinem größten Nachtheile benutzt. Eben so kann dieselbe gar keinen Nachtheil für die Waldwirthschaft haben, ja selbst wohl eher vortheilhaft als nachtheilig sein, da z. B. durch den Eintrieb von Schweinen der Boden wund gemacht wird und viele schädliche Insecten vertilgt werden, sie kann aber auch so verderblich werden, daß gar keine vollen Holzbestände dabei zu erziehen sind, daß sie für den Wald ganz vernichtend wird, ohne daß der, welcher sie benutzt, einen wesentlichen Gewinn davon bezieht. Ob die Waldweide abgelöst werden muß, oder besser, erst als Servitut erhalten wird, läßt sich daher allgemein gar nicht bestimmen, sondern muß in jedem einzelnen Falle mit Würdigung aller dabei zu beobachtender Verhältnisse speciell untersucht werden. Man muß dabei aber immer den doppelten Gesichtspunkt in das Auge fassen, einmal daß man erwägt, was sie dem Waldbesitzer kostet, und dann welchen Werth sie für den Berechtigten hat. Dies Letztere wird selbst für den Privatforstbesitzer nöthig, wenn derselbe auf Ablösung der Weide antragen will, weil er dann die Entschädigung in einem solchen Betrage geben muß, daß der Berechtigte den Werth voll erhält, den die Waldweide wirklich für ihn hat. Der Nachtheil, den sie für den Wald haben kann, bestehet:

1) in dem Verbreiten und Zertreten der jungen Pflanzen,
2) in dem Abtreten des Bodens an den steilen Berghängen,

3) indem sie verhindert, mit den Holzarten zu wechseln, oder eine Art der Erziehung und Behandlung der Holzbestände einzuführen, bei der man dem Boden einen höhern Holzertrag abgewinnen kann, als bei dem jetzigen durch das Servitut der Weideberechtigung gebotenen Zustande des Waldes.

Der Nachtheil, der auch wohl noch angeführt wird, daß das Vieh den Boden festtritt und dadurch die zarten Wurzeln der jungen Pflanzen beschädigt, beruht wohl mehr in der Einbildung als in der Wirklichkeit. Das Abtreten der Erde um die Wurzeln und dabei zugleich die Beschädigung der bloßgelegten Theile derselben, ist allerdings sehr nachtheilig, von den Nachtheilen des bloßen Festtretens ist aber selbst auf den Triften nichts zu bemerken. Dagegen werden die Viehlager unter den Bäumen diesen sehr nachtheilig, nicht blos wegen Beschädigung der Wurzeln, sondern auch durch den Harn und animalischen Dünger.

Das Verbeißen der Pflanzen kann nur erfolgen, wenn das Vieh in die jungen Bestände getrieben wird, welche ihm noch nicht ganz entwachsen sind, so daß es weder den Wipfel und die Seitenzweige mehr erreichen, noch auch wohl die schwachen Stämme niederbiegen kann, um die Wipfel zu befressen, was das Rindvieh, wo es sich an das Laub gewöhnt hat, sehr oft thut. In den Stangenhölzern oder den ausgewachsenen Baumhölzern kann keine Art von Vieh mehr dadurch Schaden thun. Daraus ergiebt sich demnach, daß nur der Wald, wo reine Baumholzbestände gleichaltrig erzogen werden, dadurch nicht leiden kann. Im Plenterwalde, wo Holz von jedem Alter unter einander steht, im Mittelwalde, wo die Samenpflanzen dem Viehe noch nicht entwachsen sind, wenn der Bestand schon wieder zum Hiebe kömmt, im Niederwalde, wo das Holz entweder niemals dem Maule des Viehes ganz entwächst oder die Mutterstöcke durch Samenpflanzen und natürliche oder künstliche Senker immer wieder ergänzt werden müssen, kann die Waldweide leicht so verderblich werden, daß bei ihr die Erziehung voller Holzbestände gar nicht möglich wird.

Das hängt dann aber wieder sehr von der Art des eingetriebenen Viehes und dessen Gewöhnung, so wie von den vorhandenen Holzarten ab. Am schädlichsten sind die Ziegen, die sich gern vom Laube und den saftigen Trieben des Holzes nähren, deshalb auch in den meisten Ländern ganz aus dem Walde verbannt sind. Die Pferde stehen in Bezug auf den Schaden, den sie durch das Verbeißen des Holzes thun, den Ziegen wenig nach, können auch sehr hoch reichen, so daß die jungen Bestände sehr lange gegen ihre Beweidung geschont werden müssen. Selbst wenn sie aber auch durch das Verbeißen der Wipfel nicht mehr nachtheilig werden können, schälen sie oft die Rinde in der Saftzeit ab, wie das Rothwild.

Bei dem Rindviehe entscheidet sehr die Gewöhnung, ob es die Holzpflanzen angreift oder nicht. Wo es hinreichend Gras oder wohlschmeckende Kräuter findet, ist dies in der Regel nicht der Fall; wo der Hunger es aber einmal genöthigt hat, sich vom Laube zu nähren, und es sich deshalb an dies gewöhnt hat, ziehet es oft dies selbst dem nahrhaftesten Grase vor.

In noch höherem Grade gilt dies von den Schafen, die bald gar kein Holz angreifen, so daß man auch die jüngsten Schonungen mit ihnen aushüten kann, ohne Schaden fürchten zu müssen, da sie alles Gras sorgfältig zwischen den Holzpflanzen auspflücken, bald so schlimm sind wie die Ziege und beinahe alle Holzarten ohne Ausnahme verbeißen. Im Allgemeinen sind sie für das Nadelholz unschädlich, den jungen Laubholzpflanzen werden sie aber oft sehr verderblich.

Die Schweine werden unter den Hausthieren am wenigsten schädlich im Walde, und durch das Verzehren einer großen Menge schädlicher Insecten und durch das Wundmachen des Bodens zur bessern Aufnahme des Samens sogar oft sehr nützlich. Blos in den ganz jungen Schonungen können sie durch das Wühlen auch junge Pflanzen beschädigen. Diese, o wie die besäeten Orte, sind aber überall gegen ihren Entrieb zu sichern.

Dirch das Abtreten der Erde und das dadurch bewirkte Bloßlegm der Erde kann von Pferden, Rindern, auch Schafen und Ziegen Schaden angerichtet werden, besonders wo beschlagme Pferde oder Ochsen einen regelmäßigen Triftzug an steil:n Hängen hin haben. Auch die Benarbung des Flugsan)es wird dadurch verhindert, und eine Trift über denselbe hin kann leicht Ursache des Flüchtigwerdens des Sandes sein. Dieser Schaden läßt sich jedoch durch die zweckmäsige Legung der Triftzüge leicht verhüten, so daß deshalb die Weide nicht aufgehoben zn werden braucht.

Wät nachtheiliger wird aber, daß man durch das Weideservitnt verhindert wird, bei Forsten, welche viel Blösen haben, oder viel räumlich bestandene unwüchsige Orte, rasch mit dem Anbaue derselben vorzuschreiten, da man die Hütungsfläche nicht bis über ein gewisses Maaß hinaus durch Einschonmgen beschränken darf. Es ist jedoch immer nur ein vorübergehender Uebelstand, welcher bei einer geregelten Wirthschaft nach und nach beseitigt werden kann, ohne daß man deshalb genöthigt ist, die Weide für immer abzulösen und dabei Opfer zu bringen, welche nicht durch einen beschleunigten Anbau ersetzt werden. Schlimmer ist es, wenn man dadurch verhindert wird, die vortheilhafteste Holzart aufzubauen und die vortheilhafteste Wirthschaft einzurichten, weil dabei die Weidenutzung, welche der Berechtigte zu fordern hat, geschmälert werden würde. So wird es unzulässig sein, Kiefer- und Mittelwald oder Pflanzwald mit Fichten anzubauen, weil in einem geschlossenen Fichtenbestande gar keine Nahrung für das Vieh ist, wie sie dasselbe in jenen Holzbeständen findet. Selbst die Umwandlung eines Mittel- und Kieferwaldes in Buchenhochwald wird sich aus gleichem Grunde der Weideberechtigte widersetzen können. Wenige derjenigen eines Eichenwaldes in Kiefern, weil diese letztere der Graserzeugung weniger nachtheilig ist als die Eiche, auch bei letzterer gewöhnlich die Hütung in der Mastzeit wegfällt. Wo die Waldweide ein Hinderniß bildet, den Holzgrund durch Umwandlung der Bestände vortheilhafter zu benutzen, wird sie in der Regel besser abgelöst.

Bei diesen Erörterungen ist jedoch überall von der Ansicht ausgegangen, daß der Wald das genügende Schonungsrecht hat, so daß die jungen Bestände, welche bei nachhaltiger Benutzung desselben regelmäßig nachgezogen werden müssen, so lange mit der Hütung verschont werden, bis sie nicht mehr durch das Vieh beschädigt werden können. Wo auf Grund besonderer Verträge, Documente oder Observanzen dies fehlt, bleibt natürlich nichts übrig, wenn man den Wald erhalten will, als die Weideberechtigung abzulösen, oder wenigstens auf eine Aenderung dieses Sachverhältnisses hinzuwirken.

Der Privatmann wird überall nur seinen eigenen Vortheil verfolgen, so weit dies innerhalb der gesetzlichen Schranken geschehen kann, bei der Staatsforstverwaltung kann man aber nicht einseitig blos das fiskalische Interesse in das Auge fassen, sondern muß dabei den höheren Gesichtspunkt festhalten, daß die Wirthschaft so geführt werden soll, daß dem Boden der größte Gesammtertrag abgewonnen wird, gleichviel wer das Einkommen davon bezieht. Dazu gehört natürlich, daß man den Verlust, den der Wald durch die Weidenutzung erleidet, wenn ein solcher überhaupt stattfindet, mit dem Werthe der Weide, den sie für den Berechtigten und für das Land überhaupt hat, verglichen wird. Die Waldweide kann vielleicht gar keinen Werth haben, wenn es möglich ist, das Vieh im Stalle zu füttern, statt es in den Wald zu treiben. Sehr oft ist die Nahrung, die es daselbst in großer Ferne suchen muß, so kärglich, daß besonders das Rindvieh sich nicht ganz ausbilden kann, der Fleisch- und Milchertrag, den es dabei liefert, ein unverhältnißmäßig geringer ist. Dabei wird der werthvolle Dünger, den die hungrigen Aecker nöthig bedürfen, größtentheils vertragen und geht ungenutzt verloren, auch sind manche Weiden sogar ungesund und erzeugen oft Blutharnen, Klauenseuche, Milzbrand und andere Krankheiten, gegen die das Vieh im Stalle weit leichter gesichert ist. Darum haben auch viele Landwirthe die Waldweide freiwillig aufgegeben, weil sie einsahen, daß sie ihnen mehr kostete als eintrug, daß sie ihre Aecker weit höher benutzten, wenn sie einen Theil derselben zum Futterbaue verwendeten und Stallfütterung einführten.

Wo dies aber entweder wegen des Klimas und Bodens oder auch der zu großen Theilung des letztern nicht ausführbar ist, kann aber auch die ganze Existenz der Bewohner von der Benutzung der Waldrinde abhängig sein. Dies ist der Fall in vielen höhern Gebirgsgegenden, wo oft der Weideertrag größer ist als der Holzertrag, und selbst in Sandgegenden kann sie, so schlecht sie auch ist, doch unentbehrlich sein, weil man das Vieh gar nicht zu erhalten wüßte, da auf dem armen Boden keine Futterkräuter wachsen. Dann ist auch oft der kleine Grundbesitzer, der Leerhäusler und Einlieger, der nur wenige Morgen Land oder gar keins hat, vermittelst der Benutzung der Waldweide im Stande, das ihm unentbehrliche Vieh zu erhalten. Vorzüglich die Schäfereien sind in vielen Gegenden Deutschlands vorzugsweise auf dieselbe angewiesen, und wollte man alle Schafe aus den Kieferheiden der östlichen Provinzen Preußens verbannen, so würde dieser wichtige Zweig der Landwirthschaft sich sicher nicht in der Ausdehnung erhalten können, die er zum Wohle des Landes in der neuern Zeit erlangt hat. Auch die Schweinezucht ist oft, besonders nachdem die Angerweiden größtentheils getheilt und urbar gemacht worden sind, lediglich von der Benutzung der Waldweide abhängig.

So kann denn hinsichts der Beschränkung und Ablösung der Waldweide selbst da, wo sie Nachtheile für den Wald hat, nicht allein nach den Ansichten und Wünschen des Forstwirths verfahren werden, sondern man muß auch die des umsichtigen und unparteiischen Landwirths darüber kennen lernen, der besonders die Verhältnisse der kleinen Grundbesitzer genau kennt. Sie aber da aufheben und ablösen zu wollen, wo sie dem Walde gar nicht nachtheilig wird, wäre die größte Thorheit, die man begehen könnte; denn man würde dadurch den Gesammtertrag des Waldbodens sehr bedeutend vermindern und dem ärmsten Theil des Volkes ein sicheres und wichtiges Existenzmittel rauben. Daß sie aber in einzelnen Fällen, wo sie die vortheilhaftere Benutzung des Bodens, z. B. die Umwandlung des Waldgrundes in Kulturland, hindert, ablösbar sein muß, ist eben so unbestreitbar. Auch ist nichts gegen die Ablösung derselben als Servitut zu sagen, wenn man sie vielleicht wieder eben so vortheilhaft und dabei so geregelt, wie es das Bedürfniß des Waldes verlangt, verpachten kann.

§. 11.
Die Gräsereigerechtigkeit.

Sie besteht in der Befugniß, das Gras im Walde mit der Sichel oder Sense abschneiden oder ausrupfen zu dürfen, um es als Viehfutter benutzen zu können. Die Anwendung der Sense ist nur auf größern holzfreien Stellen möglich und immer gefährlich, da mit derselben selbst noch stärkere Pflanzen durchgehauen werden können. Dies Instrument ist daher auch gewöhnlich verpönt. In Preußen ist sogar durch das Allgemeine Landrecht die Hausichel verboten und nur die Zahnsichel, mit der das Gras nicht abgehauen, sondern nur abgerissen werden kann, gestattet, weil damit selbst schwächere Holzpflanzen nicht mehr durchgeschnitten werden können. Die Beschränkung des Grasschneidens ist aber in den Gegenden, wo man die Zahnsichel gar nicht kennt, niemals zur Anwendung gekommen.

Es giebt dies Recht das Mittel, auch in den Schonungen, die noch nicht behütet werden dürfen, das Gras benutzen zu können, was daselbst gewöhnlich am besten wächst und am reichlichsten vorhanden ist. Braucht es nicht eher gestattet zu werden, als bis das junge Holz stark genug ist, um nicht mehr mit der Sichel durchgeschnitten werden zu können, wird dabei das Abschneiden einer Pflanze, die man in dem Grase immer entdecken kann, bestraft, so kann man dies Recht als ein durchaus unschädliches bezeichnen. Gewöhnlich wird es nur von denen benutzt, die keine eigenen oder zu wenige Grundstücke haben, um das Futter für das Vieh darauf gewinnen zu können, und die darin ein Mittel finden, sich dies durch die Arbeit, die sie oft sonst gar nicht zu verwerthen wüßten, zu verschaffen. Das Gras selbst hat für die Waldwirthschaft gar keinen Werth, wird sogar oft dadurch nachtheilig, daß es den Mäusen und Insecten Schutz gewährt und diese veranlaßt, sich in den genannten Schonungen aufzuhalten und diese zu beschädigen. Eben so legt es sich auch bei Platten- und Reifensaaten über die jungen Pflanzen weg und erstickt diese, während es zwischen diesen sehr gut ausgeschnitten werden kann. Besonders reiche Grasernten bieten oft die Brücher in den Sandgegenden dar, wo das Gras zwischen den hohen Erlensträuchen sogar ohne Nachtheil gemähet werden kann, und wo die Bewohner ihr Futter und selbst ihre Stallstreu lediglich durch das Gräsereirecht gewinnen.

Eine Veranlassung zu seiner Ablösung kann daher nur darin liegen, daß man über die Benutzung des Bodens anderweitig disponiren will, oder daß es in einer Art ausgeübt wird, wobei man die Beschädigung der Holzpflanzen zu fürchten hat und verhindert ist, volle Bestände zu erziehen.

Das Recht des Schneidens von Schilf, Binsen und Rohr kann unter demselben Gesichtspunkte betrachtet werden wie die Gräsereigerechtigkeit. Es kommt nur in den Brüchern vor, und da es deren Entwässerung und Kultur, selbst die Erziehung geschlossener Holzbestände, in deren Schatten diese Gewächse sich nicht erhalten können, verhindern würde, so muß es zwar ablösbar sein, so lange aber die Brücher in dem Zustande verbleiben, worin sie gedeihen können, wird selten eine Veranlassung sein, dafür große Opfer zu bringen, die nicht durch den Ertrag derselben wieder gedeckt würden.

§. 12.
Das Recht des Laubstreifelns.

Es besteht dies Recht darin, daß auf Grund desselben das grüne Laub im Niederwalde im Sommer und Herbst abgestreift werden darf, um grün oder getrocknet als Viehfutter verwendet werden zu können. Es erhält dadurch allerdings die besitzlose Volksklasse das Mittel, eine Ziege oder ein paar Schafe zu ernähren, und ist in so fern für diese ein wohlthätiges und werthvolles Nutzungsrecht; es wird aber in der Regel in so nachtheiliger Art ausgeübt, daß es für den Holzbestand sehr zerstörend wird und darum nicht geduldet werden kann. Wenn es auf den letzten Jahresschlag des Niederwaldes beschränkt werden kann, so daß das Laub der erreichbaren Zweige kurz vor dem Absterben im September gestreift wird, so ist die Gewinnung desselben ganz unschädlich; denn die Holzung des Jahres ist dann beendigt, und für die Humuserzeugung hat es wenig oder gar keinen Werth, wenn das Holz gleich darauf gehauen wird, da es dann wegen Mangel an Schutz nicht verfault und gewöhnlich für diese ganz verloren geht. Es wäre daher sehr zu wünschen, daß den Landbewohnern, welche gar keinen Grundbesitz haben, stets gestattet würde, das Laub des letzten Schlages des Niederwaldes von kurzem Umtriebe, im Herbste vor dem Abtrieb abstreifen zu dürfen, da man dadurch die Futtermittel, besonders für Ziegen, die für den Armen ein so werthvolles Hausthier sind, sehr vermehren würde. Es würde sogar wünschenswerth sein, daß man die Gewinnung des Futterlaubes vor dem Abtrieb des Buschholzes auch da regelmäßig der ärmern Volksklasse gestattet, wo keine Berechtigung darauf stattfindet. Dieser Beschränkung kann das Laubstreifeln da, wo es als Servitut vorkömmt, aber gewöhnlich nicht unterworfen werden, indem dann die Berechtigten auch auf den jüngern Schlägen, wo der Holzwuchs noch nicht beendigt ist, und sogar oft schon im Spätsommer, wo die Knospen für das künftige Jahr noch nicht einmal ausgebildet sind, das Laub abreißen, auch wohl, wenn sich die Knospen schon entwickelt haben, diese mit abstreifen. Da das Laub zum Leben und Wachsen des Holzes unentbehrlich ist, so wirkt die Wegnahme desselben zu einer Zeit, wo das jährliche Wachsthum desselben noch nicht beendigt ist, natürlich sehr verderblich auf die Ausbildung, besonders der neuesten Jahrestriebe ein, zumal wenn auch die Knospen mit abgestreift werden, so daß im folgenden Frühjahr erst wieder neue gebildet werden müssen, wenn Blätter ausschlagen sollen. Dadurch wird das Holz so sehr im Wuchse zurückgebracht, daß der Verlust am Zuwachse weit größer ist als der Werth des gewonnenen Laubes, wo man dann das Recht zur Gewinnung dieses letztern nur als ein sehr nachtheiliges bezeichnen kann, was durchaus abgelöst werden muß. Sehr wünschenswerth ist es jedoch, daß dabei Rücksicht darauf genommen wird, daß durch eine solche Ablösung dem Armen nicht die Mittel zur Erhaltung seiner Ziegen oder Schafe geraubt werden, und daß man Sorge trägt, ihm Gelegenheit zu geben, das Laub entweder ferner auf eine unschädliche Art gewinnen zu können, oder daß er für das Recht, das er aufgiebt, wenigstens mit Kulturlande entschädigt wird.

§. 13.
Das Streurechen.

Das Recht, das abgefallene Laub oder die Nadeln, das sich bildende Moos oder jede andere Bodendecke, die mit dem Harken weggenommen werden kann, sammeln und zur Einstreu für das Vieh und als Düngematerial verwenden zu dürfen, zeigt sich in seinen Folgen für den Wald als das allerverderblichste Servitut, wenn es nicht unter den nöthigen Beschränkungen ausgeübt wird oder Verhältnisse stattfinden, unter denen das Laub werthlos für die Bodenverbesserung wird und der Schutz, den es dem Boden gewährt, entbehrt werden kann. Einmal haben wir nur wenig Waldboden, welcher nicht zuletzt seine Fruchtbarkeit ganz verliert, wenn alles, was er erzeugt, weggenommen wird und er gar keinen Ersatz der organischen Bestandtheile, die fortwährend zur Ernährung der Gewächse von diesen consumirt werden, stattfindet. Nur etwa der Flußboden, welcher durch die Ueberschwemmung mit schlickführendem Wasser gedüngt wird, bedarf das Laub nicht zur Erhaltung seiner Bodenkraft und kann allenfalls seine ganze Erzeugung zur Benutzung abgeben, ohne an Fruchtbarkeit zu verlieren. Sonst sehen wir aber schon an den Waldwiesen, daß sich selbst der fruchtbarste Boden zuletzt erschöpft, wenn er nicht etwa Nährstoffe durch das Wasser zugeführt erhält, wenn ihm fortwährend seine ganze Erzeugung ohne allen Ersatz geraubt wird.

Die Wirkung des Streurechens zeigt sich jedoch bald mehr, bald weniger hervortretend, je nachdem der Boden von Natur an Nährstoffen reicher oder ärmer, frischer oder trockner ist, die Bäume mehr an die Ernährung aus der Luft oder aus dem Boden angewiesen sind, flacher oder tiefer wurzeln. Der kräftige Lehmboden erträgt es länger und im ausgedehnteren Maaße wie der arme Sandboden, der trockne Kalkboden, in dem ohnehin eine sehr rasche Auflösung des Humus erfolgt, leidet mehr darunter als die feuchten Bruchböden. Die mehr Ansprüche an die Bodenkraft machende Buche wird dadurch mehr im Wuchse zurückgebracht und eher in einen krankhaften Zustand versetzt als die genügsame Kiefer, welche oft mehr aus der Luft lebt, als daß ihr der Boden viel Nahrung giebt, da wir sie selbst auf dem ärmsten Sandboden noch vegetiren sehen. Für die flachwurzelnde Fichte wird es viel verderblicher als bei dem räumlich erzogenen Pflanzenwald, der eine sehr tiefgehende Wurzelbildung hat und in dem das Laub doch oft vom Winde weggeweht wird, so daß es dem Boden doch nicht zu gute kömmt, wenn auch kein Streurechen darin stattfindet. Allen früher sehr im Schlusse aufgewachsenen Beständen wird es nachtheiliger als den räumlich erwachsenen, da in erstern stets die Wurzeln mehr in der Oberfläche streichen. Am allernachtheiligsten wird es in dem flach bewurzelten Niederwalde, weil dadurch zugleich die Bildung natürlicher Senker verhindert wird und die Stockausschläge, wenn sie sich nicht an der Erde mit Laube bedecken, sich nicht selbstständig bewurzeln können.

Dann sind die Nachtheile desselben natürlich auch sehr verschieden, je nachdem es mehr oder weniger ausgedehnt wird. Je jünger die Bestände sind, in denen man die Streu sammelt, desto mehr leiden sie darunter und desto vernichtender wirkt sie, je älter, desto eher können sie es ertragen, schon weil dann die Wurzeln mehr in die Tiefe gedrungen sind. Der Wuchs eines 20jährigen Kiefernbestandes stockt augenblicklich, so wie man die schützende Nadeldecke hinwegnimmt, in einem 120jährigen, der sich dicht gestellt hat, wo die Nadeln wegen Mangel an Feuchtigkeit nicht verfaulen und wenig mehr zum Schutze oder zur Verbesserung des Bodens beitragen, bemerkt man oft kaum noch einen Einfluß davon, wenn sie weggenommen werden. Das liegt darin, daß der Nachtheil, der durch das Streurechen entsteht, nicht allein darin besteht, daß dadurch eine Verminderung oder Erschöpfung an organischen Bestandtheilen herbeigeführt wird, die doch vorzugsweise zur Ernährung des Holzes dienen, sondern oft vorzugsweise darin, daß dem Boden die schützende Decke geraubt wird, welche das Ausbrechen desselben, so wie das Eindringen des Frostes hindert. Deshalb bemerkt man in den jüngern Beständen, so wie sie dem Streurechen geöffnet werden, eine augenblickliche Stockung des Wuchses, was man sehr deutlich an dem Zurückbleiben der Höhentriebe erkennen kann. Eine Verminderung des Humusgehaltes kann noch nicht dadurch erfolgt sein; denn das weggenommene Laub würde noch nicht verweset sein, wenn es auch liegen geblieben wäre. Die nachtheilige Wirkung der Wegnahme desselben besteht zunächst nur darin, daß der Boden unbedeckt zu sehr unter dem Austrocknen leidet. Ebenso findet man auch, daß in strengen Wintern sogleich Ulmen und selbst Buchen erfrieren, so wie die Laubdecke fehlte, welche das Eindringen des Frostes in den Boden hindert. Eben daraus erklärt es sich auch, warum die Wipfeldürre in Buchen so oft eine Begleiterin des Streurechens ist.

Die Wegnahme des Grases, Mooses, Heidekrautes ist zwar weniger nachtheilig als die des Laubes, aber es wird dadurch doch ebenfalls eine Verminderung der Humuserzeugung und des Bodenschutzes bewirkt. Besonders sind Moose und Flechten auf dem ärmeren Boden oft diejenigen Gewächse, welche den höheren Pflanzen zuerst die organischen Stoffe liefern, und es ist eine ganz irrige Ansicht, wenn man glaubt, daß sie den Boden auszehren. Sie leben mehr aus der Luft als aus dem Boden und die Bestandtheile, welche sie jener entzogen, kommen diesem zu gute.

Wenn nun die Wirkung des Streurechens nach dem Boden, der Holzgattung und dem Alter, welches das Holz erreicht, der Betriebsart, der Ausdehnung, in der es stattfindet, sehr verschieden sein kann, so wird man auch anerkennen müssen, daß es ganz unmöglich ist, wie es wohl verlangt und versucht worden, einen bestimmten Verlust anzugeben, der bei der Holzerzeugung dadurch entsteht. Daß es stets nachtheilig für den Wald ist, wenn es sich nicht etwa blos auf die Wegnahme der Bodendecke behufs der Wundmachung zur Besaamung beschränkt, ist unbestreitbar; wie groß oder klein aber die Nachtheile sind, welche dadurch entstehen, hängt von den erwähnten, oft sehr verschiedenartigen Verhältnissen und der Art der Ausübung des Rechts ab. Daß aber bei einem beschränkten Streurechen nothwendig eine solche Bodenerschöpfung eintreten müsse, daß die ganze Holzerzeugung verloren geht, ist eine Uebertreibung, von welcher das Unrichtige leicht nachzuweisen ist. Wenn der Wald sich ganz selbst überlassen bleibt, so vergrößert sich der Humusgehalt des Bodens ununterbrochen, indem der Kohlenstoff, welcher aus der Luft durch die Blätter aufgenommen und der in feste Theile des Baumes verwandelt wird, nach dem Absterben derselben und ihrer Verwesung die organischen Bestandtheile des Bodens vermehrt. Es liefert auf diese Weise der Baum dem Boden mehr Nährstoffe, als die Wurzeln ihm entzogen haben. Selbst wenn das eigentliche Holz benutzt und dem Boden entzogen wird, so reicht schon der Blattabfall in geschlossenen Beständen hin, um diese Verbesserung desselben zu bewirken. Das sehen wir an den mit Kiefern bebauten Dünen und Sandschollen, an den mit Fichten bepflanzten kahlen Felsenhängen, besonders aber in den sich auf nackten Steinen ansiedelnden Krummholzkiefern, wo sich schon durch den Nadelabfall allein in kurzer Zeit eine bedeutende Humusschicht bildet. Ist es nun aber der Fall, daß geschlossene Holzbestände, wenn ihnen kein Laub entzogen wird, dem Boden mehr Nährstoffe liefern als entziehen, so muß nothwendig auch ein bestimmter Theil des Laubes noch anderweitig benutzt und dabei doch der gegenwärtig vorhandene Fruchtbarkeitsgrad unverändert werden können. Gelingt dieses aber, um dabei so viel Holz erziehen zu können, als wir bedürfen, so ist kein Grund vorhanden, die Verwendung eines Theils der Waldstreu auch zu andern Zwecken zu verwenden als zur Verbesserung des Waldbodens, wenn dies mit größerem Gewinne geschehen kann. Würde er aber durch das Streurechen zuletzt — ob etwas früher oder später ist dabei gleich — zur gänzlichen Unfruchtbarkeit herabgebracht, so wäre es keinem Zweifel unterworfen, daß es ganz untersagt werden müßte, denn mit der Holzerzeugung ginge auch die Streunutzung verloren. Nicht blos nach der Theorie, sondern auch nach den vorhandenen Erfahrungen läßt sich aber darthun, daß bei einem schon Jahrhunderte dauernden, gehörig beschränkten Streurechen sich die Fruchtbarkeit des Waldbodens unverändert erhalten hat, wenn die Bodenzustände nicht zu ungünstig waren.

Es muß also, ehe man überhaupt über die nothwendige Aufhebung dieser Berechtigung und selbst über die Ausdehnung seiner Beschränkung entscheiden kann, die Frage beantwortet werden: ob die dem Walde entzogene Waldstreu dem Walde mehr kostet als dem Landbaue einbringt? —

Auch dies kann sehr verschieden sein, denn nicht blos, daß der Nachtheil, den das Streurechen dem Walde verursacht, ein sehr verschiedener sein kann, auch die Entbehrlosigkeit oder Unentbehrlosigkeit, der Werth oder Unwerth, den die Waldstreu für den Ackerbauer hat, kann bald behauptet, bald bestritten werden, bald bedeutend, bald gar nicht vorhanden sein.

Bei einem Boden von natürlicher Fruchtbarkeit, dem das, was ihm durch die Kulturfrüchte entzogen wird, wenigstens größtentheils als Dünger zurückgegeben werden kann, hat man keinen Zuschuß an Düngungsmaterial aus dem Walde nöthig; er erhält sich selbst hinsichts seiner Productionsfähigkeit. Anders ist es aber, wenn er nichts von dem, was er erzeugt, zurückerhält, er wird zuletzt, selbst bei großer Fruchtbarkeit, erschöpft werden, wenn er nicht etwa, wie in den Flußthälern, durch das übertretende Wasser gedüngt wird. Diese Erschöpfung wird aber desto früher eintreten, je ärmer der Boden von Natur ist. Dieser so einfache wie unbestreitbare Satz wird nun in seiner Anwendung auf die landwirthschaftlichen Verhältnisse zuerst zu der Schlußfolge führen, daß je getheilter der Grundbesitz ist, desto unentbehrlicher die Waldstreu sein wird, ebenso daß die Kulturarten, wobei der Boden von dem, was er erzeugt, nichts zurück erhält, die Waldstreu nöthiger bedürfen als der gewöhnliche Körnerbau, bei dem wenigstens das Stroh dem Dünger wieder zu gute kömmt. In der fortwährend zunehmenden Theilung des Bodens, in dem stärkern Anbaue von

Kartoffeln, Taback, Wein, von denen allen der Boden wenig oder nichts zurückerhält, liegen denn auch die in den neuern Zeiten so sehr gesteigerten Ansprüche an den Wald hinsichts der Abgabe von Waldstreu, die oft so weit ausgedehnt werden, daß sie allerdings die Erhaltung desselben gefährden, oder wenigstens zum Anbau von Nadelhölzern statt der bisher gezogenen, mehr Bodenkraft verlangenden Laubhölzer nöthigen.

Ein Grundbesitzer, welcher so viel Kulturland besitzt, daß er einen regelmäßigen Fruchtwechsel einführen kann, der Futterkräuter baut und eine ausreichende Menge Wiesen hat, gleichviel ob künstliche oder natürliche, der Stallfütterung einführen kann, wird die Waldstreu weder bedürfen, noch einen Werth auf sie legen. Selbst in dem Sandboden der östlichen Provinzen Preußens haben die größern Wirthschaften, welche von rationell gebildeten Landwirthen geleitet werden, überall freiwillig auf die Waldstreu, die sonst allgemein benutzt wurde, verzichtet. Ja man sieht es als das Zeichen eines noch sehr niedrigen Kulturzustandes an, wo diese noch zum Einstreu in die Ställe verwandt wird.

Wenn dagegen der Tagelöhner oder Leerhäusler sich einen Morgen Land pachtet oder kauft, den er alljährlich mit Kartoffeln bepflanzt, die von der Familie verzehrt werden, oder wenn in Süddeutschland eine solche von einem gleich großen Weinberge leben und diesen jährlich düngen will, so werden diese Leute die Waldstreu für das Vieh, was sie sich halten, nicht entbehren können. Ersatzmittel derselben giebt es auf dem Lande entweder nicht, oder die Benutzung und richtige Verwendung, die Bereitung von anderem Dünger ist dem kleinen Landbauer nicht bekannt oder weniger ausführbar, weil sie zu kostbar wird. Diesen muß er aber nothwendig haben, wenn er alljährlich einen Ertrag von seiner kleinen Kulturfläche haben will — was bleibt ihm da anders übrig, als seine Zuflucht zum Walde zu nehmen.

Dann macht es auch einen großen Unterschied, ob in

einer Gegend viel Wiesen und Niederungen sind, die ihr Product dem Felde als Zuschuß zur Düngung geben, oder ob diese ebenfalls fehlen.

Darum ist das Streurechen besonders in solchen Gegenden Bedürfniß, wo viel Wein- und Tabaksbau ist, wo bei einer starken Bevölkerung das Feld alljährlich tragen soll.

Dies Alles muß bei der Gesetzgebung, wodurch das Streurechen geregelt werden soll, berücksichtigt werden. Sie kann daher auch nur lokal sein, indem dabei die landwirthschaftlichen Verhältnisse jeder Gegend beachtet werden müssen.

Mag nun aber auch die Waldstreu noch so unentbehrlich sein, mag sie für die Landwirthschaft auch den größten Werth haben, deshalb muß das Streurechen doch so weit beschränkt werden, daß dabei die Fruchtbarkeit des Waldbodens erhalten und nicht vermindert wird. Ja, man kann sogar den Satz aufstellen, daß, je dringender das Streubedürfniß, je unentbehrlicher die Benutzung der Waldstreu wirklich für die Landwirthschaft ist, desto unerläßlicher muß die Beschränkung zum eignen Wohle des Landbauers bis zu diesem Maaße eintreten. Sowie eine Abnahme der Bodenkraft eintritt, vermindert sich nicht blos die Holzerzeugung, sondern auch gleichmäßig der Blattabfall. Die Blätter und Nadeln sitzen stets vorzugsweise an den jüngsten Trieben und Zweigen, und je lebhafter der Wuchs des Holzes ist, desto länger und mit zahlreichern Blättern sind diese besetzt. Die Abnahme der Bodenkräfte hat die Folge, daß der Trieb kürzer und dünner werden, folglich auch weniger Nadeln oder Blätter daran sitzen, natürlich auch der Blattabwurf geringer wird. Es giebt Fälle, wo durch rücksichtsloses Streurechen auf einem naturarmen Boden, selbst in Kieferforsten, die es doch noch am ersten ertragen, die Bodenkraft so heruntergebracht worden ist, daß in 10 bis 20jährigen oder ältern Beständen die Wipfeltriebe sich im Jahre kaum um einen Zoll Länge vergrößern. In diesen ist dann aber auch der Nadelabwurf so gering, daß der Morgen jährlich kaum eine Traglast oder Schubkarren voll Streu liefert und dabei noch oft mehr Flechten als Nadeln gesammelt werden. Darin liegt es denn auch, warum der gute Boden mehr Waldstreu liefert als der schlechte. Die Verwüstung des Bodens und der Bestände durch rücksichtsloses Streurechen, heißt die Henne schlachten, welche die goldnen Eier legt. Der Wald muß dagegen geschützt werden, weil ihn das Land und die Berechtigten nicht entbehren kann und kein Vertrag, kein verjährtes juristisches Recht, kann den Berechtigten in einer Art des Streurechens schützen, wobei sich der Wald nicht erhalten könnte. Es würde aber auch wieder ganz unverantwortlich sein, in einer waldreichen Gegend, wo mehr Holz erzeugt wird, als bedurft wird und noch viel des vorhandenen unbenutzt bleibt, wo aber unleugbar die Waldstreu Bedürfniß ist, die Benutzung derselben zu Gunsten des Waldes untersagen zu wollen. Auch die unbedingte Ablösung des Rechts darauf, kann man nur da verlangen, wo man entweder darthun kann, daß sie von den Ackerbauern ohne Nachtheil entbehrt werden kann, oder wo man ihnen eine solche Entschädigung anzubieten vermag, daß sie den Zweck, wozu sie die Waldstreu aus dem Walde beziehen, eben so gut dadurch erreichen können.

Auch das Untersagen des Strohverkaufs von Seiten der Streuberechtigten, um den Streubezug aus dem Walde zu vermindern, läßt sich nicht rechtfertigen. Einmal verschafft sich dadurch der Berechtigte vielleicht eine Einnahme, die er zu seiner Existenz gar nicht entbehren kann und von jeher rechtlich bezog, und dann muß ja doch am Ende irgend Stroh verkaufen, wenn die Militär- und Postbehörden, die Frachtfuhrleute und Pferdehalter in den Städten, alle die, welche solches bedürfen, es selten beschaffen können, wenn sie selbst kein Land haben. Es würde ja zuletzt kein Mensch als ein Ackerbesitzer einen Strohhut mehr flechten können, wenn gar kein Stroh verkauft werden dürfte.

§. 14.
Das Recht zum Plaggen- und Bültenhiebe.

Wenn bei dem Streurechen blos die lockre Bodendecke mit dem Hacken weggenommen wird, so schält man bei dem Plaggenhauen die ganze Benarbung des Bodens mit der Hacke ab. Gewöhnlich findet es nur da statt, wo Haide kommt, Heidelbeeren oder andre Gewächse diesen so mit Wurzeln durchziehen, daß sich die Erde zwischen diesen festhält und die Plaggen also theils aus diesen Gewächsen, theils aus der obern Erdschicht bestehen. Sie werden ebenfalls zum Einstreuen für das Vieh verwandt, wie die Waldstreu, oft aber auch wohl blos in Haufen gebracht und mit Mistjauche übergossen, damit die Wurzeln und alle Theile der Gewächse verfaulen, um sie dann als Dünger benutzen zu können. Das Plaggenhauen muß demnach noch nachtheiliger für den Boden werden, als das Streurechen, da bei ihm die ganze obre Humusschicht mit weggenommen wird. Es kann aber im dichten Holzbestande in der Regel nicht mehr stattfinden, da sich im Schatten desselben keine solche Bodenbedeckung findet, wodurch die Plaggen gebildet werden und ist mehr auf die Haiden und Waldböden beschränkt, so daß wenigstens die vorhandenen Holzbestände weniger darunter leiden, als unter dem Streurechen. Sollen aber diese mit geschlossenen Holzbeständen angebaut werden, so ist die Ablösung der Berechtigung, Plaggen zu hauen, schon darum unerläßlich, weil sie in diesen gar nicht ausgeübt werden konnte. Im räumlich bestandenen Walde kann zwar das Plaggenhauen auch stattfinden, dann muß es aber wenigstens so weit beschränkt werden, daß, so weit die Wurzeln der Bäume reichen, die Bodendecke unversehrt bleibt, damit diese nicht beschädigt werden. In einem regelmäßig bewirthschafteten Walde wird diese Berechtigung daher niemals geduldet werden können.

Der Bültenhieb besteht darin, daß die in den Brüchen

sich bildenden Grasbülten ausgehauen werden, um sie als Streumaterial zu verwenden. Es ist an sich den vorhandenen wie den zu erziehenden Holzbeständen nicht nachtheilig, verhindert aber, wo er besteht, die Entwässerung und Kultur der Brücher, da die Bülten sich nur in denen bilden, welche sehr naß sind und dieselben sich nicht erzeugen können, wenn der Boden trocken gelegt oder mit einem dichten Holzbestande angebaut werden, und muß deshalb ablösbar sein. Es ist in der Regel diese Benutzung der Bülten von so geringem Ertrage, daß dies auch wohl überall mit sehr geringen Opfern möglich sein wird, wenn auch der Berechtigte die volle Entschädigung erhält.

§. 15.

Das Recht des Torfstechens.

Es besteht darin, daß der Berechtigte befugt ist, auf fremdem Grunde seinen Bedarf an Torf zu stechen. Wo dies geschieht, wird der Torfstich niemals regelmäßig betrieben werden, es werden keine kostbaren Entäußerungen angelegt werden, um den Torf vollständig bis in eine größere Tiefe ausstechen zu können, wo stets die werthvollsten Torfschichten liegen, es werden vielmehr immer nur die Stellen ausgesucht, wo die Gewinnung am leichtesten und mit dem geringsten Kostenaufwande bewirkt werden kann. Dadurch entsteht ein Raubbau, bei dem keine regelmäßige Benutzung der Vorräthe möglich ist. Noch weniger aber wird der Berechtigte darauf sehen, daß der ausgestochene Torfgrund in einen Zustand versetzt wird, worin der Boden entweder als Kulturland benutzt werden kann, oder eine Wiedererzeugung des Torfes stattfindet, um den Torf nachhaltig benutzen zu können. Da nun auch beinahe immer die Ablösung durch Abtretung von Torfgrund, der dann nachhaltig benutzt werden muß, ohne alle Opfer von Seiten des Belasteten bewirkt werden kann, so ist diese jedenfalls wünschenswerth. Er gewinnt dadurch wenigstens das Recht, über die von dem Servitute befreiten übrigen, ihm verbleibenden Torfbrücher frei bestimmen und sie entweder für sich zum Torfstiche benutzen oder sie für einen andern Zweck benutzen zu können, was nicht zulässig ist, so lange noch einem Dritten das Recht darauf zusteht, überall, wo es ihm vortheilhaft erscheint, seinen Bedarf an Torf stechen zu können.

Das Recht kömmt übrigens sehr selten in dem Walde vor, da da, wo sich Wald vorfindet, die Torfbenutzung gewöhnlich erst in der neuern Zeit entstanden ist, wo kein Recht auf dem Torf mehr eingeräumt wurde.

§. 16.
Von den nicht ablösbaren Servituten.

Es giebt auch manche Berechtigungen im Walde, die man entweder für ganz unablösbar erklären muß, weil man nicht im Stande ist, eine passende Entschädigung dafür zu geben, oder deren Ablösung doch nicht rathsam ist, weil die Kosten derselben stets unverhältnißmäßig ganz gegen den davon zu erwartenden Vortheil sein würden.

Dahin gehört zuerst die Wegegerechtigkeit, auf Grund welcher Jemand das Recht hat, über ein fremdes Grundstück zu fahren oder zu gehen, um zu dem seinigen zu gelangen oder die darauf genommenen Producte abzufahren. Hierzu kann auch das Triftrecht gezählt werden, welches die Befugniß giebt, das Vieh über ein fremdes Grundstück zu treiben, um die Weide benutzen zu können.

Das Recht, Viehstände, Viehlager oder Melkplätze in einem fremden Walde halten zu dürfen, Sümpfe oder Pfähle zum Schafschwemmen oder Waschen benutzen zu können, das Vieh an Tränkplätze führen zu dürfen, was oft sehr unangenehm sein kann, läßt sich nur dann beseitigen, wenn man im Stande ist, andere eben so gut geeignete Stellen dazu anzuweisen und an den Berechtigten für diesen Gebrauch ganz abzutreten.

Das Recht, Waldbäche zur Wässerung der Wiesen benutzen und dazu die erforderlichen Vorrichtungen treffen zu können, ist für die Bodenkultur als vortheilhaft zu bezeichnen und kann schon darum nicht für ablösbar erklärt werden.

Ebenso das Flößrecht, was die Befugniß giebt, das durch fremde Grundstücke fließende Wasser, wenn auch dasselbe als ein Privateigenthum anzusehen sein sollte, zum Flößen des Holzes benutzen zu dürfen.

Das Recht, Lehm- und Kies-Mergelgruben benutzen zu dürfen, ist nur dann ablösbar, wenn man dem Berechtigten solchen Grund und Boden abtreten kann, auf welchem er das, was er an Thon, Lehm, Kies oder Mergel braucht, für immer in hinreichender Menge und ohne vergrößerten Kostenaufwand findet und gewinnen kann.

Das Ablagerecht, was demjenigen, der es besitzt, die Befugniß giebt, das Holz, die Steine oder Producte, welche er auf dem berechtigten Grundstücke gewinnt, auf bestimmten Plätzen aufstellen oder ablagern zu können, ist so wenig nachtheilig als ablösbar, wenn es zum Verfahren oder Verkaufen dieser Producte bedurft wird.

In Preußen können übrigens nur diejenigen Servituten abgelöst werden, die ausdrücklich als ablösbar im Gesetz bezeichnet sind, wenn es nicht etwa im Wege der freiwilligen Einigung geschieht, die natürlich den Parteien frei steht.

§. 17.

Von den allgemeinen Grundsätzen der erzwungenen Ablösung der Wald-Servituten.

Ein Gesetz, wonach die Ablösung derjenigen Servituten, welche die vortheilhafteste Benutzung des Bodens hindern auch wider den Willen des Berechtigten erzwungen werden kann, insofern ihm eine genügende Entschädigung dafür zu bieten ist, muß in jedem Lande vorhanden sein. Ohne dasselbe würde ein unveränderter Zustand der Forst- und Landwirthschaft der Art der Benutzung des Bodens festgehalten werden, oder der Grundeigenthümer authorisirt sein müssen, seinen Vortheil auf Kosten dessen, dem ein Nutzungsrecht im Walde zusteht, ungehindert verfolgen zu können. Beides ist nicht zulässig. Mit zunehmender Bevölkerung wird in den Gegenden, welche von Natur waldreich sind, welche Holzersatzmittel haben und wo in den Wäldern noch kulturfähiger Boden ist, eine Verkleinerung der Wald- und Vergrößerung der Kulturfläche ganz unvermeidlich, sowohl die Art der Bewirthschaftung des Waldes, als die des Kulturlandes ändern sich fortwährend, weil man besser einsehen lernt, wie man verfahren muß, wenn man dem Boden den größten Ertrag abgewinnen will. Eine nothwendige und vortheilhafte Aenderung ist aber sehr häufig nicht ausführbar, so lange die auf dem Walde lastenden fremden Rechte einen bestimmten Zustand desselben bedingen. Manche Berechtigungen setzen auch einen großen Ueberfluß an Holze voraus, veranlassen Verschwendung desselben oder verhindern die vollkommene und vortheilhafte Benutzung des Waldes, so daß sie nothwendig schon aus allgemeinen polizeilichen Rücksichten beseitigt werden müssen.

Daß sich alle die, denen Nutzungsrechte in einem fremden Walde zustehen, eine Beschränkung derselben, ohne alle Entschädigung, soweit müssen gefallen lassen, als es die Erhaltung des Waldes durchaus erfordert, ist schon oben bemerkt worden. Jeder, der die Vortheile des gesellschaftlichen Verbandes genießen will, muß sich auch die Beschränkung seines Rechts oder freien Willens soweit gefallen lassen, wie es zum Wohl und zur Erhaltung der bürgerlichen Gesellschaft unerläßlich ist. Diese kann zu ihrer Erhaltung den Wald nicht entbehren, darum kann keinem Mitgliede derselben das Recht zugestanden werden, ihn zu zerstören. Am allerwenigsten kann aber derjenige, dem nur ein Nutzungsrecht im Walde selbst eingeräumt worden ist, dies bis zur Vernichtung desselben durch Mißbrauch auszudehnen, für befugt erachtet werden. Wie weit diese Beschränkung um der

Erhaltung des Waldes willen ausgedehnt werden muß, ist zuerst in einem Forst-Polizeigesetz nach den in jedem Lande und selbst in jeder Provinz gemachten Erfahrungen zu bestimmen. Für die Nutzungsrechte, die demgemäß und wenn sie nur innerhalb der durch das Forst-Polizeigesetz gezogenen Grenzen ausgeübt werden, hat aber der Eigenthümer unläugbar volle Entschädigung zu fordern, wenn er sie aufgeben soll, damit dem Boden ein höherer Ertrag abgenommen werden kann. Keinesweges kann ihm aber damit zugleich das Recht eingeräumt werden, wenn er selbst die ihm eingeräumte Nutzung fernerhin nicht mehr beziehen will, zu verlangen, daß sie ihm vom Waldbesitzer zum vollen Nutzungswerthe abgekauft werden muß. Dies würde nicht blos gegen jeden Rechtsbegriff streiten, sondern es wird sogar dadurch in den mehrsten Fällen die vortheilhafteste Benutzung des Bodens eher verhindert als befördert werden, folglich auch aus national-ökonomischen Gründen nicht gerechtfertigt erscheinen, wie sich dies leicht wird darthun lassen.

Derjenige, welcher kein Eigenthumsrecht an Grund und Boden hat, sondern der nur das Nutzungsrecht eines bestimmten Gegenstandes besitzt, hat auch keine Befugniß, darüber zu bestimmen, wie der Grund und Boden, der ihm nicht gehört, benutzt und bewirthschaftet werden soll. Es steht ihm also gar kein Recht zu, dem Waldbesitzer vorschreiben zu wollen, wie dieser seinen Wald behandeln soll, noch weniger denselben zu nöthigen, ihm sein Nutzungsrecht abzukaufen, damit er die Benutzung ändert, sondern nur ein Widerspruchsrecht gegen eine von dem Waldeigenthümer beliebte Aenderung, durch die ihm ein Nachtheil, eine Verminderung der Nutzung, auf die ihm ein Recht zugesichert ist, gegen denjenigen Zustand, der bisher rechtlich bestanden hat. Er kann zu dem Waldbesitzer nicht sagen: Kaufe mir mein Weiderecht ab, damit du den Wald zu Acker machen kannst, wobei er mehr einträgt, als durch die Holzerzeugung, wenn diese weder Neigung noch Mittel hat, diese Umwandlung vornehmen zu wollen oder zu können, sie vielleicht auch gar nicht einmal für vortheilhaft hält. Dadurch würde ja gerade das freie Benutzungsrecht des Eigenthümers, welches man durch die gänzliche Ablösung der Servituten befördern will, wieder indirect aufgehoben, denn wenn der Berechtigte die Befugniß erhält, diejenige Benutzungsart, welche ihm die vortheilhafteste erscheint, für den Waldboden anzunehmen, und die Vortheile, welche durch dieselbe erlangt werden können, als Entschädigung für Aufgabe seiner Berechtigung zu verlangen, die er darum abgelöst verlangt, damit diese Benutzungsart eingeführt werden kann, so maaßt er sich nicht nur das ihm gar nicht zustehende Dispositionsrecht über den Wald an, sondern fordert sogar von diesem ein größeres Einkommen, als ihm das Recht, was er besitzt, jemals gewähren kann. Dem Berechtigten ist nichts als die Nutzung eines bestimmten Theils der Erzeugung des Waldes eingeräumt worden, ihm nun auch das Recht einräumen zu wollen, statt dieser beliebig etwas ganz Anderes, ein Kapital, Rente oder Grund und Boden fordern und erzwingen zu können, ist so etwas abnormes, daß gewiß Niemand, der einen Rechtsbegriff überhaupt hat, dies billigen könnte.

Räumt man demjenigen, welcher ein Nutzungsrecht im Walde hat, die Befugniß ein zu verlangen, daß dies abgelöst wird, so muß man voraussetzen, daß er von dieser stets nur zu seinem persönlichen Vortheile benutzen wird, nicht aber aus dem Grunde, aus welchem doch allein die Lösung der bestehenden Rechtsverhältnisse verlangt werden kann, nämlich deshalb, damit der Grund und Boden des Waldes überhaupt höher benutzt werden kann, als dies bei dem bisherigen Zustande möglich war. Ob der dem Eigenthümer verbleibende Grund nach der Ablösung einen höhern Ertrag giebt, als an denselben, wird dem Besitzer des abgelösten Nutzungsrechts ganz gleich sein, denn er ist dabei auch nicht im geringsten betheiligt; ihm kömmt es nur darauf an, eine Entschädigung zu erlangen, die ihm mehr einträgt, als sein bisheriges Recht. Dabei kann es aber leicht der Fall sein, daß der Gesammtertrag eines Waldes nach der Ablösung eines fremden Nutzungsrechts eher kleiner sein wird als vorher. Wenn ein Raff- und Leseholzberechtigter durch eine fixirte Holzrente in eingeschlagenem Klafterholze abgefunden wird, so kann dies für ihn persönlich sehr vortheilhaft sein, der Gesammtertrag des Waldes wird aber sicher dadurch nicht erhöht, daß nun dies Raff- und Leseholz im Walde unbenutzt bleibt und nun um so viel Klafterholz mehr verbrannt wird. Mag Jemand, der ein Recht im Walde ausüben kann, wenn ihm dies nicht mehr vortheilhaft erscheint und dem Eigenthümer im Wege der gütlichen Einigung so gut verkaufen, als es ihm möglich ist, dagegen läßt sich nichts einwenden, aber diesen zwingen zu wollen, solche Rechte an sich kaufen zu müssen, die entweder für ihn gar keinen oder doch einen geringern Werth haben, als er verurtheilt wird, dafür zu zahlen, ist augenfällig die größte Ungerechtigkeit, die unverantwortlichste Kränkung der Eigenthumsrechte, eine wahre Beraubung des Eigenthums, wie sie in keinem Rechtsstaate vorkommen darf. Man kann sich gewiß nichts denken, was ungerechter wäre, als demjenigen, dem eine gewisse Nutzung im Walde zugestanden war, das Recht einzuräumen, daß, wenn ihm diese nicht mehr zusagt, den, der ihm diese zugestanden hat, zwingen zu können, sie wieder zu einem Preise abzukaufen, zu dem er sie durchaus nicht nutzen kann.

Allerdings hat man in Preußen auch dem Berechtigten die Befugniß eingeräumt, verlangen zu können, daß er ebenfalls verlangen kann, mit seinem Nutzungsrechte abgelöst zu werden, ja die, welche für das von allen fremden Rechten befreite Grundeigenthum schwärmen, haben sogar den Versuch gemacht, die Bestimmung in der Kulturgesetzgebung zu bringen, daß auch dann die Entschädigung nach dem vollen Nutzwerthe gewährt werden solle, dies letztere ist jedoch nicht gelungen, da das Verderbliche und Ungerechte einer solchen gesetzlichen Bestimmung selbst dem Laien zu einleuchtend war. Selbst aber auch die bestehende Bestimmung, wonach der

Berechtigte, wenn der Antrag auf Ablösung von ihm ausgeht, nur die Entschädigung nach dem Vortheile zu fordern hat, der dem Belasteten daraus erwächst, hat zu sehr großen Verletzungen des letztern vielfach Veranlassung gegeben, indem man ihm Vortheile anrechnete, die er niemals in dem Umfange und der Art, wie sie ihm berechnet wurden, erlangen konnte, ohne daß dadurch irgend ein Gewinn hinsichts der hohen Bodenbenutzung erreicht werden wird.

Nur der Eigenthümer des Grundes ist im Stande zu beurtheilen, welche Benutzungsart für ihn möglich ist, um den höchsten Ertrag davon zu beziehen, nur er hat auf diesen einen Rechtsanspruch, er nur kann die Maßregeln dazu ausführen, von ihm allein kann daher auch nur die Aenderung dazu, mithin auch der Antrag auf Ablösung der Servituten, ausgehen.

§. 18.
Fortsetzung.

Geht der Antrag auf Ablösung der Wald-Servituten von dem Waldeigenthümer aus, so muß dieser verpflichtet sein, den Berechtigten vollständig für die erzwungene Aufgabe seines Rechtes zu entschädigen. Zu einer vollständigen Entschädigung gehört aber, daß dadurch derjenige in den Stand gesetzt wird, sein Bedürfniß dadurch eben so gut und eben so sicher befriedigen zu können, als durch das ihm bisher zustehende Nutzungsrecht. Der Ertrag beider muß nicht nur gegenwärtig gleich sein, sondern, soweit sich dies voraussehen und überhaupt erreichen läßt, dürfen auch keine Verluste für den Berechtigten in Zukunft dadurch entstehen, daß man ihn zwingt, seinen Antheil an den Erzeugnissen des Waldes aufzugeben.

Durch eine Entschädigung in Geld wird in der Regel diese Bedingung nicht erfüllt werden, selbst wenn sie nicht in Kapital, sondern in ewiger Rente gegeben wird. Der Werth des Geldes ist bisher im Verhältnisse zu demjenigen der

Bodenerzeugnisse fortwährend gesunken, in der neuern Zeit wegen der ungemeinen Vermehrung der Tauschmittel oder des umlaufenden Kapitals, sogar auffallend stärker als früher. Es ist auch nicht wahrscheinlich, daß dies stete Sinken des Geldwerths, sobald aufhören wird. Sowie man für den Betrag einer vor 100 Jahren stipulirten Geldrente jetzt nicht mehr die Menge der Bodenerzeugnisse, besonders des Holzes und der Kulturfrüchte wird kaufen können, als zu der Zeit, wo sie festgesetzt würde, so wird sicher auch nach 50 bis 100 Jahren eine jetzt festgesetzte Rente nicht mehr ausreichen, um das Holz oder Getreide, Heu und Viehfutter dafür anschaffen zu können, wozu sie jetzt durchschnittlich ausreicht. Kapitalzahlungen sind aber bei der ärmeru Volksklasse noch weniger rathsam, weil es nicht wahrscheinlich ist, daß sich bei ihr das Kapital erhalten wird, wie für dessen Zinsen die verlorne Nutzung anhäufen zu können. Wenigstens sind daher auch bei dieser Geldentschädigungen, soweit dies thunlich ist, möglichst zu vermeiden, obwohl grade diese Klasse von Berechtigten am geneigtesten ist, diese anzunehmen, da sie nur auf den augenblicklichen Gewinn sieht und sich wenig um die Zukunft kümmert. Es wird aber auch dem Waldeigenthümer oft wenig helfen, wenn er sie mit Gelde abkauft, da sie sich, wenn dies verzehrt ist, ihr Bedürfniß auf eine oder die andere Art, von Noth gedrungen, doch aus dem Walde zu verschaffen suchen wird. Weniger bedenklich ist es, größere Gemeindebesitzer, Communen oder die Eigenthümer von Mühlen, Hüttenwerken u. s. w. mit Geld zu entschädigen, weil man bei ihnen eher voraussetzen kann, daß die Entschädigung, welche sie erhalten, dem Zwecke gemäß verwenden werden, zu dem sie gegeben wird.

Nur für eine Brennholzberechtigung ist man im Stande, diese in Forstgrunde zu geben, worauf sich der frühere Berechtigte das Holz, was er früher auf Grund seines Nutzungsrechts aus dem ganzen Walde bezog, künftig selbst erziehen kann. Auch hier gilt aber das, was in Bezug auf die Geldentschädigung bemerkt wurde, daß diese sich nur für größere, wohlhabendere Grundbesitzer paßt, nicht aber für die ärmere Volksklasse, in deren Händen sich der Wald nicht erhält. Auch würden Waldtheile, welche diesen als Entschädigung gegeben werden könnten, in der Regel zu klein sein, um als Wald vortheilhaft benutzt werden zu können.

Für alle diejenigen Servitutberechtigten, welche entweder gar keinen oder nur einen sehr geringen Grundbesitz haben, ist entschieden eine Entschädigung in Kulturlande, für Aufgabe ihres Nutzungsrechts in einem fremden Walde, die geeignetste. Der Werth des Grund und Bodens muß nothwendig in demselben Verhältnisse zum Werthe des Geldes steigen, wie derjenige seiner Erzeugnisse, es wird derselbe in den Händen des kleinern Landwirths weit besser rentiren, als im Besitze des Waldbesitzers, weil jener zugleich die Arbeitsrente davon bezieht, die ihm oft so viel werth ist, als die reine Bodenrente, weshalb auch diese Art von Eigenthum sich weit eher, selbst bei der ärmern Volksklasse im unveränderten Besitze erhält, als ein Geldkapital oder eine Geldrente zum Ankauf der früher aus dem Walde bezogenen Producte verwendet wurde. Dem Landproletariat kann auch auf keine wirksamere Art vorgebeugt werden, als durch eine Vermehrung des tragbaren Kulturlandes in kleinen Stücken, wie sie bei der Ablösung der Waldservituten gebildet werden. Es wird aber gewiß wenig Gegenden oder Länder in Deutschland geben, wo die Waldfläche nicht ohne Nachtheil auf diese Weise vermindert werden könnte, zumal da man annehmen muß, daß bei jeder zweckmäßigen Ablösung der Waldservituten, die dadurch verkümmerte Waldfläche, da die Hindernisse einer vollkommenen Holzkultur dadurch beseitigt wurden, ebensoviel Holz muß erzeugen können, als früher die größern Servitutbelasteten.

Soll der Wald auch ferner zur Holzerziehung bestimmt bleiben, so können unbestimmte Holzberechtigungen, die durch die Art und Weise ihrer Ausübung, und weil dieselben einen unvortheilhaften Zustand desselben nicht abändern lassen, nachtheilig wirken, sowohl durch eine nach Menge und Beschaffenheit bestimmte Holzrente, unschädlich gemacht werden, als durch abzutretende Torfbrücher.

Bei Berechnung des Ertrages eines Nutzungsrechts wird stets im Allgemeinen nur der gegenwärtige Zustand des Waldes, insofern er als ein rechtlicher anzuerkennen ist, zum Grunde gelegt werden müssen. Hätte sich dagegen der Waldbesitzer einer Walddevastation zu Schulden kommen lassen und dadurch das Nutzungsrecht der Berechtigten widerrechtlich beeinträchtigt, so muß der Ertragsberechnung ein solcher Zustand zum Grunde gelegt werden, wie er rechtlich verlangt werden kann. Ebenso kann aber auch der Weideberechtigte nicht den Weideertrag verlangen, wie ihn wohl ein devastirter Wald gewähren kann, sondern nur den, wie er bei einem gewöhnlichen Holzbestande angenommen werden muß. Hierüber wird unten das Nähere bemerkt werden.

Daß der Ertrag jeder Berechtigung nur so berechnet werden kann, wie er sein wird, wenn diese innerhalb ihrer gesetzlichen Schranken ausgeübt wird, nicht wie er sich oft bei einer mißbräuchlichen Ausdehnung ergeben kann, darf wohl nicht erst bemerkt werden.

Eine sehr schwierige, oft kaum vollständig zu lösende, Aufgabe ist es, den Reinertrag eines Nutzungsrechts von dem Rohertrage zu sondern. Bei manchen ist der Arbeitsaufwand oft so bedeutend, wie z. B. bei dem Raff- und Leseholze, daß das in einem Tage gewonnene Material oft kaum den Werth der Arbeit hat, die dazu aufgewandt werden mußte. Auch bei der Gräsereinutzung, der Waldstreu sind die Gewinnungskosten oft so bedeutend, daß, wenn man bei ihnen das gewöhnliche Tage- und Fuhrlohn rechnet, das unentgeltlich gewonnene Gras u. s. w. ziemlich theuer bezahlt wird und beinahe gar kein Reinertrag übrig bleibt. Wollte man die Arbeit zu den gewöhnlichen Lohnsätzen berechnen, so könnte man leicht zu dem Resultate gelangen, daß die Berechtigten, wenn man ihnen ihre Nutzungsrechte ohne alle Entschädigung entzieht, noch einen Gewinn haben, indem sie ihnen mehr kosten, als eintragen. Dies wird aber eine ebenso unrichtige Rechnung, als wenn man die erforderliche Arbeit gar nicht von dem Werthe des dadurch gewonnenen Materials in Abzug bringen wollte, indem man den Bruttoertrag zugleich als Reinertrag ansetzt und für denselben die volle Entschädigung annimmt.

Das Richtige ist, daß man den Werth der aufzuwendenden Arbeit nicht höher rechnet, als diese jedenfalls auch bei einer andern Beschäftigung hätte versilbert werden können, oder nach der directen oder indirecten Ausgabe, die dadurch für den Berechtigten entsteht, daß er sie zur Ausübung seines Rechts verwendet. Würde er sich durch dieselbe gar keinen Erwerb verschaffen können, verursacht sie ihm nicht die geringste directe oder indirecte Ausgabe, so kann man ihn dafür allerdings auch nichts in Abzug bringen.

Dann kommen aber auch Berechtigungen vor, wo der Arbeitsgewinn, der mit denselben verbunden ist, für den Eigenthümer gerade den größten Werth hat, wie bei dem Theerschwelen und den Pechhütten. Derjenige, welcher im Besitze eines Theerofens ist und auf Grund seiner Berechtigung ausreichenden Kiehn zum Betriebe desselben aus einem fremden Walde entnehmen kann, hat in diesem einen Besitz, der ihn eben so selbstständig und unabhängig ernährt, wie den Bauer sein Bauerngut. Er bezieht davon eine Arbeitsrente, die ihm vielleicht ebensoviel werth ist, als das Reineinkommen. Daß er dafür entschädigt wird, forbert so sehr die Billigkeit wie Gerechtigkeit.

Zweiter Abschnitt.

Die Ablösung der Waldservituten nach der Preußischen Gesetzgebung.

§. 19.
Einleitung.

Schon seit der Mitte des vorigen Jahrhunderts hat man in Preußen sich bestrebt, die Aufhebung der Gemeinheiten oder gemeinschaftlichen Benutzungsrechte zu bewirken, oder die auf einem Privatrechtsverhältnisse beruhenden fremden Nutzungsrechte, so weit sie der Bodenkultur hinderlich waren, zu beschränken oder gegen Entschädigung abzulösen. Dies zeigt die Gemeinheitstheilungsordnung für Schlesien vom 14. April 1771, so wie der 4. Abschnitt des 17. Titels im 1. Theile des Landrechts. Vorzüglich bezweckten aber die deshalb ergangenen Vorschriften nur die Theilung der wenig Ertrag gebenden gemeinschaftlichen Angerweiden, die Fixirung unbestimmter Nutzungsrechte in bestimmte Abgaben und die Verhinderung der Ausdehnung der Servituten bis dahin, wo sie die Erhaltung des Waldes gefährdeten. Erst mit dem Jahre 1807 begann eine gänzliche Reform der ganzen Kulturgesetzgebung, die aber im Anfange mehr sich auf die politischen und landwirthschaftlichen Verhältnisse bezog als auf den Wald.

Es erschien eine Reihe von Gesetzen, wodurch die ganze Agrargesetzgebung zum großen Heile des Landes von Grund aus reformirt wurde. Es sollen hiervon nur einige der wichtigsten Gesetze *) erwähnt werden, die auch die Waldwirthschaft berühren und in Beziehung zur Servitutablösung stehen:

Das Edict vom 9. October 1807, den erleichterten Besitz und den freien Gebrauch des Grundeigenthums betreffend.

Publikandum vom 21. März 1810, wegen Trennung und Zerstückelung der Grundstücke.

Edict, betreffend die Regulirung der gutsherrlichen und bäuerlichen Verhältnisse, vom 14ten September 1811.

Edict zur Beförderung der Landes-Kultur vom 14. September 1811.

Gemeinheits-Theilungs-Ordnung vom 7. Juni 1821.

Gesetz, die Ergänzung und Abänderung der G.-T.-O. vom 7. Juni 1821 und einige andere darüber erlassenen Gesetze vom 2. März 1850.

Gesetz wegen Sicherstellung der Rechte dritter Personen bei gutsherrlich-bäuerlichen Regulirungen und Gemeinheitstheilungen, Ablösungen u. s. w. vom 29. Juni 1835.

Verordnung wegen des Geschäftsbetriebes in Angelegenheiten der Gemeinheitstheilungen u. s. w. vom 30. Juni 1834.

Verordnung wegen Organisation der General-Commissionen vom 20. Juni 1817.

Außer diesen Gesetzen wurden aber auch noch vielfach Declarationen und Bestimmungen der Ministerien oder maaßgebende Entscheidungen des Geheimen Obertribunals oder des Revisions-Collegii für Landeskultursachen, als oberste Spruchcollegien erlassen, welche die Anwendung der erlassenen Gesetze und den Sinn, in dem sie gegeben waren, feststellten. Die vielfachen Abänderungen und Berichtigungen oder Erweiterun-

---

*) Man findet diese in mehreren Sammlungen, die unten angeführt werden.

gen, welche die Preußische Kulturgesetzgebung dadurch erfahren hat, entsprang daraus, daß sie sich gewissermaßen erst aus den Erfahrungen, die man dabei machte, nach und nach herausbilden mußte. Als man das Ablösungsverfahren begann, war dasselbe so wenig theoretisch wie praktisch ausgebildet. In Hannover hatte man zwar schon theilweise sich damit beschäftigt, und von Mayer*) war auch eine werthvolle Schrift über Gemeinheitstheilung erschienen, theils waren die Verhältnisse in Preußen ganz andere als in Hannover, theils handelte es sich hier auch um ganz andere Gegenstände. Selbst die Grundidee, auf welcher die ganze Gesetzgebung beruhte, nämlich die, daß alle Servituten als unbedingt nachtheilig anzusehen wären, und eine vollkommene Befreiung des Grundeigenthums von ihnen um jeden Preis hergestellt werden müsse, war lediglich der Theorie entsprungen und zeigte sich in der Praxis nicht überall richtig. Dazu kam, daß es im Anfange an erfahrenen und tüchtigen Geschäftsmännern fehlte, die im Stande gewesen wären, die erlassenen Vorschriften zweckmäßig und mit möglichster Ersparung an Zeit und Kosten auszuführen. Die sich zeigenden Lücken, Mängel und Uebelstände mußten daher nach und nach beseitigt werden, was eine Menge specieller Bestimmungen zur Folge hatte.

Auch ergab sich ferner, daß in mehreren Landestheilen, die erst durch die Wiederherstellung Preußens im Jahre 1815 mit den alten Provinzen, für welche die Kulturgesetze bis dahin erlassen waren, vereint wurden, ganz abweichende landwirthschaftliche und Kulturzustände hatten, welche wieder durch Provinzialgesetze geordnet werden mußten, wie Westphalen, das linke Rheinufer, die Lausitz und ehemalige Theile des Königreichs Sachsen, das Großherzogthum Posen, so wie Theile des ehemaligen Königreichs Westphalen.

---

*) Mayer, über die Gemeinheitstheilung. 3 Theile. Hannover u. Celle bei Schulze. 1801.

Dies veranlaßte nun mehrere Sammlungen und Zusammenstellung der Gesetze, Verordnungen und Entscheidungen in Bezug auf die Kulturangelegenheiten Preußens, von denen wir die wichtigsten anführen wollen:

Agraria der Preußischen Monarchie von Schrader, Magdeburg 1824, enthält die Kulturgesetze bis zum Jahre 1824.

Die Agrargesetze des Preußischen Staats, nebst Ergänzungen und Erläuterungen von Koch, 4. Auflage, Breslau bei Aderholz 1850, enthält nicht alle vor 1811 erschienenen Gesetze, die neueren aber mit Erläuterungen und Kommentar, hinreichend vollständig für den Gebrauch des Forstwirths und ist diesem besonders zu empfehlen.

Die Land-Kultur-Gesetzgebung Preußens, eine Zusammenstellung und Erläuterung der seit dem 9. October 1807 ergangenen Gesetze über den Grundbesitz in besonderer Beziehung auf die Beförderung der Bodenkultur, auf die Regulirung gutsherrlich-bäuerlicher Verhältnisse, auf Ablösung von Reallasten und auf Gemeinheitstheilung, von Dönniges, im höhern Auftrage und aus amtlichen Quellen bearbeitet, Berlin bei Schröder 1843—1849, ist die vollständigste Sammlung aller in Bezug auf die erwähnten Gegenstände überhaupt erlassener Vorschriften und gesetzlicher Bestimmungen.

Die Landeskultur-Gesetzgebung des Preußischen Staats von v. Rönne und Lette, Berlin bei Veit 1853, verspricht eine gleiche Vollständigkeit, ist bis zu der Zeit, wo dies niedergeschrieben wurde, nur noch mit dem 1. Hefte erschienen.

Noch weit zahlreicher ist die Literatur der Preußischen Servitutablösung, da eine Menge der damit beschäftigten Männer ihre Ansichten und Erfahrungen darüber durch den Druck bekannt gemacht haben. Daß die Schriften darüber von sehr ungleichem Werthe sind, läßt sich denken, denn von mehreren waren die Verfasser entweder nicht technisch durchgebildet genug, um wirklich eine benutzbare Anleitung zur zweckmäßigen Durchführung der gesetzlichen Bestimmungen zu geben, oder es fehlte ihnen auch wohl die hinreichende allgemeine Bildung und Gesetzeskenntniß, um solche Vorschläge machen zu können, daß die Behörden sie für zweckmäßig und den Gesetzen entsprechend anerkennen konnten. Die mehrsten dieser Schriften bezogen sich übrigens auf landwirthschaftliche Schriften, doch haben wir auch solche, welche sich blos mit der Ablösung der Waldservituten beschäftigen, wie:

Krause, über die Ablösung der Servituten und Gemeinheiten in den Forsten. Gotha 1833.

G. L. Hartig, Beitrag zur Lehre von Ablösung von Holz-, Streu-, Weide-Servituten. Berlin 1831.

Die wichtigsten und beachtungswerthesten Schriften sind aber unstreitig die Instructionen, welche die General-Commissionen der verschiedenen Provinzen für die Oeconomie-Commissarien, welche mit Ausführung der Servitutablösungen beauftragt sind, erlassen haben. Hierher gehören:

Die technische Instruction für die Auseinandersetzungs-Angelegenheiten im Regierungsbezirk Frankfurt an der Oder. Frankfurt a. O. 1842.

Technische Instruction für die von der General-Commission für Pommern beauftragten Oeconomie-Commissarien. Berlin 1842.

Technische Instruction für die von der General-Commission der Provinz Sachsen beschäftigten Special-Commissarien. Stendal 1845.

Technische Instruction der Auseinandersetzungs-Angelegenheiten für den Bezirk der General-Kommission zu Breslau. 2. Ausgabe. Breslau 1846.

Instruction zur Bildung und Anwendung technischer Grundsätze. Posen 1841.

Anleitung zur Ermittelung der Dauer und Unterhaltungskosten der Gebäude und zur Bestimmung der Bau-Ablösungs-Kapitalien und jährlichen Renten von Eytelwein. Berlin 1831.

Dann hat auch der Verfasser dieser Schrift früher geschrieben:

Ueber Befreiung der Wälder. Züllichau 1821.

Anleitung zur Ablösung der Waldservituten, so wie zur Theilung und Zusammenlegung gemeinschaftlicher Wälder. 2. Auflage. Berlin 1844.

§. 20.

Von dem Antrage auf Servitutablösung.

Gesetzliche Bestimmungen.

Der Antrag auf Aufhebung der fremden Nutzungsrechte kann von dem Waldeigenthümer gestellt werden bei allen Berechtigungen auf Holz, Weide, Mast, Streu zum Plaggen-, Haide- und Bültenhiebe, zur Gräserei und zur Nutzung von Schilf, Binsen oder Rohr, zum Harzscharren, zur Torfnutzung. Die Theerschwelereigerechtsame ist zwar in dem Gesetze nicht besonders aufgeführt, da sie aber eine Abgabe von Holz ist, so muß sie, als in den Holzberechtigungen mit begriffen, betrachtet werden.

Als Regel gilt zwar, daß eigentlich nur der wirkliche Eigenthümer des Waldes auf Auseinandersetzung antragen kann, jedoch sind auch die, welche ein wirkliches unwiderrufliches Nutzungsrecht haben, wie die Nutznießer eines Fideicommisses, Lehngutes u. s. w., zu dem Antrage unter den bestimmten Modificationen berechtigt.

In allen Fällen finden Gemeinheitstheilungen nur in so fern statt, als dadurch die Landkultur im Ganzen befördert oder verbessert wird. Es wird aber ohne Beweisführung angenommen, daß jede Aufhebung einer Gemeinheit dies bewirkt, und nur wenn behauptet werden kann, daß einer bisher gemeinschaftlichen Gefahr der Versandung oder der Beschädigung der Substanz durch Naturkräfte nach der Theilung einzelne Theilnehmer allein ausgesetzt wären, ist der Beweis des Gegentheils zulässig, welchen der Behauptende führen muß. (§. 22. 23. der G.-T.-O. von 1821.)

Auch der Berechtigte ist befugt, die Ablösung seines Nutzungsrechts zu verlangen, der Eigenthümer des belasteten Grundstückes ist dann aber befugt, die Entschädigung nach seiner Wahl, nach dem Nutzungsertrage der Dienstbarkeit oder dem Vortheile, welcher dem Walde aus der Aufhebung der Berechtigung erwächst, zu entschädigen. Im letzten Falle darf aber niemals dieser Vortheil größer geachtet werden als der Nutzungswerth der Berechtigung. (§§. 19. 86. 94. 119. der G.=T.=O. von 1821 und Art. 9. der Ergänzung vom 2. März 1850.)

Findet der belastete Eigenthümer einzelne Dienstbarkeitsberechtigte ab, so ist er befugt, nach Verhältniß des Theilnahmerechts einen Theil des benutzten Gegenstandes der Mitbenutzung der übrigen Theilnehmer zu entziehen und darüber frei zu verfügen. (§. 115. G.=T.=O. 1821.)

§. 20.
Erwägung des von dem Waldeigenthümer ausgehenden Antrages auf Servitutablösung.

Sobald eine Aenderung der Benutzungsart des Waldbodens als nöthig oder vortheilhaft erscheint, gegen welche derjenige, welchem ein Nutzungsrecht auf demselben zusteht, ein gesetzliches Widerspruchsrecht hat, muß allerdings vorher dies abgelöst werden.

Dies ist der Fall, wenn dasselbe den Anbau von Holzarten hindert, welche einen höhern Ertrag geben als die vorhandenen, wenn die fremden Nutzungsrechte eine vortheilhafte Aenderung der Wirthschaft nicht gestatten, oder wenn sie in einer Art ausgeübt werden können, daß sie die Erziehung voller Holzbestände unmöglich machen, oder wenn man die Absicht hat, den Wald in Kulturland umzuwandeln. Es kann aber auch sein, daß man dasjenige, was der Berechtigte auf Grund seines Rechtes an sich nimmt, gleich vortheilhaft für eigene Rechnung benutzen kann, wo es dann immer besser ist, sich in den Besitz desselben zu setzen und es ihm abzukaufen, wenn auch wirklich ein kleiner Verlust damit verbunden wäre; denn es ist besser, Herr im Walde zu sein und die Nutzung ganz so regeln zu können, wie man es für vortheilhaft findet.

Jeder vernünftige Grundbesitzer, wenn er eine Melioration unternehmen will, und das ist in einem solchen Falle die Ablösung der Servituten, berechnet sich aber vorher, was eine solche kosten und was sie eintragen wird. Dies ist in dem vorliegenden Falle um so nöthiger, als man einmal auf Ablösung angetragen hat und diese eingeleitet worden ist, dieser Antrag nicht mehr zurückgenommen werden kann. Der Gewinn, den man von der Aenderung der Benutzungsart zu erwarten hat, muß sich aus dem Benutzungsplane, den man für den künftig herzustellenden Zustand des Waldes entwirft, ergeben. Hierüber ist nichts zu sagen, denn die Anleitung dazu gehört in die Lehre von der Taxation, Wirthschaftseinrichtung und Waldwerthberechnung. Nur warnen und bemerken muß man, daß man nicht unsicher statt sicher berechnet, und dabei in Erinnerung bringen, daß oft die erwarteten größeren Ertrage erst in später Zeit eingehen und jetzt gleich baar bezahlt werden müssen, wo dann eine Zinsenrechnung angelegt werden muß. Die zu leistende Entschädigung ist auch nicht die alleinige Ausgabe, die man bei einem vollständigen Ablösungsverfahren zu machen hat; denn die Kosten desselben, zumal wenn Vermessungen und viele Localtermine damit verbunden sind, betragen oft eben so viel als diese. Diese letztern lassen sich allerdings vermeiden, wenn man die Ablösung im Wege der freiwilligen gütlichen Einigung bewirkt. Diese wird auch nicht so schwierig sein, wenn man im Stande ist, die Entschädigung, welche der Berechtigte im günstigsten Falle erwarten kann und zu fordern hat, festzustellen und ihm diese freiwillig bietet, ohne daß er Kosten davon hat, und wenn er die Ueberzeugung gewonnen hat, daß keine Absicht dabei vorliegt, ihn zu übervortheilen. Es werden wenigstens gewiß nur wenig Menschen sein, die einen langwierigen und kostbaren Proceß vorziehen, wenn sie sogleich das erhalten können, was sie möglicherweise zu gewinnen hoffen dürfen. Dabei muß man aber auch den wirklichen Ertrag des Rechts so genau und richtig mit der größten Unpartheilichkeit zu ermitteln suchen, wozu in dem Folgenden die Anleitung gegeben wird, daß man die Bürgschaft übernehmen kann, daß durch ein vollständiges richtiges Ablösungsverfahren keine höhere Entschädigung ermittelt werden wird.

Sehr oft ist es der Fall, daß man nicht den ganzen Wald servitutfrei zu machen veranlaßt ist, sondern nur einzelne Theile, die man in Kulturland umzuwandeln wünscht oder die, mit einer andern Holzgattung angebaut, in anderer Art behandelt werden soll. Am vortheilhaftesten ist es dann gewöhnlich, nur einzelnen Gemeinden oder Berechtigten auf Grund des §. 115. der G.-T.-O., wo möglich im Wege der gütlichen Einigung, abzufinden und sich in den Besitz des Rechtes derselben zu setzen, um dann einen dem Antheile derselben entsprechenden Theil des Waldes frei zu machen. Dies ist oft mit sehr wenig Opfern zu erlangen, da sehr häufig einzelne Theilnehmer wenig Werth auf ihr Recht legen, indem sie dies wegen der Entfernung oder andern aus Gründen wenig nutzen können, und darum gern bereit sind, es gegen eine billige Entschädigung zu veräußern.

Man darf aber dabei nicht vergessen, daß, wenn man sich auch in den Besitz des Antheils einzelner Berechtigter gesetzt hat, man noch nicht befugt ist, einen **beliebigen** Theil des Waldes als auf diesen fallend und nun von dem Servitute befreit zu betrachten. Dazu ist erst eine Auseinandersetzung mit den übrigen Berechtigten erforderlich, wodurch festgestellt werden muß, nicht blos, wie groß die Fläche ist, die auch der Antheil des abgekauften Berechtigten ist, sondern auch, wo diese ihm angewiesen werden muß und welche Theile des Waldes demgemäß als von Servituten befreit anzusehen sind.

Denken wir uns z. B., daß in einem weidebelasteten Hochwalde ein Eichenschälwald angelegt werden soll, der weidefrei sein muß, wenn man ihn wirklich mit Vortheil benutzen will. Man hat auch wohl Gelegenheit, einen Weideberechtigten, der wegen großer Entfernung oder weil er lieber Stallfütterung einführen will, seinen Weideantheil zu einem geringen Preise abzukaufen, um dann in Folge einer Weideseparation den Theil des Waldes, wo der Schälwald angelegt werden soll, von dem Weiderechte zu befreien. Dann muß zuerst berücksichtigt werden, ob der Antheil an der Weidenutzung, den man durch diese Ablösung eines einzelnen Berechtigten erhält, groß genug ist, um die Fläche weidefrei zu erhalten, die man für den anzulegenden Schälwald bestimmt. Dies geschieht, indem man die ganze Viehzahl, welche sämmtliche Berechtigten eintreiben oder eintreiben können, ermittelt, so wie diejenige, welche dann auf den fällt, dessen Weideantheil man ankaufen will, indem man alles einzutreibende Vieh auf Kühe, nach den unten mitgetheilten Sätzen, reducirt. Hat der Abzufindende den zehnten Theil des berechtigten Viehs einzutreiben, so kömmt ihm auch ein eben so großer Antheil der gesammten Weidenutzung des Waldes zu, und man wird, mit Berücksichtigung der verschiedenen Güteklassen des Weidelandes, auch den zehnten Theil des Waldes weidefrei machen können, wenn man sich in den Besitz dieses Zehntheils der ganzen Weidenutzung setzt. Danach läßt es sich dann leicht beurtheilen, ob dies genügt, um eine zur Anlage dieses Schälwaldes ausreichende Fläche dadurch weidefrei machen zu können.

Dann muß aber auch dabei noch beachtet werden, ob bei einer Separation dieser von der Waldweide zu befreiende Antheil des Waldes gerade auf den Theil desselben fällt, wo der Eichenschälwald angelegt werden soll, denn man kann sich diesen nicht willkührlich wählen. Erfolgt eine Auseinandersetzung der Weideberechtigten, so daß der früher von allen gemeinschaftlich benutzte Wald unter diese dergestalt vertheilt wird, daß jeder seinen Antheil an der Weide durch einen privativen Weidedistrict, den er allein benutzen darf, überwiesen erhält, so muß dies so geschehen, daß jedem Einzelnen diejenigen Districte als privativer Weidebezirk überwiesen werden, die ihm am bequemsten zur Benutzung liegen. Denken wir uns z. B. einen Wald, dessen Fläche vielleicht mehr als eine Quadratmeile beträgt, und man wollte an der südlichsten Spitze desselben diesen Schälwald anlegen, dazu einem an der nördlichen Grenze wohnenden Berechtigten sein Weiderecht abkaufen, dessen Vieh vielleicht noch niemals in die Gegend gekommen ist, wo diese Anlage gemacht werden soll, so würde man auch, wenn die Weide bisher gemeinschaftlich benutzt worden wäre, doch nicht darauf rechnen können, daß für den Weideantheil des abgekauften Berechtigten die gewünschte Stelle ausgesondert würde, er müßte ihn vielmehr im Norden, wo er die Weide von jeher benutzt hat, angewiesen erhalten.

Hierbei muß man auch noch darauf aufmerksam machen, daß, wenn man aus der erwähnten Veranlassung genöthigt ist, auf eine Weideseparation anzutragen, sich diese nur auf die Aussonderung des erworbenen Weidedistricts beschränken muß, und sich nicht auf die Theilung der bisher gemeinschaftlich benutzten Weide in lauter privative Hütungsbezirke, in denen jede Gemeinde oder jeder einzelne Berechtigte das ausschließliche Weiderecht hat, ausdehnen darf. Da gesetzlich in jedem privativen Weidebezirke immer nur ein verhältnißmäßiger Theil desselben in Schonung liegen darf, damit die Ernährung des berechtigten Weideviehes nicht gefährdet wird, so muß man auch jeden derselben als einen besondern Block oder als ein Wirthschaftsganzes betrachten, indem, wo möglich, ein regelmäßiges Altersklassenverhältniß herzustellen ist. Dies ist bei kleinen Weidebezirken aber ganz unausführbar, und würde wenigstens der Bewirthschaftung des Waldes sehr hinderlich werden. Der Waldbesitzer muß daher, wenn er auch eine Separation der Weideberechtigten, die bisher den

Wald gemeinschaftlich benutzten, nicht hindern kann und will, dabei stets den Vorbehalt machen und anerkennen lassen, daß er dadurch nicht in der Anordnung des Schlagens und der Einschonung behindert wird, vielmehr diese auch nach erfolgter Separation ganz in derselben Art erfolgen kann, wie es gesetzlich zulässig sein würde, wenn die Weide wie bisher von allen Berechtigten gemeinschaftlich benutzt worden wäre.

Eine Veranlassung zum Antrage auf Ablösung, besonders der Holzberechtigungen, von Seiten des Waldbesitzers ist dann auch wohl noch, daß der Wald durch Verschulden der Eigenthümer in einen Zustand versetzt worden ist, worin er den gesetzlichen Ansprüchen der Berechtigten nicht mehr genügen kann, und daß diese deshalb auf Entschädigung antragen. Um diese zu umgehen, löst man denn lieber diese ganz ab. Dies rechtfertigt sich aber in den Fällen, wo man die Berechtigung überhaupt als nicht hinderlich für die vortheilhafteste Benutzung des Bodens ansehen kann, und wo das, was der Waldbesitzer durch die Ablösung erwirbt, nicht im Verhältnisse mit den Opfern steht, welche er bringen muß, um sich in den Besitz der Nutzung des Berechtigten zu setzen, durchaus nicht. Die Entschädigung, welche gegeben werden muß, kann stets nur für den Zeitraum verlangt werden, wo der Wald nicht in dem Zustande ist, um den gesetzlichen Ansprüchen des Berechtigten zu genügen. Dieser kann kürzer oder länger sein, immer aber wird er doch wieder aufhören. Nun muß man bei einer gänzlichen Ablösung für eine ewige Rente entschädigen, bei einem vorübergehenden, ungenügenden Zustande des Waldes aber nur für eine 15, 20 und mehr Jahre lang dauernde und sich noch dazu gewöhnlich progressionsmäßig vermindernde. Daß aber eine nur 20 Jahre dauernde und alljährlich abnehmende Rente einen kleinern Werth hat als eine unveränderlich ewige, wird doch wohl keines Beweises weiter bedürfen.

Dazu kömmt dann auch noch, daß, wenn die Devastation eines Waldes behauptet und auf Grund derselben auf eine Entschädigung angetragen wird, diese sich doch immer nur auf den fehlenden Theil der Nutzung, die der Berechtigte zu fordern hat, erstrecken kann, nicht auf die ganze. Ein devastirter Wald ist deshalb noch nicht eine Waldblöße, welche gar kein Holz mehr giebt, er giebt nur weniger als er geben sollte und das, was der Berechtigte noch darin findet, muß er noch benutzen und kann dafür keine Entschädigung verlangen. Allerdings ist es vielfach vorgekommen, daß bei einem erwiesenen Mangel, z. B. an Raff- und Leseholz, wobei die darauf angewiesenen Berechtigten ihren Bedarf, den sie zu fordern hatten, nicht mehr vollständig befriedigen konnten, das Urtheil dahin lautete, daß dieser nun ganz in eingeschlagenem Holze, wohl gar für immer angewiesen erhalten mußte. Das liegt aber ebenso wenig im Rechte, als am Richter, der so erkannte, weil er kein Forstwirth ist und die Lage der Sache nicht übersiehet und sie ihm von den Vertretern des Waldes nicht deutlich gemacht wurde. Der einfache Gang der Sache, wenn ein Berechtigter über Holzmangel klagt, ist der, daß der Richter untersucht, ob die behauptete Thatsache richtig ist. Er ernennt dazu eine Kommission, welche sich davon überzeugt, ob Raff- und Leseholz vorhanden ist, und wenn dieselbe nichts davon vorräthig findet und ihr Urtheil dahin abgiebt, daß kein solches vorgefunden wurde, so verurtheilt er ganz folgerecht den Waldbesitzer, an den Berechtigten den jährlichen Bedarf an eingeschlagenem Holze abzugeben. Es muß aber dabei aufmerksam gemacht werden, daß sich das Raff- und Leseholz an absterbenden Aesten, an Holz, was auf den Schlägen alljährlich liegen gelassen wird, jedes Jahr wieder neu erzeugt, und daß, wenn auch dasselbe bei der Untersuchung nicht vorgefunden wird, darum noch nicht angenommen werden kann, daß er gar kein solches mehr liefert. Es kann allerdings der Fall sein, daß der Wald durch Schuld des Eigenthümers nicht mehr in dem Zustande ist, um den ganzen Bedarf liefern zu können, aber deshalb wird immer noch ein Theil desselben daraus entnommen werden können und die Entschädigung kann nur für das, was daran fehlt, verlangt werden, was zu ermitteln Gegenstand einer besondern Untersuchung sein muß.*) Dann kann es auch leicht der Fall sein, daß, wenn die Blößen und Raine da bald wieder angebaut werden, der Wald in einer sehr kurzen Zeit wieder in den Zustand kommt, wo er allen rechtlichen Anforderungen, welche die Raff- und Leseberechtigten machen können, vollständig genügt, denn gerade die jungen 15- bis 20jährigen Bestände liefern ihm das mehrste Material. Darum muß sich der Waldbesitzer auch vorbehalten, daß eine Verminderung oder ein Wegfallen der von ihm zu gewährenden Entschädigung eintritt, sowie er nachweiset, daß der Grund, aus welchem er zu dieser verurtheilt wurde, nicht mehr vorhanden ist.

Hierdurch wird sich die oben aufgestellte Behauptung, daß eine auch begründete Klage wegen fehlenden Holzes, noch nicht eine gänzliche Ablösung des Berechtigten rechtfertigt und diese für den Waldeigenthümer oft weit kostbarer sein kann, als eine vorübergehend zu gewährende Entschädigung gewiß als richtig erwiesen haben.

Mehr als der Wald in einem Zustande, gegen den die Berechtigten keinen gesetzlichen Einwand machen können, zu leisten vermag, sind diese auch nicht zu fordern befugt. Hätten sich aber die Ansprüche an ihn durch die steigende Bevölkerung über dies hinaus vermehrt und finden Rücksichten statt, aus denen man besonders die der ärmern Volksklasse nicht zurückweisen will, so wird wenigstens nur die Ablösung Einzelner und besonders der wohlhabendern Grundbesitzer, nöthig sein.

---

*) Siehe darüber die Taxation in ihrem ganzen Umfange von Pfeil. 2. Auflage. Berlin 1843. S. 421. u. f.

§. 22.
Von der Ablösung auf Antrag des Berechtigten.

Nach den oben mitgetheilten gesetzlichen Bestimmungen der G. T. O. ist auch der Berechtigte befugt, die Ablösung seines Nutzungsrechtes zu verlangen, nur muß er sich dann gefallen lassen, daß, wenn es der Belastete vorzieht, die Größe nach dem Vortheil bemessen wird, welche diesem letztern aus der Ablösung erwächst. Durch diese gesetzliche Bestimmung soll verhindert werden, daß einseitig von den Berechtigten die Aufhebung des zwischen ihm und dem Waldbesitzer bestehenden Kontrakts zum Nachtheil des letztern so erzwungen werden kann, daß jener ihm eine Nutzung zum vollen Werthe abkaufen muß, den sie zwar für den Berechtigten selbst, aber nicht für den Waldbesitzer hat. Ohnerachtet dieser die Anträge des Berechtigten auf Ablösung sehr beschränkenden Bestimmung, haben sich diese doch sehr vermehrt und sind weit häufiger, als die der Waldeigenthümer. Dies liegt darin, daß viele Nutzungsrechte für ihren Eigenthümer gegenwärtig oft wenig Werth mehr haben. Das Raff- und Leseholz benutzt der wohlhabende Grundbesitzer vielleicht gar nicht mehr, weil er die Mühe des Sammelns scheut und die Gewinnung durch Lohnarbeiter oft mehr kosten würde, als den Werth des gesammelten Holzes. Die Mastnutzung hat, aus den oben angeführten Gründen, diesen beinahe ganz verloren, die Weide für Rindvieh ebenfalls in vielen Fällen, wo sie kürzlich ist, weil die Stallfütterung sich vortheilhafter zeigt. Die Waldstreu ist für viele gut eingerichtete Wirthschaften nicht nur entbehrlich, sondern sie bezahlt ebenfalls oft die Kosten der Sammlung nicht, seit der Kleebau eingeführt ist, mag Niemand mehr, der den nöthigen Acker dazu besitzt, das Gras zum Viehfutter mühsam im Walde aufsuchen. Sehr gern giebt man daher diese Nutzungen auf, wenn man nur irgend eine Entschädigung dafür erhält, obwohl sie der Waldeigenthümer vielleicht noch weniger gebrauchen kann. Das, was er dafür bei der Ablösung bezahlen mußte, überstieg aber sehr häufig selbst den Ertrag, den der Berechtigte im günstigsten Falle davon beziehen konnte, weil er sich diesen sehr hoch rechnete und dieser von ihm angenommene Nutzwerth bei der Entschädigung dem Belasteten angerechnet wurde. Für das Raff- und Leseholz erhielt er den Bedarf in Klafterholz, oft ohne Abrechnung der viel bedeutendern Gewinnungskosten des erstern, für die Waldweideraumes Weideterrain, was er mit großem Vortheile in Kulturland umwandeln konnte. Wo die Entschädigung in Geld gegeben wird, reizt oft der Wunsch, in den Besitz eines Kapitals zu gelangen, zu dem Antrage, weil dabei mehr der augenblickliche Vortheil und Genuß, als die Zukunft beachtet wird. Selbst die Hoffnung, daß der Waldeigenthümer ihnen doch später das Leseholz oder die Waldweide wieder wohlfeil wird verpachten müssen, nachdem er gezwungen ist, sie theuer zu erkaufen, da dies das einzige Mittel ist, wenigstens einen geringen Ertrag daraus zu beziehen, reizt oft den Berechtigten zum Antrage auf Servitutablösung.

Der Waldbesitzer kann sich diesen nach den Preußischen Gesetzen nicht entziehen, da diese einmal, obwohl gewiß nicht nach richtigen Grundsätzen*), um die Ablösung möglichst zu fördern, nur dem Berechtigten die Befugniß ertheilt hat, zu verlangen, daß seine Nutzungsrechte abgelöst werden, er kann aber wenigstens verlangen, daß die Entschädigung, die er dann zu gewähren hat, nur nach den Vortheilen bemessen wird, welche ihm durch die Ablösung erwachsen. Diese müssen daher in einem solchen Falle ermittelt werden, da sich in der Regel dabei eine weit geringere ergeben wird, als wenn sie nach dem Nutzungswerthe, den die Berechtigung für

---

*) Dies hat man auch in Frankreich anerkannt, wo man in dem Code forestier vom 21. Mai 1827 nur dem Fiscus das Provocationsrecht bei Ablösung der Holzberechtigungen zugestanden hat.

ihren jetzigen Eigenthümer hat, gegeben werden muß. Es ist sogar denkbar, daß dem Waldbesitzer gar kein Vortheil davon nachgewiesen werden kann, wo er dann auch berechtigt sein wird, jede Entschädigung zu verweigern.

Der Vortheil, den der Waldbesitzer von der Ablösung zu erwarten hat, kann darin bestehen:

1) daß er dann diejenigen Producte, welche bisher der Berechtigte erhielt, wenn dieser abgefunden ist, für eigne Rechnung verwerthen und benutzen kann. Die Einnahmen, die er dafür, bei Annahme der gegenwärtigen Preise, nach dem gegenwärtigen Zustande des Waldes mit Sicherheit zu erwarten hat, muß er sich voll als Gewinn anrechnen lassen. Diese können erlangt werden:

a. aus dem Verkaufe von nutzbarem Holze. Besteht dies aber in Nutzholz, so muß ihm nachgewiesen werden, daß auch wirklich zu erwarten ist, daß solches zu dem gerechneten Preise absetzbar ist. Dies ist bei den geringern Bauhölzern, welche an die zu freiem Bauholze berechtigten ländlichen Besitzungen abgegeben werden, nicht immer der Fall, da diese in größern Nadelholzforsten sehr häufig in das Brennholz geschlagen werden müssen. Ebenso sind manche kleinen Nutzhölzer, wie Schirrholz, Hopfen- und Bohnenstangen, Harkenstiele u. dgl. nicht immer zum vollen Taxpreise in der Menge abzusetzen. Der volle Preis, des nach der Ablösung dem Waldbesitzer verbleibenden Holzes kann daher nur gerechnet werden, wenn die Sicherheit oder wenigstens Wahrscheinlichkeit vorhanden ist, daß er wirklich erlangt werden kann.

b. Der Waldbesitzer kann die Mast, Gräserei, Weide vielleicht selbst benutzen, wenn er zugleich Landwirthschaft treibt, wie das bei den mehrsten Privatforstbesitzern der Fall ist. Den Werth, den diese Nutzungen bei den bestehenden landwirthschaftlichen Einrichtungen, nach dem Gutachten sachverständiger Landwirthe, für seine eigne

Wirthschaft haben, wird er sich ebenfalls voll annehmen lassen.

c. Bei Theerschwelereien und Pechhütten wird man stets annehmen können, daß diese für den Reinertrag der Berechtigung werden in Zeitpacht austhun lassen, wo dann der reine Pachtzins, nach Abzug aller von dem Eigenthümer zu tragenden Lasten, den Vortheil bildet, den sich dieser muß anrechnen lassen.

d. Das Raff- und Leseholz kann gewöhnlich nur durch Ausgabe von Holzzetteln gegen einen bestimmten Zins benutzt werden. Das Einkommen, was dadurch erlangt werden kann, von dessen Ermittelung weiter unten gehandelt werden wird, kann als anzunehmender Vortheil betrachtet werden.

e. Ebenso der Pachtzins für die Waldweide, das Zettelgeld für Graszettel, insofern darauf gerechnet werden kann, daß sich Pachter für jene und Abnehmer für diese finden. Dasselbe gilt auch von dem Mastzinse, wenn diese verpachtet werden kann.

2) Der Vortheil kann dann darin bestehen, daß die Berechtigung ein Hinderniß der Herstellung eines regelmäßigen Waldzustandes bildet, entweder indem das Holz dadurch beschädigt wird, wie das in Folge der Waldweide oft geschieht, oder indem eine Holzgattung erhalten werden muß, weil sie dem Berechtigten gehört und dadurch die Erziehung aller Bestände, von der dem Waldbesitzer gehörenden Holzgattung verhindert wird, oder ganz besonders dadurch, das das Streurechen die Bodenkraft so vermindert, als ohne dies nachtheilige Servitut wachsen würde. Fallen diese Berechtigungen weg, so wird sich der Ertrag des Waldes, wenn er auch ganz in der bisherigen Art behandelt wird, unfehlbar erhöhen, was einen nicht zu bestreitenden Vortheil des Belasteten bildet. Der Gewinn, den dieser davon zu erwarten hat, geht aber nicht gleich ein, sondern oft erst in sehr später Zukunft. Wenn die Holzbestände, welche nun vom Weideviehe

nicht mehr beschädigt werden, auch wirklich künftig eine größere Holzmasse liefern werden, so können bei dem Durchforstungsholze 30 bis 40 Jahre, bei dem Holze, was die Abtriebsschläge liefern, oft 100 Jahre und mehr verfließen, bevor der höhere Ertrag, der in Folge des Aufhörens der Beschädigung erwartet werden kann, wirklich zu erheben ist. Dem Waldbesitzer kann aber nicht zugemuthet werden, Einnahmen, die erst in später Zukunft zu erwarten sind, so zu bezahlen, wie eine sogleich zu erhebende Rente, er kann dabei die volle Zinsenvergütigung verlangen. Hört das Streurechen auf, so wird sich freilich der Boden nach und nach verbessern, aber es werden vielleicht hunderte von Jahren verfließen, ehe sich die volle Wirkung davon im bessern Holzwuchse darstellt. Der schlechtere, als Folge des Streurechens wird immer noch stattfinden, wenn dies auch schon lange aufgehört hat.

Diese Vortheile sind aber nur zu erwarten, wenn wirklich die dem Waldbesitzer abzutretenden Producte des Waldes diesem verbleiben, wenn die Beschädigungen aufhören. Dies ist aber nicht der Fall, wenn nur von einzelnen Berechtigten einseitig die Ablösung verlangt wird, während sie das Recht mit vielen andern gemeinschaftlich ausüben, die dann dasjenige ebenfalls mit benutzen, was man dem Waldbesitzer verkaufen will. Wenn ein einzelner Weideberechtigter, oder auch eine ganze Gemeinde, ihr Weiderecht abtreten wollen, während noch hundert andere oder zehn Gemeinden diese dann eben noch so behüten wie früher, so ist nur der einzige Vortheil denkbar, daß er vielleicht den Antheil der abzulösenden Berechtigten wieder verpachten kann. Ist dies nicht anzunehmen, so hat er nicht den geringsten Gewinn von der Ablösung der Einzelnen, denn die Behinderung der freien Benutzung des Bodens verbleibt vor wie nach. Dasselbe gilt bei den Holzberechtigungen, dem Streurechen, der Gräserei. Wird von den bleibenden Berechtigten auch nach der Ablösung Einzelner noch alles Holz und Gras, alle Streu, die der Wald liefern kann, dennoch benutzt, so kann es ihm sehr gleich sein, ob einer mehr oder weniger daran theilnimmt. Allerdings kann er auf Grund der partiellen Ablösung einen Theil des Waldes im Wege der Separation mit den übrigen Berechtigten von dem abgelöseten Servitute befreien, aber das macht stets wieder ein weitläuftiges Separationsverfahren nöthig, dessen Kosten oft größer sind als der ganze Werth des Objects, um welches es sich handelt, und die der abzulösende Berechtigte den Waldbesitzern nothwendig vergütigen müßte. Will derselbe diesen Vortheil dem letztern anrechnen, so muß er sich selbst erst in den Besitz eines besondern Theils des Waldes setzen, auf dem er sein Recht ausschließlich ausübt, denn ehe dies nicht geschehen ist, läßt sich ja der anzunehmende Vortheil gar nicht berechnen. Einmal ergiebt sich erst daraus, wie groß der Antheil einzelner Berechtigten an der Nutzung, die viele gemeinschaftlich beziehen, ist, dann ist auch erst nach erfolgter Separation zu ersehen, welches der Theil des Waldes ist, der dadurch von den Servituten befreit wird und über den nun der Eigenthümer desselben frei disponiren kann. Dies ist für diesen aber ein sehr wesentlicher Gegenstand. Es kann leicht sein, daß das freie Dispositionsrecht für einen Theil des Waldes, den man in Kulturland umwandeln kann, einen sehr großen Werth hat, für den andern gar keinen, da man doch darin die gegenwärtige Benutzungsart des Bodens niemals ändern kann.

Den Werth dieses freien Dispositionsrechts kann übrigens der Waldeigenthümer wohl selbst sehr hoch in Rechnung stellen und sich freiwillig entschließen, für dessen Erlangung große Opfer zu bringen, wenn er glaubt, es vortheilhaft benutzen zu können, der Berechtigte ist aber nicht befugt, ihm das als Vortheil anrechnen zu wollen, was möglicherweise durch eine gänzliche Umänderung der Benutzungsart des Bodens gewonnen werden kann. Wenn der gegenwärtige Zustand des Waldes unverändert bleibt und sein Ertrag verbessert sich dadurch, daß nun keine Beschädigung des Holzes mehr stattfindet, oder der Eigenthümer nutzbare Gegenstände für sich verwenden kann, so ist es unzweifelhaft, daß dieser sich dies Alles als Vortheil muß anrechnen lassen. Wenn aber der Berechtigte verlangt, er soll den Wald in Kulturland verwandeln, die nutzbaren Holzbestände herunter hauen, andere Holzarten als die jetzt vorhandenen anbauen, eine andere Wirthschaft einführen als bisher stattgefunden hat, um ein größeres Einkommen zu gewinnen und der dann seine Entschädigung darnach berechnet verlangt, so hat er kein Recht, den Eigenthümer zwingen zu wollen, auf diese Pläne einzugehen. Dem Berechtigten steht zwar ein Widerspruchsrecht zu, wenn der Waldbesitzer Aenderungen in der Benutzungsart des Waldes vornehmen will, wodurch sein Nutzungsrecht leiden würde, aber nicht die Befugniß, den Eigenthümer zwingen zu können, wider seinen Willen eine solche zu wählen, die er vielleicht gar nicht für seine Verhältnisse passend hält und von der es auch vielleicht sogar noch sehr zweifelhaft ist, ob sie wirklich den angenommenen Vortheil gewährt. Nur der wirklich sichere Vortheil, wie er oben angeführt wurde, kann dem Belasteten angerechnet werden. Das freie Dispositionsrecht, was man übrigens durch Ablösung einzelner Berechtigten noch nicht einmal erwirbt, wenn noch andere ebenfalls Rechte im Walde haben, kann sehr schätzbar sein, aber man kann Niemanden wider seinen Willen zwingen wollen, es mit bedeutenden Opfern zu erwerben, da es leicht sein kann, daß er gar nicht davon Gebrauch machen will, was ihm vollkommen frei steht. Darunter gehört selbstredend auch nicht, wie behauptet, Ersparung an etwanigen Aufsichtskosten, weil nun die Servitutberechtigten nicht mehr beaufsichtigt zu werden brauchen, denn die Nichtberechtigten sind oft dem Walde gefährlicher als die Berechtigten, eine Verbesserung des Wildstandes, da diese die Servituten nicht hindern, wohl aber die angrenzenden Nachbarn und die Wilddiebe.

§. 23.

Das Verfahren bei Ablösung der Berechtigungen.

1) Feste Deputatbrennhölzer. Wenn die abzugebenden Brennhölzer nach Menge und Beschaffenheit fest bestimmt sind, so bilden sie eine bestimmte Rente, welche der Berechtigte gewöhnlich alljährlich bezieht. Sobald anzunehmen ist, daß das Holz, welches der Berechtigte erhält, zu einem bestimmten Preise von dem Belasteten verkauft werden kann, so macht es in Bezug auf die dafür zu gewährende Entschädigung keinen Unterschied, ob der Antrag auf Ablösung von dem einen oder dem andern ausgeht, denn dieser letztere wird sich eben so gut den vollen Werth des Holzes, als den Vortheil, den er durch die Ablösung erhält, mit anrechnen lassen, als der erstere für Aufgabe seines Nutzungsrechts, wenn es der Waldeigenthümer verlangt, nichts weiter verlangen kann als den Ertrag desselben. Es wird folglich nur der Werth des Holzes zu berechnen sein. Gewöhnlich werden bei diesem die Taxpreise in den Staatsforsten zum Grunde gelegt, die aber nicht maßgebend für die Privatforsten sein können, da der Waldpreis des Holzes sehr von der Lage des Verkaufsortes abhängt und die Entfernung vom Consumtionsorte, die bequeme oder schwierige Abfuhr, einen wesentlichen Einfluß darauf haben. Auch steht selbst in den Staatsforsten der Taxpreis oft unter dem durchschnittlichen Verkaufspreise, weshalb es zweckmäßiger scheint, diesen von den letzten Jahren der Werthberechnung des Holzes zum Grunde zu legen, zumal da auch dieser, nicht der eigentliche Taxpreis, wenn er höher ist als dieser, stets bei Verkäufen aus freier Hand, in den Staatsforsten verlangt wird.

Als Entschädigung für Aufgabe der Berechtigung kann nach Art. 10. des Gesetzes vom 2. März 1850 gegeben werden:

1. Kulturland, welches denselben Reinertrag als Acker oder Wiese giebt an die Berechtigung und was zum vollen Werthe angerechnet werden kann.

2. Kann dasselbe nach seiner Lage oder den stattfindenden Verhältnissen von dem Berechtigten nicht benutzt und zum vollen Werthe angenommen werden, oder ist derselbe im Stande, sich die früher bezogene Nutzung dafür zu verschaffen, so kann auch die Entschädigung in einer Rente gegeben werden. (§. 77. der G. T. O. von 1821.)
3. Sie kann aber auch in Holzland erfolgen, wenn die abzugebende Fläche mindestens die Größe von 30 Morgen hat.

Es wäre die Bestimmung wünschenswerth gewesen, daß wenigstens da, wo die Benutzung des Torfes schon üblich ist, die Entschädigung auch in Torfgründen hätte gegeben werden können, da diese wenigstens natürlicher ist als durch Kultur oder Geld, dies ist jedoch nicht geschehen. Da aber leicht der Fall sein kann, daß sie im Wege gütlicher Einigung gegeben werden kann, so soll sie hier behandelt werden.

Zu bedauern ist, daß die Bestimmung des Gesetzes so gefaßt worden ist, daß die abzutretende Fläche Holzland mindestens eine Größe von 30 Morgen haben soll. Der Zweck, zu dem sie erfolgt, ist augenscheinlich der gewesen, zu verhindern, daß nicht so kleine Waldtheile zur Holzerziehung abgegeben werden sollen, daß darauf nicht alle Jahre Schläge geführt werden können, welche das Bedürfniß der Berechtigten bilden und auf denen man minder regelmäßig Holz anbauen und nachziehen kann, weil die Holzfläche zu gering ist, um geschützt werden zu können und gegen die Nachtheile der Beschattung durch das angrenzende Holz gesichert zu sein. Welche Größe dazu erforderlich ist, läßt sich gar nicht angeben. Das hängt theils von der Art und Weise ab, wie das Holz erzogen und behandelt wird, theils von der Lage der einzelnen Schläge Niederwald, Kiefern, die in sehr kurzem Verlaufe benutzt werden, können in kleinen Flächen nachhaltiger bewirthschaftet und benutzt werden als Buchenhochwald. Einzelne kleine, im Felde liegende Waldparcellen, welche von allen Seiten Licht und Luft genießen, gestatten, ohne daß die Beschattung nachtheilig wird, kleinere Schlagflächen, als Theile eines geschlossenen großen Waldes. Eben so kann der Berechtigte vielleicht eine ganz kleine Waldfläche sehr gut benutzen, wenn er sie mit den ihm schon gehörenden Holzgründen im Zusammenhange erhalten kann.

Die Idee, aus welcher diese Beschränkung in das Gesetz aufgenommen wurde, war gewiß eine richtige, wie es denn überhaupt nicht vortheilhaft für die Benutzung des Holzbodens sein dürfte, wenn er in zuviel einzelne kleine, verschiedenen Eigenthümern gehörende Stücke zertheilt wird. Sie würde aber vielleicht richtiger im Sinne des Gesetzes ausgedrückt worden sein, wenn man gesagt hätte: die abzutretenden zur Holzerziehung bestimmten Theile müssen aber stets die Größe haben, daß nach dem Urtheile der Sachverständigen derjenige, welcher sie als Entschädigung erhält, die ihm zukommende Holzmasse alljährlich darauf gewinnen und regelmäßig wieder nachziehen kann. Dies ist vielleicht auf 10 Morgen Niederwald sehr gut möglich, wogegen bei Buchen- und Fichtenbaumholz 30 Morgen noch eine kleine Schlagfläche geben könne, um diese Bedingungen zu erfüllen. Wo sich gar keine feste Bestimmung geben läßt, da die Entscheidung darüber immer nach den verschiedenen Verhältnissen stattfinden muß, wird man diese immer den Sachverständigen anheimstellen müssen. Die Beurtheilung des Ertrages des abzugebenden Kulturlandes, so wie die Erwägung, ob dies von dem, dem es als Entschädigung für das bisher bezogene Deputatholz gegeben werden soll, auch zweckmäßig benutzt werden kann, und wie es gegeben werden muß, um der Landentschädigung eine passende Lage zu geben (§. 61. der G. T. O. von 1821) liegen ganz außer dem Kreise unserer Erörterungen. Es ist dies Sache des Landwirths. Wir beschränken diese auf die Abgabe von Holzland, damit der Berechtigte sich das Holz künftig selbst erziehen kann, was er bisher auf Grund seines Nutzungsrechts aus dem fremden Walde erhielt.

Es kommen dabei folgende Aufgaben vor, die zu lösen sind:

1. die Bestimmung der Größe der Fläche, welche dazu erforderlich ist;
2. die Festsetzung des erforderlichen Materialkapitals, um den Ertrag von dem Boden beziehen zu können, so wie die der Beschaffenheit desselben;
3. die Fläche in passender Form abzutheilen.

Zu 1. Der Waldboden muß zu dem Ertrage abgegeben werden, welchen er in dem vorausgesetzten Zustande bei einer regelmäßigen Behandlung geben kann. Dabei darf man aber keine außergewöhnlichen Erträge, wie sie nur in seltenen Fällen vorkommen und wie sie manche Erfahrungstafeln nachweisen, annehmen, sondern nur solche, wie sie im großen Durchschnitte mit Sicherheit erlangt werden können, da selten eine absolute Vollkommenheit der Holzbestände zu erreichen und bis in das höhere Alter zu erhalten ist. Giebt der Boden, wegen der mangelhaften Beschaffenheit der Bestände, noch nicht im ersten Umtriebe den vollen Ertrag, den er nach der Ertragsfähigkeit des Bodens mit Sicherheit geben kann, so muß der, dem der Holzgrund zu diesem vollen Ertrage als Entschädigung überwiesen wird, für das daran fehlende, für die Zeit, bis derselbe hergestellt werden kann, Ersatz erhalten. Dies kann geschehen, indem man ihm entweder für die Zeit des ersten Umtriebes eine Natural- oder Geldrente im Betrage dessen, was am vollen Ertrage fehlt, überweiset, oder diese für die Zeit ihrer Dauer kapitalisirt und das berechnete Kapital zahlt. Wenn z. B. der Berechtigte eine jährliche Holzerzeugung von 400 Kubikfuß zu fordern hat, die auch die ihm überwiesene Fläche bei einem regelmäßigen Bestande auch liefern kann, der Bestand ist aber so, daß nach der angelegten Ertragsberechnung in dem ersten Umtriebe von 50 Jahren, nur 300 Kubikfuß jährlich nachhaltig liefern kann, so muß er für diese Zeit entweder jährlich 100 Kubikfuß Zuschuß erhalten, oder wenn der Kubikfuß 1 Sgr. kostet, eine jährliche Geldrente von 3 Thlr. 10 Sgr. Will man diese jährliche Rente, welche 50 Jahre dauert und dann aufhört, in ein Kapital verwandeln, so muß bestimmt sein, welche Art von Zinsrechnung, ob einfache oder Zinseszinsen dabei angewendet werden sollen. Mit Zinseszinsen zu 5 Procent würde dies in dem vorliegenden Falle 60 Thlr. 25 Sgr. betragen. Nach den richtigen Grundsätzen der Waldwerthberechnung können übrigens überall bei der Servitutablösung nur Zinseszinsen angewendet werden.*) Der Ertrag, den man von dem Waldboden an Holz erwarten kann, ist in Deutschland so verschieden, daß es sehr schwer ist, allgemeine Durchschnittssätze zu geben. Bei manchen Holzgattungen, welche noch auf sehr verschiedenem Boden vorkommen, schwankt er so sehr, daß volle regelmäßige Bestände, nach Verschiedenheit der Bodengüte jährlich auf dem Morgen Preußisch 80 bis 100, aber auch wohl nur 8 bis 10 Kubikfuß erzeugt werden können.

Dann ist er aber auch wieder darnach sehr verschieden, ob man dabei alles Holz, was erzeugt wird, berechnet, oder nur das stärkere, einschlagbare, und das schwache Reiserholz ganz unbeachtet läßt. Eben so ändert sich derselbe auch wieder darnach sehr, in welchem Alter das Holz benutzt wird. Bei den Buchen, Fichten und Tannen, die in der Jugend einen langsamen Wuchs haben und sich bis in das höhere Alter geschlossen erhalten, ist das höhere Alter für die Gewinnung der großen Holzmassen vortheilhaft, bei den Kiefern, Birken, Erlen, dem Eichenniederwalde wieder das kürzere, weil der Wuchs dieser Holzarten frühzeitig nachläßt, sie auch schon

---

*) Siehe darüber Pfeil's Anleitung zur Taxation. 2. Aufl. Berlin, 1843. Die Tafeln zur Berechnung des Kapitalwerthes bei voller Zinsvergütigung findet man in Cotta's Anweisung zur Waldwerthberechnung. 4. Aufl. Dresden, Arnold'sche Buchhandlung. 1849. V. Tafel.

jung anfangen, sich licht zu stellen und lückig zu werden. Die Kiefer liefert auf Sandboden und bei 40jährigem Umtriebe und wenn auch das schwache Holz benutzt wird, in der Regel den doppelten Ertrag wie bei 120jährigem. Die Erträge der Birken und Erlen sinken auf den geringern Bodenklassen schon mit dem 12. und 15. Jahre, die der Eichenniederwälder gar schon vom 5. an. Das einfachste schien zu sein, daß man die Ertragssätze anwendete, welche in den Staatsforsten jeder Provinz für vollkommene Bestände bei der Taxation gebraucht werden, um den künftigen Ertrag junger Bestände voraus zu bestimmeu. Allein hier muß wieder der Umstand berücksichtigt werden, daß bei diesen die schwächern Durchforstungshölzer und oft selbst aller Abraum unter 3 Zoll Durchmesser ganz unberücksichtigt bleibt, der aber doch in den mehrsten Fällen dem Berechtigten angerechnet werden muß, da er ihn recht gut benutzen kann, oft sogar kein anderes Holz zu fordern hat, als gerade dies. Will man daher die Ertragssätze, wie sie die in den Staatsforsten benutzten Erfahrungstafeln angeben, bei Ermittelung der Größe der Fläche anwenden, welche abgetreten werden muß, um eine gewisse Quantität Holz alljährlich zu liefern, so müssen diese um den Betrag dieses schwachen Holzes erhöht werden, sobald man verlangen kann, daß derselbe auch dies Holz sich muß anrechnen lassen.

Um einen ohngefähren Anhalt zu einem Urtheile darüber, was der Waldboden wohl in den östlichen Provinzen Preußens durchschnittlich, nach Verschiedenheit seiner Ertragsfähigkeit bei mittelmäßigen Beständen, wie man sie wohl mit Sicherheit herstellen und erhalten kann, an jährlicher Holzmasse zu liefern vermag, wobei aber keine absolute Vollkommenheit vorausgesetzt wird, sind diese in zwei Tafeln nach Kubikfuß jährlichen Durchschnittszuwachs vom Preußischen Morgen zusammengestellt worden. Auf der ersten Tafel sind die in den Staatsforsten üblichen Umtriebszeiten vorausgesetzt worden und ist das schwächere Holz unter 3 Zoll unbeachtet geblieben, auf der zweiten dagegen ist das Alter zum Grunde gelegt, worin der größte Durchschnittszuwachs stattfindet und wird vorausgesetzt, daß auch alles schwache Holz vollständig mit benutzt wird.

Tafel I.

Benutzung des starken Holzes bei hohem Umtriebe.

Holzgattung und Betriebsart.	Bodenklasse I.	II.	III.	IV.	V.
	Jährlicher Durchschnittszuwachs vom Morgen.				
	Kb.fuß.	Kb.fuß.	Kb.fuß.	Kb.fuß.	Kb.fuß.
Eichen-Hochwald	28	24	20	16	8
Buchen-Hochwald	30	26	22	16	8
Birkenbaumholz	28	24	20	14	8
Kiefern	33	28	21	15	9
Fichten	60	50	40	30	20
Eichen-Niederwald	36	30	26	21	14
Buchen- und Hainbuchen-Niederwald	23	21	18	13	10
Birken-Niederwald	40	36	30	18	10
Erlen-Niederwald	50	40	30	20	10
Aspern- und Weiden-Niederwald	30	25	20	15	10

Tafel II.

Volle Benutzung des Holzes bei vortheilhaftester Umtriebszeit.

Holzgattung und Betriebsart.	Bodenklasse I.	II.	III.	IV.	V.
	Jährlicher Durchschnittszuwachs vom Morgen.				
	Kb.fuß.	Kb.fuß.	Kb.fuß.	Kb.fuß.	Kb.fuß.
Eichen-Hochwald	38	34	28	24	16
Buchen-Hochwald	42	38	32	26	16
Birkenbaumholz	44	38	32	26	20
Kiefern	60	55	48	32	22
Fichten	90	80	70	55	45
Eichen-Niederwald	40	34	28	24	18
Buchen-Niederwald	28	25	22	15	12
Birken-Niederwald	44	40	33	21	12
Erlen-Niederwald	60	48	38	26	16
Aspern- und Weiden-Niederwald	42	36	28	22	16

Es wird hier aber ausdrücklich darauf aufmerksam gemacht, daß diese Zahlen noch lange nicht alle Bodenverschiedenheiten, die auch nur in Norddeutschland vorkommen, umfassen, und daß eben so gut höhere als niedrigere Erträge stattfinden können und angenommen werden müssen. Deshalb werden sie stets am besten nach solchen regelmäßigen Beständen bestimmt, wie sie von dem angenommenen Haubarkeitsalter in der Gegend auf gleichem Boden wirklich vorkommen.

Zu 2. Dieser kann nur den angenommenen Ertrag nachhaltig geben, wenn die Holzbestände darauf nicht bloß von der vorausgesetzten Beschaffenheit, sondern in solchen Altersabstufungen vorhanden sind, daß der jährlich zunehmende Schlag immer Holz von dem bestimmten Haubarkeitsalter enthält, oder mit andern Worten, wenn die mit zu übergebenden regelmäßigen Bestände in einem normalen Altersklassenverhältnisse stehen, so daß wenn man die ganze abzutretende Fläche in so viel Jahre theilt als die Umtriebszeit enthält, jeder Schlag ein Jahr älter wäre als der andere. Einen solchen Bestand würde man natürlich nur haben können, wenn diese Fläche schon während eines ganzen Umtriebes in solchen regelmäßigen und gleich großen Jahresschlägen bewirthschaftet worden wäre, was wohl niemals der Fall sein wird. Es genügt aber auch schon, wenn man auf der gesammten Fläche einen eben so großen Materialvorrath, oder ein gleich großes Materialkapital mit übergiebt, als vorhanden sein würde, wenn dieselbe in dieser Art betrieben wäre, oder ein ganz regelmäßiges Altersklassenverhältniß vorhanden wäre *).

Um die Größe der mit abzugebenden Holzmasse, oder

*) Dem mit der Lehre von der Waldtaxation vertrauten Leser wird wohl kaum bemerkt werden dürfen, daß hier die Bestimmung des erforderlichen mit zu übergebenden Materialkapitals nach den Grundsätzen der Oesterreichischen Kommunaltaxe, oder dem Hundeshagenschen Nutzungsprocente erfolgt.

des zu verlangenden Materialvorraths ermitteln zu können, muß zuerst der Umtrieb festgesetzt werden, da dies natürlich desto größer sein muß, je länger derselbe ist. Bei der Ablösung von festem Deputatholze, muß dieser so hoch sein, daß Holz von gleicher Beschaffenheit und gleichem Werthe gezogen werden kann, wie das Holz was bisher als Deputatholz gegeben wurde. Ist es nicht möglich dieselbe Holzgattung auf der abzutretenden Fläche zu erziehen, in welcher die Abgabe bisher geleistet wurde, so muß nicht bloß die verschiedene Brenngüte durch eine verhältnißmäßig größere Masse ausgeglichen werden, sondern es müssen auch die dadurch veranlaßten größern Gewinnungskosten ersetzt werden. So kann z. B. bisher Eichenholz gegeben worden sein, die Eiche läßt sich aber wegen der Erschöpfung des Bodens entweder gar nicht, oder doch nur mit dem größten Verlust nachziehen. Es wird dann die Abgabe in Kiefernholz umgewandelt werden müssen. Da sich nun aber der Brennwerth des Eichenholzes, mit Hinweglassung kleiner Bruchtheile zu dem jungen Kiefernholze so verhält, daß 10 Klafter Eichenholz so viel Heizkraft haben, wie 12 Klafter Kiefernholz, so muß die Holzmasse des Deputatholzes, wenn sie in letzterer Holzgattung abgegeben wird, in demselben Verhältnisse erhöhet werden.*)

Ist das Deputatholz in Scheit- oder Knüppelholze abgegeben worden, so wird das Haubarkeitsalter der Bestände so bestimmt werden müssen, daß das Holz die dazu nöthige Stärke erreichen kann. Doch wird der Berechtigte sich nicht weigern können, sich auch statt des Scheitholzes auch Knüppelholz anrechnen lassen zu müssen, da man mit letzterm ganz dieselben Zwecke in gleich passender Art bei dem Verbrennen erreichen kann als mit dem Scheitholze, was aber bei dem Reisholze nicht immer der Fall ist. Die Knüppel-Klafter hat nur eine geringere Menge von Holz, wenn die Knüppel

---

*) Ueber das Verhältniß der Brenngüte der verschiedenen Holzgattungen und Sortimente unten das Nähere.

schwach sind, was aber leicht auszugleichen ist. Für Nadelholz würde deshalb eben ein 60jähriges Haubarkeitsalter, für Birken und Erlen ein 30 bis 35jähriges Alter, für Buchen ein 70 bis 80jähriges angenommen werden können.

Will man für diesen Umtrieb das zu verlangende und dem Berechtigten mit zu überweisende normale Materialkapital bestimmen, so hat man nur nöthig dies entweder in Erfahrungstafeln, welche die Holzmasse auf dem Morgen in jedem Alter nachweisen, aufzusuchen*), oder es nach der Vorschrift der Oesterreichischen Kommunaltaxe so berechnen, daß man die halbe Holzmasse eines Morgens des ältesten Schlages mit der Fläche multiplizirt.

Ein Beispiel wird dies deutlich machen. Die jährliche Abgabe von Deputatholz beträgt 10 Klafter oder 750 Kubikfuß Kiefern Scheitholz. Es soll daher eine Fläche abgegeben werden, auf welcher diese Holzmasse alljährlich nachhaltig eingeschlagen werden kann. Die jährliche Durchschnittserzeugung ist zu 30 Kubikfuß vom Morgen der abzugebenden Fläche angenommen worden, wobei aber das schwache Durchforstungs- und Reiserholz nicht gerechnet wurde, da der Berechtigte es nicht benutzen kann. Es sind folglich 25 Morgen dazu erforderlich, da diese einen jährlichen Durchschnittszuwachs von 750 Kubikfuß Scheit- und Knüppelholz haben. Im 60. Jahre, als das angenommene Haubarkeitsalter, stehen 1800 Kubikfuß (30 × 60), die Hälfte davon mit der Fläche multiplicirt ist = 900 × 25 = 22500.

Die auf diesen 25 Morgen vorhandene Holzmasse wäre dann zu ermitteln, und was mehr als dies normale Materialkapital vorhanden ist, kann der Eigenthümer des Waldes wegnehmen, was daran fehlt, muß er ersetzen, was am einfachsten so geschieht, daß er die fehlende Holzmasse baar bezahlt.

---

*) Die Erfahrungstafeln, nach den Angaben des Verfassers berechnet vom Professor Schneider, Berlin, 1843, bei Veit und Comp., weisen das normale Materialkapital nach.

Zu 3. Was die Lage und Form betrifft, in welcher die zur Holzerziehung bestimmten Holzgründe abgegeben werden sollen, so ist schon im Gesetze bestimmt, daß dies so viel als möglich im Zusammenhange mit den übrigen Grundstücken des Berechtigten geschehen soll, wenn er dergleichen schon in der Nähe des Waldes besitzt. Jedenfalls aber muß die Form so gewählt werden, daß eine zweckmäßige Schlagführung stattfinden kann und das Holz von jedem Schlage ohne Beschädigung der jungen Bestände benutzt werden kann. Die ungünstigste und unpassendste Form ist die in langen schmalen Streifen, sie wird immer desto vortheilhafter für die Wirthschaftsführung sein, jemehr sie sich dem Vierecke nähert. Nur selten wird man sie aber willkührlich wählen können, indem man sich bald an die natürlichen Grenzen binden muß, welche durch Wege, Gewässer, Kulturgründe u. s. w. gebildet werden, bald isolirte Waldparcellen und Spitzen dazu verwendet werden. Stets muß aber durch Projectirung der künftigen Schlagführung dargethan werden, daß der abgetretene Waldtheil eine solche zweckmäßig gestattet.

Der Werth des abzutretenden Grundes ist hier blos nach der schlagbaren Holzmasse berechnet worden, die jährlich darauf erzeugt werden kann. Es ist zwar nicht wahrscheinlich, daß, wenn man geschlossene Bestände erzieht und diesen ein möglichst niedriges Haubarkeitsalter bestimmt, was stets das zweckmäßigste ist, noch außerdem bedeutende Nebennutzungen davon bezogen werden können, indessen kann es doch auch der Fall sein, daß die Jagd, welche in Folge der neueren Gesetzgebung mit abgetreten werden muß, das schwache, nicht mit in Anschlag gebrachte Reiserholz, die Waldweide, noch einen Ertrag geben, ohne daß dadurch der berechnete Holzertrag vermindert wird. Ist dies der Fall, so wird das jährliche Einkommen, was diese Nebennutzungen liefern können, ermittelt werden müssen, um es zu kapitalisiren und den Betrag desselben bei der Entschädigung entweder bei dem Materialvorrath oder dem Boden, oder auch bei beiden zusammen in Abzug zu bringen.

Die Entschädigung in Torfgründen wird da, wo man sie geben kann, sehr oft die allerzweckmäßigste sein, weil man dadurch den Brennstoff, den der Berechtigte zu fordern hat, ihm in einer Art gewähren kann, die diesen hinsichts der Befriedigung seines Bedürfnisses durchaus sicher stellt und dabei dem Belasteten am allerwenigsten kostet. Daß der Torf, wenn er von einer genügenden Beschaffenheit ist, ein eben so brauchbares Brennmaterial giebt wie das Holz, zeigt dessen Verwendung in vielen Gegenden und Ländern, welche wenig oder gar kein Holz, sondern nur Torf zur häuslichen Consumtion und für die Gewerbe benutzen. Dann erzeugt sich auch der Torf in zweckmäßig behandelten Torfbrüchen eben so gut wieder wie das Holz, so daß diese das Brennmaterial für ewige Zeiten liefern können. In Holland, wo man schon seit Jahrhunderten nur Torf brennt, werden die Torfstiche in regelmäßigem Umtriebe benutzt wie unsere Wälder und in den mehrsten hat man den nachgewachsenen Torf schon mehrere Male ausgestochen. Ja, nach den Untersuchungen des Dänen Dau giebt es in Schleswig und auf den dänischen Inseln Torfbrüche, in denen alljährlich durch den Zuwachs an Torf mehr Brennstoff erzeugt wird, als durch den Zuwachs in unseren besten Buchenwäldern. Er berechnet, daß in den dortigen Hochmooren in 100 Jahren sich eine Torfschicht von $1\frac{1}{2}$ Fuß trocken gelegtem Torf bildet, was eine Torfmasse von 38880 Kubikfuß giebt, die mindestens einen Brennwerth von 270 Klafter Buchen haben. Eben so benutzen auch die kleinen Grundbesitzer die Torfstiche weit eher nachhaltig als die Baumhölzer, weil kein so großer Reiz vorhanden ist, die vorräthige Torfmasse mit einem Male zu verkaufen und weil keine Auslage zur Wiedererzeugung des Torfes nöthig ist. Selbst wenn diese auch wegen Trockenlegung des ausgetorften Bodens nicht stattfindet, so giebt dieser dann stets werthvolles Kulturland, was oft einen höhern Ertrag liefert als vorher der Torfstich. Durch diesen kann der Brennholzbedarf für den Berechtigten häufig für mehrere

Jahrhunderte auf einer verhältnißmäßig kleinen Fläche befriedigt werden, wenn das Torflager eine bedeutende Mächtigkeit hat, jedenfalls aber ist dazu eine kleinere nöthig, als wenn man Holzgrund abgiebt.

Zur Ablösung einer Brennholzberechtigung durch Torf muß durch Sachverständige

1. die Mächtigkeit des Torflagers ermittelt werden, um die Menge des Torfs feststellen zu können, die ein Morgen liefern kann,
2. die Güte des Torfs und das Verhältniß seiner Brennkraft, zu der des Holzes, nach welchem der Bedarf festgestellt ist, bestimmt werden,
3. müssen die Gewinnungskosten, und besonders die etwa nöthigen Entwässerungskosten bekannt sein, damit sie mit denen des abzugebenden Holzes verglichen werden können.

Zu 1. Wenn man im Stande ist, die Tiefe oder Mächtigkeit einer trocken gelegten Torfmasse, nach Abräumung der obern Bunkererde zu ermitteln, so ist es leicht, deren Kubikinhalt auf der Quadratruthe oder auf dem Morgen zu berechnen. Der Kubikfuß liefert in frischem Stiche 7 Stück Torf von 12 Zoll Länge, 5 Zoll Breite und 4 Zoll Dicke. Oder man rechnet im großen Durchschnitte, nach Abzug des Mülls, vom Preußischen Morgen:

bei 20 Zoll	Mächtigkeit des Torflagers	226,800	Stück,
„ 25 „	„ „ „	283,500	„
„ 30 „	„ „ „	350,200	„

und für jede 5 Zoll Torf mehr 66,700 Stück Torf in frischem Stiche.

Wie viel daraus, Klaftern zu 108 Kubikfuß Raum, dicht gesetzt, erfolgen, läßt sich nicht bestimmt sagen, da das Schwinden des Torfes bei dem Trocknen ein sehr verschiedenes ist. Durchschnittlich wird man aber wohl von 2000 bis 2200 Stücken, die 240 Kubikzoll im frischen Stiche haben, vom Klafter aussetzen können.

Zu 2. Die Güte des Torfs ist außerordentlich verschieden und wird nach dem Gewichte eines Kubikfußes trocken, frei von aller fremden Beimischung bestimmt.

Die technische Instruction für die Oeconomie-Commissarien in Pommern rechnet:

976 Stück bester Preßtorf an Brenngüte gleich 1 Klafter Kiefer-Scheitholz,

1302 „ des besten schwarzen Sumpftorfs an Brenngüte gleich 1 Klafter Kiefer-Scheitholz,

1953 „ Moostorf an Brenngüte gleich 1 Klafter Kiefer-Scheitholz.

Der Fabriken-Commissarius Brix nimmt an, daß 1242 Klafter Linumer Torf, guter schwarzer Stichtorf, frei von unverraseten Pflanzentheilen, dieselbe Brennstoffmasse enthalten, wie 1000 Klafter Hainbuchen, 1015 Klafter Rothbuchen, 1034 Klafter Eichen, 1047 Klafter altes gutes Kiefernholz, 1107 Klafter junges Kiefernholz, 1052 Klafter Birken, 1277 Klafter Erlen. Obige 1242 Klafter Torf rechnet er gleich 1848 Tausenden in Stücken, so daß er die Klafter von 93 Kubikfuß Masse nur etwa 1500 Stück gleich setzt. Nach Karmarsch*) hat ein Pfund guter Torf ebensoviel Brennwerth als ein Pfund Fichtenholz.

Im Allgemeinen wird man hiernach wohl ein Klafter des bessern Stichtorfes einer Klafter Kiefern- oder Fichten-Scheitholz im Brennwerthe gleich rechnen können. Von dem schlechtern Moos- und Rasentorf werden aber wohl 1½ bis 1¾ Klafter gerechnet werden müssen.

Zu 3. Die Kosten des Stechens, Trocknens und in Haufen setzen, betragen gewöhnlich alle Entäußerungskosten für das 1000 7½ bis 10 Sgr. Für die Entwässerungskosten lassen sich aber gar keine bestimmten Sätze auch nur muthmaßlich angeben, da diese außerordentlich verschieden sein können.

---

*) Mittheilungen des Hannöver'schen Gewerbevereins.

Der für eine Brennholzberechtigung abzugebende Torfbruch muß einen Vorrath enthalten, der den berechneten jährlichen Bedarf für 120 bis 150 Jahren liefern kann, da diese Zeit zur Wiedererzeugung einer Torfmasse in der Regel erforderlich ist, die dann abermals den Bedarf nachhaltig liefert. Der Moostorf erzeugt sich allerdings rascher, wie der, allein er ist auch von weit schlechterer Beschaffenheit, als der Wiesentorf und man bedarf von ihm eine größere Masse.

§. 24.

Von dem Rechte, den vollen Brennholzbedarf fordern zu können.

Dies Recht wird entweder darauf begründet, daß es ausdrücklich in der Verleihungsurkunde zugesagt worden ist, oder dadurch, daß der Berechtigte ihn von jeher durch das Holz, worauf er einen Anspruch hat, auf rechtliche Weise hat befriedigen können, besonders wenn er dafür eine Abgabe oder Leistung von Forstdiensten zu entrichten hat. Selbst aber wenn dies auch nicht der Fall wäre und der Wald hat von jeher das Bedürfniß des Berechtigten befriedigt, so wird man annehmen müssen, daß er dies auch ferner können wird, wenn er in demselben Zustande erhalten wird, in dem er früher war, sowie daß der Eigenthümer ihn zum Nachtheile des Berechtigten in einen schlechten Zustand gebracht, oder das Nutzungsrecht desselben geschmälert hat, wenn dies nicht mehr der Fall ist. Dann wird er aber sich der Verpflichtung diesen zu entschädigen oder ihm den Bedarf in anderem Holze zu liefern nicht entziehen können. Diese Beeinträchtigung des Berechtigten kann erfolgt sein, durch Verminderung der Waldfläche, durch stärkere Benutzung des Holzes, indem der Waldeigenthümer kein Lagerholz mehr entstehen ließ, die Bäume eher einschlug, ehe sie trocken wurden, den Abraum stärker ausnutzt, die jungen Bestände früher durchforstet, das Stockholz rodet, die Windbrüche, das vom Schnee- und Duftbruche herrührende Holz für sich benutzt.] Ist dies Holz alles früher den Berechtigten überlassen worden und haben sie durch dasselbe von jeher ihren Bedarf befriedigt, so kann es ihnen auch nicht entzogen werden. Dann sind ferner oft in der neuern Zeit neue Berechtigte den ältern vorgezogen worden, oder es werden auch an Nichtberechtigte Leseholzzettel ausgegeben, welche nun die Nutzung derer, welche das Recht, ihren Bedarf fordern zu können, früher besaßen, schmälern. Sehr oft ist auch der verabsäumende Wiederanbau der abgeholzten Flächen, eine unpflegliche Behandlung und zu starker Einschlag Ursache daran, daß derselbe ihn nun nicht mehr liefern kann. Alles dies muß der Waldeigenthümer vertreten.

Dagegen können auch Unglücksfälle, Windbruch, feine Insecten den Wald in einen Zustand versetzen, in denen er den an ihn zu machenden Anforderungen nicht mehr genügen kann, wo sich dann die Berechtigten ebenso wie der Eigenthümer in diesen beschränken müssen. Sogar durch deren eigne Verschuldung, durch Dieberei, mißbräuchliche Ausdehnung ihres Rechts kann dies veranlaßt sein, was dann der letztere nicht zu vertreten hat. Auch kann, wenn einer Commune das Recht verliehen ist, die Zahl derer, welche an der Nutzung theilnehmen wollen, viel größer sein, als daß der belastete Wald den Bedarf aller derer, welche ihn fordern, decken könnte. Wer in einem solchen Falle als wirklich berechtigt anzusehen ist, ob der volle Bedarf gewährt werden muß, oder ob sich die Berechtigten einer Beschränkung unterwerfen müssen, dies sind alles reine Rechtsfragen, welche vor der Ablösung entschieden werden müssen.

Als zum wirklichen Bedarfe gehörend, wird alles Brennholz angesehen, was die gewöhnliche häusliche und wirthschaftliche Consumtion des berechtigten Grundstücks, ohne weitern Gewerbebetrieb, verlangt. Dahin gehört das Holz zur Heizung der Stuben, welche nach landüblicher Sitte und bei der gewöhnlichen Beschränkung der bewohnten Räume von einer Familie benutzt werden, wogegen die Miether oder Einlieger des berechtigten Hauses keinen Anspruch auf freies

Brennholz haben, auch die bewohnten und geheizten Räume nicht gegen früher vergrößert werden können. Ferner wird das Holz zum Backen, Schlachten, Brühen, Flachs- und Obstdarren, insofern diese Producte vom berechtigten Grundstücke genommen worden sind, zum Brühen und Kochen des Viehfutters dazu. Dabei muß aber der Berechtigte die landübliche Sparsamkeit in der Verwendung des Holzes anwenden. Dahin gehört, daß bei den kleinern Haushaltungen die Erwärmung des Wassers zum Bleichen, Waschen und Brühen des Viehfutters mit der Stubenheizung verbunden werden muß, selbst das Kochen der Speisen im Stubenofen stattfindet, das Flachsdarren und Obstbacken mit dem Brodbacken verbunden wird, die Feuerungsanstalten zweckmäßig construirt, die Stuben gehörig gegen das Eindringen der Kälte verwahrt sind.

Bei Feststellung des Bedarfes der einzelnen Mitglieder einer berechtigten Commune oder einzelner Grundbesitzer wird dieser daher auch nicht nach dem augenblicklichen Bedürfnisse einer größern oder kleinern Familie, nach den speciellen häuslichen Einrichtungen, den größern oder kleinern Wohnungsräumen, der bessern oder schlechtern Einrichtung der Feuerungsanstalten ermittelt, sondern es wird dieser nach allgemeinen Durchschnittssätzen mit Rücksicht auf die Größe des berechtigten Grundstückes, der Wirthschaft und des danach bemessenen Hausstandes und der Viehzahl berechnet, wobei man die darüber gemachten Erfahrungen zum Grunde legt. Das persönliche Bedürfniß kann nach der Größe der Familie, nach den Ansprüchen, welche diese an einer bequemern Wohnung, nach der bessern oder schlechtern Bauart und Einrichtung der Feuerungsanstalten, ein sehr verschiedener sein. Nicht die Person oder Familie besitzt aber das Recht, sondern das Grundstück, weshalb auch dasselbe als G r u n d g e r e c h t i g k e i t bezeichnet wird. Der Besitz kann wechseln, das baufällige schlecht eingerichtete Haus kann umgebaut, der Viehstand vergrößert oder verkleinert werden, man kann viel oder wenig bleichen, man kann daher nicht nach diesen fortwährend wechselnden Zuständen den Bedarf für ewige Zeiten fixiren, wie es bei der Ablösung desselben geschieht. Es würde dadurch der Uebelstand entstehen, daß vielleicht ein kleineres Grundstück, was zufällig eine zahlreiche Familie bewohnt und schlecht gebaut ist, eine größere Entschädigung erhält als das größere gut eingerichtete, von einer kinderlosen Familie bewohnt, während dies letztere doch im Allgemeinen, noch vielleicht in ganz kurzer Zeit, mehr Holz bedarf, als jenes. Es wird daher mit Recht gleiche Zustände bei allen Grundstücken gleicher Größe, die gleiche Rechte haben, vorausgesetzt und diese danach in gewisse Klassen getheilt, von denen jede Klasse eine gleiche Holzmasse als Bedarf zu fordern hat.

Dabei muß sich aber der Berechtigte auf Grund der Vorschrift des §. 54. der G. T. O. von 1821 und der Art. 4. der Gesetze von 1850, dasjenige, was er auf eignen Grundstücken an Feuerungsmitteln, Holz und Torf gewinnt in Abzug, letzteres jedoch nur insofern die ihm gehörenden Torflager schon aufgedeckt sind und benutzt werden. Hierher ist zu rechnen das Holz, was von alten Zäunen, Gebäuden hölzernen Wirthschaftsgeräthe, Obstbäumen, Hecken- und Kopfhölzern sowie Holzgründen gewonnen wird und von jeher in der Wirthschaft mitbenutzt worden ist, insofern nicht das Verleihungsrecht oder Judikat den Berechtigten ausdrücklich von der Verpflichtung der Mitbenutzung dieses Holzes entbinden. Die Abgänge von altem Holze werden überall für jede Klasse der berechtigten Grundstücke gleich zu berechnen sein, der Ertrag der Gärten, Hecken, Kopfhölzer und Holzgründe kann aber ein sehr verschiedener sein und muß jedesmal besonders ermittelt werden. Hierbei kann es aber nicht auf den augenblicklichen Zustand der Holzgründe und den sich jetzt darauf befindlichen Holzbestand ankommen, sondern es muß der Ertrag derselben überall so angenommen werden, wie er bei einem mittelmäßigen Zustande durchschnittlich sein kann. Wollte man annehmen, daß dem schlechten Wirthe, der seine Holzgründe verwüstet hat und sie unangebaut liegen läßt, kein Ertrag davon angerechnet wird, weil jetzt kein solcher davon bezogen werden kann, wohl aber ein solcher dem guten Wirthe, der seine Holzbestände nachhaltig benutzte, so würde man nicht nur die schlechte Wirthschaft belohnen, die gute bestrafen, sondern es würde auch eine große Ungleichheit der Entschädigung hervortreten, wenn vielleicht nach Verlauf einiger Jahre die jetzt auf liegenden Gründen angebaut und die gegenwärtig besteckten vom Holze entblößt sind. Ebenso kann es auch leicht sein, daß der, welcher kein Holz mehr hat, das, was er früher besaß, in seiner Wirthschaft wirklich benutzt und darum weniger aus dem belasteten Walde bezog, wogegen der, welcher sein Holz schont, diesen gerade darum stärker in Anspruch nahm.

Die Verwendung von Holz, zum Betriebe eines Gewerbes, wird nicht vorausgesetzt, es nur auf den Wortlaut des Documents oder auf Grund eines andern rechtlich anzuerkennenden Besitztitels verlangt werden. Hat das Gewerbe jedoch schon auf dem berechtigten Grundstücke zur Zeit der Verleihung des Rechts bestanden und dient dasselbe blos zur Befriedigung der Bedürfnisse einer berechtigten Kommune, ist das Holz, was zum Betriebe desselben bedurft wird, auch bisher auf Grund der Berechtigung aus dem belasteten Walde entnommen worden, so muß auch dafür die Entschädigung gegeben werden.

So haben häufig in den Dörfern bestimmte Grundstücke die Kruggerechtigkeit oder Gastwirthschaft, womit zugleich das Recht des Backens und Schlachtens zum Verkaufe verbunden ist, wo dann nicht blos das Holz zur Heizung der Gaststube, sondern auch zu letzterer in der Ausdehnuug gegeben werden muß, wie es bisher für die Consumtion der berechtigten Gemeinde betrieben worden ist.

Der Bedarf an Brennholze ein und desselben Grundstücks, mit derselben Fläche von Kulturland, ist nicht nur nach dem Klima der Gegend verschieden, sondern auch nach der

Bauart, der landüblichen Einrichtung der Feuerungsanstalten, den Sitten und Gewohnheiten, sowie der Art des Betriebes der Landwirthschaft. Daher kann der durchschnittliche Bedarf auch nur für jede Gegend oder Provinz festgesetzt werden.

Die verschiedenen technischen Instructionen für die Oeconomie-Commissarien thun dies in folgender Art:

Die General-Commission von Pommern nimmt den jährlichen Bedarf an Kiefern-Scheitholz an:

für eine gewöhnliche Bauernwirthschaft zu .	12 Klafter.
„ eine Kossätenstelle	7 „
„ eine Büdner- oder Leerhäuslerstelle . .	4 „
für ein Vorwerk mit 800 Morgen Land:	
1. Heizung für 2 Verwalterstuben von 2500 Kubikfuß Raum	6 Klafter.
2. Heizung für 1 Meiereistube von 1250 Kubikfuß Raum	3 „
3. Heizung für 1 Schäferstube von 1536 Kubikfuß Raum	3,8 „
4. Heizung für 1 Molkereistube von 1250 Kubikfuß Raum	3 „
5. Heizung bei 2 Gesindestuben von 3000 Kubikfuß Raum	7 „
6. Kochholz für 30 Personen	12,2 „
7. zum Backen und Schlachten . . .	8 „
Summa .	43 Klafter.

Die technische Instruction für die Oeconomie-Commissarien im Frankfurter Regierungsbezirke rechnet:

1. Zur Erwärmung von Stuben:
   a. 1 Klafter Kiefern-Klobenholz für 400 Kubikf. Raum bei schlechten Feuerungsanstalten;
   b. 1 dergl. für 600 Kubikf. Raum bei guten Feuerungsanstalten.
2. Kochholz, zwei Drittheile einer Klafter für eine Person in größern Wirthschaften, eine halbe Klafter für eine Person in kleinern Wirthschaften.

3. Backholz auf eine Person eine Drittheil Klafter.

4. Waschholz. Im Fall zur Wäsche eine besondere Heizung erforderlich ist, für die Person eine Viertheil- bis eine Drittheil-Klafter.

5. Holz zum Kochen und Brühen des Viehfutters, für eine Kuh eine Zehntheil bis eine Fünftheil-Klafter. Für ein Schwein die Hälfte.

Für bäuerliche Wirthschaften nimmt sie folgenden durchschnittlichen Bedarf in Kiefern-Scheitholzklaftern an:

1. Eine Bauernwirthschaft mit 90—120 Morgen Land 10—12 Klaftern.
2. Eine dito mit 60—90 Morgen Land 8—10 Klaftern.
3. Eine dito mit 30—60 Morgen Land 6—8 Klafter.
4. Büdnerstelle 8—30 Morgen Land 5—6 Klafter.
5. Leerhäusler ohne Land 4 Klafter.

Die technische Instruction für die Oeconomie-Commissarien im Regierungsbezirke Breslau enthält folgende Sätze:

1. Zur Heizung der Stuben 1 Klafter Kiefer-Scheitholz auf 4 bis 600 Kubikfuß Stubenraum.

2. Zum Kochen und Waschen der bäuerlichen Wirthschaft:

für 1 Person in holzarmen Gegenden $\frac{1}{2}$ Klafter Kiefer-Scheitholz;

für 1 Person in mittelarmen Gegenden $\frac{2}{3}$ Klafter Kiefer-Scheitholz;

für 1 Person in holzreichen Gegenden $\frac{5}{6}$ Klafter Kiefer-Scheitholz;

3. Zum Brodbacken in Verbindung mit dem Darren des Flachses und Backen des Obstes:

für jede erwachsene Person drei bis vier Neuntheile einer Klafter.

4. Zum Schlachten und Brühen:

auf bäuerlichen Stellen ein Drittheil bis eine halbe Klafter;

auf größern Gütern 1 bis 2 Klaftern.

5. Zum Brühen des Futters:
für 1 Kuh zwei Neuntheile einer Klafter;
für 1 Ferse und 1 Schwein ein Neuntheil.

6. Zum Brauen auf 24 Scheffel Malz 1⅔ Klafter.

7. Zum Branntweinbrennen auf 120 Quart à 40 Procent nach Tralles, acht Fünfzehntheil Klafter oder 40 Kubikfuß feste Masse Kiefer-Scheitholz.

8. Zum Ziegelbrennen auf 1000 bis 1200 Stück Mauerziegeln 1 Klafter Kiefer-Scheitholz.

Das Servis-Reglement vom 17. März 1810 rechnet zur Heizung jeder Kasernenstube, von der Größe eines räumlichen Wohnzimmers, 3 Klafter Kiefern-Scheitholz.

Gegen diese hier mitgetheilten Sätze lassen sich wohl mit Recht begründete Einwendungen machen.

Zuerst kann man das Holz zum Kochen, Waschen, Backen Brühen des Futters nicht für jede einzelne Person oder jedes einzelne Stück Vieh berechnen, denn die Menge desselben nimmt für jedes Individuum mit der größern Zahl derselben ab. Darin liegt ja die Ersparniß durch die Vereinigung mehrerer Personen zu einer Wirthschaftsführung. Wenn für 2 Personen gekocht oder gebacken wird, so wird nicht die doppelte Holzmasse bedurft, als wenn das nur für eine Person geschieht, ebenso wie wenig mehr Holz zur Erwärmung des Wassers zum Brühen des Futters für 2 Stück Vieh bedurft wird, als für ein Stück erforderlich ist. Der Bedarf für eine Person vermindert sich mit der größern Zahl der Personen, was ein so bekannter Erfahrungssatz ist, daß er wohl kaum noch eines Beweises bedarf.

Dasselbe gilt in Bezug auf die Erwärmung der Stuben. Eine regelmäßig geheizte größere braucht im Verhältniß ihrer Größe weniger Holz, als eine kleinere. Wollte man die großen Schlaf- und Arbeitssäle der öffentlichen Anstalten in lauter kleine Einzelnzimmer von gleichem Kubikinhalte theilen, so würde man zur Erwärmung dieser eine bedeutend größere Holzmasse bedürfen, als für jene.

Es müssen daher wenigstens für die Personen und Viehzahl Abtheilungen gemacht werden, um für jede derselben den Holzbedarf zu bestimmen, der sich mit der größern Zahl, die sie enthält, für jedes Individuum vermindert.

§. 25.

Fortsetzung.

Der Werth des Rechts, den vollen Brennholzbedarf fordern zu können, hängt sehr von der Beschaffenheit des Holzes, durch welches er befriedigt wird, und der Größe der Gewinnungskosten desselben ab. Es macht einen großen Unterschied, ob er das Holz eingeschlagen angewiesen erhält, oder es mühsam im Walde sammeln muß, ob es von einer solchen Beschaffenheit ist, daß es der Eigenthümer, wenn es ihm verbleibt, vortheilhaft benutzen kann, oder ob es in schwachem Reiserholze genommen werden muß, was für diesen oft wenig oder gar keinen Werth hat.

Dies ist zuerst wichtig in Bezug auf Berechnung des Vortheils, welcher dem Belasteten angerechnet werden kann, wenn der Antrag auf Ablösung von dem Berechtigten ausgeht. Dasjenige Holz, was verkäuflich ist, oder auch von dem Berechtigten selbst zweckmäßig benutzt werden kann, muß in diesem Falle von demjenigen getrennt werden, was ebenfalls zur Befriedigung des Bedarfes verwendet werden muß, was aber keinen Werth für den Waldbesitzer hat, weil es entweder ganz unverkäuflich ist, oder dessen Gewinnung doch mit soviel Kosten verbunden ist, daß es keinen Reinertrag giebt.

Dies letztere gilt zuerst von dem reinen Raff- und Leseholze, was niemals für Rechnung der Waldbesitzer wird gesammelt werden können, um es in Haufen oder Klaftern zu verkaufen. Es kann höchstens nur durch Ausgabe an Leseholzzetteln benutzt werden. Wie viel dergleichen ausgegeben werden können, wird sich vielleicht weniger nach der Menge des vorhandenen Holzes, als nach derjenigen von besitzlosen

Familien bestimmen lassen, welche in der Nähe des Waldes wohnen und von denen man annehmen kann, daß sie Leseholz sammeln werden, denn bei dem niedrigen Preise solcher Leseholzzettel werden sie diese wahrscheinlich selbst dann noch lösen, wenn sie auch nicht den vollen Bedarf darauf gewinnen können. Allerdings ist dann aber für den Waldbesitzer, wenn die Besitzer derselben kein Holz mehr finden, worauf ihm durch dieselben ein Recht eingeräumt worden ist, die Ausgabe von Leseholzzetteln gewöhnlich weit eher mit Verlust als mit Gewinn verbunden, da die, welche dadurch das Recht erhalten, den Wald zu besuchen, sich dann gewöhnlich nicht mit dem, was sie eigentlich nur an sich nehmen sollen, begnügen.

Wie hoch ein solcher Leseholzzettel verwerthet werden kann und welche Einnahme dafür zu beziehen ist, läßt sich durchaus nicht anders als nach örtlichen Ermittelungen bestimmen. Nur soviel ist gewiß, daß die Einnahme dafür niemals eine bedeutende sein kann. Da, wo das Holz in hinreichender Menge vorhanden ist, um mit leichter Mühe gesammelt werden zu können, wird es auch keinen hohen Preis haben und da, wo es sehr kostbar ist, wird es gewiß nur mit einem großen Aufwande von Zeit und Arbeit gewonnen werden können, wodurch es oft sehr theuer bezahlt werden muß. Dann werden nur die ärmern Leute, welche keine Gelegenheit haben, durch ihre Arbeit mehr zu verdienen, als durch das Sammeln des Leseholzes, die Zettel dazu lösen, denn selbst der gewöhnliche Handwerker oder Fabrikarbeiter, wenn er nicht unbeschäftigte Familienmitglieder hat, kann sich damit nicht befassen und kauft sich lieber sein Brennmaterial. Diese Leute können aber nur wenig für einen solchen Zettel zahlen.

Einen andern Werth als den das Leseholz durch die Einnahme für die Erlaubniß es sammeln zu dürfen erhält, hat es für den Waldeigenthümer des Waldes nicht. Man hat ihm zwar auch die durch dessen Verwesung erfolgende

Bodenverbesserung anrechnen wollen, wenn es unbenutzt im Walde bleibt, allein diese würde sich wohl in keinem Falle berechnen und in Gelde ausdrücken lassen, wenn auch wirklich die ganz schwachen im Laube liegenden Reiser etwas zur Vermehrung des Humus beitragen können. Die stärkern Zweige oder unterdrückten Pflanzen werden auf dem Wege der trocknen Fäulniß zerstört und die Holzmasse derselben ist dem eigentlichen Verwesungsprocesse, der zur Humusbildung erforderlich ist, gar nicht unterworfen, weshalb sie auch zur Vermehrung des Humus nichts beiträgt. Wenn dies aber auch in sehr geringem Maaße durch die vollständig verfaulenden, vom Laube bedeckten schwachen Reiser der Fall ist, so geht der Vortheil, der für den Waldbesitzer daraus erwächst, daß der Boden fruchtbarer wird und mehr Holz erzeugen kann, erst in sehr später Zeit, nach hundert und mehr Jahren ein. Der Werth der künftigen größern Holzerzeugung müßte daher mit Vergütigung der Zinsen für die Gegenwart berechnet werden. Für eine solche Rechnung fehlt aber jede sichere Grundlage, da Niemand wird sagen können, um wie viel man die künftige Holzerzeugung größer annehmen kann. Sie möchte aber auch noch so groß angenommen werden, so wird er doch immer auf die Gegenwart reducirt, so klein sein, daß er in der Wirklichkeit gar keine Beachtung verdient.

Außer dem reinen Raff- und Leseholz wird dem Berechtigten, welcher den vollen Bedarf zu fordern hat, gewöhnlich auch noch das Reiseholz des Brennholzes oder auch wohl ein Theil der Aeste, der sogenannte Abraum, überlassen. Der Werth desselben hängt nächst dem Preise, zu dem er nach den örtlichen Verhältnissen verkauft werden kann, von der Stärke des Holzes ab, welches auf den Schlägen liegen gelassen werden muß, und welches der Berechtigte dann für sich benutzen kann. Dies muß nach dem Herkommen oder der Observanz in jedem einzelnen Falle bestimmt werden, da mit dem Worte Abraum keine fast bezeichnete Beschaffenheit des Holzes aufgedrückt wird, indem man immer nur das Ab= oder Wegzuräumende nicht nutzbar oder nicht zu benutzen, das Holz eines Baumes, der abgehauen worden ist, darunter versteht. Was in der Regel in Norddeutschland zum Abraume gerechnet wird, wurde schon oben bemerkt. Die Stärke des Holzes, welches liegen bleiben muß, wird sich aber auch sehr danach richten, ob die Berechtigten, welche den Bedarf zu fordern haben, diesen auch aus dem übrigen ihnen zukommenden Holze hinreichend befriedigen können, wo dann der Waldbesitzer den Abraum stärker abnutzen kann, oder ob sie vorzugsweise auf diesen, wegen Mangel an anderem Holze, verwiesen werden müssen.

Es muß dabei bemerkt werden, daß es ein großer Irrthum mancher Waldbesitzer ist, wenn sie glauben, daß, wenn nicht der volle Bedarf zugesichert ist, und die reine Raff= und Leseholzberechtigung auf dem Walde lastet, er willkührlich über den Abraum disponiren kann, weil zum Leseholze nur dasjenige gehört, was auf den Schlägen als unbenutzbar liegen bleibt, folglich es allerdings scheint, als könnte man alles Holz, was benutzbar ist, an sich nehmen.

Wenn der Abraum bis zu einer gewissen Stärke von jeher auf den Schlägen liegen geblieben ist, weil er früher unbenutzbar war, und wenn die Berechtigten, die ihn von da ab benutzten, ihn zur Befriedigung ihres Bedarfs nicht entbehren können, so haben sie durch Verjährung ein Recht darauf erworben und der Waldeigenthümer ist jetzt darum noch nicht befugt, ihn für sich zu benutzen, weil er gegenwärtig benutzbar oder verkäuflich geworden ist. Er muß auf den Schlägen liegen lassen, was von jeher auf ihnen für die, welche eine wirkliche Berechtigung besitzen, liegen geblieben ist.

Die Menge des Abraums, die der Wald liefern kann, läßt sich auf dem Wege der Taxation bestimmen, sobald die Stärke feststeht, bis zu welcher er den Berechtigten überlassen werden muß, indem darüber, wie viele Procente von der gesammten Holzmasse eines Baumes durchschnittlich auf Aeste und Reiser zu rechnen sind, Erfahrungen theils schon gesam=

melt sind, theils erforderlichenfalls auch leicht gesammelt werden können. Es braucht daher nur festgestellt zu sein, wie viel alljährlich Holz auf den Abtriebsschlägen und durch die Durchforstungen nachhaltig eingeschlagen werden kann, um danach die Menge des davon zu erwartenden Abraumes bestimmen zu können.

Sie ist verschieden nach dem Alter des Holzes und je nachdem der Baum im Schlusse oder freistehend erwächst, da er sich im letztern Falle mehr in die Aeste ausbreiten kann. Die freistehend erzogenen Bäume kommen aber nur im Mittel- oder Pflanzwalde vor, wo man das Recht auf Abraum wohl niemals findet, da es stets nur auf den Hochwald beschränkt ist. Es kann daher auch wohl das Verhältniß der Holzmasse, welche die Aeste zu der Schaftholzmasse bei freistehenden Bäumen haben, hier unbeachtet bleiben. Dagegen kann aber die Verschiedenheit desselben nach dem Alter des Holzes nicht unberücksichtigt gelassen werden, da die Durchforstungen, bei denen schwächeres Holz eingeschlagen wird, eine relativ größere Menge an Abraum geben, als die Abtriebsschläge, da auf eine gleich große Zahl an Klaftern Durchforstungsholz, weit mehr Abraum erfolgt, als auf den Abtriebsschlägen, wo das Holz älter ist, was zum Hiebe kömmt.

In ganz geschlossenen Nadelholzbeständen von 100 bis 120jährigen Umtriebe können, den Abraum von 6 Zoll Durchmesser an gerechnet und wenn die Spitze des Baumes gleichfalls liegen bleibt, bei großem Höhenwuchse 16 bis 18 Kubikfuß Abraum auf 100 Kubikfuß Klafterholz in den Abraum fallen. Auf schlechtem Boden und bei kurzschäftigem Holze, kann sich dies bis auf 20 bis 24 Kubikfuß vermehren. Stehen die Bäume dazu noch ganz frei, so daß sie mehr einen strauchartigen Wuchs haben und der Stamm sich nicht gehörig ausbilden kann, so kann die Astholzmasse selbst bis zu 36 und 37 Kubikfuß auf 100 Kubikfuß Klafterholz gerechnet werden.

Dies Verhältniß ändert sich aber, wenn Knüppelholz gemacht und der Abraum nur bis zu 3 Zoll Stärke liegen bleibt, bei Bäumen, welche starke Aeste haben. Bei ganz geschlossenem Holze, von 80 bis 100 Jahren, was gar keine Aeste über 3 Zoll Stärke hat, ist die Aenderung sehr unbedeutend, indem dann nur die Spitze des Baumes wieder benutzt wird. Die dadurch erfolgende Verminderung der Holzmasse des Abraumes wird dann in der Regel nicht mehr als 3 Procent betragen. Anders ist es aber bei den alten starken Bäumen, welche viele Aeste haben, die über 3 Zoll stark sind, so daß aus ihnen Knüppelklafter geschlagen werden können. Dann wird sich die Holzmasse des Abraums dadurch um 6 bis 10 Procent vermindern. Doch gilt dies auch mehr von der Kiefer als von der Fichte, da bei der letzteren die Aeste selten eine sehr bedeutende Stärke erreichen. Auch gelten die höchsten Zahlen, welche oben für das Nadelholz im Allgemeinen angegeben wurden, eigentlich nur für diese letztere, die besonders im freien Stande erwachsen, weit mehr Aeste hat, als die Kiefer.

Die Erle und Birke haben weniger Zweige, als das Nadelholz, und man wird bei ihnen selten mehr als 12—16 Kubikfuß Abraum auf 100 Kubikfuß eingeschlagenes Klafterholz rechnen können. Die Eiche hat mehr Astholz als die Kiefer und wenn dasselbe bis zu 6 Zoll Durchmesser verbleibt, so wird man 25 bis 35 Kubikfuß Abraum auf 100 Kubikfuß starkes Holz bei Bäumen von 120 bis 140 Jahren rechnen können. Dagegen hat sie aber wenig Reißholz, so daß, wenn der Abraum nur bis zu 3 Zoll Stärke genommen werden darf, nicht mehr als 14 bis 18 Kubikfuß von gleicher Stammholzmasse erfolgen dürfte.

Den mehrsten Abraum geben Hainbuchen, Buchen und Linden, so daß besonders bei etwas räumlich erwachsenen Bäumen wohl 22 bis 40 Kubikfuß Abraum auf 100 Kubikfuß eingeschlagenes Klafterholz kommen können. Die letztere Holzmasse jedoch nur, wenn kein Knüppelholz gemacht und das Holz bis zu 6 Zoll Durchmesser in den Abraum geworfen wird.

Von den Durchforstungshölzern fällt desto mehr Holz in diesen, je jünger und schwächer sie sind. In den jüngern Stangenhölzern kann selbst bei einer Stärke von 3 Zoll für das liegenbleibende Holz, dies vielleicht mehr betragen, als das einzuschlagende. Dies ändert sich natürlich mit zunehmender Stärke der Bäume und wenn der Schaft der wegzunehmenden unterdrückten Stämme diejenige erreicht hat, wobei er bis zum Wipfel als Klafterholz benutzt werden kann, so geben diese sogar weniger Abraum als die dominirenden des Abtriebsschlages, weil sich von ihnen die Aeste weniger entwickeln können.

Im Allgemeinen wird man wohl ungefähr annehmen können, daß in einem regelmäßig bestandenen Hochwalde, wo Astholz gemacht wird, in Kiefern 16 bis 18 Procent, in Fichten 20 bis 22 Procent, in Buchen und Eichen 20 bis 25 Procent, in Erlen 10 bis 16 Procent der in Klaftern zu schlagenden Holzmasse von ausgewachsenen Bäumen als Abraum zu rechnen ist. Gehört blos das Reisholz dazu, so wird dies um ein Drittheil bis ein Viertheil ermäßigt werden müssen.

Bei dem sehr ungleichen Wuchse der Bäume gewähren solche Zahlen aber immer keine Sicherheit, daß sie richtig sind, es ist daher stets besser, daß das Verhältniß der Holzmasse des Abraums zu der des starken eingeschlagenen und in Klaftern zu setzenden Holzes im Walde selbst an geeigneten Bäumen ermittelt wird, was ohne große Weitläuftigkeit leicht geschehen kann. Steht es fest, so ist nach dem für den betreffenden Wald festgesetzten Abgabensatze, die Menge des zu erwartenden Abraums dennoch leicht zu bestimmen. Diesen dann auf Schocke Reisholz, etwa zu 30 Kubikfuß feste Masse, oder auf Fuder von etwa 40 Kubikfuß feste Masse reducirt, für welche der Marktpreis anzunehmen ist, läßt auch den Geldwerth leicht berechnen. In den großen Kieferforsten der östlichen Provinzen Preußens ist aber freilich ein solcher oft vorhanden, da das schwache Nadelholzreisholz gar nicht zu verkaufen ist, ja sogar nicht einmal von den Berechtigten unentgeltlich abgeholt wird, und auf den Schlägen verbrannt werden muß, damit nicht die jungen Pflanzen darunter ersticken oder sich schädliche Insecten darin entwickeln. Eben so kann der Abraum auch in den von Wohnungen entfernt liegenden Gebirgsforsten oft gar nicht benutzt werden.

Zu vielen kömmt auch das Recht vor, daß die Berechtigten die grünen Aeste der noch stehenden Bäume zur Befriedigung ihres Bedarfes berechnen dürfen.*) Das Recht kann durch ein Document verliehen oder durch Verjährung erworben worden sein, so wird es immer nur in solchen Schranken ausgeübt werden dürfen, wobei die Erhaltung der Bäume und ein solcher Wuchs derselben möglich ist, daß der Zweck der Waldwirthschaft dabei erreicht werden kann. Der Baum braucht zu seinem Leben und Wachsthume eine gewisse Menge von Nadeln, wollte man ihm diese durch das Abbrechen der Zweige rauben, so würde man ihm, wenn alle Nadeln genommen werden dürften, und wenn ihm mehr genommen werden, als er zur vollen Holzerzeugung bedarf, nicht blos seinen Zuwachs vermindern, sondern ihn auch an seiner regelmäßigen Ausbildung hindern, wie man dies bei stark geschneidelten Bäumen sieht, die erst wieder einen Holzring anlegen, wenn sich die Blattmenge durch neu erzeugte Ausschläge wieder vermehrt hat. Nach dem mehrfach und wieder im Kulturedict vom 14. September 1811 ausgesprochenen Grundsatz, daß kein Servitut so weit ausgedehnt werden darf, daß dadurch die ursprüngliche Bestimmung des belasteten Grundstückes vernichtet würde, können die Berechtigten folglich nur diejenigen Aeste stehender grüner Bäume auf Grund ihres Rechts in Anspruch nehmen, die er nicht

*) Siehe darüber Kritische Blätter für Forstwissenschaft 30. Band, 2. Heft, S. 87. u. ff.

zu seinem Leben und seiner Entwicklung bedarf. Dies sind diejenigen welche nach und nach als entbehrlich werdend von selbst absterben, die aber da, wo dies Recht auf grüne Aeste besteht, noch ehe dies eintritt benutzt werden dürfen. Vor dem Alter von 20 Jahren des Holzes werden die Berechtigten wohl selten diese Aeste brechen, da es nur schwache Zweige sind die in das gewöhnliche Leseholz fallen und wenig Werth haben, auch kann der junge Baum vor diesem Alter keinen grünen Zweig zu seinem Wachsthum entbehren. Nach den über die Menge der absterbenden Zweige in Kiefern angestellten speciellen Untersuchungen *) giebt 1 Morgen im besten Boden jährlich an absterbenden Aesten

in dem Alter von	20—40	Jahren	2,5	Kubikfuß
= = = =	40—60	=	2,3	=
= = = =	60—80	=	1,25	=
= = = =	80—100	=	1,15	=
= = = =	100—120	=	1,15	=

oder für die ganze Lebenszeit des Holzes bis zu 120 Jahren 1,67 Kubikfuß jährlich. Diese Astmenge vermindert sich aber mit der Güte des Bodens, wobei die jüngste Altersklasse gar nichts liefert.

Denkt man sich daher einen Wald von 600 Morgen Fläche, der in einem ganz richtigen Altersklassenverhältnisse steht, so daß auch jede Altersklasse 100 Morgen einnimmt, so liefert derselbe von dieser ganzen Fläche, einschließlich der 100 Morgen von 1—20 Jahren, in denen keine Nutzung stattfindet, nur 1,40 Kubikfuß vom Morgen jährlich.

Dieser vermindert sich aber bei dem Boden von geringerer Ertragsfähigkeit im Verhältnisse zu der gesammten Holzerzeugung so, daß man

*) Man sehe darüber die schon angeführte Abhandlung in den Kritischen Blätter für Forstwissenschaft nach.

von der 2. Bodenklasse in Kiefern nur noch jährlich 1,23 Kub.-Fuß
„ „ 3. „ „ „ „ „ „ 1,13 „
„ „ 4. „ „ „ „ „ „ 0,93 „
„ „ 5. „ „ „ „ „ „ 0,70 „
rechnen kann.

Von selbst versteht es sich, daß dies nur von vollen Beständen gilt und daß alle Lücken in ihnen, wie die Blösen bei der Berechnung des Ertrages in Abzug kommen müssen.

Ermittelt man demnach die Bodenklasse, stellt man eine Altersklassentabelle auf und reducirt man in ihr jede Altersklasse auf den vollen Bestand, so wird man leicht hiernach die Menge des Astholzes welches auf Grund dieses Rechts in einem Kiefernwalde genommen werden kann, zu berechnen im Stande sein. Auch von andern Holzarten läßt sich hiernach die Berechnung anlegen, wenn man dabei das bekannte Verhältniß ihrer Astmenge zu derjenigen der Kiefer zum Grunde legt.

Diese Aeste haben als Brennholz für den Waldeigenthümer eigentlich gar keinen Werth, da dieser sie nicht grün abbrechen lassen wird, um sie zu verkaufen und sie trocken in das Leseholz fallen und ihr Abbrechen mehr kosten würde, als Erlös dafür zu erwarten wäre. Das Recht ist aber so verderblich und es beschädigt die Bäume so sehr, daß gewiß jeder Waldbesitzer auf Ablösung antragen und gern den vollen Nutzwerth dafür als Entschädigung selbst dann dafür zahlen wird, wenn auch der Antrag auf Ablösung von dem Berechtigten ausgeht. Dies um so mehr, als es gewiß der Vortheil, den er dadurch erhält, nicht geringer sein wird, als dieser.

Neben dem Abraum und den absterbenden oder grünen Aesten der Bäume hat der Berechtigte gewöhnlich das Recht, die absterbenden unterdrückten Stämme in den geschlossenen Beständen, das eigentliche Durchforstungsholz bis zu einer gewissen Stärke oder einem gewissen Alter benutzen zu dürfen. Gewöhnlich ist diese Stärke danach bemessen, daß er die absterbenden Pflanzen nehmen darf, so lange er sie noch abbrechen oder ausreißen kann und folglich zur Gewinnung dieses Holzes kein Instrument, wie Beil, Säge, Hacke, anzuwenden nöthig hat. Nach dem Boden und Holzwuchse ist dazu ein verschiedenes Alter von 15 bis selbst 40 Jahren erforderlich. In der Regel hat dies schwache Durchforstungsholz zwar wenig Werth für den Verkauf, da auch dessen Aushieb verhältnißmäßig kostbar wird, das Recht darauf kann aber dadurch einer regelmäßigen Forstwirthschaft hinderlich werden, daß zu dicht stehende junge Bestände durch einen Aushieb des unterdrückten und die dominirendeu Stämme in ihrer Entwickelung beengenden Holzes, nicht gelichtet werden dürfen, um ihnen einen bessern Wuchs zu verschaffen, wenigstens das ausgehauene Holz für die Berechtigten liegen bleiben muß, die einen Anspruch darauf haben. Doch läßt sich dieser Nachtheil wohl durch einen zweckmäßigen Anbau des Holzes, wobei man einen zu dichten Stand desselben vermeidet, beseitigen, auch tritt er mehr auf dem armen als dem reichen Boden hervor.

Wenn sich die Berechtigung nur auf das schwache Holz erstreckt, was wenig benutzbar ist und dessen Gewinnung oft mehr kostet als es werth ist, und kein starkes trocknes Holz auf Grund desselben in Anspruch genommen werden kann, so wird in der Regel der Waldbesitzer es nur mit Opfern, die sich nicht bezahlen, ablösen können, wenn er dem Berechtigten den vollen Nutzwerth, zu dem das Recht gewöhnlich berechnet wird, vergütigen muß. Die Holzmassen, welcher dieser davon bezieht, sind bei geschlossenen Beständen sehr bedeutend und die Gewinnungskosten können ihm beinahe immer nur sehr niedrig angerechnet werden, da man ihm nicht nachzuweisen vermag, daß er durch die dazu verwendete Arbeit sich einen andern Erwerb verschaffen kann. Man wird daher in den wenigen Fällen, wo eine frühzeitige Lichtung ganz junger Bestände als Kulturmaaßregel nöthig wird, diese wohlfeiler ausführen, ohne das ausgehauene Holz zu benutzen, als wenn man dies durch die Ablösung viel theurer erkauft, als man es wieder verwerthen kann. Etwas anderes ist es, wenn das Recht sich auch auf trocken werdende Bäume erstreckt, welche schon Klafterholz geben, was regelmäßig benutzt werden kann. Dann kann man dem Berechtigten nicht blos darum den vollen Nutzwerth bezahlen, sondern man hat dabei auch den Vortheil, daß man die Durchforstung zu rechter Zeit, noch ehe das Holz ganz trocken wird, vornehmen kann, um den stehen bleibenden Bäumen den nöthigen Wachsraum zu verschaffen, daß man dadurch besseres Holz erhält wie der Berechtigte, und der Vermehrung schädlicher Insecten begegnet.

Es muß deshalb auch, wenn man den Vortheil berechnen will, welcher dem Belasteten aus der Ablösung dieses Rechts erwächst, das ganz schwache wenig benutzbare und nur mit bedeutenden Kosten zu gewinnende Durchforstungsholz, von dem werthvollen stärkern geschieden werden.

Nach den Untersuchungen des verstorbenen Ober-Landforstmeisters Hartig*) rechnet auf guten Boden in einem geschlossenen Kiefernbestande für den Morgen im 20. Jahre 480 Kubikfuß Durchforstung, und im 40. Jahre 200 Kubikfuß, was einen jährlichen Durchschnittsertrag von 17 Kubikfuß macht. Dieser vermindert sich nun aber mit abnehmender Bodengüte selbst in vollen Beständen, wenn man aber das oben angenommene Verhältniß der verschiedenen Ertragsklassen des Kiefernbodens beibehält, so würde doch

die 2. Bodenklasse	noch	15,3	Kubikfuß
= 3. =	=	13,6	=
= 4. =	=	11,4	=
= 5. =	=	8,6	=

vom Morgen jährlich in diesen beiden Altersklassen zu rechnen sein.

Die ältern Klassen geben nun aber kein Durchforstungs-

---

*) 7. Band des Forst- und Jagdarchivs. Stuttgart bei Cotta. 1826. S. 48.

holz mehr, was die Berechtigten an sich nehmen dürfen, wenn sie nicht Anspruch auf trockne Bäume haben, zu deren Gewinnung schneidende Instrumente oder Sägen angewendet werden müssen.

Denken wir uns folglich einen Kiefernwald im 120jährigen Umtriebe stehend, und im normalen Altersklassenverhältnisse, so daß bei 600 Morgen Fläche jede 100 Morgen enthält, so würde dieser von den 1—40jährigen Beständen einen jährlichen Durchforstungsertrag an Leseholz

in	der	1.	Bodenklasse	von	1701	Kubikfuß
=	=	2.	=	=	1530	=
=	=	3.	=	=	1360	=
=	=	4.	=	=	1140	=
=	=	5.	=	=	860	=

geben, und einschließlich der Reiser an den stehenbleibenden Bäumen die im Laufe der Zeit abbrechen werden und dem Leseholzberechtigten zu gute kommen,

in	der	1.	Bodenklasse	2540	Kubikfuß
=	=	2.	=	2280	=
=	=	3.	=	2050	=
=	=	4.	=	1698	=
=	=	5.	=	1280	=

oder vom Morgen jährlich Durchschnittszuwachs an Raff- und Leseholz, ausschließlich des Abraumes und dessen was auf den Schlägen liegen bleibt,

in	der	1.	Bodenklasse	die	Kiefern	6,35	Kubikfuß
=	=	2.	=	=	=	5,7	=
=	=	3.	=	=	=	5,4	=
=	=	4.	=	=	=	4,24	=
=	=	5.	=	=	=	3,8	=

Dieser Ertrag ist aber nur von solchen Beständen zu erwarten, welche von Jugend auf in dichten Bestande ganz geschlossen erwuchsen und sich bis zum Abtriebe auch geschlossen erhielten. Einen Wald von einem solchen Zustande wird es aber wohl selten geben, und in dem Maaße wie dessen

Zustand sich von dem normalen entfernt, wird auch sein Ertrag an Raff- und Leseholz geringer werden. Es wird schon als ein sehr günstiges nur selten eintretendes Verhältniß anzunehmen sein, wenn von einem Kiefernwalde drei Viertheile der Erträge eingehen wie sie nach den von Hartig angenommenen Ertragssätzen, welche den obigen Berechnungen zum Grunde gelegt wurden, von vollkommenen Beständen erfolgen sollen. Im mittlern Zustande sinken sie oft auf die Hälfte, wo dann natürlich auch der hier für normale Bestände angenommene Ertrag nicht erwartet werden kann, sondern ermäßigt werden muß. Doch sinkt der Ertrag des Leseholzes, nicht immer in demselben Verhältnisse wie der der Abtriebserträge, da dasselbe größtentheils aus den jüngsten Altersklassen erfolgt und diese in der Regel besser bestanden sind als die ältern.

Wenn man die Bodengüte, die Bestandesgüte, das Altersklassenverhältniß und die Umtriebszeit in einem Walde feststellt, so wird es leicht sein nach den hier gegebenen Zahlen selbst die andern Holzgattungen als die Kiefern, den Raff- und Leseholz-Ertrag zu berechnen, denn dies erfolgt in demselben Verhältniß von jeder Holzgattung, wie sich deren Gesammtertrag zu der der Kiefer verhält.

Cotta giebt in seinen Hülfstafeln, Dresden 1821, Tafel VII., das Verhältniß des Ertrages, der Masse nach, von den verschiedenen Holzgattungen folgendermaaßen an, wenn man die Kiefer gleich 100 setzt:

Fichte	=	120
Buche	=	71
Eiche	=	60
Erle	=	76
Birke	=	50

wonach sich der Ertrag an Raff- und Leseholz für jede Holzgattung leicht berechnen läßt. Doch dürfte besonders der Ertrag der Erle wohl zu niedrig angenommen sein und nicht unter 85 bis 90 gerechnet werden können.

§. 26.

Fortsetzung.

Es ist bei den vorhergehenden Erörterungen der Versuch gemacht worden, die Menge des Holzes zu berechnen, welche dem Waldbesitzer zufällt, wenn die Berechtigung zum Bedarf auf Antrag des Berechtigten abgelöst wird, um danach den Vortheil berechnen zu können, welcher ihm aus der Ablösung erwächst, indem er nun das Holz für sich verwerthen oder benutzen kann. Daß die dazu gegebenen Zahlen für alle Fälle genau passen würden, ist schon darum ganz undenkbar, weil theils der Boden des Reviers bald schlechter bald besser sein kann, als er bei den angenommenen Güteklassen vorausgesetzt wurde, theils der Wuchs so wie die Dichtigkeit des Bestandes sehr verschieden sein können. Auch wurden sie überhaupt nur als solche gegeben, welche den Ertrag annähernd und ohngefähr, wie er im großen Durchschnitte anzunehmen sein kann, bezeichnen sollen, um wenigstens einen Anhalt zur Ertragsberechnung zu geben, da es an einem solchen bisher noch ganz mangelte. Ist daher eine Ermittelung der Holzmasse des Raff- und Leseholzes, welche ein Wald geben kann, nur irgend so möglich, daß sich ein brauchbares Resultat davon erwarten läßt, so ist diese stets der Anwendung solcher allgemeinen Zahlen vorzuziehen.

Geht der Antrag zur Ablösung von dem Belasteten oder dem Waldeigenthümer aus, so kommt es in dem Falle, wo nicht bestritten werden kann, daß derselbe den vollen Bedarf zu fordern hat, gar nicht darauf an, zu ermitteln, was der Wald liefert, sondern es handelt sich nur darum, die Größe des Bedarfs und demgemäß die der Entschädigung festzusetzen. Von der Größe des Bedarfs ist schon oben gehandelt worden, sie wird auch nicht durch den Forstwirth, sondern durch Landwirthe oder andere Sachverständige festgesetzt, so daß dies hier, wo nur solche Gegenstände erörtert werden sollen, die zur Forsttechnik gehören, wohl mit Stillschweigen übergangen werden kann.

Von dem Bedarfe muß aber nach §§. 52. und 54. der G. T. O. von 1821 und dem Art. 4. des Gesetzes von 1850, wenn nicht ausdrücklich durch Urkunden, Judikate oder Statuten etwas anderes bestimmt ist, dasjenige in Abzug gebracht werden, was er auf dem berechtigten Grundstücke selbst an Feuerungsmitteln gewinnt. Es ist folglich zuerst das Holz anzurechnen, was er bei wirthschaftlicher Behandlung seiner Holzgründe auf diesen erziehen und gewinnen kann. Diese werden wohl selten oder niemals sehr guten Boden haben, denn diesen würde der Berechtigte nicht zur Holzerziehung, sondern als Kulturland benutzen, es ist daher auch gar nicht nöthig, die Erträge der besseren Bodenklassen hier anzugeben. Eben so werden diese Holzgründe nicht als Hochwald im hohen Umtriebe benutzt werden, sondern bei dem Nadelholze höchstens im 50 bis 60jährigen, bei dem Laubholze als Mittel- oder Niederwald, Kopf- oder Heckenholz. Dann ist aber auch häufig der Boden, den die Berechtigten zur Holzerziehung benutzen, ausgetragenes viertes Ackerland, dessen Ertrag noch geringer ist, als der des schlechten Bodens, wie ihn die Erfahrungstafeln zur Berechnung des Ertrages der Staatsforsten annehmen. Ferner sind auch die kleinen Privatgründe selten vollständig zu schützen und es kann nicht angenommen werden, daß sie immer einen vollen Bestand haben können und werden. Es werden daher die Erträge derselben auch nur so angenommen, wie sie selbst unter ungünstigen Verhältnissen noch von den kleinen Grundbesitzern, bei einer Behandlung wie sie jeder Bauer kennt, mit Sicherheit erlangt werden können. Für Kiefern auf liegen gebliebenen Aeckern (sogenannte Ackertannen) kann man für den Morgen an jährlichem Durchschnittszuwachs rechnen:

im bessern Boden, der noch als 3 oder 6jähriges Roggenland zu benutzen wäre, nur 10 bis 12 Kubikfuß;

in solchem, welcher zum flüchtig werden geneigt ist, 8 bis 10. Ist der Untergrund Kies und benarbt sich der Boden nicht selbst, wenn er nicht vom Winde bewegt wird, so kann der Durchschnittszuwachs, besonders wenn die Streu weggenommen wird, auch wohl auf 4 bis 6 Kubikfuß jährlichen Durchschnittszuwachs sinken.

Der Ertrag der kleinen Erlenbrüche, welche im nördlichen Deutschland vielfach vorkommen, ist so schwankend, daß er zu 80 und auch nur zu 4 Kubikfuß jährlichem Durchschnittszuwachs vom Morgen gerechnet werden kann, es läßt sich daher ein solcher nicht angeben, sondern muß nach der Güte des Bodens und Bestandes in jedem Falle speciell bestimmt werden.*)

Der Ertrag der Eichenniederwälder wird zu 15 bis 20 Kubikfuß jährlich vom Morgen, der der Buchen und Hainbuchen zu 12 bis 15, der des sogenannten weichen Niederwaldes zu 17 bis 25 Kubikfuß angenommen werden können.

Auch der Ertrag des Kopf- und Schneidelholzes ist so sehr verschieden nach der Größe und Gesundheit der Stämme, daß er nicht allgemein anzugeben ist. Eine gute wüchsige Kopfholzweide kann jährlich $\frac{1}{8}$ bis $\frac{1}{10}$, aber auch bis zu $\frac{1}{5}$ Kubikfuß Holz erzeugen. Es kann daher nur empfohlen werden, zur Ermittelung des Ertrages die in einer bestimmten Zeit durch die Ausschläge erzeugte Holzmasse abzuhauen und zu wägen, um darnach die durchschnittliche jährliche Holzerzeugung zu bestimmen.

Dann ist dem Berechtigten noch das Holz anzurechnen, was er von alten Zäunen, abgängigen Wirthschaftsgeräthen, Bauholz u. dergl. zu seiner Consumtion als Feuerungsholz benutzen kann. Dies erhält man, wenn man die Menge des Holzes, welche hierzu verwandt wurde, die Dauer der Zäune und Geräthe bestimmt und dann festsetzt, der wievielste Theil dieses Holzes muthmaßlich zur Feuerung verwandt werden wird. Dies wird bei Zaunholz selten mehr als $\frac{1}{5}$ der dazu

---

*) Dazu kann man die schon erwähnten Erfahrungstafeln nach den Angaben des Verfassers vom Professor Schneider berechnet, Berlin 1843, benutzen.

verwendeten Holzmasse betragen, bei Wagen, Schlitten, Eggen, Fässern und anderen Wirthschaftsgeräthen, so wie bei dem Bauholze selten mehr als $\frac{1}{20}$. Baum- und Hopfenpfähle liefern dagegen wohl $\frac{1}{3}$ bis $\frac{1}{4}$ der dazu frisch verwandten Holzmasse als Brennholz.

Von den Obstbäumen muß die durchschnittliche Holzmasse eines Baumes, so wie dessen Dauer, bestimmt werden, woraus sich die durchschnittliche Brennholzmasse, die er liefern kann, berechnen läßt.

Eine schwierige Aufgabe ist die Berechnung der Gewinnungskosten, welche vom Bruttoertrage des Rechts in Abzug gebracht werden müssen. Der Berechtigte kann nicht verlangen, daß er den Werth des Brennholzes, welches er bedarf, so erhält, daß er dasselbe ohne alle weitere Ausgabe dafür erkaufen kann, wenn er eine solche bisher zur Gewinnung des sonst frei bezogenen Holzes hat machen müssen. Eben so kann man auch nicht dem Belasteten anmuthen, daß er sich dasjenige, was ihm jener abtritt, zum Bruttoertrage muß anrechnen lassen, wenn dieser viel geringer ist als der Nettowerth. Das was sich der Berechtigte als Gewinnungskosten muß abrechnen lassen, ist aber sehr verschieden nach der Beschaffenheit des Holzes, welches er aus dem Walde entnehmen darf.

Der auf den Schlägen liegen gelassene Abraum verursacht ihm bei der Abfuhr des Holzes nicht mehr Kosten, als die des im Walde angekauften Klafterholzes. Das Aufladen, Abfahren, Zerkleinern desselben wird, eine gleiche Holzmasse vorausgesetzt, in derselben Zeit und mit demselben Arbeitsaufwande bewirkt werden können, als wenn er Knüppelklaftern erkauft hat. Wenn er daher seinen Bedarf ganz von diesem bestritten hat, so werden ihm keine Gewinnungskosten in Abzug gebracht werden können, wenn man die Entschädigung so berechnet hat, daß er den Holzbedarf dafür künftig zum Waldpreise erkaufen kann, sich dabei aber das Holz selbst abholen kann.

Schon anders ist es, wenn er diesen aus trocknen Stämmen, gerodeten Stockholze, Wind-, Duft- und Schneebruche entnimmt. Dann wird er sich das Schlägerlohn, was dieses Holz künftig einzuschlagen kosten wird, in Abzug bringen lassen müssen. Es geht dies nicht nur vom Marktpreise des Holzes ab, sondern ihm selbst wird es auch dieselben Kosten und Arbeiten verursachen, die der Waldeigenthümer zu dessen Gewinnung wird aufwenden müssen.

Die einfachste Art der Berechnung des Abzugs, welche man machen kann, ist die, daß man, wenn auch der Bedarf in einem andern Sortiment berechnet ist, obwohl nur dies Holzsortiment bisher von dem Berechtigten aus dem Walde entnommen wurde, man denselben in dies eiurechnet und die Höhe der Entschädigung nach dem reinen Holzpreise, ausschließlich des Schlägerlohns, berechnet. Nehmen wir z. B. an, daß der Bedarf auf 8 Klafter Kiefern Scheitholz festgesetzt ist, wovon die Klafter 3 Thlr. im Walde kostet, so würde dies eine Entschädigungsrente von 24 Thlr. jährlich oder einen verhältnißmäßigen Kapitalwerth betragen. Bisher hat der Berechtigte aber nur Stockholz, was er selbst hat roden müssen, aus dem Walde entnommen und man kann 3 Klafter Stockholz, wie er es erhalten hat, im Brennwerth gleich einen Klafter Scheitholz rechnen. Diese 24 Klafter Stockholz werden aber vielleicht eben so viel Thaler zu roden kosten und nur einen reinen Holzwerth von 8 Thlr. haben, so daß die jährliche Geldrente, wodurch die Entschädigung gegeben wird, wenn man Stockholz rechnet, sich auf diese Summe vermindern würde. Der Grundsatz: daß der Berechtigte, auch wenn er nach dem vollen Nutzungswerthe entschädigt wird, nur dasselbe Holz verlangen kann, auf das er ein Recht hat, oder daß nur dessen Nettowerth ersetzt zu werden braucht, ist gewiß im Rechte begründet. Demohnerachtet ist aber die Entschädigung, zum großen Nachtheile des Waldbesitzers, häufig in weit werthvollerem Holze bestimmt worden, was die Ursache ist, daß so viele Berechtigte auf Ablösung ihrer Holzberechtigung angetragen haben und noch antragen. Daß der Holzbedarf nur in einem und demselben Holzsortimente berechnet wird, und zwar in demjenigen, welches das gewöhnlichste was als Brennholz verbraucht wird und die gleichmäßigste Beschaffenheit hat, ist ganz richtig und zweckmäßig, denn das Leseholz, der Abraum, das Stockholz, das Durchforstungsholz sind von so ungleichem Brennwerthe, selbst die feste Masse in einer Klafter oder einem Schocke und Fuder ist so ungleich, daß niemand sagen kann, wie viel davon zur Bestreitung des Bedarfs einer Familie erforderlich ist. Von dem Kiefern-, Buchen-, Fichten- oder auch wohl Erlenscheitholze, je nach dem die eine oder die andere Holzgattung das Brennmaterial in der Gegend vorzugsweise liefert, kann man dies aber schon darum mit ziemlicher Bestimmtheit sagen, weil viele Familien in diesem Sortimente ihren Bedarf erkaufen. Es mag daher der durchschnittliche Bedarf in ihm festgesetzt werden, nur muß nachher dasselbe in die Holzart und in das Sortiment umgewandelt werden, was bisher der Berechtigte aus dem Walde zu fordern hatte und entnommen hat. Die nöthigen Zahlen zur Verrechnung werden daher auch unten gegeben werden.

Am schwierigsten sind die Gewinnungskosten des reinen Leseholzes, einschließlich des schwachen Durchforstungsholzes, zu berechnen. Weniger darum, weil nicht zu ermitteln wäre, wie viel Arbeit aufgewandt werden muß, um eine bestimmte Quantität Holz zu sammeln und bis an den Ort der Consumtion zu transportiren, denn das läßt sich nach localen Untersuchungen zuletzt wohl feststellen, als deshalb, weil es sehr schwer ist, den wirklichen Werth, den ein dazu verwandter Arbeitstag für den Berechtigten hat, richtig zu veranschlagen. Die nöthige Arbeit zur Sammlung und zu dem Transporte des Holzes kann zwar sehr verschieden sein nach der Menge des vorhandenen Holzes, der Entfernung des Waldes, der Beschaffenheit der Wege und ob es Ebene oder Gebirge ist, doch wird es nicht schwer sein, Erfahrungssätze darüber zu erlangen, wie viel Zeit eine gewisse Quantität Holz, deren Kubikinhalt nach dem Gewicht bestimmt werden kann, durchschnittlich zur Sammlung und zum Transport erfordert, oder was ein Mann, eine Frau oder ein größeres Kind wohl in einem halben oder ganzen Tage davon wohl herbeizuschaffen vermag. Aber wie hoch dabei der Arbeitstag zu rechnen ist, läßt sich sehr schwer bestimmen. Der volle landübliche Tagelohn für einen Mann-, Frauen- oder Kindertag wird sich sehr selten und nur in Gegenden, wo sehr hohe Holzpreise sind und es nie an Arbeit mangelt, welche danach bezahlt wird, berechnen lassen. In der Zeit wo dies bezahlt wird, zur Zeit der Ernte, des Heumachens, des Kartoffelstechens oder Hackens, wo Hackfrüchte bearbeitet werden, sammeln die Leute kein Leseholz, dürfen sogar im Sommer vielleicht die Berechtigung auch gar nicht einmal ausüben. Dies wird bis auf den Spätherbst und Winter verschoben, wo keine andere Arbeit vorhanden ist, oder es werden die arbeitsfreien Tage, selbst wohl die Feierstunden dazu benutzt, wo sie sich den Arbeitsaufwand entweder gar nicht oder doch nur sehr gering rechnen, da sie dadurch weiter nichts, oder nur sehr wenig verdienen konnten. Sie legen darauf einen Werth, weil sie sich dadurch eine Arbeitsrente verschaffen, die hinreicht um ihren Brennholzbedarf dafür zu erkaufen. Diese kann, selbst wenn man sie gering anschlägt, den ganzen Werth des Holzes consumiren, niemand wird aber auf den Gedanken kommen, darum zu verlangen, daß sie ihre Berechtigung auf das Holz ohne alle Entschädigung aufgeben sollen, weil der Werth der darauf gewendeten Arbeit eben so viel oder mehr beträgt als der etwanige Ankaufspreis von gleich viel Brennstoff. Wollte man dies, so müßte man ihnen erst nachweisen, daß sie durch diese Arbeit, für einen andern Zweck verwandt, eben so viel oder mehr sicher erwerben können, als der Werth oder Preis des dadurch gewonnenen Holzes beträgt. Dies wird besonders bei der auf dem Lande und in kleinen Land- oder Waldstädten wohnenden ärmern Volksklasse, bei den kleinen Grundbesitzern und selbst bei den Gespann haltenden Bauern, die damit ihr Holz abholen, für dieses selten der Fall sein.

Es kommt daher hierbei darauf an, zu ermitteln, ob für die Zeit, wo das Abholen des Leseholzes erfolgt, von den Arbeitern und dem Zugvieh, was dazu verwandt, nachgewiesen werden kann, daß sie mit der darauf verwandten Arbeit sich einen sichern Erwerb verschaffen können und wie groß dieser anzunehmen ist. Diesen müssen sie sich als Gewinnungskosten in Abzug bringen lassen, denn sie thun freiwillig darum darauf Verzicht, weil sie diese Arbeit auf die Gewinnung des Leseholzes verwenden. Ist dies nicht nachzuweisen, weil gar keine lohnende Beschäftigung für die Leseholzsammler nachgewiesen werden kann, so ist man auch nicht befugt, einen Abzug dafür bei der Berechnung des Werths des Leseholzes zu machen. Ganz etwas anderes ist es bei der Rodung des Stockholzes, dem Einschlag des starken Holzes, wozu eine Arbeit nöthig ist, die jeder Zeit bezahlt werden wird, da dazu selbst der Waldbesitzer bereit sein wird, wenn man ihm das eingeschlagene oder gerodete Holz überläßt.

Hiernach kommt es folglich bei Berechnung der Gewinnungskosten bei einer gemischten Holzberechtigung auf Grund welcher Holz von verschiedener Beschaffenheit aus dem Walde entnommen wird, darauf an, die verschiedenen Sortimente zu sondern, wodurch der Bedarf befriedigt wird und für jedes besonders die Gewinnungskosten in Abzug zu bringen.

§. 27.

Fortsetzung.

Es ist so eben der Grundsatz aufgestellt worden, daß, wenn auch der Bedarf in einer fest bestimmten Art von Holz berechnet worden ist, doch die Entschädigung nur in Holz von solcher Beschaffenheit oder mit Rücksicht auf dessen Werth, gegeben zu werden braucht wie es der Berechtigte bisher bezogen hat und nur verlangen kann. Es muß daher der Bedarf auch nach diesem Sortiment bestimmt und in dasselbe eingerechnet werden. Dazu gehört, daß man einmal die verschiedene feste Masse in einem bestimmten Raume ermittelt oder kennt, und dann auch die verschiedene Brenngüte ausgeglichen wird.

In einer Klafter glattem Scheitholze von 108 Kubikfuß Raum ist mehr feste Holzmasse enthalten als in einer Klafter von krummen Aesten zusammengelegt, und der Ast- oder Knüppelklafter selbst kann wieder eine sehr verschiedene Holzmasse enthalten, je nach dem die Aeste stärker oder schwächer, gerader oder krummer sind. Das Reisholz hat noch mehr Zwischenräume als das Knüppelholz, das gerade, von Stockausschlägen herrührende wieder weniger als das sehr verzweigte von den Aesten der Bäume. Aber auch bei diesen bleiben sich die Zwischenräume nicht einmal gleich, denn das benadelte der Kiefer, Fichte und Tanne enthält in gleichem Raume weniger wirkliche Holzmasse als das blattleere des Laubholzes, welches im Winter gehauen ist und die ruthenförmigen Zweige der Hainbuche und der Birke legen sich dichter zusammen als die krummen der Eiche und Kiefer, selbst wenn diese entnadelt sind.

Die Preußische Klafter Scheitholz, dicht gesetzt, im frischen Zustande bei 6 Fuß Höhe mit 3 Zoll Schwindmaaß, wird gewöhnlich zu 80 Kubikfuß feste Holzmasse gerechnet, wenn das Holz glatt und gerade ist, bei ästigem oder krummen aber nur 75 Kubikfuß für sie angenommen werden. Das runde Knüppelholz aus Durchforstungshölzern von 5 bis 7 Zoll Durchmesser wird zu keiner geringern Holzmasse angenommen werden können, wenn das Holz dicht zusammen gelegt ist. Zu den schwächern geraden Knüppeln von 3 bis 5 Zoll kann man aber keine 65 bis 70 Kubikfuß annehmen, und von den krummen Aesten der Kiefer, Eiche, Buche und Holzarten von ähnlichem Wuchse, bei einer Stärke von 3 bis 6 Zoll, wird man aber nur 60 Kubikfuß feste Holzmasse in der Klafter haben. Die Klafter Stockholz, wenn die schwächern Wurzeln mit hinein gelegt werden, wird gewöhnlich nur zu 40 Kubikfuß feste Holzmasse angenommen. Nur bei Stöcken, die 3 Fuß über der Erde stehen bleiben und wo die schwachen Wurzeln nicht mit herausgenommen werden, den sogenannten Schmatzstöcken, kann man 60 bis 65 Kubikfuß für sie rechnen. Diese Sätze werden wenigstens gewöhnlich bei der Preußischen Taxation zur Verwandlung der nach Kubikfußen abgeschätzten oder berechneten Holzmasse des stehenden Holzes oder des rund abgegebenen zur Verwandlung in Klafter im großen Durchschnitte angenommen. Doch ändert sich dies auch wieder danach, ob das Holz klar oder grob gespalten ist, die Scheitlänge größer oder kleiner ist, da bei starken und kurzen Scheiten mehr Holz in eine Klafter gelegt wird als bei schwachen und längeren. Auch bleibt sich das Setzen des Holzes nicht überall gleich. Folgende kleine Tabelle wird die feste Holzmasse in einer Klafter daher genauer nachweisen.

Nachweisung der festen Holzmasse in einer Preußischen Klafter zu 108 Kubikfuß Raum in Kubikfußen ohne Schwindmaaß.

Scheitlänge.	Scheitlänge und gerade Stammknüppel von 5 bis 7 Zoll Durchmesser.								Astholz u. Knüppelholz von 3 bis 6 Z. Durchm.			
	Gerade.			Gewunden und krumm.			Knotig.		Gerade.		Krumm.	
Fuß.	Grob.	Mittelmäßig.	Klar gespalten.	Grob.	Mittelmäßig.	Klar gespalten.	Grob.	Mittelmäßig.	Stark.	Schwach	Stark.	Schwach
2	84	76	68	77	70	63	72	66	64	59	61	56
2½	83	75	67	75½	68½	61½	70	64	62½	57½	59	54
3	82	74	66	74	67	60	68	62	61	56	57	52
3½	81	73	65½	72½	65½	58½	66	60	59½	54½	55	50
4	80	72	64	71	64	57	64	58	58	52	53	48
4½	79	71	63	69½	62½	55½	62	56	56½	51½	51	46
5	78	70	62	68	61	54	60	54	55	50	49	44
5½	77	69	61	66½	59½	52½	58	52	53½	48½	47	42
6	76	68	60	65	58	51	50	50	52	47	45	40

In einer Klafter Reisholz von 108 Kubikfuß Raum wird man rechnen können:

bei Kiefernreisholz mit Nadeln von ältern Bäumen, bei einer Stärke nicht über 2 Zoll	15	Kubikfuß,
bei einer Stärke der Aeste bis zu 3 Zoll .	17	=
aus den Durchforstungen	25	=
Fichtenreisholz	20	=
Eichenreisholz unter 3 Zoll von Aesten .	22	=
Buchenreisholz von Bäumen	25	=
Birken= und Erlenreisholz von Bäumen .	26	=
Birken= und Erlenreisholz von Stockausschlägen . . . . . , ...	32	=
Haseln und Hainbuchen von Stockausschlägen	32	=
Hainbuchen, Buchen, Birken und Erlen aus der Durchforstung der Hochwaldbestände .	35	=

Will man die feste Holzmasse des Reisholzes, was in einer Traglast, Karrenlast oder in einem Schache Reisholz enthalten ist, dessen Kubikinhalt wegen der ungleichen Länge der Reiser nicht genau zu bestimmen ist, genauer ermitteln, so kann dies zuerst durch das Gewicht des Holzes geschehen. Es wiegt, nach den sorgfältigen Untersuchungen des verstorbenen Oberforstmeisters Smalian, 1 Kubikfuß grün Reiserholz:

von der Eiche ohne Laub	67,73	Pfd.
= = = mit Laub	58,36	=
= = Buche ohne Laub	69,41	=
= = = mit Laub	67,25	=
= = Hainbuche ohne Laub	71,94	=
= = = mit Laub	61,81	=
= = Birke ohne Laub	67,88	=
= = = mit Laub	57,47	=
= = Aspe ohne Laub	64,50	=
= = = mit Laub	59,33	=
= = Erle ohne Laub	56,72	=
= = = mit Laub	56,30	=

von der Weide ohne Laub	61,38	Pfd.
= = = mit Laub	51,20	=
= dem Kieferastreißig mit Nadeln . . .	61,30	=
= = Reisholz aus der Durchforstung mit Nadeln	60,54	=
= = Fichtenreisholz mit Nadeln . . .	58,58	=
= der Wachholder mit Nadeln	58,54	=
= = = ohne Nadeln	63,68	=

Bei dürrem Reisholze kann man annehmen, daß dies Gewicht vermindert wird:

bei der Eiche um	0,32,
= = Buche um	0,40,
= = Hainbuche um	0,20,
= = Birke um	0,37,
= = Aspe um	0,48,
= = Erle um	0,50,
= = Weide um	0,50,
= = Kiefer nach Abfall der Nadeln um .	0,50,
= = Fichte = = = = = .	0,45,

wonach sich das Gewicht des trockenen Reisholzes leicht wird finden lassen.

Genauer als es auf diese Weise geschehen kann, ist die feste Holzmasse des blattlosen Reisholzes zu ermitteln, wenn man ein Gefäß halb mit Wasser füllt, den kubischen Inhalt des Wassers genau berechnet und das Reisholz nach und nach unter das Wasser bringt. Durch das Steigen desselben in dem Gefäße kann man dann genau ermitteln, wie viel feste Masse jedes Mal untergetaucht worden ist, da sich dies aus der Vergrößerung des Wasserkörpers, die dadurch bewirkt wird, ergiebt. Da dies jedoch mit viel Umständen und Weitläuftigkeiten verbunden ist, wird die annähernde Ermittelung nach dem Gewichte in der Regel vorgezogen. Die Brenngüte des Holzes wird sehr verschieden angegeben, ist auch nicht leicht durchschnittlich zu bestimmen, da sie nach der Beschaffenheit des Holzes, so wie nach dem Zwecke, zu dessen

Erreichung sie benutzt wird, sehr verschieden ist. Die Menge des Brennstoffes hängt theils von der Dichtigkeit der Holzlagen, theils von den Bestandtheilen des Holzes ab. Die erstere ist nach dem rascheren oder langsameren Wuchse, dem Alter, den verschiedenen Theilen des Baumes, sehr abweichend. Der Kern ist dichter wie der Splint, die dünnen Wurzeln sind sehr porös, das Holz der Aeste ist bald dichter wie das Holz des Stammes, bald poröser. Das junge Eichenholz ist besser wie das alte, das junge Hain- und Rothbuchenholz ist mindestens eben so gut als das alte Baumholz, dagegen wieder das junge Kiefern-, Linden- und Weidenholz viel schlechter als das vollkommen ausgewachsener Bäume. Das harzreiche Kiefernholz ist wegen seines Harzgehalts von sehr großer Brenngüte, das ganz junge harzarme enthält kaum die Hälfte seines Brennstoffes. Dann ist wieder die Art des Verbrennens sehr entscheidend über den Brennwerth, denn der Bäcker, Ziegelstreicher oder jeder der ein lebhaftes Flammenfeuer verlangt, zieht Reisholz, Nadelholz oder solche Holzarten vor, welche dieses erzeugen; für das Heerdfeuer und die Stubenheizung wird wieder das Holz mehr geschätzt, welches eine lang anhaltende Kohlenglut giebt. Selbst nach der verschiedenen Construction der Feuerungsanstalten kann die Wirkung einer gleichen Menge verbranntes Holz eine verschiedene sein.

In dem Marktpreise des Holzes, welches für eine bestimmte Verwendung bestimmt ist, spricht sich auch leicht sein Werth als Brennholz bestimmter und sicherer aus als er durch Untersuchungen der Physiker festgestellt worden ist, da er sich gewöhnlich aus den Erfahrungen die man über die Wirkung des Holzes bei dem Verbrennen gemacht hat, entwickelte. Es dürfte auch um so zweckmäßiger sein, ihn bei der Werthbestimmung des Holzes zu beachten, da diese dann wahrscheinlich von den Parteien am ersten für richtig erkannt werden wird. Doch wird man auch nachfolgende Verhältnißzahlen, bei denen die Brenngüte des Buchenholzes als Einheit angenommen und gleich 100 gesetzt worden ist, zu dieser benutzen können, da sie von den zuverlässigsten Physikern gegeben sind. Sie sind aber nur als Durchschnittszahlen zu betrachten, da selbst weder Buche, Hainbuche, Esche, Ahorn ganz gleiche Brenngüte haben, noch viel weniger aber Eiche und Kiefer, auch bei allen Theilen eines Baumes dieselbe nicht gleich ist. Die Verschiedenheiten bei den erstgenannten Holzarten sind aber viel zu unbedeutend, als daß sie Beachtung verdienten, und wenn man sie auch beachten wollte, würde dies practisch doch unmöglich sein.

Buche, Hainbuche, Ahorn, Esche	= 100.
Ulme	= 90.
Birke	= 85.
Eiche im mittlern Alter vom Lehmboden	= 84.
Eiche, alt, vom Sandboden	= 80*).
Sehr altes, harzreiches Kiefernholz	= 90—95.
Kiefern-Brennholz vom Sandboden, 80 bis 100 Jahre	= 83.
Junges Kiefern-Stangenholz, 40 bis 60 Jahre alt	= 70.
Schwaches Kieferndurchforstungsholz von 15—20 Jahren	= 45—50.
Fichten von alten Bäumen in höhern Gebirgen	= 73.
Fichten aus der Ebene unter 50 Jahren	= 68.
Weißtanne	= 69.
Altes Lindenholz	= 68.
Junges Lindenholz	= 50.
Aspe	= 61.

*) Holz von alten anbrüchigen Eichen und Buchen hat, selbst wenn es gesund erscheint, immer nur etwas geringere Brennkraft als das von solchen, die noch in voller Lebenskraft stehen.

Erle, ausgewachsenes Holz	=	56.
Erle, junges 15—20jähriges Holz	=	52.
Weide und Pappel	=	50.
Hasel	=	80.

Dazu läßt sich noch bemerken, daß man das starke Zackenholz im Allgemeinen als von gleicher Brenngüte wie das Stammholz annehmen kann, obwohl bei der Kiefer und Fichte es nur etwas größer, bei der Linde und Pappel nur etwas geringer hat. Auch das Holz des eigentlichen Stockes und der starken Tagwurzeln ist von gleicher Brenngüte, und nur die schwächern porösen Wurzelstränge haben allerdings ein weit geringer.

Man darf nur, um die Menge der Brenneinheiten zu ermitteln, die Zahl der Kubikfuße mit diesen Verhältnißzahlen multipliciren, um zu übersehen, wie das Verhältniß des Brennstoffs ist, was ein Klafter, von dem einen oder dem andern Sortimente, enthielt.

Rechnet man z. B. die Klafter Scheitholz zu 80 Kubikfuß feste Masse,

das Klafter gerades Knüppelholz	zu . . .	65	=
= = krummes Astholz	= . . .	56	=
= = = Stockholz	= . . .	40	=
= = = Reisholz	= . . .	25	=

so erhält man für die verschiedenen in Norddeutschland gewöhnlich vorkommenden Brennhölzer folgende Brennwerthe:

Holzart und Sortiment.	Kubikinhalt. K.fuß.	Verhältniß der Brenngüte.	Brennwerthe.
Eine Klafter Buchen-, Hainbuchen-, Eschen- und Ahorn-Scheitholz	80	100	8000
Eine Klafter Reidelholz	65	100	6500
" " krummes Astholz	56	100	5600
" " frisches Stockholz*)	40	100	4000
" " Reisholz	25	100	2500
" " Ulmen-Scheitholz	80	90	7200
" " " Reidelholz	65	90	5850
" " krummes Ulmen-Astholz	56	90	5040
" " Ulmen-Stockholz	40	90	3600
" " " Reisholz	25	90	2250
" " Birken-Scheitholz	80	85	6800
" " " Reidelholz	65	85	5525
" " schwaches Birken-Astholz	56	85	4760
" " Birken-Reisholz	25	85	2125
" " bestes Eichen-Scheitholz	80	84	6720
" " Eichen-Reidelholz	65	84	5460
" " " Knüppelholz	56	84	4704
" " " Stockholz**)	40	84	3360
" " " Reisholz	25	80	2000
" " Scheitholz von schlechterm Eichenholz	80	80	6400
" " Astholz desgl.	56	80	4480
" " altes harzreiches Kiefern-Scheitholz	80	90	7200
" " mittelmäßiges Kiefern-Scheitholz	80	83	6640
" " Kiefern-Rollholz (starkes Knüppelholz)	80	70	5600
" " " Knüppelholz (schwaches)	65	70	4550
" " " schwaches Durchforstungsholz	56	70	3920
" " " Zopf- und Zackenholz von alten Bäumen	56	80	4480

*) Abgefaulte Stücke können nur zum halben Brennwerthe gerechnet werden.

**) Das alte Eichen-Stockholz verliert nicht so sehr an Brenngüte wie das Buchene, und wird dies Verhältniß zu 84 : 80 annehmen können, in so fern es noch gesund und von faulem Holze gereinigt ist.

Holzart und Sortiment.	Kubikinhalt. K.fuß.	Verhältniß der Brenngüte.	Brennwerthe.
Eine Klafter Kiefern-Zopf- und Zackenholz von schwachem Holze	56	70	3920
„ „ „ Reisholz	20	60	1200
„ „ altes Fichten-Scheitholz	80	73	5840
„ „ junges desgl.	80	68	5440
„ „ Fichten-Knüppelholz aus der Durchforstung.	65	60	3900
„ „ „ Reisholz	20	73	1460
„ „ „ Stockholz	40	73	2930
„ „ Weißtannen-Scheitholz	80	69	6120
„ „ „ Knüppelholz	65	65	4225
„ „ „ Stockholz	40	69	2760
„ „ „ Reisholz	20	60	1200
„ „ Linden-Scheitholz, altes gesundes . .	80	68	5440
„ „ „ Knüppelholz	56	50	2800
„ „ „ Reisholz	25	50	1250
„ „ Aspen-Scheitholz.	80	61	4880
„ „ „ Reidelholz und Astholz	56	61	3416
„ „ „ Reisholz	25	50	1250
„ „ Erlen-Scheitholz	80	52	4160
„ „ starkes Erlen-Knüppelholz	65	52	3380
„ „ schwaches desgl.	56	52	2912
„ „ Erlen-Reisholz.	25	50	1250
„ „ Weiden- und Pappeln-Scheitholz . .	80	50	4000
„ „ desgl. Knüppelholz .	56	50	2800
„ „ desgl. Reisholz . . .	25	50	1250
„ „ Haseln-Reisholz	25	80	2000

Würde die Entschädigung in einem Holzsortimente gegeben, welches einen geringern Brennwerth hat, als das früher vom Berechtigten bezogene, so daß man dies durch die größere Masse ausgleichen muß, so würden natürlich die dadurch großwerdenden Gewinnungs- und Transportkosten dem Empfänger vergütigt werden.

§. 28.
Von der Ablösung solcher Brennholzberechtigungen, auf Grund deren nicht der volle Bedarf, sondern nur soviel Holz von der bestimmten Beschaffenheit gefordert werden kann, als der Wald im gesetzlichen Zustande zu liefern vermag.

Sobald feststeht, daß der Berechtigte aus einem oder dem andern Rechtsgrunde den vollen Bedarf zu fordern hat, kömmt es gar nicht darauf an, zu ermitteln, was der Wald von dem Holze, worauf er Anspruch hat, liefert, sondern die anzustellenden Untersuchungen beziehen sich alle und zuerst auf die Feststellung des Bedarfs, dann darauf, was ihn bisher die Beschaffung desselben für Ausgaben verursacht hat, um danach die Art und Größe der Entschädigung berechnen zu können. Etwas ganz Anderes ist es aber, wenn kein Recht vorhanden ist, den vollen Bedarf fordern zu können und auch angenommen werden muß, daß der Wald auch in dem Zustande, gegen den kein gesetzlicher Einwand gemacht werden kann, diesen nicht ganz, sondern nur theilweise zu liefern vermag, wenn der Berechtigte nichts weiter, als dasjenige Holz an sich nimmt, auf welchem ihm ein Recht eingeräumt worden ist.

Zuerst entsteht dann die Frage, wenn der Antrag von dem Berechtigten ausgeht, ob überhaupt der Belastete etwas von dem Holze, was dieser bezog, erhalten wird. Wenn alle Berechtigten ihren vollen Bedarf im Walde finden, so läßt sich annehmen, daß, wenn ein Theil derselben abgelöst wird, dasjenige, was diese bisher für ihre Consumtion aus dem Walde abhalten, dann darin verbleiben wird, wenn sie ihn nicht mehr besuchen, so daß der Waldbesitzer dann dasselbe für sich benutzen kann. Wenn aber nicht alle Berechtigten ihren vollen Bedarf darin finden, sondern nur einen Theil desselben, und er einzelne von ihnen ablöst, so ist wohl mit ziemlicher Gewißheit anzunehmen, daß die Bleibenden nun auch dasjenige an sich nehmen, was die nun abgelösten bisher erhielten.

Will der Waldbesitzer über den dadurch erworbenen Theil disponiren, so könnte dies nur in der Art geschehen, daß er eben so viel neuen Haidemiethern das erkaufte Recht gegen einen Zins in gleichem Umfange überläßt, wie es früher die abgelösten Berechtigten besaßen und ausübten. Ein anderer Vortheil könnte ihm in diesem Falle nicht gerechnet werden, als die Einnahme, die er für diese Haidemiethszettel zu erwarten hat, wenn diese überhaupt ausgegeben werden können. Wollte er das Durchforstungsholz, das Stockholz, den Abraum, was auf die abgelösten Berechtigten fällt, nun für sich benutzen, so muß erst die Größe des Antheils ermittelt werden, der vom Ertrage des ganzen Waldes auf sie fiel, wozu man wissen muß, wieviel dieser überhaupt giebt. Oder es werden auch alle Berechtigten zusammen abgelöst, so muß dies ebenfalls ermittelt werden, weil dadurch die Größe der Entschädigung bedingt wird.

Man hat mancherlei Mittel, um den Ertrag eines Waldes an Raff- und Leseholz oder an dem Holze, welches der Berechtigte daraus bezieht, zu bestimmen, aber keines wird ein ganz sicheres sein, wodurch man diesen genau und richtig ermitteln könnte. Man kennt denselben bis jetzt noch gar nicht, da man bisher verabsäumt hat, Erfahrungen darüber zu sammeln, was eine bestimmte Fläche, je nach der Bodengüte und der Art und Weise der Behandlung des Waldes, wohl an Raff- und Leseholz nachhaltig geben kann. Das ist ein sehr bedauernswerther Mangel der Kenntniß des Holzwuchses und des Ertrages der Wälder, weil dasselbe einen sehr großen Theil desselben bildet. Man braucht nur zu beachten, welche große Menge von Menschen und Familien oft allein ihren Bedarf an Brennholz durch Benutzung dieses Holzes befriedigen, um bald die Ueberzeugung zu gewinnen, daß es sehr große Massen von Brennstoffen liefern muß. Daß man diese gar nicht beachtete, wenn man Untersuchungen über den Ertrag des Waldes in einem verschiedenen Zustande und bei verschiedener Behandlung desselben anstellte, hat zu ganz unrichtigen Ansichten hinsichts derjenigen geführt, wobei man die größte Holzmasse erziehen kann. Man berücksichtigte dabei immer nur das starke einzuschlagende Holz, was vorzugsweise in den ältern Beständen an den stärkern Bäumen zuwächst und von dem Waldbesitzer als Klafterholz benutzt wird, während das schwächere, was in den jungen Beständen erzeugt wird und vorzugsweise das Raff- und Leseholz giebt, ganz unbeachtet blieb. Die natürliche Folge davon war, daß die ältern Bestände nun weit größere Holzerzeugung zu haben schienen, als die jüngern, von denen man den größten Theil derselben als gar nicht vorhanden annahm, und darum die höhern Umtriebszeiten für weit vortheilhafter hielt, während doch besonders bei Holzgattungen, die sich frühzeitig lichtstellen, gerade die jüngern geschlossenen Bestände mehr Holz erzeugen, als die ältern. Dies schwache, bisher unbeachtet gebliebene Holz hat aber für die Befriedigung der Brennholzbedürfnisse und das Nationaleinkommen einen eben so hohen Werth, als das starke, denn die Familie des Leerhäuslers, Einliegers und Tagelöhners, welche es benutzt, kann diese eben so gut verlangen, als der Reiche, der nur Buchen-Scheitholz brennt, und wenn er kein Leseholz findet, muß man ihm dieses liefern. Je mehr dies unbenutzt bleibt oder fehlt, desto größer muß die Waldfläche sein, um starkes Holz zu erziehen. Es kostet zwar allerdings mehr Arbeit zur Gewinnung, als das starke Klafterholz, allein diese ist in vielen Gegenden im Winter oft in solchem Ueberflusse vorhanden, daß man sie doch nicht zu verwenden weiß und daß es als keine eigentliche Ausgabe im Nationalhaushalte angesehen werden kann, wenn sie zur Beschaffung des Brennmaterials von den Leuten benutzt wird, welche sich keinen andern Erwerb dadurch verschaffen können. Wollte man alle Raff- und Leseholzberechtigungen aufheben und das Holz, was dadurch für die Consumtion gewonnen wird, unbenutzt lassen, denen, die bisher ihr Bedürfniß dadurch befriedigten, starkes, eingeschlagenes

Holz liefern, so würde die jetzige Waldfläche vielleicht um ein Drittheil vergrößert werden müssen, man würde statt eines eingebildeten Holzmangels vielen Gegenden einen wirklichen erzeugen, die Holzpreise würden sich für die Käufer dadurch vielleicht verdoppeln. Gewiß ist es einfacher, das vorhandene Holz erst vollständig zu benutzen und dadurch den Ertrag des Waldes zu erhöhen, als dem Holzmangel durch Vermehrung der Erzeugung zu begegnen, die erst in späterer Zeit benutzbar wird und von dieser bis dahin wieder einen Theil unbenutzt zu lassen.

Das eine Mittel, um die Menge desjenigen Holzes, auf welches der Berechtigte einen Anspruch hat, ist sie im Walde selbst, auf dem Wege der Taxation zu ermitteln.

Es muß dazu zuerst der Umfang des Rechtes in Bezug auf die Beschaffenheit des Holzes, welches derselbe an sich zu nehmen befugt ist, genau festgestellt werden. Ist dieser streitig, so muß darüber erst im Rechtswege entschieden werden. Eben so muß auch die Art und Weise, wie das Recht ausgeübt werden darf, genau bestimmt sein, da danach die Menge des Holzes sehr verschieden sein kann, welche er an sich zu nehmen vermag. Dürfen die trocknen Aeste mit dem Haken abgebrochen werden, darf bei der Stockholzgewinnung nicht blos die Hacke, sondern auch das Beil benutzt werden, so wird die Berechtigung ergiebiger sein, als wenn diese Instrumente nicht erlaubt sind. Wo man in zwei Tagen in der Woche während des ganzen Jahres Leseholz sammeln kann, wird man eine größere Quantität einholen können, als wo dies nur von Michaeli bis Ostern erlaubt ist.

Durch eine genaue Untersuchung der Art und Weise der Ausübung des Rechts muß dann ferner festgestellt werden, in welcher Ausdehnung diese bisher stattgefunden hat. In holzarmen Gegenden wird auch das schwächste Reis aufgesucht, die Samenhüllen der Fichte, Kiefer, selbst der Buche, werden als Brennmaterial benutzt, die Streu und die Wurzeln der abgehauenen oder abgestorbenen schwachen Stangen werden herausgegraben, nichts bleibt unbenutzt, was nur irgend geeignet ist, die Flamme zu nähren. In den holzreichen Strichen bleibt dies alles im Walde liegen, weil es bei den niedrigen Holzpreisen die Arbeit des Sammelns nicht bezahlen würde. Was der Berechtigte von diesem geringen Materiale weder benutzte noch bedurfte, kann auch nicht bei der Untersuchung des Ertrages seiner Berechtigung in Rechnung gestellt werden und deshalb ganz unbeachtet bleiben, indem sich diese auf das wirklich benutzte und daher als benutzbar zu erkennende Material beschränkt.

Die Ertragsberechnung wird auf den gegenwärtigen Zustand des Waldes gegründet, wenn gegen diesen kein rechtlicher Einwand gemacht werden kann. Würde die Behauptung aufgestellt, daß dieser ungünstiger sei, als ihn der Berechtigte mit Recht fordern könne, so muß über diesen erst im Rechtswege entschieden werden, damit man wissen kann, um wieviel die Holzbestände besser angenommen werden müssen, als sie wirklich gegenwärtig vorhanden sind.

Die Ertragsberechnung, bei der vorausgesetzt wird, daß der gesammte Flächeninhalt des Waldes bekannt ist, Karte und Vermessungsregister vorhanden sind, beginnt mit Aufstellung einer Boden- und Alterklassen-Tabelle. Ist eine Taxation von dem betreffenden Walde bereits vorhanden, so werden beide Uebersichten aus dieser gezogen werden können. Durch die Bodenklassen-Tabelle wird der Flächeninhalt jeder Bodenklasse für alle Holzarten, von denen reine oder dominirende Bestände vorhanden sind, nachgewiesen, die Altersklassen-Tabelle giebt den Nachweis der Altersklassen-Verhältnisse dieser letztern.

Ist bereits eine Ertragsberechnung vorhanden, so wird sich nach dem durch diese festgestellten nachhaltigen Einschlage des Holzes, die Menge des Abraums und Stockholzes, welche auf den jährlichen Schlägen für den Berechtigten zurückbleiben, leicht berechnen lassen, wozu die erforderlichen Verhältnißzahlen der Holzmasse, welche auf eine bestimmte Schaftholzmasse von diesen Sortimenten zu rechnen ist, abgegeben wurden. Fehlte eine für richtig anzuerkennende Ertragsberechnung, so würde der durchschnittliche nachhaltige Ertrag an einzuschlagendem Holze, sowohl von den Ablaufsschlägen als an Durchforstungsholz überschläglich zu ermitteln sein.

Zu der Berechnung, des davon anzunehmenden Abraumes, des dem Berechtigten zufallenden geringen Durchforstungsholzes, der nach und nach absterbenden Aeste, sowie des Stockholzes, ist oben die Anleitung gegeben, so daß dies hier übergangen werden kann. Der Ertrag des Rechts auf trockne Bäume, kann gleich gerechnet werden der Holzmasse, welche bis zum Abtriebe in der Durchforstung herausgehauen wird, wenn nur die unterdrückten Stämme bei dieser herausgehauen werden. Die Holzmasse, welche durch Wind-, Schnee- und Duftbruch dem Berechtigten zufällt, ist nur nach in jedem Walde darüber gemachten Erfahrungen festzustellen.

Wo alles brennbare Material von den Leseholzberechtigten gesammelt und benutzt wird, gehören aber auch noch andre Nutzungen als diese, welche man nicht unbeachtet lassen kann. So zuerst die Hauspäne, welche bei dem Fällen und Zerhauen des Holzes abfallen und auf den Schlägen liegen bleiben. Wo das Holz mit der Säge gefällt und gekürzt wird, sind die abfallenden Hauspäne so unbedeutend, daß sie wenig Beachtung verdienen, wo aber blos die Axt zum Fällen oder gar zum Zerkleinern des Holzes angewandt wird, fällt ein bedeutender Theil der Holzmasse in die Hauspäne. Es ist dies nach der Dicke des Baumes verschieden, da der Korb zum Durchhauen dieser, größer genommen werden muß, je dicker der Baum ist. Wollte man starke Bäume über 24 Zoll Durchmesser ganz mit dem Beile zerkleinern, was aber wohl nirgends mehr geschieht, so könnte leicht 15 Procent der ganzen Holzmasse in die Späne gehauen werden. Wird der Stamm blos mit der Axt gefällt, dann aber mit der Säge geschnitten, so kann man bei dem Holze, wie es gewöhnlich bei 120jährigem Umtriebe vorkömmt, auf die

Klafter einzuschlagendes Holz etwa $\frac{1}{5}$ bis $\frac{1}{4}$ Kubikfuß Hauspäne rechnen.*)

Die Späne, welche bei dem Beschlagen des Brennholzes im Walde abfallen, werden selten dem Berechtigten gehören, da sie in der Regel dem Eigenthümer des Waldes verbleiben; wäre dieses aber der Fall, so kann man annehmen, daß sie 22 Procent der Holzmasse betragen, welche das runde Holz, welches beschlagen wird, enthält.

Die Menge der Späne, welche bei dem Arbeiten von Felgen, Speichen, Stabholz von der Eiche, Kiefer und Buche, Spindelmachen, Reifstockschneiden und andern Nutzholzarbeiten abfallen, sind so verschieden nach der Art der Bearbeitung des Nutzholzes, dem Wuchse, Stärke und Beschaffenheit des Holzes, daß sich für die Holzmasse, die sie enthalten, keine bestimmten Sätze geben lassen, sie muß vielmehr in jedem einzelnen Falle ermittelt werden. Dies geschieht, indem man die zu einer gewissen Quantität Nutzholz erforderliche rohe Holzmasse, wie sie durchschnittlich erforderlich ist, feststellt, denn diejenige des daraus gearbeiteten Nutzholzes und der dem Eigenthümer verbleibenden Abgänge berechnet. Wenn man diese letztere dann von dem Kubikinhalte des rohen Holzes abzieht, erhält man diejenige, welche für die Späne angenommen werden muß.

Da, wo der Wald vollständig benutzt wird, liefern auch die Zapfen der Kiefern und Fichten ein nicht unbedeutendes Brennmaterial. Der Preußische Scheffel von 1,77 Kubikfuß Inhalt aufgesprungener trocknen Kiefernzapfen hat bei einem Gewicht von 20 Pfund einen Brennwerth wie ein halber Kubikfuß gutes Kiefernholz. In reichen Samenjahren kann ein Morgen haubares Kiefernholz von 80 bis 120 Jahren recht gut 14 bis 16 Scheffel Zapfen oder 7 bis 9 Kubikfuß gleich $3\frac{1}{2}$ bis 4 Fuß Kiefern-Scheitholz liefern, wenn sie ein-

*) Siehe darüber das 2. Heft des 20. Bds. der Kritischen Blätter für Forstwissensch. S. 141.

gesammelt werden. Rechnet man in 6 Jahren ein volles, ein halbes und zwei Viertheil Samenjahre, so läßt sich leicht feststellen, wie groß die Menge dieses Brennmterials ist, was die haubaren Bestände eines Reviers in 6 Jahren durchschnittlich liefern können, wobei das jüngere Holz auch vielleicht noch zu einem Viertheil des Ertrags der haubaren und gering haubaren Bestände angenommen werden kinnen. Die Fichten-Zapfen haben eine geringere Brenngüte, und die Fichtensamenjahre treten auch selten ein, dies wird aber wohl ziemlich durch ihr größeres Volumen, welches in einem guten Samenjahre erzeugt wird, ausgeglichen.

Stellt man solche Berechnungen an, was die von Jugend auf im vollen Schlusse erwachsenen Hochwaldbestände an sogenanntem Raff- und Leseholze nützlicherweise liefern können, so kann man es sich kaum als möglich denken, daß dies wirklich eine so große Holzmasse beträgt und der Waldeigenthümer wird sich gewöhnlich streuben, sie als richtig zu erkennen und die Entschädigung dafür zu leisten. Sobald aber nur die Thatsachen richtig ermittelt sind, worauf sie gegründet ist, so wird er auch nichts dagegen einwenden können, zumal da man auch kein günstigeres Resultat erhält, wenn man die Menge des Holzes berechnet, welche diejenigen bedürfen, welche kein anderes Holz haben, als nur dies, um ihre häuliche Konsumtion zu bestreiten. Je größer aber diese Holzmasse ist, die der Waldeigenthümer gewöhnlich für sich wenig oder gar nicht benutzen kann, für die er doch aber volle Entschädigung gewähren muß, wenn der Antrag auf Ablösung des Raff- und Leseholzrechts von ihm ausgeht, desto mehr wird er veranlaßt sein, einen solchen Antrag reiflich zu erwägen, ehe er ihn macht.

Der Niederwald sowie auch selbst der Mittelwald sind für die Raff- und Leseholzberechtigung weit ungünstiger als der Hochwald, desto mehr, je kürzer der Umtrieb des Schlagholzes ist. Der Buschholzumtrieb giebt beinahe gar kein Leseholz, denn die wenigen schwachen Reiser, die etwa absterben, ehe die Stockausschläge abgehauen werden, sind so unbedeutend, daß sie selten gesammelt werden. Je länger der Umtrieb wird, desto mehr Ausschläge sterben vor der Benutzung ab, auch geben die weichen Niederwälder, wie Aspen, Weide, Erlen, eine größere Menge Leseholz wie die harten. Eine speciele, auf eine Untersuchung des Holzwuchses und der abgestorbenen Ausschläge begründete Ertragsberechnung dürfte aber für diese Betriebsarten wohl kaum anzulegen sein. Kopf- und Schneidelholz giebt gar kein Leseholz.

Wenn im Walde, gleichviel ob Hoch-, Mittel- oder Niederwald, bedeutende Blößen und Räume vorhanden sind, auf welchen Ginster oder Besenpfriem (Spartium scoparium) wächst, was auch oft von den Berechtigten als Brennmaterial benutzt wird, so wird die Fläche, die es einnimmt, die Zeit, die es wachsen muß, um benutzbar zu werden, zu ermitteln sein, um danach die anzustellenden Probesammlungen, den jährlichen Durchschnittsertrag zu bestimmen. Das Pfund trockner Ginster wird zu derselben Menge Brennstoff angenommen werden können, wie das Pfund Linden- oder Weidenreiser.

Ein anderes in Vorschlag gebrachtes Mittel, die Menge des Leseholzes zu bestimmen, welche aus dem Walde entnommen wird, ist, die durchschnittliche Holzmasse, welche eine Trag-, Karren- oder Wagenlast, wie sie aus dem Walde abgeholt werden, zu ermitteln und die Zahl derselben für ein Jahr zu notiren. Wo dies geschehen kann oder geschehen ist, dürfte es das sicherste sein, um sich darüber Auskunft zu verschaffen. Nur hat es seine sehr großen Schwierigkeiten eine genügende Controle darüber zu führen, wie viel dergleichen von Kindern, Frauen und Männern (denn danach müssen die Trag- und Karrenlasten gesondert werden, da sie eine sehr verschiedene Holzmasse enthalten) wirklich abgeholt werden.*)

*) In den Verhandlungen des Harzer Forstvereins vom Jahre 1849, S. 116, ist ein solcher Nachweis von dem hannöverschen 2700 hannöversche Morgen großen, im 32 jährigen Umtriebe stehenden Buchen-Mittelwaldrevier Rothenberg geführt, wonach dasselbe in einem Jahre (auf preuß. Maaß reducrt) 10½ Kubikfuß reines Leseholz jährlich vom Morgen liefert, obwohl selbst dieser lange Mittelwaldumtrieb immer noch ungünstiger für die Leseholzerzeugung ist wie der Hochwaldbetrieb.

Das Verfahren, was vorgeschlagen worden ist, die Zahl der Holztage zu rechnen, davon eine beliebige Menge von Tagen, an welchen wegen schlechtem Wetter oder anderen Hindernissen die Berechtigten den Wald nicht besuchen, und den Rest mit der Zahl von diesen zu multipliciren, um so die der Trag-, Karren- und Wagenlasten zu ermitteln, welche wirklich abgeholt worden sind, ist augenscheinlich ein zu unsicheres, da die Zahl der in Abzug zu bringenden Tage ganz willkührlich größer oder kleiner angenommen werden kann, auch die einzelnen Berechtigten gewöhnlich ihr Recht sehr ungleich benutzen.

Ein drittes Mittel ist, daß man diejenigen, welche ihren Bedarf wirklich ganz oder größtentheils durch das Leseholz aus dem Walde entnehmen, feststellt, sie nach der Größe desselben klassificirt und danach die Menge des Holzes berechnet, welche zur Deckung desselben der Wald hat liefern müssen. Dabei muß natürlich das was die Consumenten sich außerdem durch Abgänge bei der Verarbeitung vom Nutzholze, des Haus- und Wirthschaftsgeräthes, der Zäune, Bäumpfähle rc. so wie das was sie auf eigenen Grundstücken von Obstbäumen, Kopfhölzern oder Holzgründen verschaffen, in Abzug gebracht werden.

Giebt gewöhnlich auch keins dieser Mittel allein ein ganz sicheres Resultat hinsichts des Ertrages eines Waldes an Raff- und Leseholz, so wird man doch im Stande sein, wenigstens annähernd die Menge desselben zu bestimmen, wenn man sie alle drei zur Ermittelung derselben zugleich anwendet, um dadurch eine Controle hinsichts der Resultate die jedes derselben liefert, zu erhalten. Wenigstens wird man sich dadurch gegen sehr grobe Irrungen hüten können.

Soviel läßt sich wohl mit ziemlicher Gewißheit annehmen, daß wenn das schwache Durchforstungsholz zum Leseholze gerechnet wird, ein mittelmäßig bestandener Hochwald wohl gegen 7 bis 8 Kubikfuß jährlich vom Morgen liefern wird und daß da, wo der Abraum bis zu 3 Zoll Stärke ebenfalls dem Berechtigten verbleibt, dies wohl auf 10 bis

12 Kubikfuß steigen kann. Dies bezieht sich aber nur auf die wirklich bestandene Fläche, so wie auch nur auf solche Bestände, welche wenigstens in dem Alter in vollen Schluß kommen, wo sie von den Leseholzberechtigten benutzt werden. Die Blösen müssen von der gesammten Waldfläche eben so gut in Abzug gebracht werden als die Kopfhölzer und räumlichen Pflanzungen, die erst in höherem Alter in Schluß kommen. Ob die ersteren, wenn sie bedeutend sind, nicht als mittelmäßig bestanden gerechnet werden müssen, ist eine Rechtsfrage, welche die Lehre von der Walddevastation berührt, die hier nicht zu beantworten ist.

§. 29.

Von der Ablösung der Rechte auf Stockholz.

Das Recht, das in der Erde gebliebene Stockholz der gefällten Bäume, von dem man keinen Ausschlag erwartet, roden zu dürfen, kommt in sehr verschiedener Art vor. Zuweilen dürfen die frischen Stöcke sogleich nach der Fällung der Bäume gerodet werden, öfter erst nach Verlauf einer längern Zeit, wenn die Schonungen in denen sie stehen aufgegeben werden und dann nur unter der Bedingung, daß kein junges Holz dadurch beschädigt wird. Oder dem Berechtigten steht auch wohl nur ein Anspruch auf die sogenannten Erdstöcke zu, d. h. solche von denen die schwachen Wurzeln schon ganz abgefault sind, so daß sie ohne Anwendung eines Beils bloß mit der Hacke gewonnen werden dürfen. Je nach dem die Ausübung des Rechts verschieden ist, kann auch die Menge und der Werth des Stockholzes, welches auf Grund desselben genommen werden kann oder wird, sehr verschieden sein. Es muß daher der Umfang des Rechts und die Art seiner Ausübung, zu welcher der Berechtigte befugt ist, genau bestimmt werden, bevor man den Ertrag desselben ermitteln kann.

Zum Stockholze wird der Theil des Stammes gerechnet, welcher bei dem Abhieb oder dem Absägen über der

Erde stehen bleibt, so wie alles in der Erde befindliche Wurzelholz. Bei schwachen Stämmen bleibt gewöhnlich der Stock 6 Zoll hoch stehen, bei mittleren 8 bis 9 Zoll, bei ganz starken Bäumen mit stark heraustretenden Tagwurzeln ausnahmsweise auch wohl 12 Zoll. Wo der Wurzelstock oder ein Theil der Wurzeln benutzt werden müssen, um den Stamm als Nutzholz verwenden zu können, wie dies bei den Windmühlwellen, den Schlittkufen, Schiffsknien und Kahnprangen der Fall ist, kann der Eigenthümer der Bäume diese stets mit benutzen, so weit sie als Nutzholz brauchbar sind, selbst wenn das Stockholz nicht auf dem Walde lastet.

Die verschiedenen Holzgattungen geben bald mehr bald weniger benutzbares Stockholz, je nach dem sie mehr oder weniger starke, brauchbare Wurzeln haben. Aber selbst bei ein und derselben Holzgattung zeigt sich nach der Beschaffenheit des Bodens und der Lage darin oft eine sehr große Verschiedenheit, wie denn auch frei erwachsene Bäume stets mehr und stärkere Wurzeln haben als im vollen Schlusse erwachsene. Der frische und feuchte Boden erzeugt weniger Wurzeln als der arme und trockene, der sehr feste weniger als der lockere. Dann rodet sich auch das Stockholz bald leichter, so daß man den größten Theil der Wurzeln herausnehmen kann, bald wieder schwerer und unbelohnender, da die Wurzeln sehr tief gehen oder sich in eine Menge kleiner, wenig Werth habenden Zweige theilen. Die Eiche, Fichte, Kiefer, Ulme und Tanne geben die größte Stockholzmenge und wenn die Rodung sorgfältig erfolgt, kann man auf 100 Klafter Scheit- und Knüppelholz, zu 80 Kubikfuß feste Masse gerechnet, wohl 30 bis 35 Klafter Stockholz, zu 40 Kubikfuß die Klafter, annehmen. Die Buche und Esche liefern nur etwa zwei Drittheile dieses Stockholzertrages; Birke, Erle und Aspe noch nicht ganz die Hälfte, oft nur bis zu ein Drittheil. Die Hainbuche steht zwischen der Buche und Birke inne, wenn man nur die stärkern Wurzeln rodet, wenn aber auch die schwächern ausgegraben werden, nähert sie sich dem

Stockholzertrage der Buche. Am leichtesten rodet sich, wegen der flachlaufenden Wurzeln, das Stockholz der Fichte, weshalb es auch gewöhnlich am vollständigsten gewonnen wird; schwerer das der Eiche, Tanne und Kiefer, noch schlechter das der Buche, Ulme und Esche, am allerschwierigsten ist die vollständige Rodung bei der Hainbuche, weshalb deren Stockholz auch eben so wie das der Birke nur selten benutzt wird. Die größeren oder geringern Rodungskosten sind nicht ohne Einfluß auf den Werth der Stockholzberechtigung. Sie werden jedesmal nach den localen Zuständen ermittelt werden müssen, doch wird man etwa 2 Mannstage auf Gewinnung von 1 Klafter zu 40 Kubikfuß feste Masse bei Fichtenstockholz, 2½ auf 1 Klafter Eichen, Kiefern und Tannen, 3 auf 1 Klafter Buchen und Ulmen, 3½ Tage auf das übrige Holz rechnen können. Allerdings brauchen geübte Arbeiter mit guten Instrumenten wohl weniger Zeit dazu, wenn der Boden nicht steinig ist und sie nur die stärkern Wurzeln herausnehmen, dies sind aber in der Regel diejenigen nicht, welche das Stockholz auf Grund einer Berechtigung benutzen und sie werden wahrscheinlich eher mehr als weniger Zeit bedürfen. Die Rodung des Stockholzes kann nur als eine schwere Mannsarbeit gerechnet werden, die auch darum gewöhnlich hoch bezahlt werden muß, weil dabei Aexte, Beile und Hacken sehr abgenutzt werden.

Das harzige Stockholz der Kiefer, welches als Kiehn zum Theerschwelen oder als Leuchtkiehn benutzt wird, muß von demjenigen, was blos als gewöhnliches Brennholz verwendet wird, gesondert werden, da es einen höhern Werth hat.

Die Theerschwelereigerechtsame, auf Grund welcher der Besitzer eines Theerofens oder einer Theergrube das Recht hat, die in einem fremden Walde vorhandenen Kiehnstöcke benutzen zu können, um daraus Theer zu schwelen, ist zwar unter den der Ablösung unterworfenen Servituten nicht in den diese regelnden Gesetzen genannt, unbezweifelt kann sie aber auf Grund derselben verlangt werden, da sie nichts ist als ein Mitbenutzungsrecht des Holzes, oder eine reine Holzberechtigung. Sie begreift zuweilen nicht nur das Recht auf die stehengebliebenen harzreichen Stöcke, sondern der Theerschweler hat auch das Recht das zum Heizen des Theerofens erforderliche Holz aus dem Walde fordern zu können. Es ist dies Recht vielfach störend und nachtheilig für eine geregelte Forstwirthschaft. Die Stöcke, welche harzreich genug sind, um zum Theerschwelen benutzt werden zu können, bleiben in der Regel so lange stehen bis der Splint abgefault ist, da sie sich dann leichter roden und von dem nicht harzreichen Holze reinigen lassen, so daß nur der wirkliche Kiehn in den Theerofen gebracht wird, welcher eine größere Ausbeute an Theer liefert als wenn frisches Holz nicht ganz splintrein eingesetzt wird. Man bezeichnet dies durch den Ausdruck, daß der abgefaulte Kiehn fetter ist als der frische, weil darin sich das Harz des Stockes mehr concentrirt hat. Allerdings würde auch das harzreiche frische Stockholz recht gut zum Theerschwelen benutzt werden können, aber man kann den berechtigten Theerofenbesitzer dazu nicht zwingen, weil dies früher einmal geschehen ist und auch wohl der Ertrag des Geschäfts, wenn nicht etwa sehr hohe Kohlenpreise vorhanden sind, dadurch vermindert werden kann. Wenn man aber die Stöcke lange stehen läßt, so erzeugen sich in ihnen Rüsselkäfer und andere nachtheilige Insecten, bei der spätern Rodung werden in der Regel die jungen Bestände in denen sie erwachsen sind, beschädigt, und es geht selbst dadurch eine Menge sehr benutzbares Holz für die Consumtion verloren, daß der Splint abfaulen muß, den man als gutes Brennholz abspalten könnte und selbst manche Stöcke die man um dieser Gerechtsame willen stehen lassen muß, später wohl gar nicht mehr benutzt werden. Dann ist auch die Theerschwelerei im Allgemeinen in der neuern Zeit wenig einträglich, so daß oft die durch sie herbeigeführten Nachtheile weit größer sind als ihr Ertrag, so daß es ein Recht ist, auf dessen Ablösung der Waldbesitzer in der Regel veranlaßt sein wird anzutragen.

Dies um so mehr als ein Theerofen, wenn er mit Vortheil betrieben werden kann, leicht wieder in Zeitpacht auszuthun ist, wobei man die Pachtbedingungen ordnen kann, wie man es dem Interesse des Waldes angemessen findet.

Die zweckmäßigste Art, dies Recht zu beseitigen, ist ohnstreitig der Ankauf der berechtigten Theerofen, wenn sie zum Verkaufe kommen oder der Eigenthümer freiwillig darauf eingehen will. Rechnet man die Kosten des Ablösungsverfahrens, so wird die Ablösung wohl immer theurer zu stehen kommen.

Soll ein solches eintreten, muß der Umfang des Rechts nach den darüber sprechenden Documenten oder dem bisherigen Betriebe festgestellt werden. Dies kann sehr verschieden sein nach der Größe des Ofens, der Zahl der Brände, zu welchen der Kiehn verlangt werden kann oder die bisher abgeschwelt worden sind, der Beschränkung auf gewisse Theile des Waldes, ob Schwelholz gegeben werden muß oder nicht, ob das Theerofen-Etablissement auch vielleicht noch andere Berechtigungen auf Brennholz, Waldweide u. s. w. hat, die dann nothwendig mit abgelöst werden müssen, wenn der ganze Betrieb aufhört und deshalb das Etablissement eingehen muß. Auch sind die Gegenleistungen der Berechtigten an Ofenzins oder anderen Zahlungen sehr verschieden.

Der Ertrag des Theerofens besteht:

1) in dem gewonnenen Theer, der in Ermangelung des Absatzes auch wohl zu hartem Pech eingesotten wird und
2) in den gewonnenen Kohlen, da das Theerschwelen nichts ist, als eine Verkohlung in verschlossenem Raume.

Nur in seltenen Fällen kann noch der Holzessig, welcher zuerst abläuft, verwerthet werden. Die Destillation des Kiehnöls aus der abgelaufenen Galle giebt zwar zuweilen einen kleinen Ertrag, der aber sehr selten die Gewinnungskosten übersteigt. Würde ein solcher behauptet, so wird er speciell nachgewiesen werden müssen, da man in der Regel keinen solchen annehmen kann.

Die Ausgaben bestehen in:

1) den Zinsen des Baukapitals und den Unterhaltungskosten der Gebäude, des Theerofens und Geräthe;
2) den Rodungskosten des Kiehns;
3) der Anfuhr desselben;
4) dem Putzen und Kleinhauen;
5) dem Einsetzen in den Ofen;
6) dem Ankaufe des Schwelholzes, wenn dies nicht unentgeldlich gegeben werden muß;
7) der Arbeit des Schwelens;
8) dem Ausräumen der Kohlen;
9) auch müssen wohl Theer und Kohlen von dem Eigenthümer des Ofens selbst angefahren werden.

Der Werth und die Unterhaltungskosten der Gebäude muß durch einen Sachverständigen veranschlagt werden. Zu einem Ofen, welcher 1000 Kubikfuß Raum hat, 9 Klafter Kiehn faßt, rechnet man 12000 Mauersteine und nimmt für ihn eine durchschnittliche Dauer von 12 Jahren an, während welcher Zeit aber mehrfache Reparaturen nöthig sein werden. Die Kosten des Baues und der Unterhaltung müssen ebenfalls durch einen Bauverständigen veranschlagt werden.

Der Ertrag eines Theerofens wird immer von einem Brande berechnet, um diesen dann mit der Zahl der Brände, welche jährlich abgeschwelt werden können, zu vergleichen.

Diese wird in der Regel nach dem Durchschnitt de[illegible] letzten 10 Jahre bestimmt, wie sie wirklich gemacht worde[illegible] sind. Dies wird sich leicht ermitteln lassen, da die Zahl de[illegible] Brände von den Forstbeamten controlirt wird, auch gewöhn[illegible] lich für jeden Brand ein Zins entrichtet werden muß. Nö[illegible] thigenfalls würden darüber auch die Arbeiter vernommen wer[illegible] den können. 11 bis 12 Brände des Jahres können bei eine[illegible] Theerofen, welcher 9 bis 10 Klafter Kiehn faßt, als die größ[illegible] Zahl angenommen werden, die überhaupt abzuschwelen mögli[illegible] ist. Ist der Ofen größer, so vermindert sich diese Zahl, weil ein größerer Ofen mehr Zeit zum Abschwelen fordert als ein kleiner. Würde von Seiten des Berechtigten behauptet, daß in der letzten Zeit der Wald nicht diejenige Menge von Kiehn geliefert hätte, die er bei einer regelmäßigen Behandlung wohl hätte liefern können, so muß bestimmt werden, wie viel dies ohngefähr wohl sein kann. Dies geschieht, indem man berechnet, wie viel Stockholz die regelmäßigen Abtriebsschläge bei einer nachhaltigen Benutzung in 120 jährigem Umtriebe und einem regelmäßigen Altersklassenverhältnisse wohl geben können. Nach Maaßgabe des durchschnittlichen Kiehngehalts, den diese Stöcke in dem betreffenden Walde haben, was untersucht werden muß, läßt sich dann die Menge des zu erwerbenden Kiehnes leicht bestimmen. Selten wird dieser bei 120jährigem Umtriebe mehr als 10 Procent der gesammten Stockholzmasse der Abtriebsschläge betragen.

Ein Theerofen von 1000 Kubikfuß Raum, der 9 Klafter Kiehn faßt, giebt durchschnittlich *)

12 Tonnen Theer à 100 Berliner Quart,
30 Karinen = 400 Kubikfuß Kohlen **),
12 Quart destillirtes Kiehnöl,

oder wenn der Theer zu Hartpech eingesotten werden muß, 3 Tonnen Theer auf 1 Tonne Hartpech. Die Preise dieser Producte sind nach der Lage des Theerofens sehr verschieden und müssen deshalb für jeden einzelnen Fall ermittelt werden. Dasselbe muß mit den einzelnen Ausgaben geschehen, da diese nach der Höhe des Tagelohns verschieden sein können, auch die Kosten der Anfuhren oder des Verfahrens der Producte sehr abweichend sind. Nun wird dazu noch bemerkt, daß wenn das Schwelholz gekauft werden muß, man auf den

*) Verfügung der Königlichen Regierung zu Frankfurt a. O. vom 19. Januar 1840.

**) Gewöhnlich rechnet man an Kohlen-Ausbeute 0,70 des eingesetzten Holzes Kohlen, beides nach dem Raume berechnet.

Brand von 9 Klaftern gewöhnlich $2\frac{1}{2}$ Klafter Kiefernscheitholz, oder auch $1\frac{1}{2}$ Klafter Scheit- und $1\frac{1}{2}$ Klafter Astholz rechnen kann.

Zu dem Theerofen, wenn er, wie das gewöhnlich ist, mitten im Walde liegt, gehören in der Regel auch noch Wohngebäude, Stallungen u. s. w., welche nicht mehr benutzt werden können im Fall das Theerschwelen ganz aufhört und nicht etwa so viel Aecker und Wiesen bei dem Etablissement sind, daß es ferner noch als Ackergut bewirthschaftet werden könnte. Diese Gebäude so wie der Theerofen selbst bildeten das Betriebskapital, welches der Besitzer der Theerschwelereigerechtsame hat aufwenden müssen, um sein Gewerbe betreiben und seine Gewerechtsame benutzen zu können. Es geht ihm dies durch die Ablösung derselben ganz verloren und dem Rechte gemäß muß er für diesen Verlust entschädigt werden. Dies um so mehr als er ein neues Betriebskapital bedarf, um wieder ein neues Gewerbe zu beginnen und er durch die Ablösung zugleich eine Arbeitsrente verliert, die er nicht ersetzt erhält, wenn man alle Arbeitskosten, welche die Gewinnung des Theeres verursacht, in Abzug bringt. Es wird dieser für die Gebäude am zweckmäßigsten nach den Grundsätzen der Feuerungsversicherungsanstalten ermittelt werden, bei dem Ofen nach den Kosten seiner Erbauung mit Rücksicht auf seinen Zustand und seine anzunehmende Dauer, so wie den Werth der Steine.

Die Entschädigung wird nur in Kapital oder Rente gegeben werden können. Kulturland würde der Theerschweler nur dann benutzen können, wenn es einer schon bestehenden Wirthschaft zugelegt werden kann. Eine neue einzurichten und die Gebäude so wie das Inventarium dazu herzustellen, würde mehr kosten als die Entschädigung jemals betragen kann.

Das harzreiche Kiefernstockholz wird auch oft als Leuchtkiehn zum Erleuchten der Stuben benutzt, indem man die klein gespaltenen Stücke in einem besonders dazu eingerichteten Kamine verbrennt.

Man kann die Erleuchtungszeit, in welcher Kiehn für diesen Zweck verbrannt wird, des Jahres zu 1728 Stunden annehmen.*) Mit einem Pfunde gehörig klein gespaltenem Kiehn reicht man zur Erleuchtung einer gewöhnlichen Bauerstube, wenn er nicht harzreich ist, 45 Minuten, wenn er aber sehr fett ist, 1 Stunde 5 Minuten. Der Kubikfuß magerer Stammkiehn wiegt 48 Pfund, der fette Stockkiehn 63 Pfund, vollkommene Trockenheit desselben vorausgesetzt. Es sind daher zur Unterhaltung eines Leuchtfeuers während eines Jahres erforderlich:

vom magern Kiehn 2160 Pfund = 45 Kubikfuß,
vom fetten Kiehn 1595 Pfund = 25½ Kubikfuß.

Die feste Masse einer gut und dicht gesetzten Kiehnklafter kann man, wenn in dieselbe nur stärkere Wurzeln eingelegt werden, nicht wie bei dem frisch gerodeten Stockholze auch die schwachen, zu 50 Kubikfuß annehmen. Würde jedoch viel der letzten mit eingelegt, so kann sie ebenfalls nicht höher als zu 40 Kubikfuß gerechnet werden. Hiernach würde man den Bedarf für eine mäßig große Stube des Jahres vom fetten Kiehn zu etwa drei Viertheil Klafter, vom magern Kiehn zu fünf Viertheil Klafter annehmen können.

Da zur Unterhaltung einer Lampe, welche die Stelle des Leuchtfeuers vertritt, jährlich etwa 17 Pfund Oel erforderlich sind und die Kosten der Dochte, des Ankaufs und der Unterhaltung der Lampe leicht zu ermitteln sind, so läßt sich die Größe der Entschädigung, die für Aufgabe des Rechts auf Leuchtkiehn gegeben werden muß, leicht finden. Sie kann nur in Geld oder Kulturland von gleichem Geldwerthe gegeben werden. Der Abzug für die Rodungskosten der Kiefer erfolgt nach denselben Grundsätzen wie bei dem Stockholze überhaupt. Für das Kleinspalten desselben kann aber nichts

---

*) Die specielle Berechnung der Zeit findet man in der Anleitung zur Ablösung der Waldservituten. 2. Auflage. S. 164. (Berlin 1844, bei Veit und Comp.

in Anrechnung gebracht werden, da dies gewöhnlich von den Hausbewohnern gelegentlich in freien Stunden bewirkt wird.

Geht der Antrag auf Ablösung der Theerschwelereigerechtsame oder auf Leuchtkiehn von dem Berechtigten aus, so wird nur der wahrscheinliche Erlös aus dem im Walde verbleibenden Kiehn dem Belasteten als Vortheil, der ihm aus der Ablösung erwächst, zu rechnen sein.

§. 30.

Ablösung des Rechtes auf eine gewisse Holzgattung.

Dies Recht kommt in sehr verschiedener Art vor.

1. Als Recht auf Weichholz. Zum Weichholze werden stets gerechnet Weiden, Aspen, Linden, Pappeln und Erlen. Da wo Laub- und Nadelholz gemischt vorkommen, wird auch wohl das letztere mit dem Ausdrucke Weichholz bezeichnet, doch wohl nur selten eine Berechtigung auf dasselbe stattfinden. Ob die Birke zum harten oder weichen Holze gerechnet werden muß, ist nach der bestehenden Observanz zu beurtheilen, da sie nach den verschiedenen Gegenden bald zum weichen bald zum harten Holze gehört.

Man findet dies Recht gewöhnlich nur in den Buchen- oder Eichenhochwäldern, wo die genannten Holzgattungen häufig in den jüngeren Beständen vorkommen und das erste, in den frühern Zeiten ganz werthlose Durchforstungsholz bilden, was man dem Berechtigten zum Aushiebe überließ, da es bei seinem schnellen Wuchse den bessern Holzarten durch Verdünnungen leicht nachtheilig wurde. In den ältern hohen Beständen des Baumholzes wird sich selten Weichholz vorfinden, da es theils gewöhnlich schon jung von dem Berechtigten ausgehauen wird, theils im Schatten der hohen ausgewachsenen Bäume sich dasselbe nicht erhalten kann.

In den Buchen- und Eichenwäldern kann dies Weichholz nur unter die Forstunkräuter gerechnet werden, die Aspe besonders wird auch in Kiefern- und Fichtenwäldern oft sehr nachtheilig, indem die jungen Pflanzen der edleren langsamer wachsenden Baumarten dadurch unterdrückt werden, wenn man sie nicht durch rechtzeitigen Aushieb des Weichholzes dagegen schützt. Wenn die, welchen ein Recht auf die Benutzung desselben zusteht, es nach der Anweisung der Forstbeamten ohne Beschädigung des übrigen Holzes sogleich aushauen müßten, wenn es anfängt diesen nachtheilig zu werden, so würde man dies Recht so gut bestehen lassen können als dasjenige auf Raff- und Leseholz, mit dem es in der Regel verbunden vorkommt, denn dies Holz, wenn es jung benutzt wird, hat selten einen solchen Werth, daß dieser den Gewinnungskosten gleich käme und diese deckte. Die Berechtigten hauen es aber gewöhnlich nicht eher aus als bis es hinreichende Stärke erlangt hat, um für sie benutzbar zu sein, wo es dann schon gewöhnlich die harten Holzarten oder das Nadelholz unterdrückt hat. Es ist deshalb als ein für Erziehung regelmäßiger geschlossener Hochwaldbestände hinderliches Recht anzusehen, dessen Ablösung der Waldbesitzer beantragen muß, selbst wenn er voraus berechnen kann, daß der Werth desselben, wenn er es selbst benutzen kann, die Entschädigung, die er für Aufgabe desselben gewähren muß, nicht decken wird.

2) Unschädlicher ist dasselbe, wenn es sich nur auf dasjenige Strauchholz beschränkt, was oft in den ältern sich lichtstellenden Brennholzbeständen aufwächst und der Waldbesitzer durch dasselbe nicht behindert wird, die nöthigen Läuterungshiebe in den jungen Beständen und Schonungen vorzunehmen. Gewöhnlich sind es dann Dornen, Wachholder, Hartriegel und ähnliche wenig oder gar keinen Werth habenden Strauchhölzer, die noch in einem mäßigen Schatten gedeihen, deren Benutzung durch die Holzberechtigten gar keinen Nachtheil für den Wald hat, wenn dadurch die Kultur und Erziehung voller Bestände nicht gehindert wird.

Zu der Ermittelung des Ertrages dieses Rechtes, wenn es auf Antrag des Waldbesitzers abgelöst werden soll und folglich der volle Nutzungswerth desselben als Entschädigung gewährt werden soll, wird der gegenwärtige Waldzustand zum

Grunde gelegt, insofern ihn die Berechtigten als einen rechtlich bestehenden anerkennen müssen. Wäre dies nicht der Fall, so müßte erst auf dem Rechtswege die Vorfrage entschieden werden müssen, inwiefern den Waldbesitzer die Schuld trifft, die Holzgattung des Berechtigten widerrechtlich vermindert oder vernichtet zu haben, und welcher Zustand des Waldes der Ermittelung des Ertrages zum Grunde gelegt werden soll.

Es können die Ursachen dieser Verminderung oder das Verschwinden einer Holzart sehr verschiedener Art sein. Zuerst kann die Beschaffenheit des Bodens sich so verändert haben, daß diese Holzgattungen gar nicht mehr wachsen können. So verschwindet die Erle in Folge von Entwässerungen und Trockenlegung des Bodens, die oft gar nicht einmal von dem Waldbesitzer veranlaßt worden ist und verhindert werden konnte, oder die Dornen und andere Sträucher können nicht mehr wachsen, weil Ueberschüttungen von Sand und Grus ebenfalls ohne Schuld des Waldeigenthümers stattfanden. Die Verluste, welche dadurch für den Berechtigten entstehen, sind dann als Folge einer höhern Gewalt anzusehen, welche der Waldbesitzer zu ersetzen nicht gehalten sein kann.

Noch öfter ist die Art und Weise, wie der Berechtigte das ihm gehörende Holz benutzt hat, Ursache des Verschwindens desselben, oder auch das einem Dritten zustehende Weideservitut. Diese Strauchhölzer, oder auch das weiche Baumholz wird häufig zu jeder Jahreszeit in einer Art gehauen, daß es sich dabei nicht erhalten kann, am wenigsten auf den dabei beweideten Districten, wo alle Ausschläge, so wie sie erscheinen, vom Weidevieh abgefressen werden. Der Waldeigenthümer ist außer Stande, dies zu hindern, kann daher auch die Folgen davon nicht vertreten. Ihn trifft blos dann die Verpflichtung, Ersatz für die Verminderung der Nutzung des Berechtigten zu bieten, wenn er etwas gethan, oder unterlassen hat, wozu er verpflichtet war, wodurch dieser Verlust direct oder indirect herbeigeführt worden ist. Dahin gehört die absichtliche Aenderung der Holz- oder Betriebsart, die Einführung eines Kulturverfahrens, welches bisher nicht üblich war, wodurch die Erhaltung der in Rede stehenden Holzart gefährdet wird, eine von ihm zu seinem Vortheile unternommenen Entwässerung des Bodens oder eine directe Beschädigung oder Vertilgung derselben.

Die Ertragsberechnung der Holzgattung des Berechtigten, erfolgt ganz nach den Regeln der Taxation, die als bekannt vorausgesetzt werden müssen. Es wird die Fläche, auf welcher sie vorkömmt, ermittelt, und in Ertragsklassen nach der Güte des Bodens und Bestandes getheilt. In jeder Ertragsklasse werden Probehiebe gemacht, um, nachdem man das Haubarkeitsalter festgesetzt, den Durchschnittszuwachs jeder Ertragsklasse auf einem Morgen zu ermitteln, den man dann mit ihrer Morgenzahl multiplicirt, wadurch man den jährlichen durchschnittlichen Ertrag der ganzen, mit dieser Holzgattung bestandenen Fläche erhält. Diejenige, auf der gar kein solches Holz vorhanden ist, bleibt dabei ganz unbeachtet. Es kann allerdings der Fall sein, daß, wie bei dem Weichholze in den Buchenschonungen, diejenige Fläche, auf welcher dies Holz jetzt vorhanden ist, kein solches mehr erzeugt, weil der Bestand älter wird und dafür eine andere, auf der jetzt in altem Holze kein solcher vorhanden ist, es nach der Verjüngung enthält, dies thut aber der Richtigkeit des Verfahrens keinen Eintrag, da man annehmen muß, daß der Ertrag beider Flächen sich gleich bleibt.

In Bezug auf Abrechnung der Gewinnungskosten gilt dasselbe, was darüber oben bei dem Raff- und Leseholze bemerkt worden ist.

Zuweilen kömmt auch das Recht so vor daß die Berechtigten befugt sind, das in den raumen Beständen des alten Holzes aufwachsende Unterholz von derselben Holzgattung, zu benutzen. Der Werth dieses Rechtes wird ganz in derselben Art ermittelt, als bei dem Strauchholze, was in einer andern Holzart besteht.

Geht der Antrag zur Ablösung von dem Berechtigten aus, so kann der Waldbesitzer einen doppelten Vortheil haben, einmal, indem er, wenn diese erfolgt ist, dies Holz nun für sich selbst benutzen kann, und dann, daß er nun bessere Bestände erziehen kann, weil er die Holzart, welche dies verhinderte, nun nicht mehr zu schonen braucht, sondern sie vertilgen kann. Beide Vortheile zugleich kann man ihm aber nicht anrechnen, denn, will er den jetzigen Ertrag davon beziehen, muß er den gegenwärtigen Waldzustand unverändert erhalten; will er aber einen bessern Zustand, dessen Herstellung ihre Erhaltung verhinderte, durch ihre Vertilgung möglich machen, so kann er auch keinen Ertrag mehr davon beziehen. Es scheint der Gerechtigkeit wie Billigkeit gemäß, daß er sich denjenigen Vortheil an beiden muß anrechnen lassen, welcher der größte ist. Wird die Verbesserung des Waldzustandes als solcher erkannt, so kann die sich progressionsmäßig vermindernde Nutzung des Weich- oder Strauchholzes nur noch für so lange berechnet werden, als sie nach einem für den Wald entworfenen Wirthschaftsplane noch dauern kann.

Zur Berechnung des Werths des auszuhauenden Holzes werden die Nettopreise, zu denen es mit Sicherheit verkauft werden kann, zu ermitteln sein. Der Vortheil, welchen der Waldbesitzer von der Verbesserung des Waldzustandes zu erwarten hat, wird bei den erst in Zukunft eingehenden Nutzungen so berechnet werden müssen, daß man diese mit voller Zinsenvergütigung auf ihren gegenwärtigen Werth reducirt.*) Es versteht sich dabei von selbst, daß dazu die Durchschnittserträge regelmäßiger Bestände, wie sie nach Ablösung des Rechts erwartet werden können, in Vergleich mit denjenigen, wie sie jetzt erzogen werden, angenommen werden müssen.

---

*) Dazu können die Zinstafeln in der schon erwähnten Anleitung zur Waldwerthberechnung von Cotta benutzt werden.

3) Das Recht kann auch so vorkommen, daß das im Mittelwalde wachsende Brennholz einen andern Eigenthümer hat, als das Ueberholz, oder die in den Erlenbrüchern häufig vorkommenden Kiefern, Fichten, Eschen, Ulmen dem Einen, das regelmäßig bewirthschaftete Schlagholz dem Andern gehören.

In diesem Falle muß erst festgestellt werden, wer als Eigenthümer des Grund und Bodens anzusehen ist, was nicht immer unbestritten feststeht. Derjenige, welcher blos ein Nutzungsrecht im Walde hat, ohne Anspruch auf den Grund und Boden selbst machen zu können, erhält dann blos den Werth desselben, während der davon befreite Wald dem Grundeigenthümer verbleibt. Wird das Grundeigenthum ein gemeinschaftliches, so tritt eine Waldtheilung nach Maßgabe der Antheile am gesammten Waldertrage ein, wovon im dritten Abschnitte näher gehandelt werden wird.

Die Größe des Ertrags des regelmäßig bewirthschafteten Schlagholzes läßt sich am sichersten nach dem bisherigen Einschlage bestimmen, wenn dieser zu ermitteln ist. Doch kann er auch nach den Regeln der Taxation festgestellt werden.

Bei dem Baumholze wird die nachhaltige Abnutzung des gegenwärtig vorhandenen Bestandes zwar die jährliche Rente bilden, die ebenfalls auf dem Wege der Taxation ermittelt werden kann, soll der Eigenthümer desselben aber, da er nicht zugleich derjenige des Grund und Bodens ist, den davon vorhandenen Vorrath an den Grundeigenthümer abtreten, so wird zugleich der Kapitalwerth von diesem bestimmt werden müssen, da es leicht der Fall sein könnte, daß, wenn viel altes Holz vorhanden ist, der Geldwerth desselben größer sein würde, als das Entschädigungskapital, welches man erhält, wenn man die nachhaltige Rente mit 4 oder 5 Procent kapitalisirt. Es wird dies dann der Eigenthümer nach den Bestimmungen des §. 129. der G. T. O. von 1821 entweder für eigne Rechnung einschlagen oder nach seinem Geldwerthe bezahlt verlangen können. Die Bestimmung des

§. 128., wonach das Recht, das auf fremden Aeckern, Wiesen und zur Forst nichtgehörigen Weiderevieren aufwachsende Holz benutzen zu dürfen, mit Einem Procente des jetzigen Werths von dem Grundeigenthümer abgelöst werden kann, findet aber hier keine Anwendung. Auf den in diesem Paragraphen bezeichneten Gründen ist der Eigenthümer befugt, zu verhindern, daß überhaupt Holz darauf erwächst, und es wird dies nur auf vernachlässigten Grundstücken zufällig sich vorfinden. Es kann also eigentlich gar nicht darauf gerechnet werden, einen regelmäßigen Ertrag von diesem Rechte zu beziehen, so daß diese gering scheinende Entschädigung für Aufgabe desselben wohl in der Regel als vollkommen ausreichend betrachtet werden muß. Ganz anders ist dies aber bei eigentlichem Forstgrunde, der zur regelmäßigen Erziehung des Holzes bestimmt ist, und wo der Eigenthümer desselben auch dazu die erforderlichen Maßregeln treffen kann. Hier muß dann noch außer dem Ersatze des vorhandenen nutzbareu Materialkapitals, wenn es abgetreten wird, noch für die verloren gehende Rente, die nach Wegnahme desselben außerdem noch genommen werden kann, ebenfalls eine Entschädigung gewährt werden. Nach den Regeln der Waldwerthberechnung muß die Größe derselben, sowie die Zeit, wo sie eingehen kann, ermittelt werden, um dann ihren gegenwärtigen Kapitalwerth zu berechnen.

Das Verfahren dazu wird jedem gebildeten sachverständigen Forstwirthe bekannt sein, da es zur Lehre von der Taxation und Waldwerthberechnung gehört, weshalb es auch hier mit Stillschweigen übergangen wird.

§. 31.

Die Ablösung einer Berechtigung zum Verkaufe des aus einem fremden Walde entnommenen Abraumes, trocknen Holzes, Stockholzes, Windbruchs oder Lagerholzes.

Wo dies Recht vorkommt, stammt es gewöhnlich aus längst vergangenen Zeiten her, wo noch große Vorräthe des oben bezeichneten Holzes in den Wäldern vorhanden waren, welche der Waldeigenthümer nicht benutzen konnte und die man den Unterthanen entweder gegen einen geringen Zins, oder, damit sie ihre Abgaben bestreiten konnten, auch zum Verkaufe überließ. Nur das bessere und stärkere Holz war aber dazu geeignet, während das geringere Leseholz und die schwächern Aeste von dem Berechtigten zur eignen Consumtion benutzt wurden. Er setzt dies Recht daher auch stets voraus, daß sie solch starkes und verkäufliches Holz benutzen konnten. Dies wird gegenwärtig der Waldeigenthümer aber überall eben so gut für eigne Rechnung verwerthen können, und da dies Servitut sehr mißbräuchlich ausgedehnt werden kann, und die mißbräuchliche Ausdehnung desselben sehr schwer zu verhindern ist, so wird schon darin eine Veranlassung für den Waldeigenthümer liegen, auf dessen Ablösung anzutragen. Dazu kömmt aber auch noch, daß man bei demselben steten Beschwerden über Mangel an solchem Holze und daraus entspringenden Entschädigungsklagen ausgesetzt ist, die auch in der Regel nicht ohne Grund sind. Selten wird man wohl noch Wälder finden, in denen noch so viel Holz von der Beschaffenheit vorhanden ist, wie es die Berechtigten nur nehmen dürfen, daß sie nicht nur ihren eignen Bedarf davon befriedigen, sondern auch noch eben so viel wie früher davon verkaufen könnten. Das Lagerholz, die trocknen Bäume fehlen gewöhnlich ganz, der Abraum ist in der neuern Zeit besser ausgenutzt und selbst die Windbrüche werden seltner, da man keine alten anbrüchigen Bäume mehr im Walde stehen läßt und Sorge dafür trägt, daß durch eine geregelte Bestandsordnung und die Erhaltung des Schlusses der Bestände, der Wind weniger Bäume umwerfen kann. Es wird daher wohl selten von Seiten des Waldbesitzers behauptet werden können, daß von ihm oder den frühern Verwaltern des belasteten Waldes, nichts geschehen wäre, wodurch der Ertrag dieses Rechts vermindert werden mußte. Kann er aber dies nicht behaupten und erweisen, so wird er sich auch einer Entschädigung für das fehlende Material, was zum Verkaufe benutzbar ist und von dem Berechtigten entbehrt werden kann, nicht füglich entziehen können. Diesem ist eine Ablösung des ganzen Rechts, was so leicht zu übeln Processen Veranlassung giebt, stets vorzuziehen.

Die beste Art, den Ertrag desselben zu ermitteln, würde sein, wenn man denjenigen der Zeit, wo die Berechtigten keinen Einwand gegen den Zustand des Waldes machten, ermitteln könnte, wie er durchschnittlich in den Jahren war, wo keine außergewöhnliche Zufälle, wie heftige Stürme, Insectenfraß, Waldfeuer ihn erhöhten. Diese ist auch durch den §. 118. der G. T. O. vorgeschrieben, indem danach der Durchschnittsverkauf der letzten 10 Jahre der Berechnung dessen, was der Berechtigte für Aufgabe des Rechts zu fordern hat, zum Grunde gelegt werden soll. Dabei ist aber der Waldbesitzer den Forderungen des Berechtigten gänzlich preisgegeben. Er so wenig, als sein Beamter haben aber Rechnung über das verkaufte Holz geführt oder führen können, die Berechtigten zwar in der Regel ebenfalls nicht, aber deshalb machen sie doch oft Forderungen, als hätten sie es gethan, indem sie die Menge des verkauften Holzes sehr hoch angeben, die augenscheinlich größer sind, als der belastete Wald möglicherweise jemals an solchem Holze, wie sie es benutzen dürfen, geben kann. Es bleibt daher nichts übrig, als wenigstens auch noch außerdem ein annäherndes Resultat zu erlangen zu suchen, wie groß die Menge des verkauften Holzes möglicherweise wohl gewesen sein kann, um solchen augenscheinlich unbegründeten Forderungen wenigstens einigermaßen entgegentreten zu können.

Das eine Mittel dazu ist, daß man eine Ertragsberechnung hinsichts derjenigen Sortimente, welche der Berechtigte an sich nehmen darf, in der Art anlegt, wie dies schon oben gelehrt worden ist, und wozu auch die erforderlichen Zahlen gegeben worden sind. Man wird aber dabei nicht immer den gegenwärtigen Zustand des Waldes zum Grunde legen können, sondern einen regelmäßigen Waldbestand, wie er bei einer pfleglichen Behandlung des Waldes sein kann, voraussetzen müssen. Wenn man dann die Menge des Holzes, welches der Berechtigte zum eignen Bedarfe verbraucht, in Abzug bringt, so wird der Rest der Holzmasse, welche der Wald an diesen Sortimenten liefern kann, als verkäufliches Holz angenommen werden können. Gewöhnlich ist es aber dann am besten, die ganze Berechtigung auf Verkaufs- und Consumtionsholz zusammen abzulösen, denn beschränkt man sich auf ersteres allein, so würde der Anspruch auf die früher bezogenen Sortimente dadurch noch nicht beseitigt werden, weil die Berechtigten dann diese zur Deckung ihrer Consumtion verlangen würden.

Ein Maximum dessen, was diese möglicherweise überhaupt aus dem Walde entnommen haben können, erhält man auch, wenn man die Zahl der Tage feststellt, an denen das Recht hat ausgeübt werden können und die Holzmasse in der Art ermittelt, welche an einem Tage aus dem Walde hat entnommen werden können, wenn die Art des Transports in vorschriftsmäßiger Art erfolgt ist, wozu das Verfahren bereits angegeben worden ist. Man wird auf diese Weise stets eine größere Holzmasse erhalten als wahrscheinlich wirklich aus dem Walde entnommen ist, weil das Recht schwerlich an allen Tagen ausgeübt worden ist, wo es ausgeübt werden durfte, aber doch immer noch eine geringere als die Berechtigten oft als wirklich aus dem Walde bezogen zu haben behaupten. Daß sie aber nicht mehr daraus abgefahren haben können, als die durchschnittliche Menge des Holzes, welches mit einem Male auf einen Wagen oder Karren aus dem Walde abgefahren werden kann, multiplicirt mit den Tagen, an welchen die Abfuhr erlaubt war, fällt in die Augen. Wäre dies das ganze Jahr gestattet gewesen, so würde wenigstens die Saatzeit, die Zeit der Getreide- und Heuernte in Abzug gebracht werden müssen, da in derselben der Ackerbesitzer gewiß die Holzberechtigung nicht ausüben wird.

Die Menge des Holzes, welche auf einen zwei- oder vierspännigen Wagen, Schubkarrn geladen oder auf dem Rücken und in Körben aus dem Walde getragen werden kann, ist nicht blos nach der Stärke der Pferde und der Menschen, die den Transport übernehmen, der landüblichen Größe der Wagen, sondern auch nach der Beschaffenheit des Holzes sehr verschieden. Im Reiserholze kann keine so große feste Holzmasse fortgebracht werden, als im starken, runden oder gespaltenen Holze. Auch hat da, wo wenig Holz vorhanden ist, die Kürze der Tage, das günstige oder ungünstige Wetter, die Entfernung des Wohnorts vom Walde, die Menge der zur Gewinnung des Holzes verwandten Arbeitskräfte einen Einfluß darauf. In den östlichen Provinzen Preußens wird man aber etwa 40 Kubikfuß feste Masse in stärkerem Abraume, Durchforstungs- und Stockholz wohl als das Maximum dessen rechnen können, was auf einen vierspännigen Bauernwagen geladen wird, 30 Kubikfuß für einen zweispännigen. Blos wenn starke trockne Bäume abgefahren werden können, vielleicht 10 bis 15 Kubikfuß mehr geladen werden. Dies geht schon daraus hervor, daß auf 2 Pferde niemals mehr als ein Stamm von etwa 30 Kubikfuß Inhalt geladen wird. Von schwachen Reisern werden aber selten mehr als 16 und 12 Kubikfuß auf einem vier- und zweispännigen Wagen gefunden werden. Auf dem Schubkarrn kann ein Mann bei festem Wege, wenn er stark ist, wohl 4 Kubikfuß starkes Holz, auf sandigen oder bergigen 3 Kubikfuß abfahren, während eine Karrenlast von Reisern, wenn der Karrn von Frauen geschoben wird, oft kaum $1\frac{1}{2}$ Kubikfuß feste Masse enthält. Eine Traglast in Körben von Reisern beträgt gewöhnlich nur 1 Kubikfuß feste Masse, in Bündeln zusammengebundene starke Zweige wohl $1\frac{1}{2}$ und bei starken Personen auch wohl $1\frac{3}{4}$ Kubikfuß. Auf dem Schlitten können bei guter Bahn von einem Menschen wohl 25 Procent mehr Holz fortgebracht werden, als auf dem Schubkarren, wogegen ein

Pferdeschlitten aber gewöhnlich weniger Holz faßt, als ein Wagen.

Diese Zahlen können aber immer nur als ungefähre Durchschnittszahlen angesehen werden und ob sie zur Ermittelung des Bezuges vom Holze aus einem Walde anwendbar sind, muß stets erst für jede Gegend und jeden Wald näher geprüft werden.

Daß auch bei dem zu verkaufenden Holze die Gewinnungskosten in Abzug gebracht werden müssen, bedarf wohl keiner weitern Erwähnung.

Ob der Antrag auf Ablösung des Rechts zum Verkaufe des auf Grund einer Berechtigung aus einem fremden Walde bezogenen Holzes, vom Belasteten oder Berechtigten ausgeht, wird hinsichts der vom erstern zu gewährenden Entschädigung keinen Unterschied machen. Kann der Berechtigte das Holz verkaufen, so wird der Waldbesitzer dies eben so gut können und sich daher den Werth desselben als Vortheil, den er von der Ablösung hat, eben so gut annehmen lassen müssen, als der Berechtigte nichts weiter fordern kann, als eben nur diesen Werth. Da letzterer diesen als jährliche Rente bezieht und zu fordern hat, so ist auch eine ihm zugesicherte jährliche Rente oder ein Kapital, was dieselbe repräsentirt, die natürlichste Entschädigung. Nur wenn man Niederwald abgeben kann und das Reisholz verkäuflich ist, wird man Holzgrund statt des Geldes geben können. Nadelholz wird sich nicht dazu eignen, da er von diesem im kurzen Umtriebe zuviel schwaches Reisholz erhält, was selten da Käufer finden wird, wo dies Recht vorkömmt, da man es nur in waldreichen Gegenden findet.

§. 32.

Die Ablösung des Rechts auf freies Bauholz oder anderes Nutzholz.

Sie ist in den mehrsten Fällen für den Berechtigten wie Belasteten wünschenswerth, wie dies schon eben bemerkt wurde, und nur dann in politischer Beziehung bedenklich, wenn die Entschädigung in Geld an arme Leute gegeben wird, welche nicht im Stande sein werden, das Bauholz zu kaufen, wenn sie es bedürfen, da sie weder das Kapital, was sie erhalten haben, dazu aufbewahren, noch die Zinsen oder Rente ansammeln, um zu der Zeit, wo das Bauholz bedurft wird, dies dafür kaufen zu können. Offenbar wird dadurch, daß man den kleinen Grundbesitzern das Recht abkauft, auf Grund dessen sie dasselbe stets fordern können, sowie sie es befördern, das Proletariat, dies drohende Gespenst der Zukunft Europas, immer mehr vergrößert. Dies Recht hat in der Regel, selbst für die kleinern Grundbesitzer einen Kapitalwerth von mehreren Hundert Thalern und bildet ein sehr werthvolles Eigenthum, was aber in der Regel durch den Verkauf desselben, wenn nicht etwa Kulturland statt Geld dafür gegeben wird, verloren geht, denn wenigstens ist der nachfolgende Besitzer des Grundstückes, von dem es abgelöst wird, um so viel ärmer, als der Kapitalwerth desselben beträgt. Es fällt in die Augen, daß, wenn man der ärmeren Volksklasse, welche keinen so großen Grundbesitz hat, daß sie allein davon leben kann, alle Mitbenutzungsrechte der größern Wälder und Grundstücke für Geld abkauft, was sich in ihrem Besitze nicht erhalten wird, die Armuth derselben vergrößert wird.

Dann muß aber auch der Waldbesitzer, wenn er auf Ablösung anträgt, wohl beachten, daß er alles Holz, was der Berechtigte zu fordern hat, zum vollen Bauholzpreise vergütigen muß, daß aber in waldreichen Gegenden und besonders in den Nadelholzwäldern, dies nicht immer dazu absetzen kann, daß er folglich das Holz, was ihm in Folge der Bauholzablösung künftig verbleibt, theurer bezahlen muß, als er es wieder verkaufen kann.

Das Bauholz, was besonders zu den kleinern ländlichen Gebäuden gegeben wird, besteht größtentheils in schwächern Stämmen, Lattstangen, Bohlstämmen, kleinem und Mittelbauholze oder schwachen Brettklötzen, d. h. in Bäumen, die bei einer Länge von 36 bis 40 Fuß noch etwa 7—9 Zoll Zopfstärke haben. In geschlossen aufgewachsenem Nadelholzbestande von einem Alter von 100 bis 120 Jahren, wie es die gewöhnlichen Umtriebszeiten in den größern Wäldern bezeichnen, ist bei weitem der größte Theil des Holzes von der Beschaffenheit, daß man es zu solchem Bauholze benutzen kann, da selbst krumme und ästige Stämme wenigstens noch in kurzen Stücken als Säul- und Riegelholz gebraucht werden können. Wegen Mangel an Absatz muß aber gewöhnlich der größte Theil desselben in das Brennholz geschlagen werden, wobei es natürlich wohlfeiler verkauft werden muß, als wenn man es als Bauholz hätte benutzen können. Es kann daher sehr leicht der Fall sein, daß der Waldbesitzer bei einer Bauholzablösung den Kubikfuß des Holzes, den er dadurch erwirkt, mit 3 Sgr. bezahlen muß, während er den größten Theil desselben nur zu 1 Sgr. wieder verkaufen kann.

Dies muß auch wohl berücksichtigt werden, wenn der Antrag auf Ablösung von dem Berechtigten ausgeht und der Belastete die Entschädigung nur nach dem Vortheile gewähren will, welcher ihm aus denselben erwächst. Es muß dann nach dem in dem Walde stattfindenden Nutzholzabsatze und mit Rücksicht auf die darin, oder in der Umgegend, vorhandenen Vorräthe von solchen Hölzern, welche das in Rede stehende Bauholz liefern können, ermittelt werden, welcher Theil des Bauholzes, welches der Berechtigte zu fordern hat, wahrscheinlich als Nutzholz verkauft werden kann, und welcher nur als Brennholz abzusetzen sein wird. Danach kann denn auch nur der Werth des Holzes, was zu vergütigen sein wird, berechnet werden.

Die §§. 120—122. der G. T. O. von 1821 bestimmen, daß bei der Ablösung der Baugerechtsame von dem Grundsatze ausgegangen werden muß, daß der Berechtigte nicht nur alles Holz zu fordern hat, was bisher zur Reparatur und zum Neubau der Gebäude hat gegeben werden müssen, wenn dieser wegen ihres Alters und schlechten Beschaffenheit nöthig wird, sondern daß auch dasjenige Holz mit zur Berechnung gezogen werden muß, was in Folge einer Beschädigung durch Feuer oder Wasser bedurft wird. Die Größe der Entschädigung und wie sie berechnet wurde, ohne daß diese Unglücksfälle berücksichtigt sind, wird daher um so viel Procent erhöht, wie die Assekuranz-Prämie des Werths der versicherten Gebäude beträgt. Diese wird ebenfalls, nach einer gutachtlichen Bestimmung durch Sachverständige, der Entschädigung da zugerechnet, wo nach den gemachten Erfahrungen zu fürchten ist, daß die Gebäude oder andere Einrichtungen an Flüssen, wozu freies Bauholz gegeben werden muß, durch Wasser beschädigt werden können.

Zur Berechnung der Menge des Bauholzes, welches der Berechtigte zu fordern hat, muß zuerst festgestellt werden, zu welchen Gegenständen es überhaupt aus dem belasteten Walde gegeben werden muß. Dies bleibt sich nicht immer gleich. Zuweilen ist Zaun- Brücken- und Brunnenholz, dasjenige zur Dachbedeckung darunter begriffen, zuweilen nicht. Gewöhnlich entscheidet darüber das Herkommen mehr als der Wortlaut des Documents, der oft sehr allgemein gefaßt ist, so daß man von dem Grundsatze ausgehen kann, wozu das Holz bisher wirklich gegeben wurde, hat es der Berechtigte auch ferner zu fordern. Ob vielleicht die Verwendung des Holzes polizeilich untersagt worden ist, hat keinen Einfluß auf die Verpflichtung zur freien Abgabe dieses Holzes. So sind in den Städten die Schindeldächer wegen der Feuersgefahr, die hölzernen Dachrinnen, auf den Dörfern die Küchenbauten von Fachwerk untersagt, zudem das Holz vielleicht früher abgegeben worden ist. Ist dies der Fall, so kann der Berechtigte es auch ferner verlangen und ist befugt, es zur Bestreitung der Kosten einer andern Art des Baues zu verwenden.

Eben so muß festgestellt werden, welche Größe die Gebäude haben, zu welchen Bauholz verlangt werden kann, wie ihre Construction und Einrichtung ist, zu welchen Gegenständen des neuen Ausbaues das Holz frei verabfolgt worden ist. Ist ein Bau-Inventarium vorhanden, worin die Lage, Größe und die Construction der Bauholzberechtigten Gebäude verzeichnet worden ist, so kann dies zum Grunde gelegt werden, sonst muß ein specieller Bauanschlag entworfen werden, um die Holzmasse zu ermitteln, welche zum Neubau derselben, sowie zu den von Zeit zu Zeit eintretenden Reparaturen erforderlich ist.

Nur in dem Falle, wo eine Vergrößerung der Wirthschaftsgebäude von dem Berechtigten verlangt werden kann, weil die Wirthschaftsräume, besonders Scheunen und Stallungen, nicht mehr genügen, um den jetzigen Einschnitt und das Vieh, was von den ursprünglich zu dem berechtigten Grundstücken ernährt werden kann, unterzubringen, muß gegen den gegenwärtigen Zustand zu einer Vergrößerung derselben erforderliche Holz ebenfalls gegeben werden.

Die Ermittelung der Holzmasse, welche der Berechtigte zum Neubau und als Reparaturholz zu fordern hat, ist Sache der Baumeister und wird daher hier übergangen.

Das Reparaturholz, was sogleich erforderlich ist, wird entweder noch vor der Ablösung gegeben, oder über die Ablösungssumme baar bezahlt.

Es wird dann der Geldwerth des Holzes zum Neubau, sowie derjenige des Reparaturholzes festgestellt:

Der Zeitpunkt bestimmt, wo sowohl der Neubau als die Reparatur eintreten wird und

danach ein Kapital berechnet, welches mit zugeschlagenen Zinsen so groß ist, daß stets zu der Zeit, wo das Holz bedurft wird, die erforderliche Summe davon weggenommen werden kann, um den Ankauf desselben, die gegenwärtigen Preise vorausgesetzt, bestreiten zu können und so viel übrig bleibt, daß mit abermals zugeschlagenen Zinsen alle künftigen Ausgaben davon bestritten werden können.

Die Zeit der Wiederkehr des Neubaues und der Reparaturen hängt von der Dauer der Gebäude ab. Auch diese muß jedesmal von den Baubeamten nach den örtlichen Erfahrungen ermittelt und festgestellt werden, da dabei nach der Beschaffenheit des Holzes, der Lage der Gebäude und der Art der Benutzung derselben, Verschiedenheiten vorkommen können.

In Eytelweins Anleitung zur Ermittelung der Dauer und Unterhaltungskosten der Gebäude und Bau-Ablösungskapitalien, Berlin bei Reimer 1831, worin die Anleitung zur Berechnung des Baukapitals gegeben ist und wonach bei Ablösung der Bauholzgerechtsame in den Staatsforsten verfahren wird, ist die Dauer der verschiedenen Gebäude folgendermaßen angenommen worden:

I. Wohnhäuser der gebildeten Stände:		
1. massive	200	Jahre.
2. in Fachwerk gebaute	120	„
II. Wohnhäuser der Bauern, Landleute rc.		
1. massive	175	„
2. in Fachwerk gebaute	100	„
III. Scheunen, Speicher, Remisen:		
1. massive	175	„
2. in Fachwerk gebaute	80	„
IV. Rindvieh-, Pferde- und Schafställe:		
1. massive	150	„
2. in Fachwerk gebaute	75	„
V. Molken- und Waschhäuser:		
1. massive	125	„
2. in Fachwerk gebaute	60	„
VI. Schweineställe:		
1. massive	100	„
2. in Fachwerk gebaute	50	„
VII. Brau- und Branntweinbrennereien:		
1. massive	75	„
2. in Fachwerk gebaute	50	„

Proze

zur Bestimmung der von jetzt ab zu zahlenden jährlichen Rente für eine in gewi

Das Gebäude kann von jetzt ab bis zum nächsten Neubau noch stehen.	Die Dauer des Gebäudes von										
	1 Jahr.	2 Jahr.	3 Jahr.	4 Jahr.	5 Jahr.	6 Jahr.	7 Jahr.	8 Jahr.	9 Jahr.	10 Jahr.	11 Jah
Jahr.	und beträgt danach der Prozen										
0	104	53,0196	36,0512	27,5849	22,5185	19,1515	16,7551	14,9649	13,5785	12,4746	11,575
1	100	50,9804	34,6646	26,5239	21,6524	18,4149	16,1406	14,3893	13,0563	11,9947	11,130
2	....	49,0196	33,3314	25,5038	20,8196	17,7066	15,4910	13,8359	12,5541	11,5334	10,702
3	....	....	32,0512	24,5243	20,0200	17,0266	14,8960	13,3045	12,0719	11,0905	10,291
4	....	....	....	23,5849	19,2531	16,3744	14,3255	12,7949	11,6096	10,6657	9,897
5	....	....	....	....	18,5185	15,7496	13,7788	12,3066	11,1666	10,2587	9,519
6	....	....	....	....	....	15,1515	13,2556	11,8393	10,7425	9,8694	9,158
7	....	....	....	....	....	....	12,7551	11,3923	10,3369	9,4965	8,812
8	....	....	....	....	....	....	....	10,9649	9,9491	9,1402	8,481
9	....	....	....	....	....	....	....	....	9,5785	8,7998	8,165
10	....	....	....	....	....	....	....	....	....	8,4746	7,864
11	....	....	....	....	....	....	....	....	....	....	7,575
12	....	....	....	....	....	....	....	....	....	....	....
13	....	....	....	....	....	....	....	....	....	....	....
14	....	....	....	....	....	....	....	....	....	....	....
15	....	....	....	....	....	....	....	....	....	....	....
16	....	....	....	....	....	....	....	....	....	....	....
17	....	....	....	....	....	....	....	....	....	....	....
18	....	....	....	....	....	....	....	....	....	....	....
19	....	....	....	....	....	....	....	....	....	....	....
20	....	....	....	....	....	....	....	....	....	....	....
25	....	....	....	....	....	....	....	....	....	....	....
30	....	....	....	....	....	....	....	....	....	....	....
35	....	....	....	....	....	....	....	....	....	....	....

Fo

Das Gebäude kann von jetzt ab bis zum nächsten Neubau noch stehen.	Die Dauer des Gebäudes von										
	40 Jahr.	45 Jahr.	50 Jahr.	55 Jahr.	60 Jahr.	65 Jahr.	70 Jahr.	75 Jahr.	80 Jahr.	85 Jahr.	90 Jahr
Jahr.	und beträgt danach der Prozen										
0	5,4045	5,1820	5,0101	4,8741	4,7645	4,6748	4,6002	4,5376	4,4845	4,4390	4,3997
1	5,1966	4,9827	4,8174	4,6867	4,5813	4,4950	4,4233	4,3631	4,3120	4,2683	4,2305
2	4,9968	4,7941	4,6321	4,5064	4,4051	4,3221	4,2532	4,1953	4,1462	4,1041	4,0678
3	4,8049	4,6071	4,4542	4,3333	4,2359	4,1561	4,0898	4,0324	3,9869	3,9465	3,9115
5	4,4445	4,2615	4,1202	4,0083	3,9182	3,8444	3,7831	3,7316	3,6879	3,6505	3,6182
10	3,6715	3,5204	3,4036	3,3112	3,2368	3,1758	3,1252	3,0826	3,0465	3,0156	2,9889
15	3,0568	2,9310	2,8338	2,7569	2,6949	2,6441	2,6019	2,5665	2,5365	2,5107	2,4885
20	2,5687	2,4629	2,3812	2,3166	2,2645	2,2218	2,1864	2,1566	2,1314	2,1097	2,0911
25	2,1792	2,0895	2,0202	1,9654	1,9212	1,8850	1,8549	1,8297	1,8083	1,7899	1,7741
30	1,8662	1,7894	1,7300	1,6831	1,6152	1,6143	1,5885	1,5669	1,5485	1,5328	1,5192
35	1,6123	1,5460	1,4947	1,4541	1,4214	1,3946	1,3724	1,3537	1,3379	1,3243	1,3126
40	1,4045	1,3467	1,3020	1,2667	1,2382	1,2149	1,1955	1,1792	1,1654	1,1536	1,1434
45	....	1,1820	1,1428	1,1118	1,0868	1,0663	1,0493	1,0350	1,0229	1,0125	1,0036
50	....	....	1,0101	0,9827	0,9606	0,9425	0,9275	0,9148	0,9041	0,8950	0,8870
55	....	....	....	0,8741	0,8345	0,8384	0,8250	0,8138	0,8043	0,7961	0,7890
60	....	....	....	....	0,7645	0,7501	0,7382	0,7281	0,7196	0,7123	0,7060
65	....	....	....	....	....	0,6748	0,6640	0,6550	0,6473	0,6407	0,6351
70	....	....	....	....	....	....	0,6002	0,5921	0,5851	0,5792	0,5741
75	....	....	....	....	....	....	....	0,5376	0,5313	0,5259	0,5213
80	....	....	....	....	....	....	....	....	0,4845	0,4796	0,4753
85	....	....	....	....	....	....	....	....	....	0,4390	0,4351
90	....	....	....	....	....	....	....	....	....	....	0,3997
95	....	....	....	....	....	....	....	....	....	....	....
100	....	....	....	....	....	....	....	....	....	....	....
110	....	....	....	....	....	....	....	....	....	....	....
120	....	....	....	....	....	....	....	....	....	....	....
130	....	....	....	....	....	....	....	....	....	....	....
140	....	....	....	....	....	....	....	....	....	....	....
150	....	....	....	....	....	....	....	....	....	....	....
160	....	....	....	....	....	....	....	....	....	....	....
170	....	....	....	....	....	....	....	....	....	....	....
180	....	....	....	....	....	....	....	....	....	....	....
190	....	....	....	....	....	....	....	....	....	....	....
200	....	....	....	....	....	....	....	....	....	....	....

abelle

umen wiederkehrende Bau=Ausgabe, nach dem Zinsfuße von 4 Prozent berechnet.

zum andern beläuft sich auf:

mmung der jährlichen Rente:

Jahr.	14 Jahr.	15 Jahr.	16 Jahr.	17 Jahr.	18 Jahr.	19 Jahr.	20 Jahr.	25 Jahr.	30 Jahr.	35 Jahr.	Das Gebäude kann von jetzt ab bis zum nächsten Neubau noch stehen. Jahr.
,2035	9,6689	9,2083	8,8077	8,4563	8,1459	7,8700	7,6232	6,7027	6,1097	5,7007	0
,8110	9,2971	8,8542	8,4689	8,1311	7,8326	7,5673	7,3300	6,4449	5,8747	5,4814	1
,4337	8,9395	8,5136	8,1432	7,8184	7,5314	7,2762	7,0481	6,1970	5,6488	5,2706	2
,0714	8,5961	8,1866	7,8305	7,5181	7,2421	6,9968	6,7774	5,9590	5,4348	5,0682	3
,7239	8,2669	7,8731	7,5305	7,2301	6,9647	6,7288	6,5178	5,7308	5,2238	4,8740	4
,3910	7,9514	7,5726	7,2432	6,9542	6,6990	6,4720	6,2691	5,5121	5,0244	4,6881	5
,0724	7,6495	7,2851	6,9681	6,6901	6,4446	6,2262	6,0340	5,3028	4,8336	4,5100	6
,7676	7,3606	7,0400	6,7050	6,4375	6,2012	5,9911	5,8033	5,1025	4,6511	4,3397	7
,4762	7,0845	6,7470	6,4535	6,1960	5,9686	5,7664	5,5856	4,9111	4,4766	4,1769	8
,1977	6,8206	6,4957	6,2131	5,9652	5,7463	5,5516	5,3775	4,7282	4,3099	4,0214	9
,9317	6,5686	6,2557	5,9835	5,7448	5,5339	5,3464	5,1788	4,5535	4,1506	3,8727	10
,6777	6,3278	6,0264	5,7642	5,5342	5,3311	5,1505	4,9890	4,3866	3,9985	3,7308	11
,4351	6,0980	5,8075	5,5548	5,3332	5,1374	4,9634	4,8078	4,2272	3,8532	3,5953	12
,2035	5,8785	5,5985	5,3549	5,1413	4,9525	4,7848	4,6347	4,0751	3,7146	3,4659	13
. . .	5,6689	5,3989	5,1640	4,9580	4,7760	4,6142	4,4695	3,9298	3,5821	3,3423	14
. . .	. . . .	5,2083	4,9817	4,7830	4,6074	4,4513	4,3118	3,7911	3,4557	3,2244	15
. . .	. . . .	. . . .	4,8077	4,6159	4,4465	4,2958	4,1611	3,6587	3,3350	3,1117	16
. . .	. . . .	. . . .	. . . .	4,4563	4,2928	4,1473	4,0173	3,5322	3,2197	3,0042	17
. . .	. . . .	. . . .	. . . .	. . . .	4,1459	4,0055	3,8799	3,4114	3,1096	2,9014	18
. . .	. . . .	. . . .	. . . .	. . . .	. . . .	3,8700	3,7486	3,2959	3,0044	2,8032	19
. . .	. . . .	. . . .	. . . .	. . . .	. . . .	. . . .	3,6232	3,1857	2,9039	2,7095	20
. . .	. . . .	. . . .	. . . .	. . . .	. . . .	. . . .	. . . .	2,7027	2,4636	2,2987	25
. . .	. . . .	. . . .	. . . .	. . . .	. . . .	. . . .	. . . .	. . . .	2,1097	1,9685	30
. . .	. . . .	. . . .	. . . .	. . . .	. . . .	. . . .	. . . .	. . . .	. . . .	1,7007	35

g·

zum andern beläuft sich auf:

mmung der jährlichen Rente:

Jahr.	110 Jahr.	120 Jahr.	130 Jahr.	140 Jahr.	150 Jahr.	160 Jahr.	170 Jahr.	180 Jahr.	190 Jahr.	200 Jahr.	Das Gebäude kann von jetzt ab bis zum nächsten Neubau noch stehen. Jahr.
3356	4,2859	4,2466	4,2149	4,1890	4,1675	4,1495	4,1343	4,1213	4,1101	4,1004	0
1688	4,1210	4,0832	4,0528	4,0279	4,0072	3,9899	3,9753	3,9628	3,9520	3,9427	1
0085	3,9625	3,9262	3,8969	3,8729	3,8531	3,8365	3,8224	3,8104	3,8000	3,7911	2
8545	3,8103	3,7754	3,7472	3,7242	3,7051	3,6891	3,6736	3,6640	3,6541	3,6455	3
5654	3,5246	3,4922	3,4662	3,4449	3,4272	3,4124	3,3999	3,3892	3,3800	3,3720	5
9454	2,9116	2,8849	2,8634	2,8458	2,8312	2,8190	2,8086	2,7998	2,7922	2,7856	10
4522	2,4241	2,4019	2,3840	2,3693	2,3572	2,3470	2,3384	2,3311	2,3247	2,3192	15
0606	2,0370	2,0183	2,0033	1,9910	1,9808	1,9722	1,9650	1,9588	1,9535	1,9489	20
7482	1,7282	1,7123	1,6995	1,6891	1,6804	1,6732	1,6671	1,6618	1,6573	1,6534	25
4971	1,4799	1,4664	1,4554	1,4465	1,4391	1,4328	1,4276	1,4231	1,4192	1,4159	30
2934	1,2786	1,2669	1,2574	1,2497	1,2433	1,2279	1,2334	1,2295	1,2262	1,2233	35
1267	1,1138	1,1036	1,0953	1,0886	1,0830	1,0784	1,0744	1,0710	1,0681	1,0656	40
9890	0,9776	0,9686	0,9614	0,9555	0,9506	0,9465	0,9430	0,9401	0,9375	0,9353	45
8741	0,8641	0,8562	0,8498	0,8446	0,8402	0,8366	0,8335	0,8309	0,8287	0,8267	50
7775	0,7686	0,7616	0,7559	0,7513	0,7474	0,7442	0,7414	0,7391	0,7371	0,7354	55
6957	0,6877	0,6814	0,6763	0,6722	0,6687	0,6658	0,6634	0,6613	0,6595	0,6580	60
6258	0,6186	0,6130	0,6084	0,6046	0,6015	0,5990	0,5968	0,5949	0,5933	0,5919	65
5657	0,5592	0,5541	0,5500	0,5466	0,5438	0,5414	0,5394	0,5377	0,5363	0,5350	70
5137	0,5078	0,5031	0,4994	0,4963	0,4938	0,4917	0,4900	0,4883	0,4870	0,4858	75
4684	0,4630	0,4588	0,4554	0,4526	0,4503	0,4483	0,4467	0,4453	0,4440	0,4430	80
4288	0,4238	0,4200	0,4168	0,4143	0,4121	0,4104	0,4089	0,4076	0,4065	0,4055	85
3939	0,3893	0,3858	0,3829	0,3805	0,3786	0,3770	0,3756	0,3744	0,3734	0,3725	90
3630	0,3588	0,3555	0,3529	0,3507	0,3489	0,3474	0,3461	0,3451	0,3441	0,3433	95
3356	0,3317	0,3287	0,3262	0,3242	0,3226	0,3212	0,3200	0,3190	0,3181	0,3174	100
. .	0,2859	0,2833	0,2811	0,2794	0,2780	0,2768	0,2758	0,2749	0,2742	0,2735	110
. .	. . . .	0,2466	0,2447	0,2432	0,2420	0,2409	0,2400	0,2393	0,2386	0,2381	120
. .	. . . .	. . . .	0,2149	0,2135	0,2125	0,2153	0,2108	0,2101	0,2095	0,2090	130
. .	. . . .	. . . .	. . . .	0,1890	0,1880	0,1872	0,1865	0,1859	0,1854	0,1850	140
. .	. . . .	. . . .	. . . .	. . . .	0,1675	0,1668	0,1662	0,1656	0,1652	0,1648	150
. .	. . . .	. . . .	. . . .	. . . .	. . . .	0,1495	0,1490	0,1485	0,1481	0,1478	160
. .	. . . .	. . . .	. . . .	. . . .	. . . .	. . . .	0,1343	0,1339	0,1335	0,1332	170
. .	. . . .	. . . .	. . . .	. . . .	. . . .	. . . .	. . . .	0,1213	0,1210	0,1207	180
. .	. . . .	. . . .	. . . .	. . . .	. . . .	. . . .	. . . .	. . . .	0,1101	0,1098	190
. .	. . . .	. . . .	. . . .	. . . .	. . . .	. . . .	. . . .	. . . .	. . . .	0,1004	200

VIII.	1. Hof- und Gartenmauern . . .	150	Jahre.
	2. Hof- und Gartenzäune . . .	15	„
IX.	Brücken, Schleusen und Bollwerke von Holz	25—30	„
X.	Brunnenröhren, Brunnenbeläge und Röhrleitungen	10	„

Das Holz, was zu diesen Gebäuden vorausgesetzt wird, ist Kiefern oder Fichten, da die Dauer der Gebäude von Eichenholz um ein halbes Mal höher angenommen werden kann.

Die hierneben befindliche Anlage enthält die Procent-Tabelle zur Berechnung der jährlich zu zahlenden Rente für eine in gewissen Zeiträumen wiederkehrende Bauausgabe nach dem Zinsfuße von 4 Procent, mit zugehörender Erläuterung, welche nach der Verfügung des Finanzministerii vom 4. Mai 1834 in Preußen in Anwendung kömmt. Es wird dazu bemerkt, daß für massive Wohngebäude, Scheunen und Wagenremisen durchschnittlich die Reparaturkosten zu $\frac{1}{2}$ Procent und für Fachwerksgebäude dieser Art zu 1 Procent angenommen werden.

Erläuterung. Wenn ein Gebäude seiner jetzigen Beschaffenheit nach sogleich oder nach einer gewissen Anzahl Jahre neu gebaut werden muß, und demnächst seiner Bauart und den örtlichen und sonstigen Verhältnissen nach in gewissen gleich großen Zeiträumen immer wieder, also bis in ewige Zeiten neu gebaut werden soll, so gehört dazu eine jährliche Rente, welche mit den einfachen Zinsen davon angesammelt, seiner Zeit, nicht nur dem Aufwande des ersten, sondern auch dem Aufwande aller folgenden Neubaue gleichkommt.

Bezeichnet man ganz allgemein die jährliche Rente mit R; die Anzahl der Jahre, nach deren Verlauf von jetzt ab der erste Neubau unternommen werden muß, mit n; die Anzahl der Jahre von einem Neubau zum andern mit m; den jedesmaligen Bau-Aufwand oder das Bau-Kapital mit

K; und den Zinsfuß mit z, so ist nach algebraischer Herleitung:

$$R = \frac{z\left[1 + \frac{mz}{100}\left(1 + \frac{z(m-1)}{200}\right)\right]K}{100\left[1 + \frac{nz}{100}\left(1 + \frac{z(n-1)}{200}\right)\right]\left[\frac{mz}{100}\left(1 + \frac{z(m-1)}{200}\right)\right]}$$

Hiernach kann man für jeden einzelnen Fall, wenn die Werthe von n, m, K und z bekannt sind, die jährliche Rente R finden; da aber, ungeachtet es mehrere Hülfsmittel zur Abkürzung jener Formel giebt, die Rechnung danach dennoch immer weitläuftig und zeitraubend bleibt, so sind unter Zugrundelegung der Formel in der umstehenden Tabelle für die im gewöhnlichen Laufe der Dinge für n und m vorkommenden Werthe von 1 bis 200 Jahren die Renten allgemein nach Procenten des Bau-Kapitals und zwar mit Rücksicht auf einen Zinsfuß von z = 4 Procent berechnet, so daß man in einem gegebenen Falle nur:

a. die Zeit, welche ein Gebäude von jetzt ab bis zum nächsten Neubau noch stehen kann, und

b. die Dauer des Gebäudes von einem Neubau zum andern

nach technischem Ermessen zu bestimmen nöthig hat, um danach gleich aus der Tabelle den dazu gehörigen Procentsatz zur Bestimmung der jährlichen Rente zu ersehen. Weiß man demnächst auf den Grund einer Veranschlagung

c. wie viel das in Frage stehende Gebäude zu bauen kostet, oder wenn es blos auf den Holzwerth ankommt, auf wie hoch sich dieser beläuft,

so ist es leicht, die diesem Werthe entsprechende Rente durch Proportion zu ermitteln, indem man schließt: 100 geben so und so viel Rente, wie viel giebt die veranschlagte Summe?

Um den Nutzen und die Anwendung dieses abgekürzten Verfahrens näher zu zeigen, mag folgendes Beispiel dienen. Es habe nämlich ein Waldbesitzer die Verpflichtung, das erforderliche Bauholz zu allen von Zeit zu Zeit vorkommenden

Neubauen eines Stallgebäudes unentgeltlich herzugeben, der Eigenthümer des Stalles aber wolle gegen eine ihm vom Waldbesitzer zu gewährende angemessene jährliche Rente in baarem Gelde = x auf diese Holzgerechtsame für immer verzichten, und es stehe ferner nach technischen Ermittelungen fest, daß das Gebäude nach seiner gegenwärtigen Beschaffenheit von jetzt ab nur noch 10 Jahre mit einem gleichen Aufwande wiederholt werden müsse, so suche man nur den für jene resp. 10 und 80 Jahre in der Tabelle aufgeführten Procentsatz auf, welcher 3,0465 beträgt, und man erhält dann für 750 Thlr. die jährliche Rente x durch die Proportion:

$$100 : 3{,}0465 = 750 : x, \text{ oder}$$

$$x = \frac{3{,}0465 \times 750}{100} = \frac{2284{,}875}{100}, \text{ oder}$$

$$x = 22 \text{ Thlr. } 25 \text{ Sgr. } 5\tfrac{11}{20} \text{ Pf.}$$

Sollte die nach dem Zinsfuße von 4 Procent ermittelte jährliche Rente in ein gleich, ein für alle Mal zu zahlendes Ablösungs-Kapital verwandelt werden, so darf man die in der oben dargelegten Weise ermittelte Rente nur mit 25 multipliciren. In dem vorstehenden Beispiele würde daher der jährlichen Rente von 22 Thlr. 25 Sgr. $5\frac{11}{20}$ Pf. ein sofort zu zahlendes Kapital von 571 Thlr. 6 Sgr. $6\frac{3}{4}$ Pf. gleich kommen.

Anmerkung. Wenn die Holzberechtigten bei einer solchen Ablösung auch für den möglichen Fall eines Brandunglücks entschädigt werden müssen, so geschieht die desfallsige Ermittelung in der Art, daß für eine gewisse Versicherungs-Summe aus den davon gezahlten Societäts-Beiträgen nach einer mehrjährigen Fraction die Procentsätze bestimmt, und dieselben Procentsätze auch von dem Werthe des zum Neubau erforderlichen Holzes berechnet und der Ablösungsrente zugesetzt werden.

Erstreckt sich endlich die Holzberechtigung nicht blos auf die von Zeit zu Zeit vorkommenden Neubaue eines Gebäudes, sondern auch auf alle inzwischen daran nöthig werdende Reparaturen, so muß die Ablösung der Berechtigung gleichzeitig auch hierauf gerichtet, und der für die Neubaue und Brandschäden ermittelten Rente, mit Rücksicht auf den Zweck der Gebäude und nach den sonstigen Umständen, noch ein angemessener Procentsatz des Neubauholzwerths für die Reparaturen zugesetzt werden. Für gewöhnliche Fälle dürfte der durch die Erfahrung bewährte Mittelsatz von ½ bis 1 Procent genügen.

Uebrigens versteht es sich von selbst, daß, wenn der Holzberechtigte nach seinem Kauf- oder Erbpachts-Kontrakte, nach seinem Recesse oder observanzmäßig verpflichtet ist, von dem taxmäßigen Werthe des ihm zustehenden Holzes einen gewissen Theil zu bezahlen oder Stamm- und Pflanzgeld davon zu entrichten, alsdann von dem zum Neubau ermittelten gesammten Holzwerthe jene den Holzberechtigten treffende Leistungen stets zurückgerechnet werden müssen und nur der verbleibende Rest erst als dasjenige Baukapital zu betrachten ist, wovon die Rente für die wiederkehrenden Neubaue, Reparaturen und Brandentschädigungen berechnet wird.

Der Werth einer Berechtigung auf Geschirrholz wird in der Art am besten berechnet, daß mau die bisherige jährliche Durchschnittsabgabe von einer Reihe, z. B. 10 Jahren ermittelt und diese als jährliche Rente betrachtet, indem man dies Holz nach dem Marktpreise in Geld verwandelt.

Aber auch hierbei ist darauf zu achten, wenn der Antrag von dem Berechtigten ausgeht, zum Preise des Nutzholzes, wozu man sie diesem abkaufen muß, mit Sicherheit zu verwerthen sind. Es müssen zuweilen kleine Nutzhölzer, wie Leiterbäume, Baumpfähle, Hopfenstangen, Hordenstöcke, Zaunhölzer u. s. w. abgegeben werden, die in einer weit größern Menge im Walde vorhanden sind, wie sie möglicherweise überhaupt oder als Nutzholz zu verwerthen sind. In diesem Falle kann dem Belasteten dies Holz nur zu dem Ertrage als Vortheil angerechnet werden, der mit Sicherheit davon bezogen werden kann.

Manche Hölzer, welche von besonderer Beschaffenheit sein müssen, wie Mühlarme, Mühlwellen, Holz zur Erbauung von Fährprämen, außergewöhnlich starke Brückenhölzer, können dem Sinne des Gesetzes nach nur abgelöset werden, wenn die Entschädigung von der Art oder Größe ist, daß der Berechtigte sich dieselben oder deren Ersatzmittel mit Sicherheit in der Zukunft dafür beschaffen kann. Dies ist bei solchen Hölzern, die immer seltener werden und zuletzt selbst in den größern Wäldern verschwinden, nicht immer der Fall, wenn die Entschädigung blos nach dem gegenwärtigen Preise derselben berechnet wird. Theils werden sie immer kostbarer, theils müssen sie aus größerer Ferne bei einem sehr kostbaren Transporte herangeschafft werden, oder ihr Ersatz kann auch nur durch einen größern Kostenaufwand bewirkt werden. Allerdings kann man zuletzt auch Mühlwellen und Mühlarme zusammensetzen, oder auch wohl eiserne Wellen und Fahrpräme statt der hölzernen anwenden, die Brücken massiv statt von Holz bauen, aber das wird für den Berechtigten alles weit kostbarer als wenn er das Holz zu diesen Gegenständen zu dem gegenwärtigen Preise rechnet, für den er sein Recht darauf aufgeben muß. Trägt er selbst auf die Ablösung desselben an, so kann er dem Waldbesitzer weiter keinen Vortheil anrechnen als den, welchen dieser durch den Verkauf des Holzes künftig erwarten kann, bei dem nur die gegenwärtigen Preise angenommen werden können, da niemand sagen kann, wie die künftigen sein werden. Verlangt aber der Waldbesitzer die Ablösung wider den Willen des Berechtigten und findet keine freiwillige Einigung statt, so fordert die Gerechtigkeit, daß der letztere für alle Verluste, welche er dadurch erleiden kann, durch die Höhe der Entschädigung sicher gestellt wird.

In Gegenden, wo das Bauholz der Wahrscheinlichkeit nach immer für Geld zu haben sein wird, muß der Berechtigte auf Grund des §. 77 b. der Gemeinheitstheilungs-Ordnung vom 7. Juni 1821 eine Entschädigung in Renten annehmen und kann den Waldeigenthümer nicht zwingen, ihm wider seinen Willen Land abzutreten.

§. 33.
Ablösung des Pflanzrechts ohne Hegung.

Bei dieser Ablösung kommt es zuerst auf die Bestimmung an, wie schon am Schlusse des §. 9. bemerkt wurde, wer als Eigenthümer des Grundes anzusehen ist und wer als Berechtigter. Ist derjenige, dem die Bäume gehören, wie dies gewöhnlich präsumirt wird, zugleich Eigenthümer des Grundes, so hat der Weideberechtigte, auch wenn der Antrag von jenem ausgeht, nichts weiter zu fordern als den Werth der Waldweide, der bei hochstämmiger räumlicher Pflanzung zwar viel bedeutender sein wird als in einem mit geschlossenem Holzbestande besteckten Walde, weil dann auch keine Schonungsfläche in Abzug gebracht werden kann, aber immer wird deren Ertrag viel kleiner sein als der Werth des dem Eigenthümer nach der Ablösung verbleibenden Grundes. Sehr oft kommt es aber auch vor wo eine den Gemeinden gehörende Angerweide ist, welche nach den früheren Gesetzen der Fiskus oder das Dominium mit hochstämmigem Holze bepflanzen konnte, wenn der Weidebedarf der Gemeinde dies gestattete. Ist daher diese als wirklicher Eigenthümer des Bodens zu betrachten, so kommt ihr der Gewinn zu, der durch eine vortheilhaftere Benutzung des Bodens in Folge der Ablösung zu erlangen ist. Es muß diese daher nach dieser Verschiedenheit des Besitzes des Grundes erörtert werden.

Wenn derjenige, welchem der Grund gehört, den er nur mit hochstämmigen Pflanzen, gewöhnlich Pflanzheister genannt, besetzen darf, ohne zugleich das Schonungsrecht zu haben, auf

Ablösung der Weidegerechtigkeit anträgt, so ist er verpflichtet, die volle Weidenutzung zu ersetzen. Um den Werth derselben wird zuerst die Ernährungsfähigkeit des Bodens für diejenige Viehgattung bestimmt, welche ihn vorzugsweise benutzt, um die Fläche zu ermitteln, welche erforderlich ist, eine Kuh oder eine bestimmte Zahl von Schafen zu ernähren, wenn er ganz unbeschattet, als holzreine Angerweide benutzt wird. Sodann muß die Wirkung der Beschattung festgestellt werden, welche in Bezug auf Verminderung des Graswuchses und der Nahrhaftigkeit des Futters durch den gegenwärtigen Holzbestand stattfindet. Dazu werden die vorhandenen Bäume in Größenklassen getheilt und die Schirmfläche eines Baumes von jeder Größenklasse, wie sie sich durchschnittlich zeigt, im Verhältniß zum Stammdurchmesser ermittelt. Kennt man diese, so ist durch Auszählung der Bäume nach Größenklassen, oder indem man sich dabei auf passende Probeflächen beschränkt, leicht zu ermitteln wie groß die Schirmfläche aller Bäume ist, oder wie viel durchschnittlich auf einen Morgen als unter derselben liegend angenommen werden kann.

Ein Beispiel wird dies leicht deutlich machen.

Gesetzt man habe 4 Größenklassen vorgefunden und zwar:

	Stammdurchmesser.	Kronendurchmesser.	Schirmfläche.
1)	von 10 Zoll . .	17,9 Fuß . .	251 □Fuß
2)	„ 14 „ . .	24,7 „ . .	480 „
3)	„ 18 „ . .	31,8 „ . .	796 „
4)	„ 22 „ . .	37, „ . .	1077 „

und man fände durchschnittlich auf dem Morgen von

6 Stämmen der	1. Klasse	= 1506 □Fuß	Schirmfläche,
10 „ „	2. „	= 4800 „	„
8 „ „	3. „	= 6368 „	„
6 „ „	4. „	= 6462 „	„
Zusammen . .		19136 □Fuß,	

so würden, da der Morgen 25920 □Fuß enthält, etwa drei Viertheile oder 0,75 der Fläche unter dem Schirm der Bäume liegen.

Die Wirkung einer solchen Beschattung auf den Graswuchs muß dann an Ort und Stelle von Sachverständigen geprüft werden, es wird davon aber auch weiter unten, wo von der Bonitirung der Waldweide überhaupt die Rede sein wird, näher gehandelt werden. Das Verfahren zur Feststellung des Verhältnisses des Stammdurchmessers zum Kronendurchmesser und der danach zu bestimmenden Schirmfläche der Bäume von verschiedenem Alter, muß als jedem gebildeten Forstmann bekannt vorausgesetzt werden, und wird deshalb auch nicht weiter gelehrt.

Sollten sich Blösen in dem Pflanzwalde vorfinden, so würden diese nach Vorschrift der G.-T.-O. von 1821, §. 132. als mittelmäßig bestanden angenommen werden müssen.

Würde der Antrag auf Ablösung in diesem Falle von dem Berechtigten ausgegangen sein, so kann dem Belasteten als Vortheil nur der Ertrag angerechnet werden, den dieser geben wird, wenn der gegenwärtige Zustand des Waldes unverändert bleibt. Für eine Schonungsfläche behufs der Weidenkultur kann zwar nichts in Abzug gebracht werden, da eine Einschonung nicht stattfindet, wohl aber für die Mastschonung, wo die Mast dem Eigenthümer des Pflanzwaldes gehört, und er das Recht eine solche einzulegen besitzt. Von der Verminderung des Weidenertrages, welche durch diese bewirkt wird, ist weiter unten die Rede.

Gehört der Grund und Boden dem Weideberechtigten, so daß das Pflanzrecht nur als Servitut angesehen werden kann, so hat der Berechtigte, wenn der Antrag vom Grundeigenthümer ausgeht, nichts zu fordern, als den Ertrag, den ihm sein Nutzungsrecht gewährt. Dieser besteht in dem durchschnittlichen nachhaltigen Ertrage des schon vorhandenen Holzes, weniger der Pflanzkosten, die zur Erhaltung und nachhaltigen Benutzung desselben erforderlich sind.

Um diesen zu ermitteln, schätzt man die vorhandene Holzmasse ab, —

bestimmt das Umtriebsalter oder die Zeit, in welcher alle Bäume zur Benutzung kommen sollen, —

theilt die ermittelte Holzmasse durch die Jahre, für welche sie zu vertheilen ist, —

wodurch man den Durchschnittszuwachs, oder, was hier gleich ist, den jährlich nachhaltig zu bezeichnenden Holzertrag, das Holz in Geld verwandelt, den jährlichen Geldertrag erhält. Dieser vermindert sich durch die Kosten des jährlich nachzupflanzenden Holzes. Die Zahl der jedes Jahr durchschnittlich nachzupflanzenden Bäume muß ermittelt werden, wobei zugleich auf die selten zu vermeidenden Nachbesserungskosten Rücksicht genommen werden muß. Ebenso sind es auch nicht die Pflanzkosten allein, welche zur Berechnung kommen, sondern auch die Erziehungskosten der Pflanzstämme, da diese in der Regel in besonderen Pflanzkämpen erzogen werden müssen. Da die Pflanzstämme da, wo keine Einschonung gegen das Wildvieh stattfindet, mit Pfählen versehen, auch oft mit Dornen umwunden werden müssen, um sie gegen Beschädigungen zu sichern, so sind die Kosten solcher Pflanzungen gewöhnlich höher, als die der Ginsterpflanzungen in den Schonungen. Bestimmte Sätze lassen sich darüber nicht geben, da diese nach der Höhe des Tagelohns in der Gegend, der Tiefe und Weite der Pflanzlöcher, der Größe der Pflanzstämme sehr verschieden sein können. Sie müssen daher jedesmal durch Sachverständige nach den darüber gemachten Erfahrungen bestimmt werden.

War gar kein Holz vorhanden, von dem man schon jetzt einen durchschnittlichen Ertrag erheben könnte, so daß das Pflanzrecht von einer Blöse, oder auch von einer nur mit sehr wenigen alten Bäumen bestandenen Fläche abgelöst werden sollte, so hat es für den Besitzer natürlich einen geringen Werth, denn er kann dann nicht den Ertrag der jährlich nöthig werdenden Pflanzkosten von dem ebenfalls jährlich von dem Pflanzwalde zu erhebenden Ertrage des Pflanzwaldes nehmen, wie das in dem, was eben darüber gesagt wurde, vorausgesetzt worden ist, sondern er muß die gesammten Pflanzkosten vorschießen, und es ist der Betrag derselben als ein Kapital zu betrachten, um es für die Zukunft zu belegen und die aufgesammelten Zinsen später durch den Ertrag, den die angepflanzten Bäume erwarten lassen, wieder zu erhalten. Es muß dann zuerst die Zahl der Pflanzstämme nach der bestehenden oder anzunehmenden Pflanzweite, die auf Angerweiden gewöhnlich nicht unter 16 bis 20 Fuß Entfernung sein darf, berechnet werden. Dann ist das Alter zu bestimmen, in welchem diese zur Benutzung kommen, der Ertrag, den sie dann geben werden, um die zu dieser Zeit zu erwartende Einnahme mit dem Kapital vergleichen zu können, welches die Pflanzkosten, die jetzt ausgegeben werden müssen, mit zugeschlagenen Zinsen bis dahin bilden werden. In der Regel wird allerdings, wenn der Ertrag erst in später Zeit eingeht, dies Kapital oft eben so groß oder gar größer sein, als der Ertrag des Holzes bei den gegenwärtigen Preisen, die man annehmen muß, da man die künftigen nicht kennt, aber auf eine Blöse hat auch das Pflanzrecht unter solchen Verhältnissen keinen großen Werth, da der Besitzer desselben das für die Pflanzung verwandte Geld beinahe immer vortheilhafter anlegen kann, als bei einer solchen Pflanzung. Gewährt es gar keinen Vortheil, wird auch keiner verlangt werden können.

Bei der Anpflanzung von Kopfholz, besonders von Weiden, Pappeln und schnell wachsenden Hölzern, gestaltet sich dies jedoch etwas anders, denn hier treten die Nutzungen, welche durch den Abhieb der Ausschläge desselben bezogen werden, weit früher, wenn auch nur nach und nach zunehmend ein.

Zur Berechnung der Größe derselben, die sie in dem verschiedenen Alter des Kopfholzes liefern werden, müssen Altersklassen gebildet werden, um von jeder derselben den durchschnittlichen Ertrag derselben, sowie die Zeit, wo er eingehen wird, zu bestimmen, und diesen auf den gegenwärtigen Werth zu reduciren.

Es dürfen z. B. 40 Morgen Angerweide mit Weiden-Kopfholz in 16füßiger Entfernung bepflanzt werden, so können darauf, für den Morgen 101 Stamm gerechnet, 1640 Stämme stehen. Der Stamm nach 10 Jahren zu ½ Kubikfuß, nach 16 Jahren zu 1 Kubikfuß, und dann alle 6 Jahre zu 1½ Kubikfuß Abtriebsertrag gerechnet, und den Kubikfuß im Werthe zu 1 Silbergroschen angenommen, giebt dies einen Ertrag von

27	Thlrn.	10	Sgr.,	in 10	Jahren eingehend,
54	=	20	=	= 16	= =
82	=	—	=	= 22	= =

sowie von da ab eine constante Rente von dieser Größe, alle 6 Jahre eingehend, deren gegenwärtiger Werth nach der Cottaschen Waldwerthberechnung, dritte Zinstafel, leicht zu ermitteln ist.

Daß diese Zahlen ganz willkürlich angenommen sind und die richtigen jedesmal durch Sachverständige ermittelt werden müssen, braucht wohl kaum bemerkt zu werden. Dies muß auch hinsichts der Holzmasse geschehen, welche die Pflanzstämme als Baumholz erwarten lassen, doch wird noch als ohngefährer Anhalt zu der Berechnung bemerkt, daß Hartig für Eichen und Buchen diese für

		guten Boden	mittelartigen Boden
bei	60 Jahren zu	9 Kubikf.	5 Kubikf.
=	90 = =	24 =	12 =
=	120 = =	44 =	22 =

annimmt.

Die Ablösung des Rechtes, das auf fremden Aeckern, Wiesen und Angerweiden aufwachsende Holz benutzen, ohne dabei aber es anbauen zu dürfen, wird in den §§. 128. und 129. der G.-T.-O. von 1821 so bestimmt, daß der Berechtigte außer dem vorhandenen Holze noch Ein Procent des Werthes desselben erhält, und ist nichts weiter darüber zu bemerken, da die Vorschrift so einfach und bestimmt ist, daß die Ausführung derselben weiter keiner Erläuterung bedarf.

§. 34.

Von Ablösung der Berechtigung zum Eintreiben von Mastschweinen, Benutzung der Eicheln, Bucheln, des wilden Obstes und der Haselnüsse.

Die Gemeinheits-Theilungs-Ordnung von 1821 hat nur die Ablösung der Mastgerechtigkeit, soweit sie sich auf den Eintrieb von Mastschweinen bezieht, ausdrücklich erwähnt, sowie auch das Gesetz vom 2. März 1850 kein anderes Nutzungsrecht auf die Frucht der Waldbäume erwähnt. Es ist dies offenbar ein Mangel, denn es kommt auch vielfach das Recht an die Bucheln zur Bereitung von Speiseöl, an die Haselnüsse zum Verkauf, das wilde Obst zum Brechen oder zur Bereitung von Fruchtessig sammeln zu dürfen. Diese Rechte können für den Wald noch nachtheiliger sein, als das Recht zum Eintrieb in den Wald, um sie fett zu machen, denn sie hindern nicht blos eine Aenderung der Benutzungsart des Bodens, beschränken das freie Dispositionsrecht, sondern sie nöthigen auch vielfach, eine ganz unvortheilhafte Holzart beizubehalten, die dem Berechtigten sehr wenig einträgt, während der Belastete dadurch verhindert wird, eine zweckmäßige Bewirthschaftung des Waldes einzuführen. Dabei ist auch die Gewinnung der Bucheln und Haselnüsse oft mit Beschädigung des Holzes verbunden, indem bei dem Buchschlagen und Schütteln die Rinde der Aeste zerquetscht wird, oder mit dem Haken eingerissen, die Haseln niedergebogen und abgebrochen werden. Es ist auch gar kein Grund vorhanden, warum diese Nutzungsrechte nicht ebenso gut ablösbar sein sollen, als andere, für welche oft weit weniger eine passende und in allen Fällen genügende Entschädigung gegeben werden, oder für diese, da eine solche in einer Geldrente für sie ebenso gut als genügend angesehen werden kann, als für die Aufgabe der Rechte zum Schweineeintrieb. Dem ohnerachtet scheint es aber zweifelhaft, ob nach dem Wortlaute der Gesetze die Ablösung derselben durch die Ablösungsbehörden, auch gegen den Widerspruch der einen Partei, erzwungen werden kann. Doch soll wenigstens hier das Verfahren zur Bestimmung des Ertrages dieser Rechte ebenfalls durchgenommen werden.

Dasjenige bei Ablösung der Mastungsgerechtigkeit, wie sie die G.=T.=O. von 1821 im Auge hat, ist §. 116. und §. 117. derselben ganz bestimmt vorgeschrieben. Es heißt darin:

§. 116. „Bei der Abschätzungsgerechtigkeit ist die Frage: wie oft volle oder Sprengmast eintrete, nach dem in den letzten dreißig Jahren stattgefundenen Durchschnitts=Verhältnisse, und die Frage, wieviel Vieh bei voller und Sprengmast gefeistet werden könne? — nach der Durchschnittszahl des in den letzten drei Fällen, beziehungsweise der vollen und Sprengmast wirklich eingetriebenen Viehes zu bestimmen."

§. 117. „Der Mastungsberechtigte kann nur eine Entschädigung in Rente (§. 77.) verlangen."

Wo diese Vorschrift anwendbar ist, muß es natürlich sein Bewenden dabei haben. Es wird aber weit öfter der Fall eintreten, daß sie es nicht ist, als daß nach ihr die Ermittelung des Ertrages der Mastberechtigung erfolgen könnte. Dies schon ganz einfach aus dem Grunde, weil oft schon seit längerer Zeit, als 30 Jahren, auf Revieren, auf denen die Mastgerechtigkeit noch ruht, gar keine Schweine zur Fristung mehr eingenommen worden sind.

Die Mastberechtigung kommt in verschiedener Art vor, entweder daß der Berechtigte das Recht hat, sie allein zu benutzen, oder daß er nur neben dem Eigenthume, ebenfalls mit einer bestimmten Zahl Schweine, unentgeldlich eintreiben darf. Zu letzteren waren in der Regel die Prediger, Schullehrer, Lehnschulzen, die Besitzer von verkauften Domänengrundstücken, wie Vorwerken, Mühlen u. s. w., berechtigt, doch kommt es auch bei ganzen Gemeinden und milden Stiftungen vor. Das

Recht zum Eintreiben dieser sogenannten Freischweine wurde aber vielfach beschränkt und konnte später nur bei voller Mast ausgeübt werden, so daß also hierauf schon die Vorschrift des §. 116. der G.-T.-O. nicht paßt, obwohl es eine vollständige Mastungsgerechtigkeit ist. Die Ausübung des Rechtes zum Eintreiben der Freischweine konnte aber jedenfalls nur dann erfolgen, wenn überhaupt eine Fehme stattfand, d. h. Mastschweine zur Feistung eingenommen wurden.*) Dies unterblieb aber in der neueren Zeit immer mehr, weil man die Stallmast der unsicheren und selten gerathenden Waldmast immer mehr vorzog. Einmal haben sich die masttragenden Bäume, Buchen und Eichen, die sonst sorgfältig geschont wurden und im ganzen Walde umherstanden, so sehr vermindert, daß wenigstens in den östlichen Provinzen Preußens sicher nicht mehr der zehnte Theil von dem noch vor 100 Jahren vorhandenen in den Staatsforsten gefunden werden, von den Privatforsten gar nicht einmal zu reden. Dann hat sich aber mit der Erschöpfung des Bodens auch die Fruchtbarkeit der noch etwa vorhandenen Mastfrüchte tragenden Bäume so sehr vermindert, daß man jetzt vielleicht kaum alle 15 oder 20 Jahre auf ein volles Mastjahr in manchen Forsten an schlechtem Boden rechnen kann, wo sonst ein solcher wenigstens alle 4 oder 5 Jahre eintrat. Dazu kommt, daß der Kartoffelbau, wenn diese Frucht nicht mißräth, selbst den ärmeren kleinen Grundbesitzern die Mittel zur Stallmast gewährt, daß diese letztere weit sicherer ist, als die Waldmast, in der viele Schweine nicht gedeihen. Dies machte, daß auch das Fehmgeld geringer angesetzt werden mußte, und demnach nicht einmal die volle Zahl der Schweine, welche hätten gefeistet wer-

*) Ueber die in den Staatsforsten bei stattfindender Fehme einzutreibenden Freischweine ist nachzusehen die Forstordnung für die Mark Brandenburg von 1720, die Pommersche Forstordnung von 1777 u. s. w., sowie das Rescript vom 15. November 1753, 23. September 1756 und 7. Juli 1795.

den können, zu erhalten war. Man zog es daher auch überall vor, die Mastnutzung, als ungenügend zur Feistung der eigentlichen Mastschweine, zu verpachten, damit sie der Pächter in beliebiger Art, durch Eintrieb von Zucht- und Faselschweinen oder Schafen, auch wohl durch Einsammeln und Verkauf der Früchte benutzen konnte.

Dadurch wurde nun aber derjenige, welcher nur in dem Falle, wo wirklich gefehmt wurde, berechtigt war, die Mast ebenfalls durch den unentgeldlichen Eintrieb von Schweinen mitzubenutzen, ganz von der Mitbenutzung derselben ausgeschlossen. Er kann aber wenigstens verlangen, daß man die Mastfrüchte, die gerathen, daß man Schweine fehmen könnte, oder daß man es für eine volle Mast erklären kann, ihm sein Antheil davon gewährt wird, oder daß man ihn ablösen muß, wenn man dies nicht kann oder will.

Aber auch selbst da, wo Berechtigte die Mastnutzung allein bezogen haben, ist oft keine eigentliche Fehme gemacht worden, und kein Fehmgeld bestimmt oder eingezogen, sondern es sind alle Schweine ohne Unterschied, und oft auch noch Schafe einzutreiben, die Eicheln und Bucheln auch wohl theilweise gesammelt, um die Mast so gut zu brauchen, als es sich thun ließ. Will man aber die Mastnutzung nach der Vorschrift der G.-T.-O. zu ihrem Geldwerthe berechnen, so muß man nothwendig neben der Zahl der eingetriebenen Mastschweine auch noch die Größe der Fehmgelder kennen, oder was dafür, daß ein Schwein 9 bis 10 Wochen im Walde gemästet worden ist, gezahlt wurde.

Für alle die Fälle, wo in den letzten dreißig Jahren gar keine regelmäßige Fehme mehr stattfand, und wo also die Vorschrift der G.-T.-O. zur Berechnung des Werthes der Mastberechtigung gar nicht anwendbar ist, scheint ein anderes Verfahren, ihn zu ermitteln, eintreten zu müssen. So lange das Recht besteht, daß Jemand an der Benutzung theilnehmen kann, und so lange er sein Nutzungsrecht, nur in anderer Art oder Dauer die Fehme, ausgeübt hat, muß er auch für Aufgabe desselben entschädigt werden. Gerade das ist es, was in der Regel den Antrag auf Ablösung von Seiten der Mastberechtigten veranlaßt, daß er sieht, daß nach und nach durch die Art der Bewirthschaftung des Waldes und Benutzung der Baumfrüchte sein Nutzungsrecht für ihn sich ganz verliert, und er davon durch die Ablösung noch so viel retten will, als möglich ist.

Aber auch für den Waldbesitzer ist diese in der Regel sehr wünschenswerth, da er durch dies Recht, nach den bestehenden Gesetzen, sehr in der Benutzung der alten Eichen, Buchen und selbst wilden Obstbäume beengt wird, denn auch die wilden Aepfel und Birnen gehören zur Mast, da sich die Schweine ebenfalls von ihnen ernähren. Der Mastberechtigte kann den Eigenthümer der Bäume zwar nicht in der forstmäßigen Benutzung derselben mittelst ihres Einschlags hindern, allein es fragt sich dabei, wie hier der Ausdruck forstmäßig zu deuten ist? — Man wird dem Sinne nach nur eine nachhaltige Benutzung verstehen können. Diese bedingt aber, daß entweder das ältere eingeschlagene Holz durch das nachwachsende jüngere Holz so ersetzt wird, daß man fortwährend eine gleich große Menge von gleicher Beschaffenheit davon einschlagen kann, oder daß man die vorhandenen Vorräthe, wenn die jüngeren Altersklassen fehlen, wenigstens für eine so lange Zeit, als es irgend möglich ist, d. h. so lange sie noch leben und wachsen, oder im vorliegenden Falle Mastfrüchte bringen, zur gleichmäßigen Nutzung vertheilt. Jede unnachhaltige Benutzung gefährdet das Nutzungsrecht der Mastberechtigten, und ist deshalb gesetzlich unzulässig. Nun ist aber die unbedingt nachhaltige Benutzung der alten vorhandenen Mast tragenden Eichen und Buchen, die oft über den ganzen Wald einzeln vertheilt sind und nicht in den Schlägen stehen bleiben können, nicht mit einer geregelten Forstwirthschaft zu vereinen, da man dabei zu viel an Zuwachs verlieren würde, und man muß sich freies Dispositionsrecht über dieses Holz verschaffen, um in der Schlagführung und Benutzung desselben nicht behindert zu sein. Dies kann nur geschehen, wenn man den Mastberechtigten für seine Ansprüche entschädigt. Dies geschieht, wenn man entweder den gesammten Werth der Mast ermittelt, wenn er sie allein und ausschließlich zu benutzen das Recht hat, oder den Antheil feststellt, den er davon zu beziehen berechtigt war, wenn ihm nur ein Mitbenutzungsrecht davon zustand, indem er nur eine gewisse Zahl von Freischweinen einzutreiben befugt war. Läßt sich dies in der Art thun, wie es die G.-T.-O. vorschreibt, so hat es dabei sein Bewenden.

Ist aber die Mast in der neueren Zeit gar nicht mehr durch die Fehme oder Einnahme von Mastschweinen benutzt worden, sondern durch eine Verpachtung, durch das Lesen und den Verkauf der Mastfrüchte, das Aufhüten derselben mit anderem Vieh als Mastschweine, so gebührt dem Berechtigten von dem dadurch erlangten Ertrage derselbe Antheil, der ihm durch die Gestattung des freien Eintriebes von Mastschweinen zugesichert worden ist. Dieser wird sich ergeben, wenn man die Zahl der in der letzten Zeit der Fehme eingetriebenen Schweine, soweit es möglich ist, aus den alten Rechnungen ermittelt, ohne sich dabei gerade auf die letzten 30 Jahre zu beschränken, sie zusammenrechnet, um die jährliche durchschnittliche Zahl der eingetriebenen Schweine zu finden. Waren dabei die Freischweine besonders angegeben, so ergiebt sich schon daraus, wie groß der Antheil war, der von der ganzen Mastnutzung auf diese zu rechnen war. War dies nicht geschehen, indem nur die Schweine angegeben worden sind und für welche das Mastgeld bezahlt worden ist, so kann man die bekannte Zahl der Freischweine, deren Ablösung erfolgen soll, leicht hinzurechnen.

Die Entschädigung für Aufgabe eines Mastrechtes kann nicht nach dem früheren Ertrage desselben verlangt werden, da die Mastnutzung in der neueren Zeit, selbst bei gleicher Menge, sehr an Werth verloren hat, sondern nur nach ihrem gegenwärtigen Werthe. Behauptet der Berechtigte, daß eine

Verschlechterung derselben durch Verschuldung des Waldbesitzers erfolgt sei, und daß ihm dieser dafür Ersatz zu leisten verpflichtet sei, so ist dies eine Rechtsfrage, deren Entscheidung der Ablösung vorausgehen muß, indem dann erst festgestellt werden muß, welcher Zustand des Waldes bei Berechnung des Werthes der Mastnutzung zum Grunde gelegt werden muß. Findet eine solche Behauptung nicht statt, so kann nur der gegenwärtige Zustand des Waldes dabei angenommen werden, wie dies im Gesetze ausdrücklich vorgeschrieben ist, ebenso wie der Werth der Mastnutzung nur so zu berechnen sein wird, wie er gegenwärtig ist. Selbst wenn die Zahl der in den letzten dreißig Jahren eingetriebenen Mastschweine und das dafür gezahlte Mastgeld zu ermitteln sein sollte, kann immer nur dasjenige der letzten Mastjahre berücksichtigt werden, da das Fehmgeld sich ohnerachtet des gesunkenen Werthes des Geldes in der neueren Zeit doch fortwährend vermindert hat.

Ist die Mast im Ganzen verpachtet worden, so ergiebt sich aus dem Pachtgelde der Ertrag derselben. Sind die Mastfrüchte gelesen und verkauft worden, oder sind dazu Zettel ausgegeben, für die ein bestimmtes Zettelgeld entrichtet wurde, so wird der Betrag des dafür aufgekommenen Geldes ebenfalls aus den Rechnungen zu ersehen sein.

Es scheint nicht zweifelhaft, daß von diesem Einkommen von der Mast, wenn gar keine Schweine mehr gefehmt worden sind, die Berechtigten, denen durch Freischweine ein Mitbenutzungsrecht eingeräumt worden ist, denselben Antheil zu fordern haben, den sie früher durch diese von dem gesammten Mastertrage bezogen.

Haben diejenigen Berechtigten, welchen die ganze Mast zustand, diese auf gleiche Weise benutzt, statt, wie früher, Mastschweine einzutreiben, so können sie auch keine größere Entschädigung fordern, als den Ersatz der dadurch bezogenen durchschnittlichen jährlichen Einnahme.

Würden sich gar keine genügenden Thatsachen zur Berechnung des durchschnittlichen Mastertrages in der letzt vergangenen Zeit nur von Rechnungen entnehmen lassen, und es müßte deshalb dazu geschritten werden, die Menge der Mastfrüchte zu bestimmen, welche der Wald in seinem gegenwärtigen Zustande erzeugen kann, sowie den Werth festzusetzen, den sie für den Berechtigten haben, so tritt folgendes Verfahren ein:

Zuerst muß durch Localuntersuchungen und Zeugenvernehmungen festgestellt werden, wie oft Mastjahre, d. h. solche, in welchen Eicheln und Bucheln überhaupt in solcher Menge gerathen, daß nicht blos mehr davon vorhanden sind, als zur Wiederkultur des Waldes bedurft werden, sondern daß sie auch genügen, um zur Mastung von Vieh benutzt werden zu können, eintreten. Nur wenn die Mehrzahl der Bäume reichliche Früchte trägt, bei voller, dreiviertheil, oder wenigstens bei ausgedehnten haubaren Beständen, bei halber Mast, ist dies möglich. Die sogenannte Sprengmast, wobei nur einzelne Bäume Früchte bringen, oder diese in geringer Menge von mehreren Bäumen erzeugt wurden, ist niemals benutzbar.

Feste Sätze, wie oft die Mastjahre in Eichen- und Buchenwäldern eintreten, lassen sich gar nicht geben, denn dies ist nach der Beschaffenheit des Bodens nnd Klimas, danach ob diese Bäume einzeln oder in dichtem Schlusse zwischen Nadelholz stehen, nach ihrem Alter und ihrer Gesundheit, außerordentlich verschieden. Im fruchtbaren Boden der Flußthäler kann bei gesunden alten und räumlich stehenden Eichen alle drei oder vier Jahre ein Mastjahr eintreten, diejenigen, die auf Sandboden zwischen den Kiefern eingemischt sind, erzeugen oft kaum alle 20 Jahre einmal Früchte. Ebenso geräth die Buchmast in den Vorbergen vielleicht alle 4 bis 6 Jahre, in den höheren Gebirgslagen vielfach kaum alle zwanzig Jahre. Wo die Spätfröste häufig sind, erfrieren die Blüthen sehr oft, wo der Kahneichenwickler einheimisch ist, fehlen die Mastjahre in Eichen. Darum können nur die örtlichen Erfahrungen zur Bestimmung der Zahl der Mastjahre in einer gegebenen Zeit benutzt werden.

Was die Menge der Mastfrüchte in Beständen, die das volle Alter der Fruchtbarkeit erreicht haben, betrifft, was man bei Eichen zu 80 bis 100, bei Buchen in mildem Klima zu 70 bis 90 Jahren annehmen kann, so hat man darüber folgende Erfahrungen gesammelt:

Bei räumlich erwachsenen Eichen auf gutem Boden, wo man auf eine reichliche Fruchterzeugung rechnen kann, sind bei einem vollen Mastjahre auf 100 Klaftern Astholz bis zu 118 Scheffeln Eicheln zn rechnen.*) Bei den wenig astreichen Eichen, welche im Schlusse zwischen Buchen und Eichen auf Sandboden erwachsen sind, vermindert sich diese Menge aber bis auf 60 bis 70 Scheffel, ebenso bei den jungen Eichen. Gewöhnlich rechnet man unter günstigen Verhältnissen auf 1 Klafter Astholz 1 Scheffel und 3 Metzen Eicheln, unter weniger günstigen $\frac{3}{4}$ Scheffel, und unter ungünstigen $\frac{1}{2}$ Scheffel Eicheln bei vollen Mastjahren, die halbe Menge bei halber Mast.

Auf den Morgen Buchenhochwald von 80 bis 120 Jahren kann man bei vollem Holzbestande auf gutem Boden bei ganzer Mast 18 bis 19 Scheffel guter Bucheln rechnen, wovon aber 20 Procent als taub oder sich im Laube verlierend angenommen werden können, so daß man nur etwa 14 bis 15 Scheffel brauchbare Früchte rechnen kann. Bei räumlich stehenden Buchen sind etwa 4 Scheffel auf 1 Schock schwaches Reißholz à 30′ anzunehmen. Der durchschnittliche Ertrag einer dominirenden Buche von diesem Alter kann bei voller Mast etwa zu 3 bis $3\frac{1}{2}$ Metze angenommen werden.

Für ein Schwein werden zur Mastung täglich 2 Metzen Eicheln und Bucheln als Nahrungsbedarf gerechnet, für die volle Mastzeit 9 Scheffel.

---

*) Nach den in Hannert's Taxation mitgetheilten Erfahrungen.

Der Mastzins für ein Schwein war in der letzten Zeit höchstens 1 Thaler 10 Silbergroschen.*)

Die Bucheln werden auch häufig zur Bereitung von Speiseöl gesammelt. Der Scheffel gut gereinigte giebt dann 10 bis 12 Pfund Oel, wovon aber nur zwei Drittheile klares Speiseöl sind, und ein Drittheil trübe ist, und nur zum Brennen gebraucht werden kann. Die Oelpreise sind nach der Gegend und den gewöhnlichen Verkaufspreisen festzustellen. Davon müssen aber die Sammler- und Preßkosten in Abzug gebracht werden. Die ersteren werden nicht unter 10 Silbergroschen für den Scheffel gerechnet werden können.

Wilde Aepfel und Birnen werden wohl selten mehr zur Nahrung für die Menschen benutzt, und da sich auch diese wilden Obstbäume immer mehr verloren haben, indem man auf ihre Erhaltung wenig Werth legt, weil sie nur eine sehr geringe Holzerzeugung haben, und die Früchte wenigstens für den Verkauf unbenutzbar sind. Würde ein Recht darauf vorkommen, was abgelöst werden sollte, so dürfte der Ertrag am besten so festgestellt werden, daß man die Zahl derselben ermittelt, für die einzelnen Stämme gutachtlich und nach Erfahrungen die Menge der Früchte bestimmt, welche sie durchschnittlich bringen können, und deren Werth für den Scheffel festsetzt. Ist die Nutzung des wilden Obstes bisher verpachtet gewesen, so giebt der Pachtzins allerdings einen besseren Maaßstab zur Beurtheilung des Ertrages.

Häufiger kommt das Recht auf Haselnüsse vor. Sie werden gewöhnlich durch Verpachtung oder durch Ausgabe sogenannter Nußzettel, wofür ein bestimmtes Geld gezahlt wird, verpachtet, wo der Eigenthümer selbst die Nutzung bezieht. Der Erlös, der dadurch in den Revieren einkommt, wo sie auf diese Weise benutzt werden, wird der beste Maaßstab zur Beurtheilung des Ertrages auch anderer sein, wo sie

*) Burgsdorf's Forsthandbuch Thl. I. S. 775, auch §§. 376 bis 452, und Thl. II. §. 209.

die Berechtigten benutzen. Er ist immer sehr gering, denn einmal gerathen sie nicht alle Jahre, und dann verdient in der Regel der Sammler kaum ein mäßiges Tagelohn dabei, so daß eigentlich auf die Früchte gar kein Reinertrag gerechnet werden kann, und sie eigentlich nur eine Arbeitsrente geben.

Es muß zur Ermittelung des Ertrages festgestellt werden, wie oft eine ganze, halbe oder Viertheilernte eintritt, wie viel und zu welchem Preise Nußzettel bei jeder ausgegeben wurden, und was wohl auf einen solchen gesammelt und verkauft worden ist. Selbst wo Berechtigte diese Nutzung beziehen, sind es immer ganze Gemeinden, die schon deshalb diese Früchte nur gegen Zettel sammeln lassen, damit die Nutzung möglichst gleichmäßig unter die einzelnen Gemeindemitglieder vertheilt wird, so daß eine solche Ermittelung in der Regel möglich sein wird. War dies nicht der Fall, so wird sich doch die Zahl der Familien, welche sich überhaupt damit beschäftigen, und die der Familienglieder feststellen lassen, die das Recht ausüben, da sich wohl immer nur die ärmeren Leute, welche keinen Grundbesitz haben, als Erwerbszweig damit beschäftigen. Rechnet man die Sammelzeit zu 21 Tagen, denn länger dauert sie niemals, und durchschnittlich auf den Sammler etwa 1 Metze täglich, was gewiß das höchste ist, was man annehmen kann, so würde man wohl das Maximum erhalten, was überhaupt gewonnen werden kann.

Die Mastnutzung und mithin auch wohl das Recht auf Bucheln zum Oelschlagen, und Haselnüsse wird nach Vorschrift der G.-T.-O. durch eine Geldrente abgelöst. Geht der Antrag auf Ablösung von dem Berechtigten aus, so kann dem Waldbesitzer kein anderer Vortheil angerechnet werden, als der wahrscheinliche Erlös für die Früchte, die der Berechtigte früher für sich zu benutzen das Recht hatte.

§. 35.

Die Ablösung des Harzscharrns zur Pech- und Kiehnruß-Bereitung.

Da die Berechtigung, die Fichten auf Harzscharrn benutzen zu dürfen, so nachtheilig für den Wald ist, wie schon oben bemerkt wurde, und dem Berechtigten besonders da, wo Nutzholz abzusetzen ist, weniger einträgt, als es dem Belasteten kostet, so wird dieser sie in der Regel abzulösen suchen. Die einfachste Art, sich in den Besitz derselben zu setzen, wird immer der Ankauf der berechtigten Pechhütten sein, wenn diese zum Verkauf kommen, oder wenn eine Einigung mit dem Besitzer derselben thunlich ist.

Wenn eine Ablösung auf Antrag des Belasteten erfolgen soll, so müssen zuerst der Umfang der Berechtigung, sowie die Beschränkungen feststehen, unter denen das Harzscharrn nur ausgeübt werden darf. Diese letzteren bestehen gewöhnlich darin:

1) daß die Bäume eine gewisse Stärke oder ein bestimmtes Alter erreicht haben müssen, bevor sie verwundet oder gescharrt werden dürfen;

2) daß die Größe und Zahl der Lachten oder abgeschälten Rindenstreifen, welche der Baum nach seiner Stärke erhalten darf, bestimmt sind;

3) daß das Harzscharrn nur im Vorsommer erfolgen darf, und auf eine bestimmte Jahreszeit beschränkt ist;

4) daß ein Theil der Bäume in einem Bestande, der sich zu Nutzholz eignet, oder auch ein Theil der Bestände, ganz mit dem Harzscharrn verschont werden muß;

5) daß das Harzscharrn nicht jedes Jahr in einem und demselben Bestande erfolgen, sondern nur in einer bestimmten Zeit wiederholt werden darf, um die Wunden, welche durch dasselbe verursacht werden, wieder vernarben zu lassen;

6) daß diese nicht durch Beschneiden der Ränder wieder

erneuert und dadurch vergrößert werden dürfen, sondern nur das hervorgequollene Harz abgekratzt werden darf.

Es fällt in das Auge, daß, je mehr die Berechtigung in dieser Art beschränkt ist, auch der Gewinn am Harze sich verringern muß, während er doppelt und dreifach so groß sein kann, wenn die Lachten beliebig am Holze von jeder Größe und jedem Alter gemacht werden dürfen.

Wenn die Pechhütten, die dies Recht besitzen, Gegenstand des Kaufs und Verkaufs sind, so ergiebt sich aus dem Kaufpreise der Werth desselben, vorausgesetzt, daß damit keine anderen nutzbaren Grundstriche verbunden sind, oder der Werth derselben in Abzug gebracht wird. Dasselbe gilt von dem Pachtgelde, wenn sie verpachtet sind.

Auch kommt es wohl vor, daß das gewonnene Harz roh Centnerweise aus Beständen, die für Rechnung des Waldeigenthümers oder eines Berechtigten, der keine Pechhütte besitzt, verkauft wird. Der Erlös dafür, nach Abzug der Gewinnungskosten, wird dann ebenfalls einen guten Anhalt zur Berechnung des Reinertrages geben, wenn man ihn im Verhältniß der Bestandsgüte der verschiedenen Arten als Maaßstab benutzt. Man wird danach leicht beurtheilen können, wieviel Harz auf einen Morgen oder auch eine Klafter Holz, bei dem verschiedenen Alter der Bestände, durchschnittlich wohl zu rechnen ist, da die Menge des Harzes, die ein Baum von verschiedener Stärke bei dem jedesmaligen Scharrn liefert, sich ziemlich gleich bleibt, und nach den darüber gemachten Erfahrungen leicht festzustellen ist. Die Gewinnungskosten müssen jedesmal vollständig in Abzug gebracht werden, da das Harzscharrn stets durch Lohnarbeiter betrieben wird, welche bezahlt werden müssen.

Ebenso kann man auch den Ertrag der letzten Zeit so ermitteln, daß man

1) die Zahl der in einem Jahre gemachten Brände bestimmt,

2) die Menge des dadurch gewonnenen Pechs ermittelt und nach dem Verkaufspreise berechnet,
3) den Erlös für verkaufte Pechgriesen und unreines Pech dazu rechnet,

um den Bruttoertrag zu finden.

Hiervon gehen ab:

1) die Gewinnungskosten des Harzes, einschließlich des Transports,
2) die Kosten des Schwelens und der Gefäße zur Aufbewahrung des Pechs,
3) die Transportkosten desselben, wenn es verfahren werden muß,
4) die Zinsen des Betriebskapitals, wozu die Gebäude und der Pechöfen zu rechnen sind, sowie die Unterhaltungskosten, einschließlich der Amortisation des Anlage-Kapitals.

Auch hier tritt das ein, was schon bei dem Theerofen bemerkt wurde, daß, wenn in Folge der Ablösung die Pechhütte mit den dazu gehörigen Gebäuden unbenutzbar wird und der Werth derselben dadurch für ihren Besitzer ganz verloren geht, dieser demselben ersetzt werden muß. Es bildet derselbe das Betriebskapital, was in dem Gewerbe angelegt worden ist. Der Verlust desselben muß um so eher ersetzt werden, als der Eigenthümer durch die Ablösung neben dem Rein-Einkommen von seiner Berechtigung zugleich eine Arbeitsrente verliert, durch welche er sich eine sichere und unabhängige Existenz verschaffe, und um sich eine solche anderweitig verschaffen zu können, abermals ein neues Betriebskapital bedarf.

Sollte bei der Ablösung von dem Berechtigten die Behauptung aufgestellt werden, daß der Wald nicht in dem Zustande sei, welchen er rechtlich verlangen kann, um sein Nutzungsrecht vollständig darin ausüben zu können, so muß vor derselben festgestellt werden, inwiefern diese Behauptung begründet ist. Als einen solchen Zustand, wie ihn der Berechtigte verlangen kann, muß man denjenigen bezeichnen, worin diejenigen Bäume, von denen das Harz nur allein gewonnen werden kann und darf, in einer solchen Menge vorhanden sind, wie sie in einem regelmäßig und nachhaltig benutzten Walde sein werden, oder, da das Harzscharrn immer nur in den älteren Beständen erfolgt, diese in genügender Menge vorgefunden werden. Um dies zu bestimmen, hat man nur nöthig, sich den Wald in seinem normalen Altersklassenverhältnisse bestanden zu denken, um die Fläche und Holzmasse zu bestimmen, die er bei einem solchen von demjenigen Holze haben würde, worin das Harzscharrn ausgeübt werden darf. Durch Vergleichung mit den wirklich im Walde vorhandenen findet man dann, ob und wieviel an diesen fehlt. Um soviel als weniger vorhanden ist, als bei einem regelmäßigen Zustande des Waldes vorhanden sein sollte, muß dann auch der Ertrag des Rechts, für dessen Aufgabe der Berechtigte entschädigt werden soll, gegen den gegenwärtigen erhöht werden.

Die Entschädigung wird in der Regel nur in einer Geldrente gegeben werden können, da sich selten Gelegenheit darbieten wird, statt derselben Kulturland abtreten zu können, was der Eigenthümer der Pechhütte vollständig benutzen kann. Ob der Berechtigte oder Belastete auf Ablösung anträgt, wird in Bezug auf die Größe der Entschädigung, soweit sich dieselbe auf den Reinertrag des Rechts bezieht, keinen Einfluß haben, denn der Belastete wird sich diesen stets als Vortheil anrechnen lassen müssen. Wohl aber würde dieser, wenn der Berechtigte selbst freiwillig sein Recht aufgeben will, nicht gehalten sein können, den Werth der Gebäude und der Pechhütte, welche zum Betriebe des Gewerbes erforderlich sind, zu zahlen, so wenig als er gezwungen werden kann, die Berechtigung an sich zu kaufen, um das Harzscharrn für eigne Rechnung betreiben zu können.

§. 36.

Die Ablösung der Waldweide.

Dieses Nutzungsrecht ist das neben der Leseholzberechtigung am häufigsten vorkommende, dessen Ablösung auch am öftesten von den Berechtigten selbst verlangt wird, weil sie vielfach einsehen, daß die Waldweide, besonders für Pferde und Rindvieh, ihnen gar nichts einbringt, sogar oft mehr kostet als nutzt, da der Verlust an Dünger, die mangelhafte Ernährung des Viehs und der daraus entspringende geringe Ertrag an Fleisch und Milch, bei dem Arbeitsvieh die geringe Arbeitskraft, weit größer ist, als der Aufwand, der gemacht werden muß, um es reichlich im Stall zu füttern.

Dabei kann die Waldweide, besonders wo das volle Schonungsrecht fehlt, im Mittel- und Niederwalde, wenn man veranlaßt ist, eine andere Benutzungs- oder Bewirthschaftungsart einzuführen, was aber das auf dem Walde lastende Weideservitut hindert, so nachtheilig für den Wald werden, daß der Eigenthümer desselben kein Opfer scheuen muß, um dies lästige Servitut zu beseitigen.

Es können aber auch ganz entgegengesetzte Verhältnisse stattfinden. Von der Benutzung der Waldweide kann in den höheren Gebirgen, wo kein regelmäßiger Ackerbau mehr stattfindet, wo der Grundbesitz so getheilt ist, daß keine Stallfütterung ausführbar ist, wo aus irgend einem Grunde keine Futterkräuter gebaut werden können, die ganze Existenz der Bewohner einer Gegend abhängen. Dabei kann sie auch in dem Hochwalde, sobald sie nur innerhalb der nöthigen Schranken ausgeübt werden darf, in der Regel benutzt werden, ohne daß dem Walde dadurch der allergeringste Nachtheil zugefügt wird. Sie dient dazu, den Gesammtertrag derselben zu erhöhen, dem Berechtigten ein bedeutendes Einkommen zu verschaffen, was dem Belasteten gar nichts kostet, da er selbst für eigne Rechnung sie nicht wieder benutzen kann. Besonders gilt dies von der Schafweide in den großen Kiefernwäldern der norddeutschen Ebene, der Eichenwälder von hohen Umtriebszeiten in den Flußthälern, den Erlenbrüchern, der Schweinehütung, durch welche die Landbewohner nach dem Verschwinden der Angerweiden allein in den Stand gesetzt werden, dies nützliche Hausthier zu erziehen und zu erhalten.

Diese so sehr verschiedenen Verhältnisse müssen sehr sorgfältig erwogen werden, bevor man sich bestimmt darüber aussprechen kann, ob überhaupt die Ablösung der Waldweide wünschenswerth und vortheilhaft erscheint oder nicht. Geht der Antrag auf dieselbe von dem Waldbesitzer aus, so muß er jedenfalls den Weideberechtigten nach dem vollen Nutzungswerthe seines Rechts volle Entschädigung gewähren. Dieser kann ein sehr verschiedener sein und es wird von dessen Feststellung in dem Nachfolgenden umständlich gehandelt werden.

Trägt dagegen der Berechtigte selbst auf die Ablösung an, so braucht die Entschädigung nur nach dem Vortheil gegeben zu werden, der dem Waldbesitzer dadurch erwächst. Dieser kann darin bestehen:

1) daß er die Waldweide künftig selbst benutzen, verpachten oder das eigene Vieh eintreiben kann. Soll ihm dieser Vortheil angerechnet werden, so muß nachgewiesen werden:

a. daß überhaupt eine solche Verpachtung mit Sicherheit oder wenigstens großer Wahrscheinlichkeit wird stattfinden können;

b. wie groß die Einnahme dafür wahrscheinlich sein wird, die man dafür erwarten kann, indem man die Stückzahl des einzutreibenden Viehs und den Weidezins für ein Stück bestimmt.

Daß die bisherigen Berechtigten die Weide, deren Ablösung sie verlangen, diese selbst pachten werden, ist nicht anzunehmen, denn glaubten sie, diese nicht entbehren oder auch nur vortheilhaft benutzen zu können, so würden sie nicht auf Ablösung ihrer Befugniß dazu antragen. Eine Wiederverpachtung ist daher nur dann anzunehmen, wenn andere Viehhalter, als die Berechtigten vorhanden sind, für welche die Weide einen Werth hat.

Hat der Waldbesitzer eine eigene Oeconomie und Vieh, was in den Wald getrieben wird, so wird von sachverständigen Landwirthen ermittelt werden müssen, welchen Werth die Vergrößerung seiner eigenen Weideberechtigung durch die Ablösung der Mitberechtigung für denselben hat, indem entweder eine Vergrößerung des Viehstandes oder eine bessere Ernährung des Viehs dadurch möglich gemacht wird.

2) Ein anderer directer Vortheil für ihn kann darin liegen, daß dann die Beschädigung des Waldes aufhört und der Ertrag desselben, wenn er weidefrei ist, ein größerer sein wird. Dies kann besonders in Mittel- und Niederwäldern der Fall sein, oder auch in Wäldern, die nicht das volle Schonungsrecht haben, worin das Holz theilweise vom Vieh verbissen wird. Sobald dies nach einer Ablösung der Weide aufhört, wird der Ertrag der unbeschädigt bleibenden Bestände ein größerer sein. Diesen kann man ermitteln, wenn man denjenigen des Waldes in seinem gegenwärtigen Zustande mit dem vergleicht, den unbeschädigte Bestände auf gleichem Boden und von gleicher Beschaffenheit erwarten lassen. Das Verfahren dazu lehrt die Taxationswissenschaft.

3) Ein anderer directer Vortheil kann darin bestehen, daß man in einem devastirten Walde, der viel Blösen enthält, verhindert ist, diesen wieder rasch anbauen zu können, weil man die gesetzliche Schonungsfläche, die immer nur für einen regelmäßig bewirthschafteten Wald berechnet werden kann, nicht überschreiten darf. Auch hierdurch kann die Weideablösung ein Mittel werden, den Waldertrag zu vergrößern, ohne daß eine Aenderung in der Benutzungsart desselben erfolgt. Man kann auch annehmen, daß der Waldbesitzer sich jedenfalls diesen Vortheil zu verschaffen suchen wird, wenn die Waldweide, welche ihn jetzt daran verhindert, abgelöst sein wird, da er unzweifelhaft erlangt werden kann, ohne daß eine Aenderung des Betriebes nöthig wird.

Aber man muß dabei beachten, daß dieser höhere Ertrag des Waldes nicht gleich, sondern erst in späteren Jahren eingehen wird, und man kann nicht verlangen, daß der Waldbesitzer dem Berechtigten die volle Summe, die er erst vielleicht in 20, 40, 60 oder noch mehr Jahren durch die Ablösung zu erlangen Aussicht hat, schon jetzt baar als Entschädigung zahlen wird. Es wird daher für den betreffenden Wald ein Benutzungsplan entworfen werden müssen, bei dem man den mehr zu erwartenden Ertrag feststellt, die Zeiten bestimmt, wo er nach und nach eingehen wird, und ein Kapital berechnet, welches mit zugeschlagenen Zinsen dieselben Einnahmen liefert. Dies geschieht nach den Regeln zur Waldwerthberechnung, welche auch Anleitung zur Berechnung dieses Kapitals giebt, wenn man nicht vorzieht, die schon erwähnten Cottaschen Zinstafeln anzuwenden.

Eine unerläßliche Bedingung ist aber, wenn man dem Waldbesitzer diesen Vortheil anrechnen will, daß nach der Ablösung des Berechtigten, welcher auf diese anträgt, der Wald auch wirklich frei wird, die Beschädigung des Holzes aufhört und die Schonungsfläche vergrößert werden kann. Dies ist nun aber nicht der Fall, wenn einzelne Berechtigte, welche die Waldweide mit mehreren anderen gleichzeitig auf diesem Terrain ausüben, einseitig abgefunden zu werden verlangen, während die übrigen Mitberechtigten vor wie nach ihr Weiderecht ausüben. Die Schonungsfläche kann dann nicht vergrößert werden, und das Vieh derselben wird das Holz wie bisher verbeißen, so daß der Waldbesitzer von diesen einzelnen Ablösungen gar keinen Vortheil hat.

Allerdings kann der Waldbesitzer nach §. 115. der G. T. O., wenn er einzelne Dienstbarkeits-Berechtigte abfindet, befugt sein, nach Verhältniß des Theilnahmsrechts des Abgefundenen einen Theil des benutzten Gegenstandes der Mitbenutzung der übrigen, noch nicht abgefundenen Theilnehmer entziehen und darüber frei verfügen, dazu gehört aber, daß einmal die Größe dieses Antheils bestimmt ist und dann für die hier in Rede stehenden Fälle, daß die Theile des Waldes bestimmt sind, die nun demgemäß als wieder frei betrachtet werden können. Dies kann nur in Folge einer Auseinandersetzung mit den übrigen Mitberechtigten festgestellt werden, welche folglich der Berechnung dieser dem Waldbesitzer anzunehmenden Vortheile vorausgehen muß. Es ist daher Sache desjenigen Berechtigten, welcher von einer gemeinschaftlich benutzten Weide ausscheiden will und Entschädigung für seinen aufzugebenden Weideantheil verlangt, sich erst in den Besitz einer solchen im Wege der Separation zu setzen, da Niemand etwas an sich kaufen kann, dessen Werth und Größe man noch gar nicht zu beurtheilen im Stande ist. Dem Waldbesitzer kann nicht angemuthet werden, diesen unbestimmten Weideantheil zu kaufen, oder sich die gar nicht zu bestimmenden Vortheile davon anrechnen zu lassen, und hinterher noch die gar nicht unbedeutenden Kosten eines besondern Separationsverfahrens zu tragen, was ganz andere Resultate ergeben kann, als man vorher berechnet hat.

Vortheile, die möglicherweise durch eine gänzliche Aenderung der Benutzungsart des Bodens, durch Umwandlung des Waldes in Kulturland, Verkauf der nutzbaren Holzbestände und Abkürzung des Umtriebes, Aenderung der Holz- und Betriebsart verlangt werden könnten, braucht sich der Waldbesitzer gar nicht anrechnen zu lassen.

Die Umwandlung in Kulturland zu verlangen würde schon nach dem §. 58. der G. T. O. von 1821 ganz unstatthaft sein, da dennoch selbst der Berechtigte nicht einmal eine Entschädigung anzunehmen braucht, welche eine Veränderung der ganzen Art des Wirthschaftsbetriebes des Hauptguts nöthig macht, um wie viel weniger würde dieser darum, weil ihm die einzuräumende Nutzung nicht mehr zusagt, verlangen können, daß der Waldbesitzer die ursprüngliche Bestimmung des Forstgrundes ändert und, statt Holz zu ziehen, Kulturfrucht bauen soll, um einen höheren Ertrag davon zu beziehen.

Ebenso wenig kann er diesen dazu zwingen, die Holzbestände herunter zu hauen und zu versilbern, um einen höhern Geldertrag vom Walde zu erlangen und diesen mit ihm zu theilen, was der Fall wird, wenn er dem Berechtigten den dadurch zu erlangenden Vortheil als Entschädigung zahlen müßte. Auch hat der Berechtigte nur zu verlangen, daß der Wald so behandelt wird, daß dabei keine Verminderung der ihm rechtlich zustehenden Nutzung verursacht wird, nicht aber daß der Waldbesitzer gerade so wirthschaften soll, wie es der Berechtigte seinem Vortheil angemessen findet.

Ueberhaupt kann die Erlangung des freien Dispositionsrechts über die Benutzungsart des Grund und Bodens zwar unleugbar einen großen Werth für dessen Eigenthümer haben, man kann aber nicht verlangen, daß er es wider seinen Willen erwirbt, oder, wenn er es erwerben muß, weil er die Berechtigten nicht hindern kann auf die Ablösung ihrer Nutzungsrechte anzutragen, daß er ihnen dafür etwas zahlt, weil es immer von ihm abhängt, ob er davon Gebrauch machen will oder nicht, um den Boden in anderer Art zu benutzen, wie bisher. Uebrigens wird es aber auch vielfach durch Ablösung einzelner Servituten gar noch nicht einmal erworben, denn wenn auch die Waldweide abgelöst wird, und es lasten außer dieser noch Holzberechtigung, das Streurecht, Mastrecht oder Holznutzung auf dem Walde, so darf er darum die bisherige Benutzungsart immer noch nicht ändern.

§. 37.
Fortsetzung.

Wenn der Antrag auf Ablösung der Waldweide von dem Belasteten ausgeht und folglich nach dem vollen Nutzungswerthe entschädigt werden muß, so kann dieser in verschiedener Art ermittelt werden, je nach den Verhältnissen, unter denen die Weidegerechtsame benutzt wird.

Man kann diese unter folgende Verschiedenheiten zusammenfassen:

1) Der Berechtigte hat die volle Ernährung für sein Vieh zu fordern, nnd dies findet sie auch in dem belasteten Walde.

2) Der Wald ist zwar im Stande, das berechtigte Vieh allein durch die Waldweide zu ernähren; der Berechtigte hat aber dies nicht zu fordern und kann nur einen Theil der Ernährung desselben in Anspruch nehmen.

3) Der Wald kann weder das Vieh vollständig ernähren, noch hat auch der Berechtigte das Recht, dies zu verlangen.

Der vierte Fall, wo derselbe dies zwar verlangt, der Wald aber im gesetzlichen Zustande das berechtigte Vieh niemals voll ernähren kann, ist nach den Forderungen, welche die Berechtigten machen, zuweilen zwar auch vorhanden, kann aber übergangen werden, da Niemand einen höhern Ertrag von einem Nutzungsrecht fordern kann, als das berechtigte Grundstück, wenn gegen dessen Zustand und Bewirthschaftung kein rechtlich begründeter Einwand gemacht werden kann, überhaupt zu gewähren vermag, denn unerfüllbare Verträge sind nicht rechtsverbindlich.

Zu 1. Wenn das Vieh bisher vollständig während der Weidezeit im Walde ernährt worden ist, erweislich weder Hülfsweiden benutzt worden sind, noch Stallfutter vorgeworfen worden ist, was der Waldbesitzer anerkennt, so ist nur die berechtigte Viezahl zu bestimmen.

Der Werth der Weide für 1 Stück festzusetzen und dann die Entschädigung dafür in vorgeschriebener Art zu geben.

Läßt sich die Viehzahl nach den bisher geführten Listen über das jährlich eingetriebene Vieh bestimmen, so wird diese, sobald sie nur von den berechtigten Grundeigenthümern eingetrieben worden ist, die keine Grundstücke weiter besitzen, als die, welche ursprünglich zu den berechtigten Wirthschaften gehörten, als die angenommen werden können, für welche Entschädigung gewährt werden muß. Oft kömmt es aber vor, daß auch Nichtberechtigte ihr Vieh mit vorgetrieben haben, oder auch, daß nicht alle wirklich Berechtigte alles Vieh, was sie umzutreiben befugt gewesen wären, wirklich im Walde geweidet haben, dann muß die Stückzahl des berechtigten Viehes festgestellt werden, die diejenigen, welche die Weide nicht benutzt haben, eben so gut Entschädigung für die Aufgabe derselben zu fordern, als diejenigen, welche dasselbe wirklich eintreiben, während für dasjenige, welches Nichtberechtigten gehört, keine solche gegeben zu werden braucht.

Dies muß durch Oekonomieverständige geschehen, welche nach dem Düngerbedarfe und danach, wie viel Vieh mit dem auf dem berechtigten Grundstücke gewonnene Futter durchgewintert werden kann, den Viehstand festzusetzen habe. Es wird dies hier unbeachtet gelassen, da in dieser Schrift nur dasjenige, was dem Forstwirth, als Vertreter des Waldes bei Servitutablösungen speciell berührt, genauer erörtert werden soll. Welche Viehgattungen überhaupt der Berechtigte einzutreiben befugt ist, muß ebenfalls nach dem Herkommen, oder nach den darüber sprechenden Documenten festgesetzt werden.

Was den Werth der Weide betrifft, so kann dieser, selbst wenn das Vieh auf derselben vollständig ernährt wird, ein sehr verschiedener sein. Denn zuerst kann diese Ernährung bald reichlicher, bald ärmlicher sein. Dann macht es einen großen Unterschied, ob das Weideterrain in der Nähe ist, das Vieh die volle Ernährung auf einem kleinen Raum findet, oder ob es weit wandern und die Nahrung auf großen Flächen zusammensuchen muß. Auch ob das Rindvieh sie ausschließlich benutzt, oder ob es mit den Schafen zusammen weidet, erzeugt einen sehr verschiedenen Weidewerth, denn wenn die Kuh hinter den Schafen hergehen soll, wird ihre Ernährung immer nur sehr mangelhaft sein. Ferner muß die Sicherheit dabei in Betracht kommen.

In Flußthälern, welche der Ueberschwemmung unterworfen sind, muß das Vieh nicht blos die Weide meiden, so lange das Wasser sie bedeckt, sondern oft noch lange nachher, bis wieder frisches Gras gewachsen ist und der Regen den Schlamm von dem mit Wasser bedeckt gewesenen abgespült hat. Das, was dadurch am Weideertrage verloren geht, muß nach den in der letzten Zeit gemachten Erfahrungen in Abzug gebracht werden. Auf dem Boden, welcher durch Trockenheit leidet, findet das Vieh oft in der besten Weidezeit, im Juli, August und September, bei trocknen Jahren nicht so viel, daß es das Leben fristen kann, während in andern Revieren es das ganze Jahr hindurch gleichmäßig ernährt wird. Dann ist die Weidezeit auch bald eine längere, bald eine kürzere. In den Gebirgen findet es im Frühjahre später Nahrung und die Nachtfröste und der Schnee nöthigen im Herbste früher zur Stallfütterung als in dem milderen Klima der Ebene. Auch sind die Weiden, ganz besonders für die Schafe, bald gesunder, bald gefährlicher, indem sie leicht Krankheiten erzeugen. Es giebt Weiden, welche nach Johannis gar nicht mehr behütet werden dürfen und auf denen selbst der vorsichtigste Hirt nicht vermeiden kann, daß alljährlich Schafe sich krank fressen und eingehen. Besonders sind dies die, welche einen geilen, fetten Graswuchs haben, die feuchten Gründe und die der Ueberschwemmung unterworfenen Flußthäler. Auch für das Rindvieh giebt es ungesunde Weiden, besonders solche, welche das Blutharnen erzeugen, wenn auch nicht in dem Maße, wie dies bei den Schafen der Fall ist. Vorzüglich ist aber auch die Nahrhaftigkeit der Gräser und Kräuter, welche auf dem Weideterrain wachsen, sehr verschieden. Die magern Weiden auf Kalkbergen ernähren die Schafe vortrefflich, während sie das fette, geile Gras des feuchten Bodens nicht genießen können. Das Rindvieh findet zwar in den Brüchern eine reichliche, aber nur sehr wenig gedeihliche Nahrung, an die es sich erst gewöhnen muß, ehe es dabei gedeiht. Es ist eine bekannte Erfahrung, daß man oft kein fremdes Vieh auf eine Weide bringen kann, indem es, wenn es an einer andern gewöhnt ist, daselbst nicht frißt oder krank wird. Alle in Schatten erwachsenen Gräser sind weniger nahrhaft, als die unter dem Einflusse des Lichts sich ausbildenden. Auf manchen Weiden können nur kleine, wenig Ertrag gebende Kühe ernährt werden, auf andere reichlich und fette milchgebende Gebirgskühe, wieder auf andere großes Holsteiner und Altenburger Vieh. Es giebt Schafsweiden, die nur Haidschnucken und Schafe mit ganz grober Wolle ernähren, wo sich selbst die Wolle von veredelten Thieren in kurzer Zeit verschlechtert, während andere wieder sich minder für diese eignen.

Darum hat die Fläche, auf welche sich eine Kuh vollständig ernähren kann, die man durch den Ausdruck einer Kuhweide bezeichnet, keinen gleichen Weidewerth, eben so wie 10 Schafe, die darauf ernährt werden können, oft einen sehr ungleichen Ertrag geben, jenachdem ihre Wolle gröber oder feiner, ihr Fleischgewicht größer oder kleiner ist, sie darauf fett gemacht werden oder mager bleiben. Das, was man eine Kuhweide in diesem Sinne nennen kann, ist etwas ganz anderes für eine große Altenburger Kuh von 450 Pfund und mehr, als für eine solche aus den Lausitzer oder westpreußischen Kieferhaiden, die kaum 150 Pfund wiegt.

Der Weidewerth bildet sich aus dem Ertrage des Viehes, welcher ein sehr verschiedener sein kann und in jeder Gegend und selbst für jedes Revier, worin der Werth der Waldweide bestimmt werden soll, besonders durch sachverständige Oeconomen ermittelt werden muß, jenachdem das Vieh beschaffen ist, welches sie benutzt. Aber auch der Forstwirth wird sich darüber leicht ein Urtheil verschaffen können, um überspannten Forderungen nöthigenfalls entgegenzutreten, wenn er sich über den durchschnittlichen Milchertrag einer Weidekuh, für ihre ganze Melkzeit, über den Wollertrag und den Wollpreis der Schafe sich zu unterrichten sucht. Einen Anhalt dazu geben ihm auch erforderlichen Falls die Veranschlagungen der Viehnutzung bei gerichtlichen Taxen, Verpachtungen u. s. w.

Von dem jährlichen Ertrage eines Stückes Vieh wird so viel als Weidenutzung gerechnet, als dasselbe Tage vollständig im Walde ernährt wird, was nach den darüber gemachten Erfahrungen festgestellt werden muß. Es sei z. B. der jährliche Ertrag einer Kuh auf 12 Thaler berechnet, und sie findet vom 15. Mai bis 15. September volle Nahrung, so beträgt dies 4 Monate. Wäre anzunehmen, daß in der

Zeit vom 1. bis 15. Mai und vom 15. September bis 15. October noch die halben gefunden würden, so wären dies 3 halbe Monate, oder die ganze Ernährung erfolgte für 5½ Monat und hätte daher die Weide einen jährlichen Werth von 5½ Thaler. In gleicher Art kann der Werth der Schafweide berechnet werden, nur darf dabei nicht unbeachtet bleiben, daß die Schafe weit länger eine volle Ernährung im Walde finden als das Rindvieh.

Zur Feststellung des Werths der Fohlen- oder Pferdeweiden, wo diese noch vorhanden sind, wird man am besten den in der Gegend üblichen Weidezins benutzen können. Es ist häufig der Fall, daß da, wo Gelegenheit zu Fohlenweiden ist, Fohlen und Mutterstuten aus andern Landstrichen, wo sie fehlt, in die Weide gegeben werden, da man die erstern nicht im Stalle aufziehen kann. Der übliche Zins, der dafür gezahlt wird, drückt dann den Werth der Weide aus.

Für Schweine, die voll auf der Weide ernährt werden, kann er nach dem Unterschiede des durchschnittlichen Preises berechnet werden, den ein Ferkel, was im Frühjahre aufgetrieben hat, gegen den hat, wenn es nach Beendigung der Weidezeit verkauft wird.

Ziegen dürfen in Preußen nicht im Walde geweidet werden, können also hier unbeachtet bleiben.

Die Entschädigung für Aufgabe einer Weideberechtigung mußte nach Vorschrift der G. T. O. von 1821 in raumer Angerweide gegeben werden. Dies war so nachtheilig für den Waldbesitzer, als unvortheilhaft für die Benutzung des Bodens überhaupt, bei schlechtem Boden, der nach Wegnahme des Holzes seine ganze Fruchtbarkeit verlor, aber auch verderblich für den Berechtigten selbst, der bald keine Weidenutzung mehr davon beziehen konnte. Es ist diese Bestimmung deshalb auch mit Recht durch das Gesetz vom 2. März 1850 aufgehoben, wonach die Entschädigung in Kulturland, wenn dies für den Berechtigten benutzbar ist, oder in einer Geldrente gegeben wird. Für den Waldbesitzer wird es stets vortheilhafter sein, wenn er im Stande ist, das erstere in fruchtbarem Boden zu geben, da er den Waldgrund wohl selten oder niemals so hoch wird nutzen können, daß der jährliche Ertrag der Geldrente, welche er dem Weideberechtigten wird zahlen müssen, gleich käme. Nach der Fruchtbarkeit des Bodens und der Größe des Viehes, da danach bald mehr, bald weniger Futter für dasselbe gerechnet werden muß, wird man eine Kuhweide mit Boden, welcher sich zum Futterbaue eignet, mit 1 bis 1½ Morgen Kleeland ablösen können, die jährliche Geldrente für eine solche wird aber selten unter 4 bis 5 Thaler betragen. Um aber mit Kulturland ablösen zu können, ist nicht blos nöthig, daß man dazu Boden von einer solchen Beschaffenheit hat, daß er sich nachhaltig dazu eignet, sondern auch, daß er eine solche Lage hat, daß er von dem, der ihn empfängt, dazu benutzt werden kann.

In den östlichen Provinzen Preußens werden sich am häufigsten die Erlenbrücher und Niederungen, im Falle sie hinreichend entwässert werden können, zur Entschädigung für Aufgabe einer Weideberechtigung eignen. Wenn sie selbst nicht als Acker zum Bau von Futterkräutern benutzt werden können, so geben sie doch wenigstens in der Regel natürliche Wiesen, die ebenfalls zum Kulturlande gehören. Diese liefern zwar einen geringern Futterertrag, wie die künstlichen mit Klee, Luzern oder Esparsette bebauten, und man wird deshalb eine größere Fläche von ihnen für eine Kuhweide abgeben müssen, als vom Kleelande, doch immer wird aber der Boden, wenn sie in guter Kultur gehalten werden, dem Berechtigten zu einem höhern Ertrage angerechnet werden, wie man ihn als Holzgrund benutzen kann. Die Wiesen können aber bei einer größern Entfernung und ungünstigen Lage immer noch besser benutzt werden, als das eigentliche Ackerland. Besonders aber muß man deshalb darauf sehen, daß die Entschädigung für Aufgabe einer Weideberechtigung soviel wie möglich in Kulturland gegeben wird, weil dadurch das Bedürfniß des Berechtigten dauernder befriedigt wird, als durch Geld, auch derselbe dies gewöhnlich höher benutzt, da er neben dem Reinertrage noch eine Arbeitsrente davon bezieht. Gewiß besitzt Deutschland im Allgemeinen noch eine viel zu große Waldfläche, und wo sich Gelegenheit findet, diese durch Abgabe von Kulturland, was die sich fortwährend vergrößernde Bevölkerung so dringend verlangt, auf eine solche Art zu verkleinern, daß dadurch gar die Holzerzeugung nicht vermindert wird, weil die kleineren, von nachtheiligen Servituten befreiten Waldschläge eine eben so große haben kann, als früher die größeren servitutbelasteten, denn man muß eine jede Gelegenheit ergreifen, dieser Nachfrage nach Kulturland zu genügen, wo es die Verhältnisse irgend gestatten.

Die Größe der Fläche des abzutretenden Kulturlandes, oder die der jährlich zu zahlenden Rente zu bestimmen, ist Sache der Landwirthe, welche als Sachverständige bei einer Weideablösung zugezogen werden müssen, und es wird darüber hier deshalb nichts anzuführen sein.

§. 38.

Fortsetzung.

Es kann der Fall sein, daß der Wald zwar wohl das Vieh des Berechtigten, welcher abgelöst werden soll, vollständig für die ganze Weidezeit ernähren könnte, daß aber dieser keinen Anspruch darauf hat, indem er neben der abzulösenden Waldweide auch noch andere Weiden benutzt hat und benutzen muß. So kann derselbe nach dem Wortlaute der Verleihungsurkunde ergangenen Judicaten oder rechtlich bestehenden Observanzen die Weide nur in einer ganz fest bestimmten Zeit benutzen dürfen, was gewöhnlich nach Kalendertagen bezeichnet wird. Da diese nach dem neuen Kalender eine Abänderung gegen den alten Julianischen Kalender erlitten haben, so sind dieselben als Hütungstermine durch die Verordnung vom 31. August

1800 auf bestimmte Tage fixirt worden.*) Hiernach fällt Alt Lichtmessen auf den 13. Februar, Alt Maria Verkündigung auf den 5. April, Alt Georgi auf den 4. Mai, Alt Walpurgis 12. Mai, Alt Bartholomäi 4. September, Alt Martini 22. November. Sind die Hütungstermine dagegen erst nach Einführung des Gregorianischen Kalenders bestimmt worden, so gelten die jetzigen Kalendertage. Gewöhnlich werden aber die bisherigen Observanzen darüber entscheidend sein. Ist hiernach der Weideberechtigte nur bei einem bestimmten Theil der gesammten Weidezeit die Weide benutzen zu dürfen berechtigt, so muß der Werth desselben, nachdem er festgesetzt worden ist, ermittelt werden.

Man wendet hierzu gewöhnlich gewisse allgemeine Verhältnißzahlen an, indem man den gesammten Weidewerth des Jahres gleich 700 setzt, und davon diesen in folgender Art vertheilt:

Vom	1. bis	13. Mai einschließlich	25	Theile
=	14. =	31. = =	100	=
=	Monat	Juni	250	=
=	=	Juli	125	=
=	=	August	75	=
=	=	September . . .	67	=
=	=	October	33	=
=	=	November, December bis 1. Mai . . .	25	=

Auf den ersten Blick wird aber in die Augen fallen, daß das Werthsverhältniß der verschiedenen Monate gar nicht so allgemein gegeben werden kann. In den höheren Gebirgen, in den nördlich gelegenen Gegenden beginnt die Weide später und hört früher wieder auf, als in der Ebene und in den mehr westlich und südlich gelegenen Theilen Preußens oder Deutschlands. Schon in den oberen Lagen des Harzes, Thü-

*) Mylius, Neue Edicten-Sammlung von 1800. S. Nr. Ct. S. 3050.

ringer Waldes, der Schlesischen Gebirge kann die Weide im Juli besser sein als im Juni, da oft bis Mitte dieses Monats noch Nachtfröste zu befürchten sind, die dem Wuchse und der Nahrhaftigkeit des Grases sehr nachtheilig werden. Im September kann schon Schnee fallen. Die Flußthäler, welche lange überschwemmt waren, die Brüche, die erst mit dem Fallen des Wassers zugänglich werden, können im Mai vielleicht noch sehr wenig benutzt werden, und geben dagegen im Juli und August eine sehr reichliche Weide, während der moorgründige trockne Sandboden wieder im ersten Frühjahre einen lebhaften Graswuchs hat, dagegen Ende Juni und im Juli nur eine ganz vertrocknete Vegetation zeigt. Dann macht es aber auch einen großen Unterschied, für welche Viehgattung der Weidewerth der verschiedenen Jahreszeiten berechnet werden muß. Die oben gegebenen Zahlen beziehen sich offenbar nur auf das Rindvieh, oder höchstens auf Pferde, nicht aber auch auf Schafe und Schweine. Die Schafe ernähren sich schon im Walde, wenn noch gar kein Rindvieh ausgetrieben werden kann, da sie das keimende Gras kurz abbeißen, was die Kuh kaum fassen kann, und fressen im Spätherbst noch die schon absterbenden Gewächse, Haidekraut, sogar Flechten, welche das Rindvieh verschmäht. Die Schweine finden da, wo sie wühlen können, auch noch im Winter Nahrung, wenn gar kein Gras mehr wächst, oder wo niemals solches vorhanden war, wie in den geschlossenen Holzbeständen.

Es muß daher, wenn die Weideberechtigung sich nur auf einen bestimmten Theil der Weidezeit beschränkt, der Werth derselben jedesmal, mit Berücksichtigung aller dieser Verhältnisse, durch Sachkundige bestimmt werden. Es ist freilich leichter und angenehmer, schon ein- für allemal fest bestimmte Zahlen dazu zur Hand zu haben, aber durch ihre Anwendung ohne Berücksichtigung der örtlichen Zustände und Verhältnisse kann man leicht zu ganz widersinnigen Resultaten kommen. Leider werden aber solche Zahlen oft angewandt, weil diejenigen, welche bei den Ablösungen betheiligt sind oder sie leiten, keine Ahnung davon haben, daß sie hiernach geändert werden müssen. Wie die Aenderung erfolgen muß, wird aber jeder, auch nur einigermaßen gebildete und erfahrene Landwirth angeben können, da er dabei nur die vor Augen liegenden Erfahrungen, die bisher gemacht worden sind, zu Hülfe zu nehmen braucht.

Ein anderer Fall kann der sein, daß der Berechtigte auch noch andere Weideräume mitbenutzt und zu benutzen verpflichtet ist, oder sich wenigstens dasjenige, was sie zur Ernährung ihres Viehs beitragen können, von demjenigen in Abzug bringen lassen muß, was er als Entschädigung für die aufzugebende Waldweide erhalten würde, wenn von dieser allein die vollständige Ernährung des Viehs verlangt werden könnte. Solche Hülfsweiden können bestehen:

1) in Anger- oder Gemeindeweiden, die zur Ernährung des in den Wald getriebenen Viehs vorzugsweise bestimmt sind oder waren. Zwar sind diese Anger- oder Gemeindeweiden in der neueren Zeit größtentheils getheilt und urbar gemacht worden, deshalb werden sich die Hütungsberechtigten dieselben aber doch als Hülfsweiden müssen anrechnen lassen, wenn sie früher vorhanden waren und benutzt wurden. Dadurch, daß die Gemeindemitglieder sie zu ihrem Vortheil unter sich theilten, können sie in dem Walde, den sie früher vielleicht nur als Hülfsweide benutzten, kein größeres Recht erwerben, als sie vor der Theilung derselben darin besaßen. Es ist deshalb auch rathsam, daß der Forstbesitzer oder dessen Beamte, wenn von den Weideberechtigten über die Hülfsweiden, die sie bisher benutzt haben, durch Separationen oder deren Ablösung anderweitig disponirt wird, die Rechte des belasteten Waldes dadurch gewahrt werden, daß eine Verwahrung eingelegt wird, daß aus Veranlassung dieser Separationen oder Ablösungen für den belastet bleibenden Wald keine größeren Ansprüche

der Berechtigten an denselben erwachsen können, als sie bisher von denselben besessen.

2) Als Hülfsweiden sind dann ferner zu rechnen, wenn der Berechtigte im eigenen Walde oder in den Wäldern dritter, ebenfalls das Hütungsrecht hat. Der Antheil, den diese zur Ernährung des Viehs bisher geliefert haben oder liefern können, muß dann ebenfalls von der Entschädigung in Abzug gebracht werden. Am sichersten ist er zu bestimmen, wenn man im Stande ist, die Zahl der Tage zu ermitteln, an denen das berechtigte Vieh bisher sich in diesen Wäldern ernährt hat, da sich daraus dieser Antheil am besten bestimmen läßt. Würde das nicht möglich sein, so müßte der Weideertrag aller von dem Berechtigten benutzten Reviere ermittelt werden, um danach zu bestimmen, welchen Beitrag zur Ernährung des Viehs jedes derselben liefern kann. Von dieser Bonitirung der Waldweide wird weiter unten gehandelt werden.

3) Gewöhnlich haben die zur Waldweide Berechtigten bisher auch die Brache, die Wiesen bis zu dem Termin, wo die Einschonung derselben zur Heugewinnung erfolgt, und dann wieder, nachdem das Heu geerntet war, behütet. Ebenso hat oft im Herbst die Stoppelweide, nach der Ernte der Halmfrüchte, das Vieh den größten Theil des Herbstes hindurch besser ernährt, als dies bei der Benutzung der Waldweide der Fall gewesen sein würde.

Die Brachweide ist aber vielfach verschwunden, da in Folge der Separationen keine Brache mehr liegen gelassen wird und Brachfrüchte darauf gebaut werden. Die einschürigen Wiesen, die das Vieh bis Mitte Mai und von Ende August oder Anfang September theilweise ernährten, sind in zweischürige verwandelt und der Beweidung ganz oder größtentheils entzogen. Die sogenannten kleinen Leute, welche die Waldweide vorzugsweise benutzen, können nicht mehr die Stoppelweiden auf den Aeckern der größeren Grundbesitzer benutzen, da in Folge der Separationen alles Weiderecht auf fremden

Grundstücken aufgehoben ist. Auch haben sich die Stoppelweiden selbst durch den so sehr vermehrten Anbau der Kartoffeln und Hackfrüchte bedeutend vermindert.

Dies alles kann für die Landkultur und den Weideberechtigten sehr vortheilhaft sein, aber dadurch kann das Weiderecht in einem fremden Walde, zum Nachtheil desselben, gegen den früheren Zustand nicht vergrößert werden. Sind daher auch solche Hülfsweiden in der neueren Zeit verloren gegangen, so kann man ihre Anrechnung bei der Ermittelung dessen, was von dem belasteten Walde für die Ernährung des berechtigten Viehs verlangt werden kann, immer noch fordern, solange noch keine Verjährung eingetreten ist. Dieser vorzubeugen wird auch rathsam sein, indem man rechtzeitig wenigstens auf Feststellung des Umfanges der Weideberechtigung anträgt, selbst in dem Falle, wo man nicht veranlaßt ist, eine Ablösung derselben zu verlangen.

Welchen Beitrag diese Art der Hülfsweiden zur Ernährung des Viehs geliefert haben oder noch liefern, muß ebenfalls durch ihre Bonitirung bestimmt werden, die aber Sache der Landwirthe ist, wenn man nicht im Stande sein sollte, die Zahl der Tage iu den verschiedenen Jahreszeiten zu ermitteln, wo das Vieh auf ihnen außerhalb des Waldes ernährt worden ist. Dies ist immer vorzuziehen und auch oft möglich, da das Weidevieh oft bis zur Einschonung der Wiesen, nach Aberntung der Felder und Wiesen oder in der Zeit kurz vor dem Umbrechen der Brache, früher gar nicht in den Wald getrieben wurde, wie vielfach noch durch Zeugen dargethan werden kann.

§. 39.

Fortsetzung.

Sehr oft kommt aber auch der Fall vor, wo mehr Vieh in den Wald getrieben wird, als darin vollständig ernährt werden kann und bisher auch ernährt wurde, wo aber doch, besonders wenn einzelne Berechtigte abgelöst werden, eine Entschädigung verlangt wird, die nur dann gefordert werden könnte, wenn das Vieh volle Nahrung darin gefunden hätte. Es muß dann untersucht werden, für wieviel Vieh jeder Gattung desjenigen, welches überhaupt eingetrieben wird, Nahrung darin findet. Wenn Einzelne abgefunden werden, so können sie dann nur den Antheil von der gesammten Weide verlangen, wie auf die Stückzahl, welche sie einzutreiben befugt sind von dieser fällt. Dazu muß natürlich nicht blos der gesammte Weideertrag des belasteten Waldes, sondern auch die ganze berechtigte Viehzahl, welche diesen benutzt, festgestellt werden.

Ist der belastete Wald so groß, daß er nicht von allen Berechtigten gleichmäßig in allen seinen Theilen benutzt werden kann, so müssen diejenigen abgesondert werden, auf denen die abzulösenden Hütungsberechtigten mit anderen gemeinschaftlich die Weide benutzen. Sprechen Documente über die Grenzen der verschiedenen Hütungsbezirke, oder sind diese im Walde bezeichnet und werden von den verschiedenen Interessenten anerkannt, so hat es dabei sein Bewenden. Würden aber die Hütungsgrenzen, wie dies oft vorkommt, unbestimmt sein, so müssen sie nach der bisherigen Benutzung der Weide gezogen werden. Wo erweislich ein Berechtigter niemals mit seinem Vieh die Weide benutzt hat, da wird er auch keinen Anspruch auf eine Entschädigung für Aufgabe seines Nutzungsrechts machen können, da dann immer Hindernisse der Ausübung desselben, wie zu große Entfernungen, bedeutende Gewässer, Felsenhänge u. s. w. vorhanden sein werden, die das Recht, wenn er es auch nach dem Wortlaute eines Documentes besitzen sollte, unmöglich und dadurch werthlos machen. Können solche Hütungsgrenzen, innerhalb welcher der Berechtigte nur die Weide benutzt hat, gezogen werden, so beschränkt sich auch die Ermittelung des Weideertrages, sowie der darauf weidenden Viehzahl, nur auf denjenigen Theil des Waldes, der durch sie von den übrigen abgegrenzt wird.

Der Weideertrag wird nach §. 131. der G.-T.-O. von

1821 nicht höher abgeschätzt, als er bei dem Holzbestande, wie er zur Zeit der Auseinandersetzung vorhanden ist, angesprochen werden muß. Der §. 132. bestimmt dann aber noch, daß, wenn der Forst schlecht bestanden ist, die Weidenutzung nur so hoch abgeschätzt werden kann, wie sie bei einem mittelmäßigen Zustande des Waldes stattgefunden haben würde.

Diese gesetzliche Bestimmung ist verschiedenartig gedeutet worden. Man hat sie auf den ganzen Wald durchschnittlich bezogen, so daß also, wenn einzelne Theile desselben besser als mittelmäßig bestanden waren, diese wieder die schlechter bestandenen übertrugen, so daß wenn also in ganz geschlossenen Beständen gar keine Weide angenommen werden konnte, die Blösen wieder zum vollen Ertrage, als solche berechnet wurden, wenn beide zusammen nicht mehr ergaben, als bei einem mittelmäßigen Holzbestande zu erwarten gewesen wäre. Andere deuten sie wieder so, daß jede einzelne Forstart für sich abgeschätzt wird, und daß die einzelnen besser als mittelmäßig bestandenen Theile nur zu dem Weideertrage abgeschätzt werden, den sie wirklich geben, die schlechten aber zu demjenigen, welchen sie bei einem mittelmäßigen Holzbestande geben würden. *)

Geht man näher auf den Sinn des Gesetzes ein, in welchem diese Bestimmung allein gegeben sein kann, so ist nur die letztere Deutung desselben als richtig anzunehmen. Die Blösen in einem Walde können nur als ein zufälliger und vorübergehender Zustand desselben, der entweder durch Unglücksfälle oder frühere schlechte Bewirthschaftung entstanden ist, angesehen werden, den weder der Berechtigte zu fordern hat, noch der bei der Einräumung des Rechts vorausgesetzt worden ist. Er kann nur die Weide fordern, wie sie ein regelmäßig bewirthschafteter Wald liefern kann. In der Regel werden dieselben, sowie die schlechtesten räumlich bestandenen

*) So die technische Instruction für die Auseinandersetzungs-Angelegenheiten des Frankfurter Regierungs-Bezirks S. 31.

Forstorte auch wieder in kurzer Zeit mit besseren Beständen angebaut, sobald der Wald sich in den Händen eines guten Haushalters befindet, und der Nutzen, den der Berechtigte durch ihreu größeren Weideertrag bezieht, ist daher nur ein sehr kurze Zeit dauernder und bald vorübergehender. Der Gesetzgeber hat nun aber offenbar nicht gewollt, daß dieser zufällige und sich bald ändernde Zustand des Waldes der Ablösung zum Grunde gelegt würde, um eine Entschädigung oder Rente für ewige Zeit darauf zu gründen. Das wäre aber der Fall, wenn man nur von den besseren Beständen, wie sie jetzt sind, dem Weideertrage zum Grunde legte, die Blösen aber ebenso nur als Blösen berechnete, und nun den mittleren Zustand des Waldes danach bestimmen wollte. Die guten Bestände werden wahrscheinlich bei unserer gegenwärtigen besseren Forstwirthschaft auch gut erhalten werden, denn wenigstens von den jüngeren Orten wird man mit Sicherheit annehmen können, daß sie bis zum Abtrieb in diesem Zustande verbleiben werden, wahrscheinlich auch wieder gute Bestände an ihre Stellen treten werden. Die Blösen und Räumden aber müssen in kurzer Zeit verschwinden, und an ihre Stelle werden wahrscheinlich auch gute Bestände treten. Offenbar handelte man daher gegen die Vermuthung hinsichtlich des künftigen Zustandes des Waldes, wenn man die guten Bestände gleichsam dadurch schlechter annähme, als sie jetzt sind, weil man sich einen Theil ihres Holzbestandes auf die Blösen hin dächte, um für beide einen mittelmäßigen Holzbestand zu erhalten. Dies wäre auch sogar gegen den Wortlaut des §. 131., worin es heißt, daß die Weide nie höher geschätzt werden kann, als sie bei dem gegenwärtigen Holzbestande ist, denn das würde geschehen, wenn man in den guten Beständen den Weideertrag höher annähme, als er wirklich ist, blos um sich die Blösen gleichsam mit einem mittelmäßigen Holzbestande versehen denken zu können.

Eine andere Frage, welche beantwortet werden muß, ist die: was man unter einem mittelmäßigen Waldzustande versteht. Es ist nach dem Wortlaute ein solcher, welcher zwischen einem schlechten und einem guten etwa in der Mitte steht.*) Will man dies aber blos nach der Holzmasse, wie sie die Erfahrungstafeln von vollkommenen Beständen nachweisen, bestimmen, so kann es leicht sein, daß bei räumlich stehenden Bäumen schon bei wenig mehr als der halben Holzmasse die ganze Fläche unter dem Blattschirm liegt, und selbst bei einem mittelmäßigen Zustande schon gar keine Graserzeugung mehr stattfindet. Die Bäume entwickeln nämlich im Verhältniß ihrer Holzmasse im räumlichen Zustande eine weit größere Astverbreitung, als im geschlossenen. Eine 100jährige Buche hat bei einem Stammdurchmesser von 12 Zoll etwa 17 Fuß Kronendurchmesser, oder etwa 230 □Fuß Schirmfläche, eine frei erwachsene aber, bei gleicher Stärke, oft 21 Fuß Kronendurchmesser oder 345 □Fuß Schirmfläche, während die Holzmasse der letzteren eher kleiner sein kann, als die der ersteren. Rechnet man einen solchen Stamm von 100 Jahren zu 24 Kubikfuß Holzmasse, und nimmt man an, daß ein 100jähriger Buchenbestand nach Hartig 3500 Kubikfuß auf gutem Boden in vollem Bestande haben soll, so hat der halbe Bestand 1750 Kubikfuß. Dazu bedarf man 72 Stämme à 24 Kubikfuß, die jeden Stamm, im räumlichen Stande erwachsen und gleichmäßig vertheilt 24,840□Fuß überschirmen würden, während ein Preußischer Morgen nur 25,920 □Fuß hat. Bei zwei Drittheilen des vollen Holzbestandes würden aber in diesem mittelmäßigen Holzbestande die Aeste schon in einander greifen, und es würde in ihm ebenso wenig irgend eine Weidenutzung stattfinden können, als eine solche in einem ganz geschlossenen Buchenhochwalde angenom-

*) Die technische Instruction der Frankfurter Ablösungsbehörde nimmt S. 31. als einen lichten oder schlechten Bestand einen solchen an, der nur den dritten Theil der normalen Holzmasse enthält, und danach als mittelmäßigen einen solchen, der zwei Drittheile der Holzmasse eines vollen Bestandes hat.

men werden kann. Es kann demnach, da die Schirmfläche allein über die Wirkung auf den Graswuchs durch ihren Schatten entscheidet, nicht aber die Holzmasse, welche bei gleicher Größe eine sehr verschiedene Beschattung verursachen kann, auch nur diese zur Beurtheilung eines Holzbestandes bei der Weidenbonitirung benutzt werden. Ein voller Bestand ist der, wobei die ganze Fläche durch den vollkommenen Schluß der oberen Zweigspitzen beschattet wird, ein lichter oder unvollkommener, bei dem das Licht mehr oder weniger durch die Baumkrone hindurch auf den Boden fällt. Ob dabei viel oder wenig Holz vorhanden ist, bleibt ganz gleichgültig, denn wenn ein Holzbestand auch wirklich die volle normale Holzmasse enthält, die mehrsten Zweige und Wipfel wären aber abgestorben und unbelaubt, so würde er doch in Bezug auf die geringe Beschattung, welche er verursacht, für den Graswuchs nur als ein lichter angenommen werden können. Will man daher die Wirkung auf den Graswuchs durch die Beschattung untersuchen, so muß man nicht die vorhandene Holzmasse als Maaßstab gebrauchen, sondern die Größe der Astverbreitung oder die Schirmfläche der Bäume, welche die Beschattung verursacht.

Die Ermittelung derselben erfolgt bei den räumlich stehenden und ziemlich gleichmäßig vertheilten Bäumen so, daß man das Verhältniß des Stammdurchmessers zum Kronendurchmesser ermittelt, die sämmtlichen Bäume dann in Größenklassen nach ihrem Stammdurchmesser theilt und danach auszählt, wo man dann die gesammte Schirmfläche leicht findet, wenn man die Stämme jeder Größenklasse mit ihrer ermittelten Schirmfläche multiplicirt. — Daß dies nur auf passenden Probeflächen nöthig ist, und sich nicht über die ganze Fläche erstrecken kann, wird wohl erst keiner weiteren Bemerkung bedürfen. Selbst wenn man auch nur den halben Holzbestand eines normalen als einen mittelmäßigen annimmt, wie jener z. B. in den Hartig'schen Erfahrungstafeln angegeben wird, die vielfach bei der Preußischen Taxation angewendet werden, so wird man doch bei Untersuchung der Schirmfläche stets finden, daß dabei eher mehr wie weniger als drei Viertheile der gesammten Fläche wirklich durch den Bestand überschirmt ist. Darum kann man auch einen solchen Bestand für einen mittelmäßigen ansprechen, bei dem eine ziemlich gleichmäßige Vertheilung der Bäume angenommen, ein Viertheil der Fläche nicht von den Aesten überragt wird, drei Viertheile unter dem Blattschirm liegen.

Das Verhältniß des Kronendurchmessers zum Stammdurchmesser ist leicht an Modellstämmen in jedem Walde zu ermitteln, indem man beide mißt und den Baumschirm als Kreis danach berechnet. Doch bleibt sich dieser auch in den mehrsten Fällen so gleich, daß man ohne Gefahr die darüber gemachten Erfahrungen anwenden kann, die daher hier auch in Tabellenform mitgetheilt werden.

Von der Anwendung dieser Tafeln zur Bonitirung der Waldweide wird unten gehandelt werden.

Der Eiche Schirmfläche bei einem bestimmten Stammdurchmesser.

Im Schlusse erwachsen.			Frei erwachsen.		
Stamm-Durchmesser. Zoll.	Kronen-Durchmesser. Fuß.	Schirmfläche. Q.-Fuß.	Stamm-Durchmesser. Zoll.	Kronen-Durchmesser. Fuß.	Schirmfläche. Q.-Fuß.
10	17,1	229	10	17,4	238
11	17,7	246	11	18,9	282
12	17,9	251	12	20,2	319
13	18,9	281	13	20,8	338
14	20,8	338	14	22,1	383
15	21,7	369	15	23	415
16	23	415	16	24,4	469
17	24,7	480	17	25,7	518
18	26,4	546	18	27,5	594
19	28,4	631	19	29,3	675
20	29,3	675	20	30,2	717
21	30,9	748	21	32	805
22	31,8	796	22	33,4	878
23	32,5	828	23	34	905
24	32,8	841	24	34,9	959

Bei den gepflanzten Eichen, denen in der Jugend die Pfahlwurzel weggenommen ist und die selbst im höheren Alter noch nicht in Schluß kommen, fehlt der Höhenwuchs gewöhnlich ganz und ihre Astverbreitung ist gewöhnlich im höheren Alter noch etwas größer als die hier angenommene. Die Stämme bis zu 16 Zoll Durchmesser dürfen jedoch wohl keinen größeren Kronendurchmesser haben als den hier angenommenen.

Der Buche Schirmfläche bei einem bestimmten Stammdurchmesser.

Im Schlusse erwachsen.			Frei erwachsen.		
Stamm-Durchmesser. Zoll.	Kronen-Durchmesser. Fuß.	Schirmfläche. Q.Fuß.	Stamm-Durchmesser. Zoll.	Kronen-Durchmesser. Fuß.	Schirmfläche. Q.Fuß.
10	17,4	238	10	18,9	282
11	18,9	282	11	20,2	319
12	20,2	319	12	20,6	332
13	20,6	332	13	20,8	338
14	21	345	14	22,1	383
15	21,5	364	15	23	415
16	22,1	383	16	24,8	483
17	23	415	17	26,6	556
18	23,9	448	18	28,4	634
19	25,7	519	19	30,2	717
20	27,5	594	20	32	805
21	29,3	675	21	33,5	879
22	31,1	760	22	34,3	959
23	32,9	851	23	35,6	993
24	33,4	878	24	36,2	1027

Die gepflanzten Buchen dürften frei erwachsen nur selten eine größere Schirmfläche haben, als die hier angegebenen.

Der Birke und Erle Schirmfläche bei einem bestimmten Stammdurchmesser.

Im Schlusse erwachsen.			Frei erwachsen.		
Stamm-Durchmesser. Zoll.	Kronen-Durchmesser. Fuß.	Kreisfläche. Q.-Fuß.	Stamm-Durchmesser. Zoll.	Kronen-Durchmesser. Fuß.	Kreisfläche. Q.-Fuß.
6	9,7	74	6	10	79
7	11,3	100	7	11,7	107
8	11,6	105	8	12	113
9	12	113	9	12,3	118
10	12,4	121	10	13,5	143
11	13,5	143	11	14,5	165
12	14,5	165	12	15,4	186
13	15,4	186	13	16,5	214
14	16,5	214	14	17,1	229

Der Kiefer und Fichte Schirmfläche bei einem bestimmten Stammdurchmesser.

Geschlossen erwachsen.			Frei erwachsen.		
Stamm-Durchmesser. Zoll.	Kronen-Durchmesser. Fuß.	Kreisfläche. Q.-Fuß.	Stamm-Durchmesser. Zoll.	Kronen-Durchmesser. Fuß.	Kreisfläche. Q.-Fuß.
10	14,9	163	10	16	200
11	15,4	186	11	16,5	214
12	16	200	12	17,1	229
13	16,5	214	13	17,7	246
14	17,1	229	14	18,4	264
15	17,7	246	15	19,6	282
16	18,4	264	16	20,7	326
17	19,6	282	17	21,2	353
18	20,4	326	18	21,7	369
19	21,2	353	19	22,1	383
20	21,7	369	20	23	415

Bei größeren Stärken der Bäume, als die hier angegebenen, bleibt sich das Verhältniß des Stammdurchmessers zum Kronendurchmesser gewöhnlich nicht mehr gleich, sondern ist ein oft sehr abweichendes nach dem Wuchse der Bäume, und muß daher in jedem Falle erst bestimmt werden, was jedoch auch sehr leicht und rasch geschehen kann.

Ein anderes Verfahren um die Wirkung der Beschattung eines mittelmäßigen Holzbestandes auf den Graswuchs beurtheilen zu könn'en, muß eintreten wenn die Bäume nicht einzeln über die ganeze Fläche vertheilt sind, sondern horstweise, so daß zwischen den einzelnen Baumgruppen einzelne kleine Blösen liegen. Auch diese werden nicht die volle Graserzeugung größerer Flächen haben, welche die volle Lichteinwirkung genießen, da der Seitenschatten stets mehr oder weniger nachtheilig sein wird, aber doch wird die Graserzeugung auf diesen größeren Blösen etwas größer sein, als wenn nur kleinere Flächen zwischen den Bäumen nicht unmittelbar von den Aesten überragt werden. Auch hierbei kann man annehmen, daß ein solcher Bestand bei dem drei Viertheile der Fläche bestockt sind und ein Viertheil unbestockt oder Blöse ist, als ein mittelmäßiger wird angesprochen werden können. Diese letztere wird aber nicht als sensenreiner Boden angenommen werden können, und muß ein verhältnißmäßiger Abzug für die Wirkung des Seitenschattens gemacht werden. Diese hängt von der Ausdehnung der Blösen ab. Betragen diese mehr als 3 bis 4 Morgen, so wird ein Zehntel der Graserzeugung als Abzug genügen, bei einer Größe von nur 1 bis 4 Morgen sind zwei Zehntheile abzuziehen. Blösen unter 1 Morgen groß leiden überall vom Seitenschatten und ein solcher lückiger Bestand kann angesehen werden als wenn die Bäume gleichmäßig über die ganze Fläche vertheilt wären.

Die Wirkung der Beschattung durch die Bäume in Bezug auf die Menge und Nahrhaftigkeit des Grases, welches der Boden wenn er ganz unbeschattet wäre erzeugen könnte, ist eine sehr verschiedene, selbst bei ganz gleicher Entfernung der Zweigspitzen von einander.

Zuerst nach der dunklern oder lichtern Belaubung. Die Buchen, Hainbuchen, Linden, Schwarzpappeln, wilde Birn- und Apfelbäume, Fichten und Tannen, sind dunkel belaubte Bäume, unter deren Schirmfläche gar keine Graserzeugung wächst, weil sie nicht blos kein Licht durchfallen lassen, sondern auch verhindern daß Regen oder Thau den Pflanzen welche darunter stehen zu gute kommen.

Eichen, Ahorn, Eschen, Kiefern sind lichter belaubt, und werden darum weniger nachtheilig.

Birken, Erlen und Lerchen beschatten den Boden noch weniger und sind darum für den Graswuchs auch am wenigsten hinderlich.

Dann macht es wieder einen großen Unterschied ob die Bäume hochangesetzte Kronen mit geringer Astverbreitung haben, oder ob sie mehr strauchartig gewachsen sind, die dichten Aeste niedrig über den Boden hängen und sich weit verbreiten. Die Birke ist an und für sich wenig verdämmend, eine alte Hangelbirke mit herunterhängenden Aesten wirft aber einen so dichten Schatten, wenn sie auch eine kleinere Schirmfläche hat, wie die Buche. Darum wird der Schatten einzelner Bäume auch immer desto nachtheiliger je älter sie werden, so lange sie noch die volle Belaubung haben und diese in Folge eines krankhaften Zustandes noch nicht gelichtet hat.

Eben so wächst der Nachtheil der Beschattung, je mehr die Bäume sich einander nähern. Bei einem ganz einzeln stehenden Baume kann noch unter der Schirmfläche selbst Gras wachsen, wenn er eine kleine hochangesetzte Krone hat, da das Licht und die atmosphärischen Niederschläge noch dem Boden innerhalb desselben zu Gute kommen. Man kann bei einem solchen oft weiter nichts in Abzug bringen als die Fläche welche der Stock und die Wurzeln bedecken. Bei einem Bestande wo die Bäume so nahe aneinander stehen, daß nur einige Fuß Entfernung der Zweigspitzen stattfindet, wächst aber auch selbst auf den nicht unmittelbar überschirmten Stellen kein Gras mehr.

Dann ist aber auch die Beschattung von einer sehr verschiedenen Wirkung nach der Beschaffenheit des Bodens. Je ärmer und je trockner derselbe ist, desto mehr leidet der Graswuchs, weil er weit leichter austrocknet wenn ihm der Thau und die leichten Sprühregen entzogen werden, als der frische Boden. Der arme Sandboden kann dagegen zwar wohl noch bei einem lichten Kiefernbestande nur geringe Schafweide geben, wenn er durch die abgefallenen Nadeln eine Düngung erhält, ganz vom Holz entlöst, wird er oft Flugsand. Auf ihn verschlechtert man durch die gänzliche Wegnahme des Holzes eher die Weide, als daß man sie verbessert. Auf einem frischen, kräftigen Lehmboden vermindert aber wieder jede einzelne stark beästete Eiche oder Buche den Weideertrag.

Diese kurzen Bemerkungen werden genügend darthun, daß sich eine feste und allgemeine Bestimmung hinsichts der Verminderung der Graserzeugung durch einen bestimmten Grad der Beschattung oder eine bestimmte Schirmfläche, gar nicht geben läßt und daß folglich auch eine Bonitirung mit Anwendung von Tafeln, welche diese geben, stets etwas sehr unsicheres bleibt. Dazu kömmt dann auch noch, daß in den lichten ältern Beständen häufig der Boden mit Unterholz, Sträuchern, Wachholder, Dornen, Brombeeren, Ginster, Farnkraut und solchen Gewächsen bedeckt ist, welche dem Viehe weder Nahrung geben, noch das Gras oder andere nahrhafte Kräuter aufkommen lassen. Diese kann man so wenig zu der vorhandenen Holzmasse rechnen, als dafür eine Schirmfläche in Ansatz bringen. Deshalb muß aber doch die Fläche, welche sie bedecken und welche durch sie der Weide entzogen wird, von derjenigen, welche das Weidevieh zur Ernährung benutzen kann, in Abzug gebracht werden, wenn der Wald, wie es das Gesetz bestimmt, zu keinem höhern Weideertrage abgeschätzt werden soll, als wie er ihn wirklich bei seinem gegenwärtigen Zustande liefert.

Deshalb ist auch die Bonitirung der Weide blos nach einer gutachtlichen Schätzung nach dem Augenmaße, durch Männer, welche einen practischen Blick haben und urtheilsfähig sind, entschieden einer solchen nach bestimmten Bonitirungstafeln vorzuziehen, sobald man dabei gründlich verfährt und sich nicht auf ein oberflächliches Besehen des Waldes beschränkt.

Das Verfahren dabei ist folgendes, wobei aber natürlich vorausgesetzt werden muß, daß von dem zu bonitirenden Walde Karten und Vermessungsregister vorhanden sind, um die Flächengröße der zu machenden Abtheilungen bestimmen zu können. Wo die Größe der Weidefläche nicht bekannt ist und, im Falle sehr verschiedene Güteklassen des Weidebodens vorkommen, die Fläche, welcher jeder einnimmt, nicht zu bestimmen ist, kann man weder mit Anwendung von Bonitirungstafeln, noch ohne dieselben, auch nur muthmaßlich angeben, wie viel Vieh darin ernährt werden kann, wenn dasjenige, was wirklich eingetrieben wird, darin nicht hinreichende Nahrung daran findet, folglich die Erfahrungen darüber fehlen.

Man theilt zuerst den Wald in Güteklassen nach der Ernährungsfähigkeit des Bodens und dem reichern oder geringern Graswuchse.

Es wird dabei der Höhenboden von dem Niederungsboden geschieden werden müssen, da der erstere für Schafe und Rindvieh gleich gut, oder für ersteren besser sein kann, die Niederungsweiden aber nur für Rindvieh und Pferde, nicht für Schafe benutzbar ist. Ueberhaupt wird bei der Bonitirung stets Rücksicht auf die Viehgattung genommen werden müssen, welche ihn benutzt.

Trockne Kalkberge können für Schafe noch eine vortreffliche Weide geben, während sie für Rindvieh oft kaum noch zu benutzen sind, ebenso wie der ärmere Sandboden wohl noch erstere hinreichend ernähren kann, aber nicht mehr letzteres. Umgekehrt sind die bessern Bruchweiden wohl werthvoll für Kühe, aber werthlos für Schafe.

Bei dem Höhenboden wird der Graswuchs sehr durch die Gesteinart bedingt. Granit, Porphyr, Grünstein, Gerus und alle Vorgebirgsarten, dann Grauwacke, Thonschiefer, Basalt geben, wenn der Boden nicht zu flachgründig ist, im Allgemeinen einen grasreichen Boden. Weit ärmer in dieser Beziehung sind die Sandsteine, die dann nur noch einen guten Graswuchs haben, wenn sie soviel Bindungsmittel enthalten, daß sie bei ihrer Zersetzung einen Lehm- oder Mergelboden geben. Die kohlensauern Kalksteine geben zwar keinen üppigen Graswuchs, die sehr thonarmen sogar nur einen sehr dürftigen, aber die darauf vorkommenden Gewächse zeichnen sich wieder durch ihre Nahrhaftigkeit aus, so daß die Güte der Weide die geringere Masse der Gewächse ausgleicht. Der Gyps dagegen giebt sowohl nach Menge als Nahrhaftigkeit der Vegetation nur einen sehr geringen Weideboden.

In den Gebirgsgegenden entscheidet übrigens über den Grasreichthum auch die Exposition der Berghänge, und ob das Gestein quellenreich oder quellenarm ist. Die Mitternachtsseiten sind frischer und grasreicher als die Südseiten, die Ostseiten besser als die Westseiten. Wenn das Wasser sich in der Oberfläche des Bodens fortzieht, so erzeugt dieser mehr Gras als wenn er in das zerklüftete Gestein tief einsinkt. Auch der Neigungswinkel wird bei dem Ansprechen der Bonitätsklasse hier nicht unbeachtet bleiben dürfen. Ein solcher von mehr als 15 Grad wird schon kaum noch als ein eigentlicher Weidegrund für Rindvieh angesprochen werden können, wenn es auch noch für Schafe und Ziegen benutzbar ist. Das Vieh tritt hier die Erde und mit dieser die Wurzeln der Gewächse los, und wenn er stark beweidet wird, spült das Wasser bald die Erde herunter.

Von dem aufgeschwemmten Boden ist gewöhnlich der

Thalboden, wenn das Gestein nicht zu flach liegt, der fruchtbarste. Die von den Bergen abgespülte fruchtbare Erde, gewöhnlich reich mit Humus gemischt, die aus den Bergen hervorquellende Feuchtigkeit und der starke Thauniederschlag der Thäler, erzeugen einen vorzüglich starken Graswuchs, wie schon die Wiesen der Gebirgsthäler bekunden. Auch der Flußboden in den größern Thälern, entstanden aus den Niederschlägen der schlickführenden Flüsse, zeichnet sich durch einen solchen aus. Der trockne Lehmboden des Diluvimus oder Alluvimus steht schon darum demjenigen der Gebirge im Graswuchse nach, weil die Ebene weniger atmosphärische Niederschläge hat. Der Sandboden dieser neuern Bodenbildungen ist noch ärmer an nahrhaftern Gräsern und Kräutern, als der Sandsteinboden, der an der Stelle liegt, wo er aus dem Gesteine entstand, was ihn lieferte, weil er theils die Nährstoffe im Wasser verloren hat, welche dieser noch enthält, theils auch er höher über dem festen Untergrunde aufgehäuft ist und das Wasser tiefer einsinken läßt. Selbst die Gewächse, die er auch erzeugt, wie die Sandgräser und Sandrohre, wenn er an eigentlichen Nährstoffen arm ist, sind wegen ihres großen Gehalts an Kieselerde hart und größtentheils für das Vieh ganz ungenießbar. An manche Gewächse, welche er erzeugt, wie das gemeine Haidekraut, gewöhnt sich zwar auch das Rindvieh zuletzt, wenn es weiter nichts hat, wovon es sich ernähren kann, es ist aber dies keine Nahrung, wobei es gedeihen und einen Ertrag geben könnte.

Die Niederungsböden, die nur für Rindvieh und Pferde einen guten Weidegrund geben, sind sehr verschieden nach dem größern oder geringern Grad von Feuchtigkeit, sowie nach der Beschaffenheit des Bodens selbst. Ein hoher Grad von Feuchtigkeit, so daß der Boden mit Wasser bedeckt ist, oder doch als eigentlich naß angesprochen werden muß, wird niemals einen ganz guten Weidegrund gestatten. Es kann zwar noch einen reichlichen Graswuchs erzeugen, aber die Gewächse sind größtentheils wenig nahrhaft oder werden auch von dem

Viehe gar nicht getroffen. Blos das Mannagras (Festuca fluitans), was auf nassem und mit Wasser bedeckten Lehmboden vorkömmt, giebt ein gutes Futtergras für Pferde und Rindvieh. Der blos feuchte Boden kann dagegen ein sehr guter Weidegrund sein, wenn er keine freien Säuren enthält. Dies ist aber gewöhnlich der Fall bei den Humusböden, die viel freie Humussäure enthalten, weil ihnen die Basen fehlen, durch die diese, indem sie sich mit ihnen verbindet, erst zur Pflanzennahrung geschickt wird. Von diesen Humusböden ist der Torfboden noch besser als der eigentliche Moorboden, der größtentheils Gewächse erzeugt, wie Riedgräser (z. B. Carex stricta), die das Vieh gar nicht frißt. Der Boden, welcher Raseneisenstein enthält, ist ein besonders schlechter Weidegrund. Dem Landwirthe sind die Gewächse, welche dem sogenannten sauern Boden eigenthümlich sind, bekannt, wenn er sie auch nur mit ihrem Trivialnamen bezeichnen kann, denn das Vieh frißt das Heu davon so wenig, als die grünen Gewächse, von denen es gemacht ist, so daß er leicht nach ihnen die Güte des Weidegrundes wird bestimmen können, ohne sich dabei durch die Menge des Graswuchses täuschen zu lassen. Es ist daher auch ein unrichtiges Verfahren, wenn die Bonitirung dieser Niederungsböden allein nach der Menge des darauf zu gewinnenden Heues erfolgt. Die Nahrhaftigkeit des Futters, welches er liefert, muß dabei eben so gut beachtet werden.

In den Wäldern des nördlichen Deutschlands können folgende Weideklassen vorkommen:

1) Eigentliche Fettweiden, auf denen das Vieh so reichliche und gute Nahrung findet, daß es darauf gemästet werden kann. Sie müssen stets ganz unbeschattet sein. Man findet sie nur in dem feuchten, humosen Lehmboden der Thäler, dem Flußboden der schlickführenden Flüsse, wie Elbe, Weichsel, Oder u. s. w. oder in den Niederungen ganz frei von Säuren, der fruchtbarsten Landstriche, dem Marschboden, der beste Weizenboden, wenn er etwas feucht ist 2c. Zur

Ernährung einer gewöhnlichen Landkuh genügen hier in der Regel $1\frac{1}{2}$ Morgen.

Für Schafe sind sie nur benutzbar, wenn dieselben bald geschlachtet werden sollen.

2) Die zweite Klasse bilden den trocknen guten Flußboden, welcher den Ueberschwemmungen nicht mehr ausgesetzt ist, der frische Lehmboden der oben bezeichneten bessern Gesteine bis zu einer Höhe von 1500 Fuß, die Wiesenthäler im Gebirge, der Lehmbruch, die feuchten Einsenkungen in Diluviallehme, die bessern Angerweiden in thonigem, feuchtem Kalkboden, der trockne oder etwas geringere Weizenboden. Wenn der Boden ganz unbeschattet ist, rechnet man gewöhnlich 2 Morgen zur Kuhweide.

3) Die dritte Klasse, von welcher man unbeschattet etwa 2,4 bis 2,5 Morgen als zu einer Kuhweide erforderlich annimmt, findet man im feuchten, humosen Sandboden, dem trocknern und weniger tiefgründigen Lehmboden der Gebirge, den Niederungen der keine schlickführenden Flüsse, welche nicht mehr naß und frei von Säuren sind, den lehmigen Mitternachtsseiten des thonhaltigen Muschelkalkes. Man kann diese Weideklasse als guten Gerstenboden, geringer zum Weizenboden bezeichnen.

4) Die vierte Klasse gehört dem flachgründigen Lehmboden der Gebirge, dem lehmigen Sandsteinboden, dem frischen sandigen Diluviallehme, den Niederungen, die nicht ganz frei von Säuren sind, den Angerweiden im trocknen Kalkboden an. Der Ackerwirth wird ihn als geringes Gerstenland oder guten Haferboden charakterisiren. Es sind vom unbeschattetem Boden 3,4 Morgen erforderlich, um eine Kuh vollständig und so zu ernähren, daß sie den vollen Milchertrag ergiebt.

5) In der fünften Klasse liegen die frischen humosen Sandböden, das geringere Haferland, die Niederungs- und Sumpfböden, welche nicht frei von Säuren sind, die bessern Moor- und Torfbrücher, die trocknen Südseiten der Berg-

hänge bis zu einem Neigungswinkel von 10 Grad, welche nicht zu flachgründig sind. In ihr müssen schon 5 Morgen unbeschatteter Boden zu einer Kuhweide gerechnet werden.

6) Die sechste Klasse, der Roggenboden, den man tragbar nennt, umfaßt die geringeren Moor- und Torfbrücher mit viel Säuren und Raseneisenstein, den trocknеren Sandboden, die flachgründigen Südhänge, die trocknen Kalkberge, den ganz humusarmen, lehmigen Sandboden, der lange blos gelegen hat, die steilen, flachgründigen Berghänge, die reich mit Haidekraut bewachsenen Flächen. Sie ist eigentlich nur noch als Schafweide benutzbar und für 10 Schafe, gleich einer Kuhweide, sind 6 Morgen zur Ernährung erforderlich.

7) Die siebente Klasse, das dreijährige Roggenland, ebenfalls nur Schafweide mit 7,4 Morgen unbeschatteten Boden für 10 Schafe, lieferte der trockne Sandboden der Kieferheiden, der Quadersandsteine und überhaupt der schlechten Sandsteine, welche sehr wenig Bindungsmittel haben, die trocken gelegten sauren Moorbrücher (die Stauberde), der geringere Heideboden, der mit Vaccinien bestanden ist, die Moosbrücher, welche keine eigentliche Graserzeugung haben.

8) Der Sandboden, welcher keine Gräser, sondern nur noch die eigentlichen Sandgewächse, Moose und Flechten erzeugt und die geringeren Kiefernklassen bildet, kann dann noch zur achten Klasse gerechnet werden, in der oft 10, 15 und selbst noch mehr Morgen erforderlich sind, um 10 Schafe zu ernähren.

Was die Holzgattungen und ihren Wuchs betrifft, welche in diesen verschiedenen Weideklassen vorkommen, so findet man gewöhnlich

in der ersten Klasse nur Eschen, Ulmen und Erlen von sehr gutem Wuchse,

in der zweiten, Eichen, Ulmen und Eschen in den Flußthälern, Buchen, Ahorne, Eschen, Haseln von bestem Wuchse und der ersten Ertragsklasse angehörend, im Gebirge, Erlenbestände, welche bis 60 und mehr Kubikfuß Durchschnittszuwachs haben.

Der dritten Klasse gehören die Buchen- und Eichenwälder erster und zweiter, die Erlenbrücher zweiter, die Fichtenbestände erster und zweiter Bonitätsklasse an. Ebenso die Niederwälder mit einem sehr guten Haseln-, Saalweiden-, Hain- und Rothbuchenwuchse.

Die sogenannten Eich- und Buchheiden der Mark Brandenburg enthalten gewöhnlich die vierte Klasse, dann die Erlenbrücher von mittelmäßigem Wuchse, die Fichtenbestände der zweiten und dritten Bonitätsklasse angehörend, die Buchenwälder dritter Güteklasse im Gebirge, die Niederwälder mit einem mittelmäßigen Wuchse der Hasel, Aspe, Saalweide, Traubenkirsche, die Kiefernbestände auf feuchtem humosen Sandboden, welche der Massenerzeugung nach der ersten Kiefernklasse angehören werden.

Die fünfte Klasse des Weidebodens erzeugt Kiefernbestände von ausgezeichnetem Wuchse, Fichten, der dritten, Erlen, der vierten und fünften, Buchen und Eichen, der vierten und fünften Klasse angehörend. Die Brücher enthalten gewöhnlich Faulbäume (Rhamnus frangula), Traubenkirschen von schlechtem Wuchse, auch wohl Salix aquatica, ebenfalls schlechtwüchsig.

Die sechste Klasse hat schon überall einen schlechten Wuchs in Kiefern, Erlen, Fichten, Eichen-Schlagholz, Aspen und andere im Niederwalde vorkommende Holzarten. So wenig die Baumhölzer, als wie Schlaghölzer, die Erlen, kommen darin so vor, daß man sie in höhere Ertragsklassen, als höchstens in die mittlere, setzen könnte.

Die siebente und achte Klasse enthalten nur noch die geringeren derjenigen Holzarten, die keinen großen Anspruch an die Bodenkraft machen, an die Kiefern u. s. w. Sie verlieren ohne Holz gewöhnlich ihren ganzen Graswuchs, weshalb man auch nicht annehmen kann, daß die Beschattung hier eigentlich nachtheilig ist.

Im Allgemeinen wird man die Weideklassen recht gut nach den Ertragsklassen der verschiedenen Holzarten bilden können, denn die größere oder geringere Productionskraft des Bodens stellt sich ebenso gut im Gras- als im Holzwuchse dar, wenn jede Holzgattung auf den für sie passenden Boden gezogen wird. Ist daher der Boden vielleicht schon in Bezug auf die Productionsfähigkeit behufs einer Holzertragsberechnung gesondert, so wird man die danach gebildeten Ertragsklassen auch recht gut zur Weideberechnung benutzen können, indem man für jede Güteklasse der vorkommenden Holzarten auch einen derselben entsprechenden Weideertrag annimmt. Da dies in den Preußischen Staatsforsten beinahe überall schon geschehen ist, so wird man die Vermessungs- und Taxationsregister derselben der Weidebonitirung sehr gut zum Grunde legen können.

Dabei kann man annehmen, daß der Boden, der als Unland angenommen worden ist, weil er kein Holz mehr erzeugen kann, mit Ausnahme der Schneissen oder Gestelle, welche nicht als Wege benutzt werden, auch keine Weide mehr gewährt, weshalb er denn auch von der Fläche ausscheidet, von welcher der Weideertrag berechnet wird. Es kann aber auch der Fall sein, daß noch Holz darauf erzeugt werden, aber nicht mehr darauf geweidet werden kann, wie an steilen Felsenhängen, in tiefen, dem Vieh unzugänglichen Brüchern. Daher müssen vor der eigentlichen Bonitirung alle Flächen ausgeschieden werden, von denen man annehmen kann, daß sie nicht vom Vieh zur Ernährung benutzt werden.

Von dem wirklichen Weideboden muß dann in jeder Weideklasse die Fläche ermittelt werden, um die Zahl der Kuh-, Pferde- oder Schafweiden, welche sie geben würde, wenn man sich den Boden ganz unbestockt und unbeschattet denkt, danach zu berechnen. Man rechnet dabei, wenn zu einer Kuhweide 3 Morgen erforderlich sind, gewöhnlich

zu einer	Pferdeweide . .	$4\frac{1}{2}$	Morgen,
" "	Zugochsenweide .	$3\frac{2}{3}$	"
" "	Füllenweide . . .	$2\frac{1}{4}$	"
" "	Fersenweide . .	$1\frac{1}{2}$	"
" "	Schafweide . . .	$\frac{3}{10}$	"
" "	Schweineweide . .	$\frac{3}{10}$	"
" "	Gänseweide . .	$\frac{1}{10}$	"

Dies ist aber schon darum nicht ganz richtig, weil, wenn auch wirklich sich auf 10 oder 15 Morgen trockenem Sandboden vielleicht 10 Schafe ernähren können, darum noch nicht immer eine Kuh hinreichende Nahrung finden, und die Gänse geradezu darauf verhungern müßten, da sie kein Haidekraut und keine Flechten fressen, wie die Schafe. Natürlicher ist es daher, wenn das, was nur noch als Schafweide anzusprechen ist, und auch nur allein von Schafen benutzt wird, gleich als solche und nicht erst als Kuhweide angesprochen wird. Dann ändert sich aber auch das Verhältniß nach der verschiedenen Größe der Thiere, denn 10 große Schafe brauchen mehr Nahrung, als eine kleine Kuh, wie man sie in den Sandgegenden findet. Man muß vielmehr annehmen, daß ein gleiches Gewicht der verschiedenen Thiere eine gleiche Nahrungsmenge braucht, und danach, wenn man einmal nach Kuhweiden rechnen will, die Menge der übrigen Weidethiere, die darauf Nahrung finden, bestimmen. Wenn die Kuh 250 Pfund und das Schaf 25 wiegt, so ist das oben angegebene Verhältniß richtig, wenn aber die Kuh nur 180 Pfund und das Schaf 30 wiegt, so wird man nur 6 Schafe auf die Kuhweide rechnen können.

In denjenigen Beständen, welche mit ihrem Weideertrage so abgeschätzt werden, wie sie sind, wird ein einigermaaßen geübtes Auge aus dem Vergleiche der unbestockten und unbeschatteten, voll beweideten Bodens, der die volle Graserzeugung hat, mit dem mit Holz bestandenen sehr leicht beurtheilen können, wieviel weniger Gras in dem letzteren wächst. Zuerst ist der Raum, den der Stock und die Wurzeln bedecken, ohne alle weitere Vegetation. Dann fehlt diese aber auch stets mehr oder weniger unter dem Blattschirme dicht belaubter Bäume, oder wo der Boden stark mit Laub, Nadeln oder einem dichten Moosfilze bedeckt ist. In ganz geschlossenen Buchen-, Fichten-, Tannen-, Linden-, Hainbuchenbeständen ist daher wenigstens für das Rindvieh absolut gar keine Weide, da es kein dürres Laub und keine abgefallenen Nadeln fressen kann, wenn die Aeste so hoch angesetzt sind, daß es sie nicht mehr erreichen kann, es ist deshalb offenbar irrig, wenn man in ihnen nach Kuhweiden berechnen will. Blos die Schafe können allenfalls, wenn sie der Hunger dazu zwingt, noch einige Flechten von der Rinde der Bäume abfressen. Im Mittel- und Niederwalde nährt sich dagegen das Vieh nöthigenfalls auch von den Blättern der unteren Zweige des Schlagholzes, so daß man in diesem, selbst nur bei einem ganz geschlossenen Holzbestande einen Weideertrag rechnen kann. In den älteren Beständen derjenigen Holzgattungen, welche sich im höheren Alter licht stellen, wie der Eiche, bei einer solchen über 120—140 Jahre, Kiefern bei 60—70, Birken bei 35—40, findet man oft noch innerhalb des Blattschirms Spuren von Graswuchs, noch besser wird dieser aber außerhalb desselben, da die Baumkronen dieser Holzarten dann niemals einen dichten Schluß bilden. Immer aber wird dieser nur spärlich sein, und auch von einer weit geringeren Nahrhaftigkeit, als auf einem unbeschatteten Boden, mit Ausnahme des ganz schlechten trocknen Sandbodens, wo ohne Schutz und Düngung durch die Bäume gar kein Gras mehr wächst, wie dies schon oben bemerkt wurde. Je dichter der Bestand ist, desto mehr wird der Graswuchs leiden, um wieviel weniger angenommen werden muß, als auf sensenreinem Boden, das wird man aber nach dem Augenschein stets besser an Ort und Stelle bestimmen können, als nach allgemeinen Tafeln.

Was nun aber die Blösen betrifft, oder diejenigen Orte, welche schlechter, als mittelmäßig bestanden sind, und die zu einem mittelmäßigen Bestande berechnet werden sollen, so wird deren Abschätzung am zweckmäßigsten in folgender Art stattfinden können. Man stecke in jeder Bodenklasse, die einen verschiedenen Weideertrag giebt, eine oder mehrere Probeflächen, etwa von 1 Morgen Größe ab, wo gerade ein solcher Holzbestand vorhanden ist, den man für einen solchen erkennt, wie er nach der gesetzlichen Vorschrift auf den Blösen und schlecht bestandenen Orten angenommen werden soll. Auf dieser Probefläche spreche man dann den Graswuchs, wie er wirklich ist, an, und nehme an, daß die schlechter bestandenen Districte einen gleichen geben werden. In dem Maaße, wie er geringer ist, als derjenige des sensenreinen Bodens, müssen dann auch die Kuh- oder Schafweiden, welche dieser enthalten würde, vermindert werden.

Nur bei dem ganz schlechten Sandboden, der nur noch, wenn er bestanden ist, überhaupt einen Weideertrag giebt, kann dieser auch nur für den bestandenen Wald berechnet werden, wie dieser ist, und nicht erst vom sensenreinen Boden, um dann dasjenige in Abzug zu bringen, was durch die Beschattung verloren geht.

§. 40.
Fortsetzung.

Dies Verfahren der Bonitirung paßt aber nicht für alle Wälder, und muß nach den verschiedenen Zuständen geändert werden. So werden in Fichten häufig gerade nur die ganz jungen Bestände behütet, die man bei anderen Holzgattungen mit dem Ausdrucke Schonung bezeichnet, da das Weidevieh die jungen Fichtenpflanzungen in den mehrsten Gegenden gar nicht angreift, und nur erst von ihnen, wenn sie noch ganz klein sind, besonders an den Gängen, durch das Treten und die dadurch erfolgende Beschädigung der Wurzeln nachtheilig werden kann. So sind es im Oberharze eigentlich nur die ganz jungen Fichtenbestände von 5 bis 20 Jahren, bei denen noch kein voller Schluß des Holzes erfolgt ist, in denen sich das Vieh ernährt, indem es das Gras zwischen den Pflanzbüscheln abweidet. Sobald diese sich schließen, ist an keinen Graswuchs mehr unter den dichten Fichtenzweigen zu denken, und wenn der Bestand bis zum Abtriebe geschlossen bleibt, so findet das Vieh auch im älteren und haubaren Bestande durchaus keine Nahrung mehr. Wollte man hier die Weide bonitiren, wozu jedoch selten eine Veranlassung sein wird, da die Waldweide für den Eigenthümer des Waldes gar keinen Nachtheil hat, für den Weideberechtigten aber oft einen sehr hohen, nur Weideablösung daher in der Regel ganz unzweckmäßig sein würde, so müßte man gerade umgekehrt verfahren, wie bei der Ablösung, wie sie die Preußische G.-T.-O. vorschreibt, denn man könnte dann die Schonungsfläche nicht in Abzug bringen, indem man sie als weidefrei betrachtet, da es da, wo der Anbau nur durch Pflanzung erfolgt, in diesem Sinne vielleicht gar keine Schonung giebt, sondern es ist vielmehr nur die mit ganz jungem Holze bestandene Fläche, als einen Weideertrag gebend, zu berechnen. Dieser vermindert sich in dem Maaße, wie die Fichten älter werden, und mit ihren Zweigen sich mehr ausbreiten, bis er ganz aufhört, sobald sie ineinandergreifen und so der Boden ganz überschirmt ist. Dies erfolgt desto früher, je dichter die Pflanzung ist, desto später, je weiter die Pflanzungen auseinanderstehen. Um daher eine Weidebonitirung in diesen Fichtenwäldern vornehmen zu können, muß

1) die Pflanzweite, oder die Entfernung der Saatplätze oder Saatrillen bestimmt werden. Diese kann bei der Pflanzung und bei den Saatplätzen zwischen 4 und 7 Fuß schwanken, da sie selten enger oder weiter gemacht werden. Die Saatrillen werden gewöhnlich 4 bis 6 Fuß aus einander gezogen.

2) Es ist dann das Alter zu bestimmen, wobei nach dem stattfindenden Holzwuchse anzunehmen ist, daß das Holz in vollen Schluß kommen und die Weide ganz aufhören wird.

3) Die jungen Bestände unter diesem Alter sind dann in Altersklassen, z. B. bis zu 6 Jahren, von 6 bis 10 Jah-

ren, von 10 bis 20 Jahren zu theilen, um nach der Größe der in jedem Alter zwischen den Pflanzen befindlichen Grasplätze den Weideertrag zu bestimmen. So lange die Pflanzen noch ganz klein sind, kann man annehmen, daß die ganze Fläche zwischen den Pflanzlöchern, Saatplätzen oder Saatrillen den vollen Graswuchs des sensenreinen Bodens hat, und nur die verminderte Fläche in Abzug zu bringen ist. Mit zunehmender Größe der Pflanzenhorste werden aber die Grasplätze immer kleiner, welche zwischen ihnen liegen, und wenn sie 4 bis 5 Fuß Höhe erreicht haben, fängt auch schon der Seitenschatten an, nachtheilig auf die Graserzeugung zu wirken. Darum muß von jeder Alters- oder Größenklasse dieser jungen Bestände der Graswuchs besonders untersucht und der Weideertrag danach bestimmt werden.

Eine Bonitirung des Weideertrages in den Mittel- und Niederwäldern, so daß man den Graswuchs des sensenreinen Bodens zum Grunde legt, und das, was durch die Beschattung davon vernichtet wird, davon in Abzug bringt, ist darum oft ganz unthunlich, weil das Vieh sich nicht vom Grase allein, sondern oft mehr noch von den Blättern und jungen Trieben der jungen Ausschläge und Pflanzen nährt, als vom Grase. Das zeigt das verbissene und entlaubte Holz sehr oft nur zu deutlich. Man könnte dabei allerdings den Einwurf machen, daß das Vieh gar kein Recht hat, sich vom Holze zu nähren, sondern nur das Gras und die Kräuter fressen soll, welche zwischen diesem wachsen, allein das dürfte dann doch kaum ein Grund sein, aus dem man dem Berechtigten, wenn er darthun kann, daß bisher sein Vieh durch die Weide im Walde während einer bestimmten Zeit vollständig ernährt worden ist, die Entschädigung dafür verringern wollte.

Meyer*) nimmt in seinen Bonitirungstabellen den Weideertrag in den Brennholzbeständen, wo Unterholz vor-

*) Ueber die Gemeinheitstheilung, 3. Theil, S. 17. 18.

handen ist, geringer an, als in denen, wo solches sich nicht vorfindet. Das ist auch ganz richtig, insofern das Vieh sich nicht von diesem Unterholze nährt, wie denn auch schon eben bemerkt wurde, daß in den lichten Baumholzbeständen, wo dies Unterholz vorkommt, die Fläche, welche es bedeckt, und die deshalb keinen Weideertrag giebt, als productionslos in Bezug auf diesen in Abzug gebracht werden muß. Es kann sich dies aber nicht auf die Art der Wirthschaft beziehen, wo zwischen dem Baumholze Schlagholz gezogen wird, dessen Blätter oft das Vieh sehr gern frißt, die man gewöhnlich durch den Ausdruck Mittelwald, gemischter Hoch- und Niederwald, oder Compositionsbetrieb bezeichnet. Dieser Zustand der Wälder ist gerade ein solcher, der geeignet ist, dem Vieh eine größere Menge von Nahrung zu gewähren, als wenn reines geschlossenes Baumholz gezogen würde, eben weil es sich zum Theil von den Blättern des Unterholzes ernährt. Wie groß dieser Theil ist, wird sich sehr schwer oder gar nicht ermitteln lassen, und darum wird man auch auf die Bonitirung eines Weidereviers, mit Mittel- oder Niederwald bestanden, besser ganz verzichten, sobald nicht zu bestreiten ist, daß das Vieh sich in demselben nicht blos vom Grase, sondern auch von den Blättern des Holzes nährt. Es wird dann, insofern sie nur irgend möglich ist, lieber die Zahl der Tage, an denen eine bestimmte Viehzahl in dem Walde ernährt worden ist, zu ermitteln sein, um daraus auf den Weideertrag zu schließen. Dabei ist aber wohl darauf zu achten, daß in vielen mit Weide überlasteten Revieren, das Vieh zwar täglich in den Wald getrieben wird, darum aber sich noch nicht in diesem ernähren kann, sondern des Morgens, ehe es ausgetrieben wird, des Abends, wenn es heimkehrt, oder auch wohl gar bei nahe gelegenen Weiden, des Mittags mit vorgelegtem Futter theilend im Stalle ernährt werden muß. Wo dies der Fall ist, muß dies Futter, soweit es zu ermitteln ist, natürlich in Abzug von dem Weideertrage des Waldes gebracht werden. Könnte man z. B. annehmen, daß für die Zeit bis zum 15. Mai und für die Monate August, September bis Mitte October durchschnittlich einer Kuh täglich neben der Weide eine halbe Traglast Gras oder Kräuter von 60 Pfund Abends und Morgens vorgelegt werden muß, wenn sie vollständig ernährt werden soll, so würden diese 30 Pfund vom Weideertrage für diese Zeit in Abzug zu bringen sein, und da eine Landkuh wenigstens 60 Pfund grünes Futter von guter Beschaffenheit täglich bedarf, so wäre sie nur halb auf der Weide ernährt worden. Dies zu berechnen ist indessen Sache der Landwirthe, der Forstwirth hat nur zu untersuchen und nachzuweisen, ob das Vieh vollständig oder nur theilweise im Walde ernährt wird, und wieviel Nahrung es noch außer dem Weideertrage bedarf.

Werden solche Erfahrungssätze zur Bestimmung des Weideertrages benutzt, so hat es bei ihnen sein Bewenden. Ist aber dazu die Bonitirung in oben angedeuteter Art erfolgt und mithin der Weideertrag der gesammten Fläche ermittelt worden, so muß nach Vorschrift des §. 134. der G. T. O. von 1821 die Fläche in Abzug kommen, welche, als in Schonung liegend, angenommen werden kann, die folglich der Weideberechtigte auch nicht mit seinem Viehe benutzen kann. Ebenso braucht auch dafür keine Entschädigung gewährt zu werden, was durch die Einschonung des Waldes zur Mastzeit für das Vieh, was denn von ihm ausgeschlossen wird, am Weideertrage verloren geht.

Das einfachste schien zu sein, daß man die vorhandenen Schonungen, wenn gegen die Fläche derselben kein Einwand gemacht wird, als weidefrei betrachtet und sie deshalb ganz von der Bonitirung ausschlösse. Aber dabei könnte es der Fall sein, daß sie zufällig auf dem besten oder dem schlechtesten Weidegrund lägen, wo dann nicht die durchschnittliche Verminderung des Weideertrages, der durch die gesetzliche Schonungsfläche bewirkt wird, in Abzug gebracht würde, sondern die, welche zufällig, gerade zur Zeit der Bonitirung stattfindet. Diese ändert dann aber bald, da die jetzigen

Schonungen aufgegeben und andere Districte dafür eingehegt werden. Um diese durchschnittliche Verminderung des Weideertrages zu finden, bonitirt man deshalb die in Schonung liegenden Flächen ebenso, wie alle übrigen Theile des Waldes und ermittelt den Weideertrag, den sie geben. Sodann wird aber die gesetzliche Schonungsfläche festgestellt und ein eben so großer Theil von den ermittelten Kuhweiden in Abzug gebracht, als diese von der gesammten Fläche des Waldes beträgt, so daß, wenn z. B. der sechste Theil des Waldes in Schonung liegen darf, auch von den Kuhweiden, welche der gesammte Wald enthält, ein Sechstheil in Abzug kömmt.

In allen Theilen Preußens, wo das Kulturedict vom 14. September 1811 in Anwendung kömmt, ist dies für die Befugniß zur Einhegung behufs der Weidekultur maßgebend, insofern nicht durch Documente Verträge oder Judikate die Befugniß zur Einschonung der Bestände anderweitig bestimmt ist, in welchem Falle diese bei Bestimmung der Schonungsfläche zum Grunde gelegt werden müssen. Nach dem Kulturedicte (§. 27—29.) muß dem Walde diejenige Schonungsfläche gewährt werden, welche er zu seiner Wiederkultur und zur Erhaltung der Bestände bedarf. Nur in dem Falle, daß durch eine ungewöhnlich große Einschonung, durch die unbeschränkte Anwendung dieses Grundsatzes eine wirklich unentbehrliche Weide zu sehr leiden würde, soll eine billige Einschränkung des Schonungsrechts nach dem Urtheile von Schiedsrichtern stattfinden.

Von selbst versteht es sich aber, daß dabei der Gesetzgeber nur diejenige Schonungsfläche im Auge gehabt haben kann,, welche der Wald bei einer regelmäßigen Behandlung und nachhaltigen Benutzung der Holzbestände bedarf. Es kann dieser gesetzlichen Bestimmung nicht der Sinn untergelegt werden, daß Jemand seinen ganzen Wald herunterhauen und ihn dann einschonen könnte, weil allerdings dann die ganze Fläche kultivirt werden muß. Wenn daher die gesetzliche Schonungsfläche eines Waldes bestimmt werden soll, um deren Weideertrag von dem gesammten des ganzen Reviers in Abzug zu bringen, so kann man diese nur so bestimmen, daß man einen unveränderten Zustand desselben in Bezug auf die Holzgattung, Betriebsart und Umtrieb, wie er früher war, vorausgesetzt, diese so berechnet, wie man sie bei einer regelmäßigen Bewirthschaftung und Kultur bedarf. Auf das unvermeidliche Mißlingen der Kulturen, was auch bei der sorgfältigsten Ausführung derselben in Folge ungünstiger Witterung eintreten kann, und die deshalb nöthig werdenden Nachbesserungen muß man dabei aber allerdings rechnen. Deshalb werden auch Reviere von ungünstigen Bodenverhältnissen nicht blos wegen dem langsamen Holzwuchse, sondern auch wegen der oft mehreremale nöthig werdenden Nachbesserungen eine größere Schonungsfläche nöthig haben, als die von einem sehr guten Boden. Auch bleibt sich dies nach der Gewöhnung des Viehes nicht gleich. Da, wo dasselbe Mangel an Nahrung hat und dadurch gezwungen wird, sich vom Laube zu nähren, sich auch an dieses gewöhnt hat, nimmt das Rindvieh die noch biegsamen Stangen der Holzarten, deren Laub es gerne frißt, zwischen die Vorderfüße, um sie niederbeugen zu können. Selbst 10 Fuß hohe junge Eichen verbeißt es auf diese Weise noch, so daß man kaum eine 30jährige Eichenschonung der Weide öffnen kann, wenn man sich nicht der Gefahr aussetzen müßte, ganz vom Viehe verbissen zu sehen. Ebenso befressen zuweilen die Schafe noch die Kiefernwipfel, wenn sie sich noch auf die Hinterfüße stellen müssen, um sie zu erreichen, während man in andern Gegenden selbst die jüngsten Kieferschonungen mit ihnen behüten lassen kann, ohne den allergeringsten Nachtheil davon fürchten zu dürfen. Die Länge der nöthigen Schonzeit muß deshalb auch eigentlich mit Berücksichtigung aller dieser Verhältnisse jedesmal besonders festgesetzt werden, denn die folgenden Zahlen, wodurch dieselbe im Allgemeinen angegeben wird, können immer als durchschnittliche angesehen werden.

Bei Berechnung der Schonungsfläche muß man dann ferner von der Ansicht ausgehen, daß die bisherige Umtriebszeit gegen früher nicht abgekürzt wird, denn je kürzer der Umtrieb ist, desto mehr vergrößert sich nicht nur die Schonungsfläche, sondern das Vieh findet auch in den jungen Beständen weniger Nahrung, als in den alten, welche schon anfangen, sich licht zu stellen. Wenigstens gilt das für Kiefern, Eichen, Birken und Erlen, allerdings weniger die Buchen, die bis in das hohe Alter geschlossen bleiben und gar nicht für Fichten, wenn man die jungen Bestände behüten läßt. Besonders in den Privatforsten sind in der neuern Zeit die Umtriebszeiten sehr abgekürzt worden, indem man das Holz nicht mehr so alt werden läßt als früher. Aber auch für die letztern wird man häufig dieselben längere Umtriebszeiten annehmen müssen, welche noch jetzt für die Staatsforsten vorgeschrieben sind, die unleugbar früher das Holz erst bei der Stärke, wenigstens auch in den größern Privat- und Communalforsten, benutzt wurden, welche es in dem durch die Umtriebszeit bezeichneten Alter erreicht. Diese letztere ist folgende*):

1. Für Eichen-Hochwald zur Erziehung von starken Nutzhölzern:
   a. bei gutem Boden . . . . 160—180 Jahre.
   b. bei mittelmäßigem Boden . 180—200 „
2. Buchenhochwald:
   a. in gutem und mittelmäßigem Boden 120 „
   b. in schlechtem Boden . . . 80—100 „
3. Für Birken- und Erlen-Brennholz:
   in gutem und mittelmäßigem Boden 60 „
4. Für Nadelhölzer, ausschließlich der Lerche:
   a. in gutem und mittelmäßigem Boden 120 „
   b. in sehr mittelmäßigem Boden . . 100 „

---

*) Nach der jetzt noch geltenden Taxations-Instruction von 1819.

	c. in schlechtem Boden	80	Jahre.
	d. in sehr schlechtem Boden . . .	60	=
5.	Für Niederwald, worin Klafterholz gezogen werden soll, bei harten Hölzern, einschließlich Birke und Erle:		
	a. in gutem Boden	30	=
	b. in mittelmäßigem Boden	30	=
6.	Für Linden und Aspen:		
	a. in gutem Boden	20	=
	b. in schlechtem Boden	30	=
7.	Für die Niederwälder, worin blos Reisholz gezogen werden soll:		
	a. für die weichen Holzarten . . .	10	=
	b. für Eichen, Haseln und andern harten Holzarten	16	=

Diese Buschhölzer, welche nur Reisholz liefern, entwachsen eigentlich niemals dem Vieh und können mit Ausnahme der Erle und Birke, welche wenig vom Viehe angegriffen werden, nur kurze Zeit vor dem Abtriebe beweidet werden, wenn sie sich erhalten sollen.

Ist in den kleinern Privatforsten erweislich niemals starkes Holz erzogen worden, so wird man allerdings für sie eine kürzere Umtriebszeit annehmen können, die den

für die Eichenwaldung auf	100—120	Jahre.
= = Buchenwaldungen	86—100	=
= = Erlen und Birken zu Brennholz	40— 50	=
= = Kiefern zu Bauholz	80—120	=
= = = = Brennholz . . .	60— 80	=
= = Fichten zu Bauholz . . .	80—100	=
= = = = Brennholz . . .	60— 80	=
= den Erlen=Niederwald zu Knüppelholz	30— 35	=
= = = = Reisholz .	10— 15	=

gesetzt werden kann.

Die Umtriebszeiten des Mittelwaldes werden lediglich

mit Berücksichtigung des Unterholzes bestimmt und bei den harten Holzen,

a. wenn Knüppelholz gezogen werden soll zu . . . . 30—35 Jahren.
b. dem weichen desgl. zu . . . . . 18—20 =
wenn nur Reisholz vom Unterholze verlangt wird zu . . . . 12—16 =

angenommen werden können.

Wo der Eintrieb von Pferden erfolgt, welche die Wipfel der Pflanzen gern verbeißen, muß die Schonzeit durchschnittlich am längsten dauern; das Rindvieh gestattet in der Regel schon eine kürzere, den Schafen und Schweinen können die Schonungen am frühesten eingegeben werden. Auch entwachsen die Stockausschläge dem Maule des Viehes weit früher als die aus Samen erwachsenen Pflanzen. Ebenso können Pflanzungen, mit ältern Pflanzstämmen ausgeführt, früher behütet werden, als Saaten. Danach schwanken natürlich die erforderlichen Schonzeiten ebenfalls sehr bedeutend. Durchschnittlich wird man für sie rechnen können:

1. Für Eichen=Samenwald unter günstigen Verhältnissen:
   a. bei Pferden . . . 20—24 Jahre.
   b. = Rindvieh . . 18—20 =
   c. = Schafen . . 12—15 =

   Unter ungünstigen Verhältnissen:
   a. bei Pferden . . . 30—34 =
   b. = Rindvieh . . 25—30 =
   c. = Schafen . . 15—20 =

   Nieder= und Mittelwald:
   a. Rindvieh . . . 10—16 =
   b. Schafe . . . . 6—10 =

2. Buchenhochwald. Unter günstigen Verhältnissen:
   a. Pferde . . . . 20—25 Jahre.
   b. Rindvieh . . . 15—20 =
   c. Schafe . . . . 12—15 =

Unter ungünstigen Verhältnissen:

a. Pferde	25—30	Jahre.
b. Rindvieh . . .	20—25	=
c. Schafe	15—18	=

Niederwald, gemischte harte Hölzer:

a. Pferde	16—20	=
b. Rindvieh . . .	12—18	=
c. Schafe	10—16	=

3. Erlen und Birken, aus Samen erwachsen:

a. auf gutem Boden .	12—15	Jahre.
b. auf mittelmäßigem und schlechtem . .	15—18	=

Stockausschläge:

a. auf gutem Boden .	3— 6	=
b. auf mittelmäßigem und schlechtem . .	5— 8	=

4. Ulmen= und Hasel=Niederwald:

a. bei Rindvieh . .	12—16	=
b. = Schafen . .	10—12	=

5. Kiefer auf gutem Boden:

a. bei Rindvieh . .	15—20	=
b. = Schafen . .	10—16	=

Auf mittelmäßigem und schlechtem Boden:

a. Rindvieh . . .	20—25	Jahre.
b. Schafe	12—16	=

Die gewöhnliche durchschnittliche Schonungsfläche wird im Eichen=, Buchen= und Ulmen=Hochwalde demnach zu ein Viertheil der Gesammtfläche des Waldes, für Kiefern bei 120jährigem Umtriebe zu ein Sechstheil, bei 80jährigem zu ein Viertheil, bei Erlen und Birkenbrennholz zu ein Viertheil, bei Mittel= und Niederwald von hartem Holze für die hohen Umtriebszeiten zur Hälfte, für die kurzen zu zwei Drittheilen, für Erlen=Niederwald zu ein Drittheil anzunehmen sein, so daß die bei der Bonitirung für den gesammten Wald ermittelten Kuhweiden in demselben Verhältnisse vermindert werden müssen.

Außer der Schonung behufs der Wiederkultur wird im Eichen- und Buchen-Hochwalde, oder, wenn diese Bäume mit andern Holzarten in solcher Menge gemischt vorkommen, daß man die Früchte davon benutzen kann und eine Einschonung deshalb zulässig ist, von dem Weidewerthe in Abzug gebracht werden müssen, da derjenige, welcher blos zur Waldweide berechtigt ist, so lange die Mastschonung dauert, diese nicht benutzen darf.

Man scheidet dazu diejenigen Districte aus, bei welchen eine Einschonung zulässig ist, weil sie hinreichende Bäume enthalten, um deren Früchte, wenn sie gerathen, benutzen zu können. Im Mittelwalde sind diese gewöhnlich über den ganzen Wald verbreitet, in den reinen Laubholzbeständen, die im Hochwaldbetriebe stehen, tragen aber in der Regel diejenigen Eichen- und Buchenbestände, welche aus Samen erwachsen sind, mit einem Alter von 60 bis 70, auf schlechtem Boden aber wohl auch erst mit 80 Jahren reichlich Mastfrüchte.

Bei dem aus Stockausschlägen erwachsenen stärkeren Holze tritt die Fruchtbarkeit aber oft schon früher, auf gutem Boden zuweilen schon mit 40 und 50 Jahren ein. Die Erfahrung muß darüber entscheiden, denn bevor nicht in einem Districte schon einmal Eicheln und Bucheln in solcher Menge gerathen sind, daß man sie hat benutzen können, kann man ihn noch nicht als ein Mastdistrict anerkennen. In den Kiefern, wo Eichen eingesprengt sind, welche man früher übergehalten hat, sind diese zuweilen durch alle Altersklassen vertheilt, so daß die Mastschonnng für den ganzen Wald berechnet werden muß.

Sodann muß festgestellt werden, wie oft die Mastschonung eintreten kann. Dies ist nur allein nach den in jedem Revier gemachten Erfahrungen, die sich leicht werden feststellen lassen, möglich. Das Gerathen der Eicheln und Bucheln findet bald öfter, bald seltener statt, so daß sich darüber gar keine festen Sätze oder Zahlen geben lassen. Es hängt dies von der Güte des Bodens, der Milde des Klimas, der Gesundheit und dem Alter der Bäume, ihrem räumlicheren oder geschlosseneren Stande, der Gefahr von Spätfrösten, welche die Blüthe beschädigen oder dem Insectenforste ab. Unter den allergünstigsten Verhältnissen kann bei der Eiche alle drei bis vier Jahre eine volle und eine halbe Mast eintreten und können jedes Jahr außerdem noch einige Eichen Früchte bringen, unter den ungünstigsten kann man aber auch vielleicht alle 10 und 15 Jahre eine volle und eine halbe Mast haben und in den dazwischen liegenden Jahren gar keine Eicheln, die man auch nur sammeln könnte. Die Buche trägt zwar stets nur in Zwischenräumen Früchte, und die Mastjahre sind selbst bei sehr günstigen Verhältnissen bei ihr seltner als bei der Eiche, doch kann man bei ihr zuweilen alle 4 Jahre auf eine volle Mast rechnen, dann aber auch wieder vielleicht nur alle 20 Jahre. Da dies schon bei der Stellung und Behandlung der Samenschläge berücksichtigt werden muß, so wird dies von jedem Reviere bekannt sein.

Hat man festgestellt, wie oft ein Jahr eintritt, wo Mastschonung stattfindet, so wird ermittelt, wie viel in jedem Jahre, wo dies der Fall ist, dadurch verloren geht und deshalb vom Weideertrage abzuziehen ist, um dann diesen Weideverlust durch die Zahl der Jahre, welche von einem Mastjahre zum andern verfließen, zu theilen und so den durchschnittlichen jährlichen Verlust am Weideertrage zu ermitteln.

Die Mastschonung kann den gesetzlichen Bestimmungen nach den 24. August eingelegt werden und dauert dann bis zu Ende des Jahres, wenn Nachmast gemacht werden kann, oder wenigstens bis zu Ende der Weidezeit für Rindvieh.

Nach der oben gegebenen Nachweisung über das Verhältniß des Werths der Weide in den verschiedenen Jahreszeiten, den Gesammtwerth = 700 gesetzt, beträgt in Siebenhunderttheilen derselben

in der Zeit von der 25. bis 31. Anpacht	13
September	67
October	33
November und December	12
Summa .	125

$$\frac{125}{700} = 0{,}178$$

oder es sind für die Kuhweiden, welche sämmtlich Mastdistricte enthalten, 0,178 in Abzug zu bringen.

Wären dies 60, so würden für ein Mastjahr, wo Mastschonung eintritt, 10,68 Kuhweide abgezogen werden müssen, und kömmt alle 5 Jahre eine solche ein, so wäre der jährliche dafür in Abzug zu bringende Weideverlust gleich 2,13 Kuhweiden.

In manchen Wäldern muß auch das Vieh in der Satz- oder Brunstzeit aus dem Walde abgetrieben werden und muß ihn eine bestimmte Zeit meiden. Wo dies der Fall ist, muß der dadurch entstehende Weideverlust für jedes Jahr in derselben Art berechnet und in Abzug gebracht werden, wie die Mastschonung.

§. 41.

Fortsetzung.

Um einen ungefähren Ueberblick zu geben, wie sich die Graserzeugung auf dem bessern Boden durch die Beschattung von den verschiedenen Holzarten, sowohl in vollen als mittelmäßigen Beständen, vermindert, folgen hier Bonitirungs-Tabellen. Es wird aber nochmals bemerkt, daß die Schätzung des Graswuchses nach dem Augenscheine, wie es wirklich in den vorhandenen Beständen ist, unbedingt der Anwendung dieser Tafeln zur Bonitirung vorzuziehen ist. Diese sind vorzüglich nur dazu bestimmt, dem Forstwirthe, der auf Ablösung der Waldweide antragen will, schon vorher in den Stand zu setzen, ungefähr beurtheilen zu können, für wieviel Kuhweiden er wahrscheinlich eine Entschädigung wird geben müssen.

Es ist an diesen Tafeln gerügt worden,*) daß bei ihnen nicht auf die verschiedenen Altersklassen Rücksicht genommen worden sei, weshalb sie nicht brauchbar sein sollen. Dieser Tadel ist aber wohl nicht begründet. Die Wirkung der Beschattung hängt durchaus nicht vom Alter des Holzes ab, sondern lediglich von der Dichtigkeit des Schlusses. Ist dieser vollständig, so wächst so wenig im jungen, wie im alten Holze Gras, was man bei Buchen und Fichten genugsam sehen kann. Die alten Kiefern- und Birkenbestände, haben allerdings in der Regel eine bessere Graserzeugung als die jüngern, aber nur darum, weil jene niemals so vollständig geschlossen sind, als diese sein können. Auf die verschiedene Schirmfläche, den vollkommenen oder mangelhaften Schluß ist aber in diesen Tafeln bei Berechnung der Kuhweide Rücksicht genommen worden. Deshalb sind sie auch in dieser Beziehung unverändert geblieben und nicht nach den Altersklassen modificirt.

---

*) Technische Instruction der General-Commission für Pommern. S. 80 und 81.

T a f e l n

zur

Bonitirung der Waldweide,

die

Wirkung der Beschattung hinsichts der Verminderung der Grasproduktion nachweisend.

Tafel 1.

Wirkung der Beschattung der Buchen, Hainbuchen, Linden, Fichten, Tannen und aller sehr dunkel belaubten Bäume, so wie des geschlossenen Niederwaldes und Unterhölzer im Mittelwalde, sobald dies dem Vieh ganz entwachsen ist.

Bonitäts-Klasse des Bodens.	Eine Kuhweide enthält in senkenreinem Boden: Mrg.	Eine Kuhweide enthält in senkenreinem Boden: Q. Fuß	Unter dem Schirme der Bäume liegen: Q. Fuß	Nicht überschirmt sind: Q. Fuß	Durch die Seitenbeschattung verliert die nicht überschirmte Fläche am Graswuchse: Prozente	Es sind daher bei dieser vorhandenen Schirmfläche zu einer Kuhweide erforderlich: Morgen	Bemerkungen.
A.	Bei 0,9 des Bestandes und 0,50 Verlust. am Graswuchse.						
I.	2	51840	46656	5184	0,50	40	Ein Morgen beschatteter Weide hat nur den Werth von 1296 Q.F. senkenreiner, und der Weidewerth der erstern ist daher nur 0,05 der unbeschatteten.
II.	2,4	62208	55987	6221	0,50	48	
III.	3,4	88128	79315	8813	0,50	68	
IV.	5	129600	116640	12960	0,50	100	
V.	6	155520	139968	15552	0,50	120	
VI.	7,4	191808	172627	19181	0,50	148	
VII.	10,66	276480	248832	27648	0,50	213,33	
B.	Bei 0,8 des Bestandes und 0,50 Verlust am Graswuchse.						
I.	2	51840	41472	10368	0,50	20	Ein Morgen beschatteter Weide hat nur den Werth von 2592 Q.F. senkenreiner, und der Weidewerth der erstern ist daher nur 0,10 der unbeschatteten.
II.	2,4	62208	49766	12442	0,50	24	
III.	3,4	88128	70502	17626	0,50	34	
IV.	5	129600	103680	25920	0,50	50	
V.	6	155520	124416	31104	0,50	60	
VI.	7,4	191808	153446	38362	0,50	74	
VII.	10,66	276480	221184	55296	0,50	106,66	

Bonitäts-Klasse des Bodens.	Eine Kuhweide enthält in sensenreinem Boden: Mrg.	Eine Kuhweide enthält in sensenreinem Boden: Q. Fuß	Unter dem Schirme der Bäume liegen: Q. Fuß	Nicht überschirmt sind: Q. Fuß	Durch die Seitenbeschattung verliert die nicht überschirmte Fläche am Graswuchse: Prozente	Es sind daher bei dieser vorhandenen Schirmfläche zu einer Kuhweide erforderlich: Morgen	Bemerkungen.
C.	Bei 0,75 des Bestandes und 0,25 Verlust am Graswuchse.						
I.	2	51840	38880	12960	0,25	10,66	Ein Morgen beschatteter Weide hat nur den Werth von 4860 Q. Fuß sensenreiner, und der Weidewerth der erstern ist daher nur 0,187 — (0,1875) der unbeschatteten.
II.	2,4	62208	46656	15552	0,25	12,80	
III.	3,4	88128	66096	22032	0,25	18,13	
IV.	5	129600	97200	32400	0,25	26,66	
V.	6	155520	116640	38880	0,25	32	
VI.	7,4	191808	143856	47952	0,25	39,47	
VII.	10,66	276480	207360	69120	0,25	56,89	

Tafel 2.

Wirkung der Beschattung der Eichen.

A.	Bei 120jährigem Umtriebe ganz geschlossen.						
I.	2	51840	51840	—	—	20	Ein Morgen beschatteter Weide hat nur den Werth von 2592 Q. Fuß sensenreiner, und der Weidewerth der erstern ist daher nur 0,10 der unbeschatteten.
II.	2,4	62208	62208	—	—	24	
III.	3,4	88128	88128	—	—	34	
IV.	5	129600	129600	—	—	50	
V.	6	155520	155520	—	—	60	
VI.	7,4	191808	191808	—	—	74	
VII.	10,66	276480	276480	—	—	106,66	

Bonitäts-Klasse des Bodens.	Eine Kuhweide enthält in sensenreinem Boden:		Unter dem Schirme der Bäume liegen:	Nicht überschirmt sind:	Durch die Seitenbeschattung verliert die nicht überschirmte Fläche am Graswuchse:	Es sind daher bei dieser vorhandenen Schirmfläche zu einer Kuhweide erforderlich:	Bemerkungen.
	Mrg.	Q. Fuß	Q. Fuß	Q. Fuß	Prozente	Morgen	
B. Bei 160- bis 200jährigem Umtriebe ganz geschlossen.							
I.	2	51840	51840	—	—	10	Ein Morgen beschatteter Weide hat nur den Werth von 5184 Q.F. sensenreiner, und der Weidewerth der erstern ist daher nur 0,20 der unbeschatteten.
II.	2,4	62208	62208	—	—	12	
III	3,4	88128	88128	—	—	17	
IV.	5	129600	129600	—	—	25	
V.	6	155520	155520	—	—	30	
VI.	7,4	191808	191808	—	—	37	
VII.	10,66	276480	276480	—	—	53,33	
C. Bei 120jährigem Umtriebe und 0,9 des Bestandes.							
I.	2	51840	46656	5184	—	10,53	Ein Morgen beschatteter Weide hat nur den Werth von 4924 Q.F. sensenreiner, und der Weidewerth der erstern ist daher nur 0,19 der unbeschatteten.
II.	2,4	62208	55987	6221	—	12,63	
III.	3,4	88128	79315	8813	—	17,90	
IV.	5	129600	116640	12960	—	26,32	
V.	6	155520	139968	15552	—	31,58	
VI.	7,4	191808	172627	19181	—	38,95	
VII.	10,66	276480	248832	27648	—	56,15	

Bonitäts-Klasse des Bodens.	Eine Kuhweide enthält in sensenreinem Boden: Mrg.	Eine Kuhweide enthält in sensenreinem Boden: Q. Fuß	Unter dem Schirme der Bäume liegen: Q. Fuß	Nicht überschirmt sind: Q. Fuß	Durch die Seitenbeschattung verliert die nicht überschirmte Fläche am Graswuchse: Prozente	Es sind daher bei dieser vorhandenen Schirmfläche zu einer Kuhweide erforderlich: Morgen	Bemerkungen.
D.	Bei 160- bis 200jährigem Umtriebe und 0,9 des Bestandes.						
I.	2	51840	46656	5184	—	7,14	Ein Morgen beschatteter Weide hat nur den Werth von 7256 Q.F. sensenreiner, und der Weidewerth der erstern ist daher nur 0,28 der unbeschatteten.
II.	2,4	62208	55977	6221	—	8,57	
III.	3,4	88128	79315	8813	—	12,14	
IV.	5	129600	116640	12960	—	17,86	
V.	6	155520	139968	15552	—	21,43	
VI.	7,4	191808	172627	19181	—	26,43	
VII.	10,66	276480	248832	27648	—	38,10	
E.	Bei 100- bis 120jährigem Umtriebe und 0,8 des Bestandes.						
I.	2	51840	41472	10368	—	7,14	Ein Morgen beschatteter Weide hat nur den Werth von 7257 Q.F. sensenreiner, und der Weidewerth der erstern ist daher nur 0,28 der unbeschatteten.
II.	2,4	62208	49766	12442	—	8,57	
III.	3,4	88128	70502	17626	—	12,14	
IV.	5	129600	103680	25920	—	17,86	
V.	6	155520	124416	31104	—	21,43	
VI.	7,4	191808	153446	38362	—	26,43	
VII.	66,66	276480	221184	55296	—	38,10	

Bonitäts-Klasse des Bodens.	Eine Kuhweide enthält in sensenreinem Boden: Mrg.	Q. Fuß	Unter dem Schirme der Bäume liegen: Q. Fuß	Nicht überschirmt sind: Q. Fuß	Durch die Seitenbeschattung verliert die nicht überschirmte Fläche am Graswuchse: Prozente	Es sind daher bei dieser vorhandenen Schirmfläche zu einer Kuhweide erforderlich: Morgen	Bemerkungen.
F. Bei 200jährigem Umtriebe und 0,8 des Bestandes.							
I.	2	51840	41472	10368	—	5,56	Ein Morgen beschatteter Weide hat nur den Werth von 9330 Q.F. sensenreiner, und der Weidewerth der erstern ist daher nur 0,36 der unbeschatteten.
II.	2,4	62208	49766	12442	—	6,66	
III.	3,4	88128	70502	17626	—	9,44	
IV.	5	129600	103680	25920	—	13,89	
V.	6	155520	124416	31104	—	16,66	
VI.	7,4	191808	153446	38362	—	20,56	
VII.	10,66	276480	221184	55296	—	29,63	
G. Bei mittelmäßigem Bestande (0,75) im 120jährigem Umtriebe.							
I.	2	51840	38880	12960	—	6,16	Ein Morgen beschatteter Weide hat nur den Werth von 8424 Q.F. sensenreiner, und der Weidewerth der erstern ist daher nur 0,325 der unbeschatteten.
II.	2,4	62208	46656	15552	—	7,39	
III.	3,4	88128	66096	22032	—	10,49	
IV.	5	129600	97200	32400	—	15,38	
V.	6	155520	116640	38880	—	18,46	
VI.	7,4	191808	143856	47952	—	22,77	
VII.	10,66	276480	207360	69120	—	32,80	

Bonitäts-Klasse des Bodens.	Eine Kuhweide enthält in sensenreinem Boden: Mrg.	Q. Fuß	Unter dem Schirme der Bäume liegen: Q. Fuß	Nicht überschirmt sind: Q. Fuß	Durch die Seitenbeschattung verliert die nicht überschirmte Fläche am Graswuchse: Prozente	Es sind daher bei dieser vorhandenen Schirmfläche zu einer Kuhweide erforderlich: Morgen	Bemerkungen.
H.	Bei mittelmäßigem Bestande (0,75) im 160- bis 200jährigen Umtriebe.						
I.	2	51840	38880	12960	—	5	Ein Morgen beschatteter Weide hat nur den Werth von 10368 Q.F. sensenreiner, und der Weidewerth der erstern ist daher nur 0,40 der unbeschatteten.
II.	2,4	62208	46656	15552	—	6	
III.	3,4	88128	66096	22032	—	8,50	
IV.	5	129600	97200	32400	—	12,50	
V.	6	155520	116640	38880	—	15	
VI.	7,4	191808	143856	47952	—	18,50	
VII.	10,66	276480	207360	69120	—	26,66	

Tafel 3.

Wirkung der Beschattung der Birken und Erlen.

A.	Bei 60jährigem Umtriebe und geschlossenem Bestande.						
II.	2,4	62208	62208	—	—	4,80	Ein Morgen beschatteter Weide hat nur den Werth von 12960 Q.F. sensenreiner, und der Weidewerth der erstern ist daher nur 0,50 der unbeschatteten.
III.	3,4	88128	88128	—	—	6,80	
IV.	5	129600	129600	—	—	10	
V.	6	155520	155520	—	—	12	
VI.	7,4	191808	191808	—	—	14,80	
VII.	10,66	276480	276480	—	—	21,33	
VIII.	16	414720	414720	—	—	32	

Bonitäts-Klasse des Bodens.	Eine Kuhweide enthält in sensenreinem Boden: Mrg.	Q. Fuß	Unter dem Schirme der Bäume liegen: Q. Fuß	Nicht über-schirmt sind: Q. Fuß	Durch die Seitenbeschattung verliert die nicht überschirmte Fläche am Graswuchse: Prozente	Es sind daher bei dieser vorhandenen Schirmfläche zu einer Kuhweide erforderlich: Morgen	Bemerkungen.
B. Bei 60jährigem Umtriebe und 0,9 des Bestandes.							
II.	2,4	62208	55987	6221	—	4,36	Ein Morgen beschatteter Weide hat nur den Werth von 14256 Q. F. sensenreiner, und der Weidewerth der erstern ist daher nur 0,55 der unbeschatteten.
III.	3,4	88128	79315	8813	—	6,18	
IV.	5	129600	116640	12960	—	9,09	
V.	6	155520	139968	15552	—	10,91	
VI.	7,4	191808	172627	19181	—	13,45	
VII.	10,66	176480	248832	27648	—	19,39	
VIII.	16	414720	373248	41472	—	29,09	
C. Bei 60jährigem Umtriebe und 0,8 des Bestandes.							
II.	2,4	62208	49766	12442	—	4	Ein Morgen beschatteter Weide hat nur den Werth von 15552 Q. F. sensenreiner, und der Weidewerth der erstern ist daher nur 0,6 der unbeschatteten.
III.	3,4	88128	70502	17626	—	5,67	
IV.	5	129600	103680	25920	—	8,33	
V.	6	155520	124416	31104	—	10	
VI.	7,4	191808	153446	38362	—	12,33	
VII.	10,66	176480	221184	55296	—	17,77	
VIII.	16	414720	331776	82944	—	26,67	

Bonitäts-Klasse des Bodens.	Eine Kuhweide enthält in sensenreinem Boden: Mrg.	Eine Kuhweide enthält in sensenreinem Boden: Q. Fuß	Unter dem Schirme der Bäume liegen: Q. Fuß	Nicht überschirmt sind: Q. Fuß	Durch die Seitenbeschattung verliert die nicht überschirmte Fläche am Graswuchse: Q. Fuß	Es sind daher bei dieser vorhandenen Schirmfläche zu einer Kuhweide erforderlich: Morgen	Bemerkungen.
D. Bei mittelmäßigem Bestande (0,75) im 60jährigem Umtriebe.							
II.	2,4	62208	46656	15552	—	3,84	Ein Morgen beschatteter Weide hat nur den Werth von 16200 Q. F. sensenreiner, und der Weidewerth der erstern ist daher nur 0,625 der unbeschatteten.
III.	3,4	88128	66096	22032	—	5,44	
IV.	5	129600	97200	32400	—	8	
V.	6	155520	116640	38880	—	9,60	
VI.	7,4	191808	143856	47952	—	11,84	
VII.	10,66	276480	207360	69120	—	17,06	
VIII.	16	414720	311040	103680	—	25,60	

Tafel 4.

Wirkung der Beschattung der Kiefern.

A. Bei ganz geschlossenem Bestande.							
III.	3,4	88128	88128	—	—	34	Ein Morgen beschatteter Weide hat nur den Werth von 2592 Q. F. sensenreiner, und der Weidewerth der erstern ist daher nur 0,10 der unbeschatteten.
IV.	5	129600	129600	—	—	50	
V.	6	155520	155520	—	—	60	
VI.	7,7	191808	191808	—	—	74	
B. Bei 0,9 des Bestandes.							
III.	3,4	88128	97315	8813	—	17,90	Ein Morgen beschatteter Weide hat nur den Werth von 4924 Q. F. sensenreiner, und der Weidewerth der erstern ist daher nur 0,19 der unbeschatteten.
IV.	5	129600	116640	12960	—	26,32	
V.	6	155520	139968	15552	—	31,58	
VI.	7,4	191808	172627	19181	—	38,93	

Bonitäts-Klasse des Bodens.	Eine Kuhweide enthält in sensenreinem Boden: Mrg.	Q. Fuß	Unter dem Schirme der Bäume liegen: Q. Fuß	Nicht überschirmt sind: Q. Fuß	Durch die Seitenbeschattung verliert die nicht überschirmte Fläche am Graswuchse: Prozente	Es sind daher bei dieser vorhandenen Schirmfläche zu einer Kuhweide erforderlich: Morgen	Bemerkungen.
	C. Bei 0,8 des Bestandes.						
III.	3,4	88128	70502	17626	—	12,14	Ein Morgen beschatteter Weide hat nur den Werth von 7257 Q.F. sensenreiner, und der Weidewerth der erstern ist daher nur 0,28 der unbeschatteten.
IV.	5	129600	103680	25920	—	17,86	
V.	6	155520	124416	31104	—	21,43	
VI.	7,4	191808	153446	38362	—	26,13	
	D. Bei mittelmäßigem (0,75) Bestande.						
III.	3,4	88128	66096	22032	—	10,46	Ein Morgen beschatteter Weide hat nur den Werth von 8424 Q.F. sensenreiner, und der Weidewerth der erstern ist daher nur 0,325 der unbeschatteten.
IV.	5	129600	97200	32400	—	15,38	
V.	6	155520	116640	38880	—	18,46	
VI.	7,4	191808	143856	47952	—	22,77	

Bei dem ganz schlechten Boden wird durch die Beschattung keine Verminderung des Graswuchses in Kiefern bewirkt und sind daher auch die geringsten Bodenklassen weggeblieben.

§. 42.

Von der Entschädigung für die Waldweide in Kulturland und Berechnung des Ertrags des Waldbodens, zum Vergleiche mit dem Ertrage des Kulturlandes.

Die einfachste und natürlichste Ablösung der Waldweide ist, daß dem Berechtigten Kulturland als Entschädigung abgetreten wird, wenn solches in einer Lage und von solcher Beschaffenheit vorhanden ist, daß Futterkräuter darauf gebaut werden können, damit er künftig das Vieh im Stalle füttern kann.

Dies zu beurtheilen und die Ertragsfähigkeit des Bodens dazu anzusprechen ist, Sache des Landwirths. Doch mag hier bemerkt werden, daß Thaer in seiner rationellen Landwirtschaft im 4. Bande, S. 341 als zur Ernährung eines Stückes Rindvieh auf gutem Gerstenboden einen Morgen als genügend annimmt, auf geringerem $1\frac{1}{2}$ bis 2 Morgen.

Dabei muß aber noch auf eine unrichtige Anwendung des Art. 10. des Gesetzes vom 2. März nicht blos in Bezug auf die Abgabe von Kulturland zur Entschädigung für Bau-, Brenn-, Weide- und andere Nutzungsrechte aufmerksam gemacht werden, wodurch der Forstbesitzer leicht genöthigt werden kann, große Waldflächen abzugeben, weil die Berechtigten lieber Grund und Boden nehmen wollen, als eine Geldentschädigung. Die gesetzliche Bestimmung heißt wörtlich:

„Für die auf den Forsten haftenden Dienstbarkeitsrechte zur Weide, zu Gräsern zum Mitgenusse des Holzes, zum Streuholen und zum Plaggen-, Haide- und Bültenhiebe ist, vorbehaltlich einer anderweitigen Einigung der Betheiligten, eine Entschädigung in Land nur dann zu geben und anzunehmen, wenn dasselbe zur Benutzung als Acker oder Wiese geeignet ist, und in dieser Eigenschaft nachhaltig einen höhern Ertrag als durch die Benutzung zur Holzzucht zu gewähren vermag. Die Abfindung ist alsdann dem Berechtigten als Acker oder Wiese, unter Berücksichtigung der erforderlichen Kulturkosten anzurechnen."

Es ist hierdurch die frühere Bestimmung geändert worden, wonach, wenn der Belastete auf Ablösung antrug, die Entschädigung für eine Weideberechtigung in raumer Weide oder bei der übrigen Berechtigung größtentheils in Land gegeben werden sollte, oder im Falle der Antrag von dem Berechtigten ausging, dem Waldbesitzer die Wahl freistand, Rente, Kapital oder Grund und Boden als Entschädigung zu geben. Die Idee, welche dieser jetzt geltenden Bestimmung zum Grunde liegt, ist offenbar die, daß dadurch bewirkt werden soll, daß der Boden wo möglich in der Art benutzt wird, wobei er den größten nachhaltigen Ertrag giebt, und daß nicht Waldboden in Kulturland verwandelt wird, welcher in kurzer Zeit seine ganze Productionskraft verliert, indem er sich in untragbaren schlechten Sand umwandelt, wenn der vorhandene Waldhumus zerstört worden ist, der ihm eine vorübergehende Tragbarkeit als Ackerland geben kann.

Diese Idee wird aber dadurch umgangen, daß man in der Regel, wenigstens in den Staatsforsten, den Ertrag des Waldes zu niedrig berechnet, auf der andern Seite aber wieder den Boden nach seiner vorübergehenden Fruchtbarkeit, die er, vermöge des aufgesammelten Waldhumus hat, anspricht.

Es wird nämlich dabei gewöhnlich der Ertrag des Waldbodens nach der reinen Rente berechnet, welche gegenwärtig der Morgen eines Reviers in die Staatskasse liefert. Das ist aber nicht der wirkliche Ertrag, den derselbe für das Nationaleinkommen liefert, wo er im Sinne des Gesetzes berechnet werden muß.

Zuerst ist das, was von dem Forstgrunde in die Staatskassen fließt, wenn auch dabei das frei abgegebene Bau- und Nutzholz, sowie das eingeschlagene Klafterholz als baare Abführung gerechnet wird, nicht der ganze Ertrag des Waldbodens, sondern oft nur der kleinere Theil desselben, indem die große Masse von Holz, was die Berechtigten beziehen, ohne daß es durch die Rechnung läuft, die Weidenutzung, auch wohl der Streuertrag, ebenfalls als Ertrag des Waldbodens mitberechnet werden muß, wenn man diesen im Sinne des Gesetzes mit demjenigen des Kulturlandes vergleichen will. Dies sagt nicht, daß die Entschädigung dann in Land gegeben werden soll, wenn dies dem Berechtigten in Zukunft mehr eintragen wird, als es bisher dem Belasteten eintrug, sondern es macht den Gesammtbetrag maßgebend, den der Boden bei der einen oder andern Benutzungsart geben kann. Nun wird es aber unter den mit Servituten belasteten Staatsforsten wohl nur wenig Reviere geben, in denen die Berechtigten nicht 30 und mehr Procent des Gesammtertrages des Holzbodens bezögen, der nicht durch die Rechnung geht, selbst wenn das frei abgegebene Bau- und Nutzholz, sowie das eingeschlagene Klafterholz als baare Abführung gerechnet wird. Wenn man daher eine Vergleichung zwischen dem Ertrage des Waldbodens und dem des Kulturlandes anstellt und bei ersterem nur einen Theil des Ertrages in Rechnung stellt, bei letzterem aber nicht blos den vollen, sondern sogar wohl noch einen Theil der Arbeitsrente mit als Bodenrente ansetzt, so kann allerdings der des Waldbodens nur in einem sehr ungünstigen Lichte erscheinen.

Dann muß man aber auch nicht vergessen, daß bei den Grundsätzen, nach denen der Betrieb in den Staatsforsten geleitet wird, die daraus bezogene baare Reineinnahme durchaus nicht den wirklichen Ertrag, den der Boden selbst für die Staatskassen liefern könnte, darstellt, indem dabei ganz andere Rücksichten und Zwecke verfolgt werden, als die, blos die größte Geldeinnahme für die Gegenwart daraus zu beziehen, wie dies bei der Benutzung des Kulturlandes der Fall ist und wie auch bei der Veranschlagung seines Ertrages vorausgesetzt wird.

Zuerst wird nicht einmal der volle Durchschnittsertrag, den der Boden bei dem gegenwärtigen Zustande der Bestände liefern könnte, benutzt, sondern die Erträge sind für die spätern Zeiten steigend geregelt, theils um eine größere Sicherheit der Nachhaltigkeit zu haben, theils um den fortwährend steigenden Ansprüchen an die Staatsforsten auch in der Zukunft genügen zu können, da die Privat- und Communalforsten, besonders an starken Hölzern, immer mehr erschöpft werden.

Dann werden aber auch gegenwärtig absichtlich stets die schlechtesten und wenigsten Werth habenden Bestände zuerst benutzt; die Blösen und Räumden sind alle der nächsten Zeit zur Kultur überwiesen und dafür die werthvollsten, den besten Zuwachs habenden Bestände für spätere Zeiten zurückgesetzt. Daß dies wieder für die Gegenwart nur einen niedrigen Ertrag geben kann, als der ist, den man für den Waldboden durchschnittlich annehmen kann, wird wohl keiner andern Ausführung bedürfen. Ebenso auch wohl der Satz, daß es nicht darauf ankömmt, was der Waldboden bei dem gegenwärtigen Zustande der Bestände einträgt, sondern darauf, was er bei einer regelmäßigen Behandlung und einem Waldzustande, wie er mit Wahrscheinlichkeit hergestellt werden kann, einzutragen vermag. Wollte man immer den gegenwärtigen Holzbestand zur Ertragsberechnung des Holzbodens anwenden, so könnte man leicht zu dem Resultate gelangen, daß eine Waldblöse, auf welcher jetzt kein Holz vorhanden ist, als solcher gar keinen Ertrag giebt. Nun ist aber der Holzbestand in vielen Staatsforsten unleugbar noch ein sehr unvollkommener, wenn er sich auch im Allgemeinen sehr verbessert, so daß das, was der Boden in ihnen jetzt liefert, gar nicht maßgebend für dasjenige sein kann, was man als seinen Ertrag annehmen muß, wenn man diesen mit demjenigen des Kulturlandes vergleichen will.

Dann muß ferner auch darauf aufmerksam gemacht werden, daß man, wenn von der Abgabe des Forstgrundes zur Entschädigung für Aufgabe eines Nutzungsrechtes die Rede ist, nicht den durchschnittlichen Ertrag der ganzen Fläche eines Reviers für jeden Morgen gleich annehmen kann, wo dies geschieht, wenn man mit der Fläche in die Reineinnahme dividirt, sondern es muß die Vergleichung des Ertrages zwischen Holz- und Kulturland für jede Bodenverschiedenheit des abzutretenden Landes erfolgen. So kann ein Revier zum größten Theile aus ganz schlechtem Kieferboden bestehen und nur zum kleinsten aus mittelmäßigem, der höchstens dreijähriges Roggenland ist und als Kulturland einen geringern Ertrag giebt, wie als Holzland, wenn er für sich berechnet wird. Legt man aber dabei den ganzen Durchschnittsertrag des Reviers zum Grunde, so kann man leicht das entgegengesetzte Resultat haben. Bei der Frage: ob der abzutretende Grund vortheilhafter, nachhaltiger als Holz- oder als Kulturland benutzt wird? handelt es sich ja aber allein um den abzutretenden Grund und sie hat gar keinen Bezug auf den Theil des Waldes, welcher ganz unbestritten der Holzzucht gewidmet bleiben wird, da dessen Abtretung gar nicht bezweckt wird. Es ist also ein ganz unrichtiges Verfahren, wenn der durchschnittliche Geldertrag des ganzen Reviers von einem Morgen als derjenige angesehen wird, den man zur Vergleichung mit demjenigen des Kulturlandes anwendet.

Es ist aber ein richtiges Verfahren dabei von der größten Wichtigkeit nicht allein für die Erhaltung der Forsten, sondern noch weit mehr darum, daß nicht eine Menge schlechter Boden als Ackerland abgegeben wird, welcher bei einer richtigen Vergleichung des Ertrages des Holz- und Kulturlandes, als letzteres benutzt, in der Wirklichkeit einen weit geringern Ertrag giebt, als durch die Erziehung von Holz. So wie sie jetzt gewöhnlich angelegt wird, giebt häufig dreijähriges Roggenland anscheinend einen höhern Ertrag als der Waldboden, und die Berechtigten verlangen auf Grund der Bestimmung des Gesetzes die Entschädigung in Land statt in Gelde, weil sie ihnen augenblicklich vortheilhafter ist, indem sie diesen Boden, der noch den aus früherer Zeit aufgesammelten Waldhumus enthält, einige Jahre allerdings weit höher als Neuland benutzen können. Es dauert dann gewöhnlich aber nur eine ganz kurze Zeit, so ist diese vorübergehende Bodenkraft erschöpft und diese dem Walde entzogenen bessern Holzgründe, die guter Holzboden, aber schlechter Getreideboden sind, treten in die Klasse der schlechten Außenfelder, welche oft kaum die Bebauungskosten ersetzen können, weil man nicht im Stande ist, sie in einem genügenden Düngungszustande zu erhalten.

Es ist vielfach in dieser Schrift die Ansicht entwickelt worden, daß gerade die Abfindung durch Kulturland, besonders für die Berechtigungen auf Weide, Graserei, Streu, aber auch auf Leseholz, die allerzweckmäßigste ist, theils um die immer noch zu große Waldfläche auf eine zweckmäßige Art zu vermindern und mehr Kulturland zu schaffen, theils um das Bedürfniß des Berechtigten nachhaltig zu befriedigen und besonders dem kleinen Grundbesitzer zugleich Gelegenheit zu geben, neben der Bodenrente auch noch eine Arbeitsrente zu verschaffen. Dies bezieht sich aber immer nur auf einen solchen Boden, welcher genügende Fruchtbarkeit hat, um nachhaltig vortheilhafter als solcher benutzt werden zu können, wie als Holzland, wie dies das Gesetz auch verlangt. Bei der Art wie aber oft der Ertrag des Waldbodens berechnet wird, kann es leicht der Fall sein, daß nach der Entscheidung der Ablösungsbehörden, die natürlich nur nach den ihnen vorliegenden Berechnungen erfolgen kann, auch solcher Boden abgetreten werden muß, der entschieden als Kulturland einen niedrigern Ertrag geben wird, als derjenige ist, den er als Holzland geben kann.

Als Beispiel, zu welchen unrichtigen Maßregeln man durch eine unrichtige Vergleichung des Ertrags von Holz- und Kulturland kommen kann, mag das zu dem Neustädter Institutforste gehörende Lieper Revier angeführt werden.

Der reine Geldertrag desselben beträgt, wenn das abzugebende freie Bau-, Nutz- und eingeschlagene Brennholz als baare Abführung angenommen wird, 17 Silbergroschen vom Morgen.

Dieser so niedrige Ertrag eines Reviers, was im Allgemeinen einen sehr guten Holzboden und vortrefflichen Absatz und hohe Holzpreise hat, wird herbeigeführt

1) dadurch, daß es durch schlechte, unnachhaltige Bewirthschaftung in einem solchen Maaße in der früheren Zeit devastirt worden ist, wie wohl wenig andere Staatsforsten und ein großer Theil desselben, gerade auf dem besten Boden, in Räumden und Blösen besteht.

2) Dadurch, daß, um das Revier aufzuforsten, gerade diese Blösen und Räumden, auf denen alte faule Buchen und Eichen die Räume der früheren schönen Holzbestände bilden, in Anbau genommen und daß die besseren Bestände so weit geschont werden, als es die Abgabe von Freihölzern gestattet, so daß auch noch nicht einmal der gegenwärtige volle Durchschnittszuwachs, den er hat, benutzt wird.

3) Ueber 5000 Morgen des 30000 Morg. großen Reviers ist der allerschlechteste Sandboden, der kaum 8 bis 10 Kubikfuß Durchschnittszuwachs in vollen Beständen auf den Morgen erzeugen kann, wodurch natürlich auch der gesammte Durchschnittsertrag des ganzen Reviers vermindert wird.

4) Das Revier ist mit solcher großen Brennholzberechtigung belastet, daß mindestens 25 Procent der gesammten Holzerzeugung den Berechtigten überlassen werden muß, ohne durch die Rechnung zu laufen.

Wird nun dieser Reinertrag von 17 Silbergroschen vom Morgen bei dem Vergleiche des Ertrages von Holz- und Kulturland angenommen, so erscheint selbst das dreijährige Roggenland noch als einen höheren Ertrag gebend, während sich dies ganz anders stellt, wenn man den Boden, der als solcher angenommen werden muß, als Holzland richtig berechnet.

Ein solcher Boden muß mindestens als mittelmäßiger Kieferboden (dritter Klasse bei 5 Ertragsklassen) angenommen werden. Dieser giebt nach den Hartigschen Erfahrungstafeln 3900 Kubikfuß Abtriebsertrag bei 120 Jahren, und an starkem Durchforstungsholz vom 60. Jahre an 1010 Kubikfuß. Nimmt man noch an:

Von dem Abtriebsertrage kann ein Drittheil als Nutzholz, der Kubikfuß zu $3\frac{1}{2}$ Sgr., angenommen werden; das Brennholz, der Kubikfuß zu $1\frac{1}{2}$ Sgr., das Durchforstungsholz, der Kubikfuß zu 1 Sgr.

Dies giebt in 120 Jahren einen verkäuflichen Holzertrag von

1300	Kubikf.	Bau- u. Nutzholz	à $3\frac{1}{2}$	Sgr.	=	$151\frac{1}{3}$ Thlr.
2600	"	Brennholz . .	à $1\frac{1}{2}$	"	=	130 "
1010	"	" . .	à 1	"	=	$33\frac{2}{3}$ "
				Summa	.	315 Thlr.

oder bei 120jährigem Umtriebe für ein Jahr 2 Thlr. 18 Sgr. 9 Pf.

Dazu tritt das Holz, was die Berechtigten unentgeltlich benutzen. Dies kann in dem vorliegenden Falle nicht zu dem Werthe berechnet werden, den es für den Waldeigenthümer hat, oder den es nach Abzug der Gewinnungskosten auch für den Berechtigten haben würde, sondern nach demjenigen, den es in Bezug auf die Befriedigung der Brennholzbedürfnisse für das Land hat. In welchem Sortimente ein Morgen Holzboden dazu das Brennholz liefert, ist ganz gleich, denn das Land bedarf z. B. 10 Millionen Kubikfuß von einer bestimmten Brenngüte, so hat jeder Kubikfuß für die Befriedigung dieser Bedürfnisse den Werth, den man ihm nach seinem Brennwerthe geben muß. Wir wollen aber die größeren Gewinnungskosten in Abzug bringen und den Kubikfuß Reis- und Leseholz im Werthe nur zu 4 Pfennigen anschlagen. Da man gewöhnlich annimmt, daß bei der Art der Holzberechtigungen, wie sie im Lieper Reviere sind, mindestens 25 Procent der einschlagbaren Holzerzeugung von den Berechtigten benutzt werden, so würden diese vom Morgen jährlich 10 Kubikfuß, im Werthe von 2 Sgr. 6 Pf. benutzen.

Die jährliche Weidenutzung ist bei einer Weideablösung in einem nicht weit entfernten Reviere auf einem ähnlichen Boden (allerdings viel zu hoch) vom Morgen zu 10 Sgr. berechnet. Nähme man dies an, so würde sich der jährliche Ertrag eines Morgens Waldboden im Lieper Reviere, welcher von der Bodengüte, wie dreijähriges Roggenland ist, noch über 3 Thaler jährlich stellen, ohne einmal die Nutzung der Waldbeeren, Jagd u. s. w. in Rechnung zu bringen. So hoch wird aber niemals der Landbauer diesen Boden nutzen können.

Wird daher von dem Berechtigten die Entschädigung in Kulturland verlangt, dessen vortheilhaftere Benutzung als solches zweifelhaft ist, und dessen Abtretung als solches dem Interesse des Waldeigenthümers nicht entspricht, so ist

1) die unveränderliche und mineralische Beschaffenheit des Bodens besonders zu untersuchen, und von der vorübergehenden Fruchtbarkeit, die auf seinem Humusgehalte beruht, zu trennen, um ein Urtheil darüber fällen zu können, ob auch wirklich der Boden nachhaltig mit Vortheil als Kulturland wird benutzt werden können. Nur derjenige Ertrag desselben als Kulturland kann angenommen werden, welcher mit Wahrscheinlichkeit in Zukunft, nach dem Verschwinden des aufgesammelten Waldhumus angenommen werden kann, der folglich von dem Mischungsverhältnisse seiner mineralischen Bestandtheile bedingt ist.

2) Der Ertrag des Waldbodens kann niemals nach dem durchschnittlichen Reinertrage des Reviers, der davon an den Waldeigenthümer abgeliefert wird, berechnet werden, sondern es muß

a. der Ertrag von jedem einzelnen Theile desselben, dessen Abtretung verlangt wird, besonders berechnet werden, indem man dabei die vortheilhafteste Holz- und Betriebsart zum Grunde legt.

b. Es wird dabei gar nicht auf den gegenwärtigen Holzvorrath Rücksicht genommen, sondern es wird der Durchschnittszuwachs, den der Boden bei dem angenommenen Haubarkeitsalter liefern kann, ermittelt, und nach dem stattfindenden Preisverhältnisse der Sortimente, wie sie sich nach dem gegenwärtigen Absatze annehmen lassen, zu Gelde berechnet, um den durchschnittlich zu erwartenden Geldertrag zu finden.

3) Außer diesem für den Waldeigenthümer anzunehmenden gegenwärtigen Geldertrage wird noch der jährliche Ertrag und Werth der Nebennutzungen, welche Berechtigte beziehen, ebenfalls berechnet, um den Betrag gleichfalls als den des Holzlandes anzunehmen, und ihn demjenigen hinzuzurechnen, welchen der Waldbesitzer bezieht. Das obige Beispiel wird die Anleitung dazu geben.

Den Ertrag des Kulturlandes zu bestimmen, ist Sache der Landwirthe, doch können die Durchschnittspreise solcher Ländereien, welche eine gleiche Lage haben, und welche von gleicher Bodenbeschaffenheit sind, zum ohngefähren Anhalt dienen, um diese beurtheilen und die Berechnungen der Landwirthe einigermaaßen controliren zu können.

Vergleicht man den Ertrag des Wald- und Kulturlandes in dieser Art, so wird sich die irrige Ansicht von dem niedrigen Ertrage des erstern bald berichtigen, und der Waldbesitzer nicht mehr gezwungen werden können, schlechten Boden wider seinen Willen als Entschädigung an die Berechtigten abzugeben.

§. 43.

Ablösung der Gräsereigerechtsame, sowie des Rechtes, Binsen, Schilf und Rohr zu schneiden.

Nach dem Gesetze von 1850 können auch diese Berechtigungen abgelöst werden, welche in der G.-T.-O. von 1821 nicht erwähnt waren. Der Waldbesitzer wird jedoch wohl nur in dem Falle darauf antragen, wenn er entweder den Grund als Kulturland benutzen will, oder wenn er besonders durch das Grasschneiden verhindert wird, volle Bestände herzustellen, indem er kein hinreichendes Schonungsrecht besitzt, um die Blösen anzubauen.

In den mehrsten Fällen wird die Entschädigung mehr betragen, wenn das Recht auf den Antrag des Belasteten abgelöst werden soll, und folglich der volle Nutzungswerth ersetzt werden muß, als der dadurch zu erreichende Vortheil. Auch von dem Berechtigten wird der Antrag auf Ablösung seltener ausgehen, als bei manchen anderen Berechtigungen, weil wenigstens die Grasnutzung für ihn oft einen großen Werth hat, indem sie auch den kleinen Grundbesitzer in den Stand setzt, Rindvieh zu ernähren, er aber wenig für Aufgabe des Rechts dazu auf keine große Entschädigung rechnen kann, wenn der Waldbesitzer es vorzieht, diese nach dem Vortheile zu gewähren, welcher ihm daraus erwächst.

Dieser besteht gewöhnlich nur darin, daß wieder Gräsereizettel ausgegeben werden können, wo sich dann der Waldbesitzer den geringen Erlös dafür als Vortheil muß anrechnen lassen. Würde dies nicht thunlich oder wahrscheinlich sein, weil es nach Ablösung der Berechtigten an solchen Bewohnern der Gegend fehlt, so wird dem Waldbesitzer aus der Ablösung des Rechts oft gar kein Vortheil erwachsen. Für eigne Rechnung wird er das Gras in den wenigsten Fällen benutzen können, da die Gewinnung desselben gewöhnlich ebenso viel kostet, als der Erlös betragen wird, den man durch den Verkauf von Gras oder des Heues dafür erlangen kann. Es muß dazu das Gras mühsam mit der Sichel geschnitten werden, oft ist es nöthig, daß es, um es trocknen zu können, aus dem Walde auf freie Plätze getragen werden muß, und dann hat das im Schatten erwachsene Futter als Heu auch weit weniger Werth, als gutes Wiesenheu, so daß es schlecht bezahlt wird, wenn sich ja Käufer dazu finden. Bleibt das Gras aber in dem Walde zurück, weil es nicht benutzt werden kann, so hat der Waldbesitzer davon auch nicht den allergeringsten Nutzen.

Um den Vortheil zu berechnen, welcher den Waldbesitzer aus der Ablösung dieses Rechts auf die Benutzung des Grases, der Binsen, des Schilfes und Rohrs erwächst, wenn die

Ablösung desselben auf Antrag des Berechtigten erfolgt, muß deshalb ermittelt werden, zu welchem Preise er dasjenige, was er, wenn diese stattgefunden hat, von diesen Bodenerzeugnissen selbst für eigne Rechnung verkaufen kann. Die Binsen und das Schilf sind gewöhnlich nur zum Einstreuen in die Viehställe zu verwenden, können selten aber dazu verkauft werden. Das Rohr dagegen kann oft eher benutzt und verwerthet werden. In manchen Gegenden dient es zum Dachdecken, wie denn auch ein gutes Rohrdach, besonders auf Wirthschaftsgebäuden, wegen seiner Dichtigkeit, Dauer und Wärme, dem Ziegeldache vorgezogen wird. Die Verwendung des Rohrs dazu findet jedoch immer weniger statt, weil es zu feuergefährlich ist, und darum die Assekuranzprämie für Gebäude mit Rohrdächern weit höher ist, als derjenigen mit Ziegeldächern. Dies ist der Grund, warum das Rohr nicht blos gegen sonst sehr im Preise gesunken ist, sondern sogar da, wo es früher sehr gesucht wurde, jetzt gar nicht mehr abgesetzt werden kann. Man kann daher bei dieser Nutzung nicht den Ertrag derselben, wie er in vergangenen Zeiten war, auch als denjenigen annehmen, der in Zukunft zu erwarten ist, sondern muß die gegenwärtigen Absatzverhältnisse und Preise zum Grunde legen. Das Rohr findet zwar außer der Verwendung zur Bedachung der Gebäude noch eine solche zur Berohrung der Stubendecken oder Wände von Fachwerk, um den Putz zu halten, es kann jedoch dazu nur selten und nur in der Nähe größerer Städte in großer Menge, und auch nur, wenn es lang ist und einen guten Wuchs hat, abgesetzt werden. Auch zum Umwinden der Obstbäume, um sie gegen Hasen und Frost zu schützen, zur Bedeckung der Kartoffel-Miethen u. s. w. wird es in ländlichen Haushaltungen wohl gebraucht, allein dazu kann es selten verkauft werden.

Erfolgt die Ablösung zuerst der Gräsereigerechtsame, auf Antrag des Belasteten, so daß dafür der volle Nutzungswerth als Entschädigung für Aufgabe derselben gewährt werden muß, so ist zuerst ihr Umfang, in welchem sie ausgeübt werden muß, festzusetzen, indem davon ihr Ertrag abhängt.

Sie kann zuerst darin verschieden sein, daß die Schonungen, aus denen gewöhnlich die Berechtigten vorzüglich oder ausschließlich das Gras entnehmen, da in den beweideten Orten kein solches vorhanden ist, bald jünger, bald älter sein müssen, ehe sie zur Gräsereibenutzung geöffnet zu werden brauchen. Es sind daher zuerst die Flächen festzustellen, auf welchen das Recht ausgeübt werden darf und kann, weil darauf Gras, was ausgeschnitten werden kann, wächst. Nur in den großen, dem Vieh unzugänglichen Brüchern erstreckt sich das Grasschneiden zuweilen auf die ganze Fläche, weil in den lichten Erlenbeständen, selbst im älteren Holz, noch überall ein reichlicher Graswuchs ist, der aber freilich nur Futter von sehr geringer Beschaffenheit liefert. Auf dem Höhenboden wird selbst in ganz weidefreien Revieren immer nur in den jungen Beständen Gras geschnitten werden können, weil in den älteren die Beschattung dem Graswuchse zu nachtheilig ist.

Dann ist die Ausübung des Rechts wieder oft dadurch beschränkt, daß sie nur in einer gewissen Jahreszeit oder an bestimmten Tagen der Woche, auch wohl nur von einer Person für jedes berechtigte Grundstück erfolgen darf, oder nur eine Traglast jeden Tag, wo das Grasen erlaubt ist, aus dem Walde entnommen werden darf. Selbst wenn in der Zeit keine Beschränkung stattfindet, wird das Gras doch oft nur so lange durch Ausschneiden benutzt, als es noch jung ist, oder das Vieh noch nicht volle Nahrung im Walde findet, und hört Ende Juni auf, weil dann das Gras zu hart und nicht mehr vom Vieh gefressen wird. Ob freiwillig oder gezwungen auf dessen längere Benutzung verzichtet worden ist, bleibt sich bei der Berechnung der Entschädigung gleich, denn diese kann nicht höher verlangt werden, als bisher der Ertrag des Rechtes für den, welcher es besitzt, gewesen ist.

Ebenso macht es ferner einen Unterschied im Werthe

desselben, ob der Berechtigte blos befugt ist, soviel Futter aus dem Walde zu entnehmen, als erforderlich ist, dem Vieh während der Weidezeit im Stalle solches vorlegen zu können, oder ob das gewonnene Gras auch zu Heu getrocknet werden darf, um dadurch das Winterfutter zu gewinnen.

Zuweilen kommt es auch vor, daß das Gras nicht mit der Sichel abgeschnitten werden darf, sondern blos gerupft werden kann. Dadurch wird nicht blos die Gewinnung weit kostbarer, sondern es kann dabei auch nur eine geringere Menge genommen werden.

Wenn der Umfang des Rechts in dieser Art bestimmt ist, wird sein Ertrag am besten nach den Erfahrungen ermittelt, welche bisher darüber gemacht worden sind. Da wohl überall, wo es regelmäßig benutzt worden ist, Grasezettel ausgegeben worden sind, die Jeder besitzen muß, der es ausüben will, so wird sich aus diesen die Zahl der Personen ergeben, die es benutzt haben. Ist dann die Zeit bekannt, in welcher es ausgeübt werden darf, so daß man die Zahl der Tage, mit Abrechnung der Sonn- und Festtage, an denen die Ausübung überhaupt gestattet ist, feststellen kann, so ergiebt sich daraus das Maximum des Ertrages, welcher überhaupt möglich ist, wenn man die durchschnittliche Menge des Grases ermittelt, welche an einem Tage aus dem Walde genommen werden kann. Dies geschieht, indem man das durchschnittliche Gewicht einer Trag- oder Karrenlast untersucht, jenachdem das Gras herausgetragen oder mit Schubkarren abgefahren wird.

Dies Maximum wird aber niemals als wirklicher Ertrag des Rechts angesehen werden können, wenn auch wirklich so viel Gras im Walde wäre, als erforderlich sein würde, um an jedem Tage, wo es gestattet ist, eine Traglast aus dem Walde entnehmen zu können, weil dies nicht an allen Tagen geschehen wird, und auch nicht geschehen kann.

An den Regentagen wird zuerst niemals Gras aus dem Walde geholt, weil die Arbeit dann nicht blos beschwerlicher, das nasse Gras zu schwer ist, sondern sogar vom Vieh nicht gern gefressen wird. Nun fallen aber von den 150 Regentagen, die man für das nördliche Deutschland annimmt,*) auf den Mai 12, 7, Juni 10, 8, Juli 15, 9, August 16, 6 Procent, so daß, wenn man annimmt, daß in diesen 4 Monaten das Grasschneiden an 100 Tagen, nach Abzug der Sonn- und Festtage erlaubt wird, 17 Tage durchschnittlich für Regentage in Abzug gebracht werden müssen, oder mit Hinweglassung der Bruchtheile für den Mai 4, den Juni 3, den Juli 5, den August 5 Regentage, so daß nur noch 87 Benutzungstage verbleiben. Aber auch von diesen wird noch ein gutachtlicher Abzug für die Tage, wo anderweitige Geschäfte die Ausübung des Rechts verhindern, gemacht werden müssen, da in der Zeit des Kartoffelsuchens, der Heuernte, wenigstens die Grundbesitzer wohl selten Gras holen werden, welche damit in der eignen Wirthschaft beschäftigt sind.

Ein anderes Mittel, um sich ein Urtheil über die Menge des gewonnenen Grases zu verschaffen, ist da anwendbar, wo, wie das besonders in Bruchgegenden wohl vorkommt, das Vieh größtentheils dadurch ernährt wird. Man kann dann den Futterbedarf des Viehs, was notorisch dadurch ganz oder größtentheils ernährt wird, zum Grunde legen, indem man dasjenige, was die Berechtigten auf den eignen Grundstücken davon genommen, in Abzug bringt.

Es kann jedoch leicht der Fall sein, daß man auf diese Weise eine größere Menge von Gras erhält, als der Wald in dem Zustande, worin er ist, und wenn die Blösen als mittelmäßig bestanden angenommen werden, was bei der Gräsereiberechtigung ebenso vorauszusetzen ist, als bei der Ablösung der Weideberechtigung, wirklich liefern kann, indem die Berechtigten behaupten, jeden Tag ihr Recht ausgeübt zu haben, wo es gestattet war, und den vollen Futterbedarf für ihr

*) **Kämtz**, Meteorologie. Halle. Gebauersche Buchhandlung. 1831. 2. Band. S. 493.

Vieh in Anspruch nahmen, ohnerachtet sie ihn nicht gewonnen haben. Dann wird eine Bonitirung der Graserzeugung die auf Grund des Rechts benutzt werden kann, wenigstens dazu dienen, ganz ungebührlichen Ansprüchen entgegentreten zu können, denn mehr, als Gras im Walde erzeugt wird, kann auch von den Berechtigten nicht verlangt werden.

Behufs der Bonitirung derjenigen Fläche, auf welcher das Grasschneiden überhaupt ausgeübt wird, welche vorher festgestellt werden muß, wird dieselbe nach der reicheren oder geringeren Graserzeugung, in so viel Güteklassen getheilt, als erforderlich sind, die Verschiedenheiten zu umfassen. Man kann diese nach den Wiesenklassen machen, denn ein Boden, der sich nicht mehr zur Wiese eignet, wird auch kein Gras zum Schneiden oder Rupfen mehr liefern.

Es würden dabei folgende Bonitätsklassen anzunehmen sein:

Klasse.	Heu-Ertrag. Pfund.	Gras-Ertrag. Pfund.	Bemerkung.
I.	2400	9600	4 Pfund Gras auf 1 Pfund Heu gerechnet.
II.	2000—2400	8000	
III.	1400—2000	5600	
IV.	950—1400	3800	
V.	800— 950	3200	
VI.	650— 800	2600	

Dieser Ertrag muß zuerst um soviel vermindert werden, als das Holz Fläche einnimmt, oder unmittelbar so überschirmt, daß dieselbe für die Graserzeugung verloren geht. Wieviel dies beträgt, muß in jedem einzelnen Falle dadurch ermittelt werden, daß man eine geeignete Probefläche absteckt, und auf dieser die Bäume oder Niederwaldstücke auszählt, und für jeden eine durchschnittliche Fläche nach dem Raume, den er einnimmt, ermittelt. Auf derjenigen Fläche, welche dann noch für die Grasproduction übrig bleibt, wird dieselbe aber noch nicht dieselbe von gleicher Menge und gleicher Güte sein, wie auf einer freien Wiesenfläche von ganz gleichem Boden, sobald das Holz, was auf der ganzen Fläche vertheilt ist, schon die Größe erreicht hat, daß es einen Schatten wirft. Dies wird schon dadurch bewiesen, daß kleine beschattete Waldwiesen immer nur ein wenig nahrhaftes Gras in geringer Menge geben. Das höchste, was man auf diesen kleinen freien Stellen annehmen kann, ist drei Fünftheile des Grasertrages der Wiesenklasse, der sie ihrer Bodenbeschaffenheit nach angehören würden, wenn sie ganz frei und unbeschattet wären. Danach war der Ertrag dieser freien Stelle, die man als unbestockt annehmen kann, und nach Abzug der bestockten Fläche vom Morgen der ersten Klasse 5700 Pfund Gras, der zweiten Klasse 4800 Pfund, der dritten Klasse 3300 Pfund, der vierten Klasse 2280 Pfund, der fünften Klasse 1920 Pfund, der sechsten Klasse 1560 Pfund.

Da das Gras in der Regel nicht verkauft wird, und daher der Geldwerth desselben nicht nach dem Marktpreise bestimmt werden kann, so wird man den Heupreis desselben, wie er in der Gegend für Heu von gleicher Güte ist, zum Grunde legen müssen, indem man dabei annimmt, daß 4 Pfd. Gras 1 Pfd. Heu geben.

Dann müssen aber die Gewinnungskosten in Abzug kommen, wobei man das volle Lohn eines Weibertages, wie es in der Gegend üblich ist, für ein Tagewerk annehmen kann. Einmal kann diese Arbeit nur von einer erwachsenen Person verrichtet werden, und dann fällt sie in eine Zeit, wo selbst auf dem Lande es niemals an Arbeit und Gelegenheit, ein volles Tagelohn zu verdienen, mangelt. Die Menge der aufzuwendenden Arbeit kann verschieden sein, nach der Schwierigkeit des Gewinns und der Witterung, der Entlegenheit des Waldes. Durchschnittlich wird man sie aber niemals geringer anschlagen können, als zu dem dritten Theil des Werths des gewonnenen Heues. Es müssen schon günstige Verhältnisse sein, wo man solches Waldheu, was oft zu Wildfutter genommen wird, dafür aufgemacht erhält, daß der Arbeiter den dritten Theil desselben als Lohn bekommt.

Wird das Gras Bürdenweis aus dem Walde getragen, um als Grünfutter benutzt zu werden, so muß bestimmt werden, wieviel Zeit zu einer Bürde gebraucht wird, ob ein halber oder drei viertel Tag u. s. w. Rechnet man dann den Tag zu 5 oder 6 Sgr., so kann man den Abzug für die Gewinnungskosten leicht berechnen.

Als Entschädigung für Aufgabe einer Gräsereigerechtigkeit kann in dem Falle, wo die Berechtigten das Gras zur Ernährung ihres Viehs nicht entbehren können, eigentlich nur Kulturland von der Beschaffenheit und in der Größe gegeben werden, daß dieselbe Menge von Futter darauf gewonnen werden kann. Man wird dann Gewinnungskosten und Bestellung des Kulturlandes ziemlich compensiren können, wenn auch der Berechtigte zu letzterer etwas weniger Arbeit aufzuwenden nöthig haben dürfte. Er muß dafür auch oft noch einige baare Auslagen machen, die ihn bei der Gräsereigerechtsame nicht treffen. Eine Geldrente, und noch weniger ein Geldkapital setzen ihn nicht in den Stand, sein Bedürfniß in gleicher Art dadurch nachhaltig befriedigen zu können, da das Grünfutter oft gar nicht zu kaufen ist.

Die Schätzung der Binsen, des Schilfs und des Rohrs kann entweder so erfolgen, daß man den Ertrag derselben nach den bisherigen Erfahrungen darüber bestimmt, die sich leichter sammeln lassen, als bei dem Grasschneiden, indem dies Material gewöhnlich mit einem Male im Herbst, und oft auch erst bei Plattfrost, wenn die Sümpfe zugänglich werden, gesammelt wird. Fehlen diese, so muß man am geeigneten Orte auf Probeflächen untersuchen, wieviel ein Morgen davon liefert, und die Fläche ermitteln, welche dem Ertrage der Probefläche gleich gerechnet werden können. Daß diese letzteren an verschiedenen Orten, wenn diese ungleichen Ertrag geben, genommen werden müssen, versteht sich von selbst.

Werden das Schilf und die Binsen als Streumaterial für das Vieh verwandt, so wird ihr Werth nach demjenigen des Streustrohs berechnet werden müssen, wobei aber beachtet werden muß, daß dieselben nicht den Düngerwerth des Strohs haben. Wie sich derselbe von beiden gegen denjenigen des Strohs verhält, muß durch sachverständige Landwirthe festgesetzt werden. In keinem Falle wird es aber höher angenommen werden können, als zur Hälfte des Strohwerthes, da weder Schilf, noch Binsen die Nährstoffe der Cerealien in der Menge enthalten, und dem Boden, als Dünger zugeführt, gewähren, als das Stroh von denselben Gewächsen, die wieder auf dem Acker gebaut werden sollen.

§. 43.

Die Ablösung des Rechts, grünes oder trocknes Laub und Nadeln zu Futter oder zum Einstreuen aus dem Walde entnehmen zu dürfen.

Das Laubstreifeln, dessen Schädlichkeit schon oben nachgewiesen wurde, ist hinsichts der Menge des Futters, welche es liefert, lediglich nach dem Viehstande zu schätzen, welcher dadurch ernährt wird. Ueber die Menge des grünen Laubes, welches ein Holzbestand, von dem dasselbe noch gestreifelt wird, liefern kann, sind keine Erfahrungen vorhanden, und es wird auch schwer oder unmöglich sein, diese zu sammeln. Es ist dies nicht blos nach der Größe und dem Wuchse des Holzes sehr verschieden, sondern auch nach den Holzgattungen, die im Niederwalde und Unterholze des Mittelwaldes, wo dies Recht allein vorkommen kann, gewöhnlich sehr gemischt sind. Dann wird aber auch niemals das Laub ganz rein abgestreifelt, sondern immer nur an den unteren und glätteren Zweigen, bald mehr, bald weniger.

In der Regel werden nur Ziegen und Schafe dadurch ernährt und diese auch wohl nur mit seltenen Ausnahmen das ganze Jahr hindurch, denn dazu müßte das Laub im Sommer getrocknet werden, um dem Vieh so im Winter vorgelegt werden zu können.

Gewöhnlich beginnt das Laubstreifeln erst nach Johannis und dauert dann bis zu Mitte September, wo das Laub zu hart wird, gegen Ende des Monats auch wohl schon in Folge eines Nachtfrostes abstirbt, so daß die Ernährung des Viehs dadurch dann nur etwa 3 Monate erfolgt. Würde eine längere behauptet werden, so wird dies besonders nachzuweisen sein. Es kommt also bei der Ablösung dieses Rechts nur darauf an, die Menge der Thiere, welche dadurch ernährt werden, zu ermitteln, die Zeit festzustellen, in welcher dies geschieht, und die Menge und den Werth des Futterbedarfs für diese Zeit anzugeben. Die Entschädigung kann dann in verhältnißmäßigem Kulturlande zum Futterbau, oder in Geld zum Futterankauf gegeben werden. Es gilt jedoch für dieses Recht dasselbe, was in Bezug auf die Art der Entschädigung schon oben bei den Gräsereirechten bemerkt wurde.

Die grüne Schneidelstreu wird vorzüglich in den Fichtenwäldern gewonnen, entweder, indem die unteren Aeste der großen Bäume abgehauen werden, oder durch das Abräumen des für die Nachzucht nicht benutzbaren Holzes. Auch wird darunter wohl der auf den Schlägen liegende Abraum verstanden. Die kleinen grünen Zweigspitzen, welche leicht verfaulen, werden dann ausgehauen und dem Vieh als Einstreu untergebreitet, wo sie dann einen kräftigeren Dünger liefern, als die trocknen Nadeln. Beschränkt sich die Schneidelstreu auf das werthlose Unterholz, auf dem Abraum von den Schlägen und den Durchforstungen, so ist wenig Veranlassung, das Recht dazu ablösen zu wollen, denn es kann dann als für den Wald unschädlich angesehen werden. Auch würde dem Waldbesitzer, wenn der Antrag von dem Berechtigten ausgeht, kein Vortheil aus der Ablösung erwachsen, da er diese Streu wohl selten wird benutzen oder verwerthen können. Hat der Berechtigte dagegen das Recht, die grünen

Aeste der stehenden Bäume zur Schneidelstreu aushauen zu dürfen, so wird es für diese höchst nachtheilig, wie schon oben ausgeführt worden ist. Es wird dann wo möglich abgelöst werden müssen, was auch auf Grund der Preußischen Gemeinheitstheilung wird geschehen können, da es als ein Mitgenuß des Holzes anzusehen ist, wenn es auch in den Gesetzen nicht besonders unter der Bezeichnung aufgeführt worden ist, die man ihm gewöhnlich durch den Ausdruck Schneidelstreu giebt. Wollte man es aber auch blos auf die Gewinnung von Waldstreu deuten, so muß auch diese abgelöst werden, wenn es einer der Betheiligten verlangt.

Auch bei der Schneidelstreu wird, wie dies schon oben ausgeführt worden ist, wo von dem Rechte, grüne Aeste zu brechen, die Rede war, die Beschränkung eintreten müssen, daß dem Baume nicht mehr Aeste genommen werden dürfen, als er zu seiner Erhaltung und seinem Leben bedarf. Es kann sich daher das Recht zum Aushauen der Aeste nur auf die unteren beziehen, die besonders bei freistehenden Bäumen die Fichte in einer weit größeren Menge hat, als die Kiefer. Auch dürfen die jungen Bestände nicht geschneidelt werden, sondern die Bäume müssen wenigstens dazu ein Alter von 50 bis 60 Jahren erreichen, da sie sonst in ihrem Wuchse ganz gestört werden würden. In den geschlossenen Beständen, wo sich die Fichte von den entbehrlichen Aesten von selbst reinigt, indem diese eher absterben, ehe sie ausgehauen werden dürfen, kann daher wenig oder gar keine Schneidelstreu gemacht werden. Dies beschränkt sich vielmehr auf die frei stehenden stark beästeten Bäume. Jenachdem diese in größerer oder geringerer Menge vorhanden sind, wird sauch mehr oder weniger Streumaterial dadurch gewonnen werden können. Es lassen sich daher gar keine bestimmten Sätze für den Ertrag eines Fichtenwaldes an Schneidelstreu geben, indem die außerordentlich verschieden sein kann, und muß deshalb für jeden einzelnen Wald stets nach dem Zustande desselben besonders ermittelt werden.

Das am häufigsten vorkommende Recht ist das Streurechen, oder die Befugniß, die abgefallenen Blätter und Nadeln, sowie die mit dem Harken vorzunehmende Bodendecke von Moos, abgestorbenen Gewächsen oder auszureißendem Haidekraut, zum Einstreuen für das Vieh und zur Düngergewinnung sammeln zu dürfen. Wie schon bemerkt wurde, ist dies Recht, wenn es weiter ausgedehnt wird, als auf die bloße Wegnahme der Bodendecke, um den Boden für die Besamung wund zu machen, für den Wald unbedingt schädlich, da ihm dadurch die nöthigen Dungmittel entzogen werden, und der Boden seine schützende Decke verliert. Darum verlangen auch die Forstwirthe die Beseitigung des Streurechens am allerdringendsten. Daß es bis dahin beschränkt werden muß, daß sich der Wald dabei erhalten kann und keine Verschlechterung des Bodens erfolgt, ist unbestreitbar, denn nicht blos erfordert dies die Sorge für das allgemeine Wohl, sondern auch die Sicherung der Befriedigung des Bedürfnisses des Berechtigten, da mit der Abnahme der Holzerzeugung auch stets eine Verminderung der Streumenge erfolgt, und bei einer fortschreitenden Verschlechterung des Bodens zuletzt weder Holz noch Streu von ihm mehr genommen werden kann, wie dies schon ausgeführt wurde. Auch können eine Menge Beispiele davon beigebracht werden, wie auf dem ärmeren Sand- und Kalkboden durch ein rücksichtsloses Streurechen der Boden wirklich so heruntergebracht worden ist, daß beinahe gar kein Holz, mithin auch keine Streu mehr auf ihm erzeugt wird. Wie weit die Beschränkung des Streurechens gehen müsse, um die Fruchtbarkeit des Bodens zu erhalten, wird in jedem speciellen Falle bestimmt werden müssen, da der verschiedene Boden es bald mehr, bald weniger erträgt, wie dies schon bemerkt worden ist. Die hauptsächlichsten Rücksichten dabei werden aber noch unten angeführt werden, wo von Feststellung der Schranken, in denen sich überall das Streurechen halten muß, die Rede sein wird, da nach dem in Preußen geltenden Rechte es niemals weiter ausgedehnt werden darf, als daß dabei die Erhaltung des Waldes möglich ist. Deshalb nun aber, weil das Streurechen stets nachtheilig für den Wald wird, von Seiten des Waldbesitzers überall auf Ablösung desselben antragen zu wollen, würde sich nicht immer rechtfertigen.

In den Staatsforsten wird man zuerst berücksichtigen müssen, ob die Berechtigten die Waldstreu in ihrer Wirthschaft wirklich entbehren können, ohne in ihrem Nahrungsstande und in dem Ertrage ihrer Grundstücke zurückzukommen. Die gebildetsten Landwirthe, welche gar nicht daran denken, in ihrer eigenen Wirthschaft Nadel- oder Laubstreu verwenden zu wollen, und welche erklären, daß sie dieselbe nicht für die Sammlungskosten haben möchten, erkennen doch an, daß es auch Zustände giebt, in denen dieselbe für den kleinen Grundbesitzer in den Sandgegenden und bei armem Boden unentbehrlich ist, besonders wenn er entweder zu wenig Land besitzt, um einen regelmäßigen Fruchtwechsel einführen zu können, wenn dies nicht thunlich ist, weil die kleinen Ackerstücke noch im Gemenge liegen, und wegen der Weideservituten nicht willkürlich benutzt werden können, oder mit Dünger consumirende Handelsgewächse gebaut werden. Die Staatsforsten können nur nach der Ansicht bewirthschaftet werden, daß aus ihnen das größte Gesammteinkommen für den Staat oder das Volk, was ihn bildet, hergestellt wird — wer dies bezieht, ist ganz gleich.

Hat nun die Waldstreu für die Landwirthschaft nach sorgfältiger Erwägung aller Verhältnisse und nach dem Urtheil sachverständiger und unparteiischer Forst- und Landwirthe einen größeren Werth, als für den Wald, so muß sie auch für erstere ferner benutzt werden, immer unter dem Vorbehalt der nöthigen Beschränkung, so daß die gegenwärtige Fruchtbarkeit des Bodens, wenn sie genügt, unverändert erhalten wird, und wenn sie schon so weit gesunken ist, daß sie nicht mehr als genügend angesehen werden kann, selbst eine Erhöhung derselben dabei möglich wird.

Der Privatmann, welcher nur seinen individuellen Vortheil verfolgt, wird dies allerdings weniger berücksichtigen. Er muß aber dabei beachten, wenn er den Antrag auf Ablösung des Streurechens machen will, daß ihn in diesem Falle dieselbe mehr kosten als eintragen wird. Wenn er den Streuberechtigten zum vollen Nutzungswerthe seines Rechts entschädigen muß, und er kann überdem nicht Kulturgründe abgeben, worauf das Düngermaterial nachhaltig zu gewinnen ist, sondern muß die Streu in Geld bezahlen, so wird ihm die Entschädigung sehr hoch kommen, da diese immer nur nach dem Strohpreise berechnet werden kann.

Geht der Antrag auf Ablösung der Streugerechtsame von dem Berechtigten aus, so wird der Waldbesitzer gewiß immer gern die Hand dazu bieten, denn sie ist dann gar keinem Bedenken unterworfen, da man dann mit Sicherheit annehmen kann, daß sie für denselben wenig Werth hat, und er die Waldstreu jedenfalls recht gut entbehren kann. Nur kann dieser dann nicht verlangen, daß sie ihm zu dem Werthe bezahlt werden soll, zu dem sie berechnet werden muß, wenn die Entschädigung nach dem vollen Nutzungsrechte zu gewähren ist. Dies würde nur dann der Fall sein, wenn der Beweis geliefert werden kann, daß die gesammte Streumenge, welche der Berechtigte bisher bezog, mit Sicherheit an andere Anwohner des Waldes zum angenommenen Preise verkauft werden könnte. Ein solcher Fall wird aber wohl sehr selten eintreten. Verbleibt sie dem Walde nach der Ablösung, so besteht der Vortheil, der dem Eigenthümer desselben daraus erwächst, nur allein in der vermehrten Holzproduction, die in künftigen Zeiten bei dem sich nach und nach verbessernden Boden zu erwarten ist. Nur in den haubaren Buchenbeständen zeigt sich allerdings, wenn die Laubdecke liegen bleibt, schon in den nächsten Jahren eine Verbesserung des Holzwuchses, in den Kiefern, Eichen und Fichten wird sie mehr für die jungen Bestände anzunehmen sein, deren Ernte erst in späteren Jahren erfolgt. Es kann daher als Entschädigungssumme dafür nur Kapital gezahlt werden, was mit zugeschlagenen Zinsen zu der Zeit, wo die Benutzung dieser jungen Bestände erfolgt, dem Geldwerthe des in Folge des Aufhörens des Streurechens mehr erzeugten Holzes gleich ist. Die Größe desselben zu ermitteln, ist Gegenstand der Waldwerthberechnung. Die Menge des mehr zu erwartenden Holzes, wenn dem Walde die Streu verbliebt, kann nur gutachtlich mit Berücksichtigung aller lokalen Verhältnisse, bestimmt werden. Sie aus der Vergleichung eines berechten Waldes mit einem solchen, worin niemals Streu gemacht wurde, entnehmen zu wollen, ist unzulässig, denn es gehören Jahrhunderte dazu, bevor die Wirkung des frühern Streurechens ganz aufhört, indem die ihm dadurch entzogene Nährstoffe sich nur sehr langsam nach und nach wieder im Boden aufsammeln. Ein Opfer, wenn es nicht zu groß gefordert wird, ist aber gern zu bringen, wenn man dies lästige Servitut beseitigen kann.

Was die Ablösung desselben auf den Antrag des Belasteten betrifft, so stehen mehrere Mittel zu Gebote, um die Menge der Streu, welche der Wald bisher dem Berechtigten lieferte, und danach den Werth des von diesem aufzugebenden Nutzungsrechts zu ermitteln.

Zuerst kann man in dem Falle, wo unbezweifelt der Wald den vollen Streubedarf geliefert hat und auch liefern kann, und wenn auch vielleicht gar nicht einmal alle die, welche vorhanden war, benutzt wurde, diesen Bedarf selbst zum Grunde legen.

Es wird dazu die Viehzahl, für welche der Berechtigte Einstreu fordern kann, weil er sie von seinen eigenen Grundstücken ernähren kann, sie auch zur Erhaltung des Düngungszustandes derselben halten muß, festgestellt. In der Regel legt man dabei den vorhandenen Viehstand zum Grunde, wäre dieser aber kleiner oder größer als der normale, so ist es Sache der Landwirthe diesen letztern zu ermitteln.

Sodann würde die Untersuchung eintreten wieviel Streumaterial von den eignen Grundstücken der Berechtigten gewonnen wird und verwendet werden kann, da er dies, wenn nicht durch Urkunden, Judikate oder Statuten es ausdrücklich anders bestimmt ist, sich von der Streu welche er überhaupt bedarf, muß in Abrechnung bringen lassen. (Art. 4. des Gesetzes vom 2. März 1850). Das was er nicht selbst gewinnt kann er dann als Zuschuß aus dem Walde fordern.

Der gewöhnliche Streubedarf für ein Stück Vieh wird für die Zeit wo es im Stalle steht und nicht auf die Weide getrieben wird

für	1 Stück Rindvieh	täglich	zu	3	Pfund Stroh
„	1 Schaf	„	„	0,3	„ „
„	1 Schwein	„	„	1,2	„ „

angenommen.

Für die Weidezeit wird nur die Hälfte dieser Streumenge berechnet.

Nimmt man an daß das Rindvieh 190 Tage auf die Weide getrieben wird und 175 Tage im Stalle steht, so giebt dies eine Streumenge von 810 Pfund Stroh für jedes Stück Rindvieh.

Die Schafe und Schweine können die Weide weit länger benutzen als das Rindvieh und man kann für sie die Weidezeit zu 210 Tagen und die Zeit wo sie im Stalle stehen zu 155 Tagen annehmen. Dies giebt bei der oben angenommenen Streumenge für 1 Schaf das Jahr etwa 78 Pfund Stroh, ein Schwein 312 Pfund.

Gewöhnlich werden 3 Pfund Laub, 2 Pfund Nadeln, 1½ Pfund Moos im Düngerwerthe einem Pfunde Stroh gleich gerechnet, wonach nun der ganze halbe, oder Viertheil Bedarf des Berechtigten, je nachdem er ihm nach Abzug des gewonnenen Streumaterials, leicht berechnet werden kann.

Dies Verhältniß des Düngerwerths des Laubes, der Nadeln und des Mooses, obwohl es bisher allgemein angenommen wurde, ist aber wohl kein richtiges und möchte wohl sehr einer Berichtigung bedürfen. So wenig die Untersuchungen hinsichts der Bestandtheile des Laubes als die Erfahrungen welche der Landwirth selbst über die Wirkung dieser Dungmittel im Acker gemacht hat stimmen damit überein. Die Blätter der Laubholzbäume haben als Dungmittel einen sehr verschiedenen Werth, das Ahornlaub z. B. einen sehr großen und ein Landwirth in den Alpen, wo man die Ahornbäume blos um der Gewinnung von Streumaterial anpflanzt und pflegt, würde sich sehr wundern, wenn man ihm zwei Pfund Nadelstreu für 3 Pfund Ahornlaub bieten wollte. Auch das Buchenlaub wird da wo der Landmann in der Mark Brandenburg zwischen diesen und der Nadelstreu die Wahl hat, dieser stets vorgezogen. Nach Sprengel's Untersuchungen *) über die Bestandtheile des Streumaterials hat auch wirklich das Buchenlaub einen weit größern Dungwerth als die Kiefern- und selbst die Fichtennadeln, welche wieder etwas besser sind als die der Kiefer. Der Irrthum in dieser Beziehung ist nur dadurch entstanden daß das Laub der mehrsten unserer Waldbäume, wenn es erst nachdem es vollständig trocken geworden ist, gesammelt wird, schwer verfault und oft noch durch Fäulniß nicht aufgelöset auf den Acker gebracht wird, wo es dann freilich wenig Wirkung haben kann. Sprengel hat sogar nach seinen Untersuchungen der Bestandtheile des Laubes gefunden,**) daß es ein besseres Dungmaterial liefert als selbst das Stroh, wenn es nur in der Düngergrube richtig behandelt wird und wenn es nicht eher als bis es vollständig durch Fäulniß aufgelöset worden ist, auf den Acker gebracht wird.

Je höher der Werth desselben ist, desto größer muß allerdings die Entschädigung berechnet werden, welche für die Aufgabe des Rechtes es benutzen zu dürfen gewährt werden. Das kann aber kein Grund sein hier nicht darauf aufmerksam zu machen, daß der Düngerwerth des Laubes und der

*) Die Lehre vom Dünger von Dr. C. Sprengel. Leipzig bei Müller 1839. S. 181 ff.

**) S. 183.

Nadeln noch einer nähern Untersuchung bedarf, denn es handelt sich hier nicht darum, Grundsätze aufzustellen, welche nur dem Waldbesitzer günstig sind, sondern ein solches Verfahren bei der Ablösung anzugeben, wobei jedem, dem Belasteten wie Berechtigten, sein volles Recht gewährt wird.

Diese Untersuchungen und der darnach festzustellende Streuwerth sind übrigens Sache der Landwirthe und Chemiker, und es ist hier nicht der Ort, andere Verhältnißzahlen dafür anzugeben, als die sind, welche gewöhnlich von der Ablösungsbehörde angewandt werden.

Ein anderes Mittel, den Streuertrag zu bestimmen, kann das sein, die Menge der Fuhren, Karrn- oder Traglasten zu ermitteln, welche aus dem Walde abgeholt worden sind. Wo Streuzettel ausgegeben werden, ohne welche Niemand Streurechen darf, wo vielleicht nicht blos die Jahreszeit beschränkt ist, sondern auch die Wochentage bestimmt sind, an denen dies geschehen kann, ist dasselbe vielleicht jeder andern Art der Ermittelung der gewonnenen Streumenge vorzuziehen. Es kömmt dann blos darauf an, das durchschnittliche Gewicht der Streumenge zu ermitteln, welche ein Wagen-, Karrn- oder Traglast an waldtrockner Streu enthält.

Dies ist sehr verschieden, je nach dem die Streu trockner oder feuchter ist. Die ganz nasse Streu ist oft dreimal so schwer als die ganz trockne; es kann aber auch sein, daß die an schönen trocknen Tagen im Mai und Juni gesammelte nur ein Achttheil oder ein Zehntheil vom Gewicht verliert, wenn man sie ganz trocknet. Gewöhnlich enthält in Norddeutschland ein zweispänniger Fuder Kiefernadeln, je nach dem Grade ihrer Trockenheit, zwischen 8 und 15 Centner Streu, was indessen auch wieder nach der Größe der Wagen und der Stärke der Pferde verschieden ist, so daß deshalb die nöthigen Untersuchungen angestellt werden müssen.

Werden größere Anforderungen hinsichts der verlangten Streumenge an den Wald gemacht, als dieser befriedigen kann, und ist man nicht im Stande, diejenige, welche bisher aus demselben wirklich bezogen worden ist, nach den darüber gemachten Erfahrungen zu bestimmen, so bleibt nichts übrig, als zu untersuchen, wie viel der streubelastete Wald möglicherweise liefern kann, oder eine Bonitirung desselben vorzunehmen.

Dazu müssen zuerst die Schranken bestimmt werden, in denen das Streurechen nur ausgeübt werden darf, indem man diejenigen Bestände, in denen es noch nicht stattfinden darf, von denen sondert, welche dem Streurechen unterworfen sind, wenn es in gesetzlicher Art ausgeübt wird. Wieviel oder wie wenig Streu die Bestände liefern, in welche keine Streu gesammelt werden darf, ist gleichgültig, da sie als für den Berechtigten nicht vorhanden angenommen werden müssen, die Untersuchung erstreckt sich daher nur auf die dem Streurechen unterworfenen Bestände. Kann gegen den rechtlichen Zustand des Waldes kein Einwand gemacht werden, so muß bei derselben der gegenwärtige zum Grunde gelegt werden. Würde von dem Berechtigten die Behauptung aufgestellt, daß dieser ein schlechterer sei, als er gefordert werden könne, so ist dies eine Rechtsfrage, deren Entscheidung der Untersuchung der Streumenge, welche der Wald bieten kann, vorausgehen müßte. Fiel diese dann dahin aus, daß wirklich zum Nachtheile des Berechtigten eine Walddevastation stattgefunden habe, so muß dabei ein solcher Zustand vorausgesetzt werden, wie er sein würde, wenn der Wald nachhaltig und pfleglich in landüblicher Art bewirthschaftet worden wäre. Dazu nimmt man den landüblichen Umtrieb an, setzt ein normales Altersklassenverhältniß der Bestände, sowie einen mittelmäßigen Zustand derselben, wie er jedenfalls mit Sicherheit hätte hergestellt und erhalten werden können, voraus. Der Ertrag, den der Wald in diesem Zustande an Streu hätte liefern können, ist dann der, für welchen die Entschädigung geliefert werden muß. Ihn zu finden, wird das Folgende die nöthige Anleitung geben.

Die Menge des Blattabfalls ist bei den verschiedenen

Bäumen, aus denen unsere Baumholzbestände gebildet werden, sehr abweichend, je nach dem sie dunkler oder lichter belaubt sind. Die Fichte, Buche, Linde, Kiefer haben einen stärkern Blattabwurf, wie die Eiche, Erle, Aspe, Lerche, die Birke hat den allerkleinsten und liefert eigentlich in den ältern lichten Beständen gar keine Streu mehr.

Dann ist die Menge der jährlich abfallenden Blätter weder nach dem Alter des Holzes verschieden, was sich aber wieder bei den verschiedenen Holzgattungen nicht gleich bleibt. Bei der Kiefer, Eiche, Erle, Birke, Holzarten, die sich mit zunehmendem Alter stets mehr oder weniger licht stellen, nimmt die Streumenge in den ältern Beständen mehr ab als bei der Buche und Fichte, die sich länger geschlossen halten. Doch haben auch selbst bei diesen beiden letzten Holzgattungen, nach allen angestellten Untersuchungen die mittelwüchsigen Bestände von 40 bis 80 Jahren eine größere Blattmenge, als die älteren von 80 bis 120 Jahren. Bei der Kiefer findet aber eine weit bedeutendere Verminderung derselben schon vom 40. Jahre an statt, die sich auf einem Morgen mit Holz im Schlusse stehend, vorfindet, bei der Eiche vom 60. Jahre an. Doch bleibt sich dies auf dem verschiedenen Boden nicht gleich, da auf demjenigen, wo eine frühere und stärkere Lichtstellung eintritt, auch eine raschere und größere Verminderung der Blattmenge mit zunehmendem Alter stattfindet.

Der gute Boden liefert dann auch überhaupt eine weit größere als der schlechte, da sie durch die Länge und Stärke der Triebe bedingt ist, an denen sich die Blätter und Nadeln entwickeln. Diese sind aber auch selbst, wie bei der Kiefer, auf gutem Boden etwas größer, als bei schlechtem, da die Größe der Blätter und Nadeln zum Theil von der Menge der Nährstoffe abhängt, welche sie aus dem Boden erhalten.

Dann ist natürlich auch die Blattmenge in einem geschlossenen Bestande größer, als in einem lückigen oder räumlich stehenden, es kann aber doch auch wieder ein zu dicht stehender, indem sich die Zweige und Krone selbst der dominirenden Stämme nicht entwickeln können, eine kleinere haben, als wenn diese ihren vollen Wachsraum haben.

So wird es denn leicht erklärlich, daß die verschiedenen Untersuchungen über die Streumenge, welche ein geschlossener Holzbestand in einem bestimmten Alter liefern kann, ein sehr verschiedenes Resultat gegeben haben, selbst wenn bei Sammlung derselben in gleicher Art verfahren würde.

Es werden dann aber auch vielfach die abfallenden Blätter nicht allein benutzt, sondern auch andere Gewächse, wie Moos, Flechten, Farrnkraut, Haidekraut und andere mehr. Auf diese muß dann ebenfalls geachtet werden, wenn man die Streumenge bestimmen will, welche ein Wald liefern kann.

Ebenso wird diese bald sorgfältiger gesammelt, bald nur an den Orten, wo sie reichlich und mit leichter Mühe zu gewinnen ist, während die lichten, raumen Orte, welche wenig Streu liefern, diejenigen, welche mit Unterholze, mit Heidelbeeren oder andere das Streurechen hindernden Sträuchern bewachsen sind, ganz unbenutzt bleiben.

Es mögen nun hier einige Resultate über die Streumenge, welche man in vollkommnen Beständen in verschiedenem Alter und auf verschiedenem Boden gefunden hat, nach dem Gewicht, wie es die Streu hat, wenn sie bei trocknem Wetter im Walde gesammelt worden ist, folgen.

Hartig fand in Kiefern auf dem Morgen jährlichen Nadelabfall:

1. in Beständen von 50 bis 60 Jahren:

a. auf gutem Boden	. . . 1136	Pfund.
b. = mittelmäßigem	. . 748	=
c. = schlechtem	 525	=

2. in Beständen von 70—80 Jahren alt:

a. auf gutem Boden	. . . 943	Pfund.
b. = mittelmäßigem	. . 696	=
c. = schlechtem	 402	=

3. in Beständen von 90 bis 120 Jahren:

a. auf gutem Boden . . .	924	Pfund.
b. „ mittelmäßigem . .	657	„
c. „ schlechtem	440	„

Er rechnet dann aber, um den wirklichen Ertrag durch das Streurechen zu bestimmen, noch ¼ bis ⅜ dieses Gewichts ab, von dem er annimmt, daß es auf dem Boden liegen bleibt. Ein solcher willkührlicher Abzug läßt sich aber nicht machen, denn zuweilen wird sogar die Streu mit Besen rein zusammen gekehrt, so daß gar nichts liegen bleibt, während auch wieder da, wo der Boden sehr mit Wurzeln, Stöcken, Strauchholz bedeckt ist, die Hälfte liegen bleibt. Es muß der Abzug, der in dieser Hinsicht allerdings zu machen ist, jedesmal nach örtlichen Untersuchungen der ausgerechten Districte, gutachtlich bestimmt werden.

Für alle Altersklassen durchschnittlich rechnet Hartig:

in Kiefer auf gutem Boden . . .	1000	Pfund
„ „ „ mittelmäßigem Boden	700	„
„ „ „ schlechtem „ .	440	„

Nadelabwurf in ganz geschlossenen Beständen.

Der Verfasser dieser Schrift fand durchschnittlich in 60 bis 120jährigen Beständen, wie sie gewöhnlich noch als gut angesprochen werden, obwohl sie nicht ganz vollkommen sind, auf dem Morgen:

in gutem Boden . . .	1130	Pfund.
„ mittelmäßigem Boden	825	„
„ schlechtem „ .	550	„

Nach den Mittheilungen in den Verhandlungen des Schlesischen Forstvereins vom Jahre 1841 fand man

bei einem Bestande von	30 Klaftern	1407 Pfd.	Nadelabwurf
„ „ „	„ 26 „	1024 „	„

im Alter von 90—120 Jahren.

Dagegen bei einem solchen, der 60 bis 70 Jahre alt war und nur 20 Klafter enthält, 1260 Pfund auf dem Morgen.

In geschlossenen Buchen fand Hundeshagen in Hessen auf dem Morgen, 55 Jahre alt, 2280 Pfund.

= = = 75	= = 1289	=
= = = 95	= = 1054	=

In den Buchenforsten des Eichsfeldes ergab sich eine Laubmenge auf dem Morgen:

in 80—90jährigem Bestande	1524	Pfund,
= 110 = =	1423	=
= Eichen, 200 Jahr,	890—924	=
desgl. 120—150 Jahr	1506	=
= Birken, 55 Jahr alt,	373	=

Von den übrigen Holzarten sind keine Erträge geschlossener Bestände bekannt, indessen kann man wohl die Linde der Buche gleichstellen, die Hainbuche der Eiche, während die Erle etwas mehr Laub behält als die Birke. Die Fichte hat einen stärkern Abwurf an Nadeln als die Kiefer, da sich die Bestände weit geschlossener halten.

Die Untersuchungen der Menge der jährlich abfallenden Blätter oder Nadeln können nur in ganz geschlossenen vollkommenen Beständen angestellt werden, denn die Bezeichnung eines unvollkommenen Bestandes ist eine zu unbestimmte, da der Grad der Unvollkommenheit ein sehr verschiedener sein kann. Es versteht sich aber von selbst, daß derjenige Ertrag an Streu, den vollkommene Bestände liefern, nicht auch von unvollkommenen und lückigen erwartet werden kann und daß er von solchen nach dem Grade der Unvollkommenheit, wie sich aus der Vergleichung der normalen Holzmasse mit der vorhandenen ergiebt, ermäßigt werden muß. Sind aber die Bestände so lückig, daß sie weniger wie ein Viertheil des normalen Bestandes enthalten, und besonders die Bäume sehr vereinzelt stehen, so wird der Ertrag an Streu verhältnißmäßig der Holzmasse noch geringer als derjenige des normalen, so daß vielleicht da, wo nur der vierte Theil des vollen Holzbestandes vorhanden ist, vielleicht der achte Theil des Blattabfalls, den dieser letztere liefert, als Streu gesammelt werden kann. Dies liegt darin, daß in den sehr räumlichen Beständen das abfallende Laub gewöhnlich vom Winde zerstreut wird, und auch die Nadeln so einzeln zerstreut auf dem Boden liegen, daß sie nicht mehr zusammen geharkt werden können. Solche räumlich stehenden Holzbestände werden daher auch oft gar nicht mehr von dem Berechtigten benutzt, und ist dies der Fall, so kann auch von ihnen kein Streuertrag mehr berechnet werden.

Behufs der Ermittelung der Streumenge, welche ein Bestand liefern kann, muß im Sommer, ehe die Blätter und Nadeln abfallen, auf einer gereinigten Probefläche der Boden ganz gereinigt werden, um dann im folgenden Frühjahre, wo alle Blätter und Nadeln vollständig abgefallen sind, diese bei gutem Wetter zu sammeln, zu trocknen und zu wiegen. Dies muß, um den Durchschnittsertrag zu erhalten, auf allen Bodenklassen und in allen Altersklassen, welche dem Streurechen unterworfen sind, geschehen, da diese einen sehr verschiedenen Streuertrag liefern können. Da diese Operation sehr zeitraubend und mühsam ist, so folgt hier eine übersichtliche Zusammenstellung der Streuertrage, ganz geschlossener Bestände, wie sie erfahrungsmäßig von der Eiche, Buche und Kiefer in den norddeutschen Wäldern erfolgen.

Boden-Beschaffenheit.	Alter von 60—80 Jahren.			Alter von 80—100 Jahren.			Alter von 100—120 Jahren.			Bemerkung.
	Eiche.	Buche.	Kiefer.	Eiche.	Buche.	Kiefer.	Eiche.	Buche.	Kiefer.	
	Bestände waldtrockener Streu.									
Gut . . .	1300	2000	1300	1200	1900	1100	1100	1800	1000	Es sind hierbei vollkommene Bestände vorausgesetzt.
Fast gut .	1100	1800	1000	1000	1700	830	900	1600	750	
Mittelmäßig . .	900	1600	750	800	1500	650	750	1400	550	
Sehr mittelmäßig	—	—	600	—	—	500	—	—	400	
Schlecht .	—	—	450	—	—	350	—	—	250	

Die Hainbuche wird im Streuertrage der Eiche gleich gesetzt, die Linde der Buche, die Fichte selbst noch auf mittelmäßigem Boden der Kiefer in gutem Boden, und auf diesen letztern um 15 bis 20 Procent höher.

Außer den abfallenden Nadeln wird aber auch noch häufig das Moos abgeharkt oder das Haidekraut gesammelt. Bei einer starken Moosdecke, welche vollständig mit dem Harken weggenommen werden kann, wie man sie zuweilen auf dem trocknen Boden der Kiefernbestände vom mittlern Alter findet, kann der Morgen alle 5 Jahre, denn so viel sind zu ihrer Wiedererzeugung erforderlich, 1 bis 1½ Fuder zu etwa 12 Centner geben. Die Mooserzeugung ist aber so verschieden, oft nur horstweis vorkommend, zuweilen aber auch den ganzen Boden bedeckend, daß jedenfalls vor der Anwendung dieser Zahlen eine specielle Untersuchung derselben stattfinden muß.

Das Haidekraut kömmt auch von sehr verschiedenem Wuchse vor, da, wo dieser gut ist, kann man vom Morgen alle 5 Jahre 12 bis 18 Centner rechnen, was zur Streubenutzung tauglich ist. Bei schlechtem Wuchse, selbst wenn der Boden ganz dadurch überzogen ist, aber auch wohl nur die Hälfte. Kömmt es nur horstweis vor, so muß natürlich die Fläche ermittelt werden, welche es bedeckt.

An Schilf oder hochwachsenden Riedgräsern kann der Morgen alljährlich 18 bis 24 Centner liefern, wenn der Wuchs sehr gut und geschlossen. Von den kürzern Riedgräsern kann man aber nur die Hälfte so viel rechnen.

Die Bonitirung zur Ermittelung des Streuertrags kann sich nur auf die Bestände erstrecken, in welchen die Streu wirklich gesammelt werden darf und wird. Es scheiden daher aus: die noch zu jungen Bestände, die alten Buchen, in denen eine Verschonung behufs der Verjüngung durch Samenschläge unerläßlich ist, die zum Flüchtigwerden geneigte Sandschollen, die steilen Hänge, an denen die Erde abgespült werden kann und überhaupt alle diejenigen Orte und Bestände, in denen die Productionskraft des Bodens und die Holzbestände erhalten werden sollen, kein Streurechen nach dem Urtheile sachverständiger Forstwirthe stattfinden darf.

§. 44.
Fortsetzung.

Die Entschädigung für Aufgabe des Streurechens ist da, wo die Waldstreu zur Erhaltung des Düngungszustandes der Aecker und als Streumittel für das Vieh wirklich für unentbehrlich von sachverständigen Landwirthen erklärt wird, eine Geldrente für den Waldbesitzer eben so kostbar, als für den Berechtigten ungenügend, weil man ihm keine Bürgschaft gewähren kann, daß er das für ihn unentbehrliche Streumaterial wirklich dafür wird kaufen können. Es kann dann nur eine Naturalentschädigung gegeben werden, welche für den Belasteten auch immer weniger kostbar sein wird, als eine Geldrente.

Ein vortreffliches Mittel zum Ersatz der Waldstreu bieten die Torfbrücher dar. Die Torferde ist zwar als Streumaterial nicht von gleicher Güte, da sie in dem Maaße besser ist, je mehr sie besonders Kalk enthält, was sich nach der Asche beurtheilen läßt, aber selbst die geringste Sorte, der Moostorf, ist doch immer kein schlechteres Streumaterial, als die Blätter, welche noch nicht ganz verfault auf den Acker gebracht werden.

Besser ist die Torferde der tiefern Lagen und am besten der kalkhaltige Torf, der als Brennmaterial oft wenig geschätzt wird, da er schwer zum Brennen zu bringen ist. Die Torfdüngung ist aber darum für die sandigen, humusarmen Felder besser, als diejenige mit Waldstreu, weil dem Acker dadurch eine größere Menge Humus zugeführt wird.*) Dabei

*) Man vergleiche darüber Sprengels Lehre vom Dünger. Leipzig 1839, S. 199 u. f., sowie das Streu-, Moos- und Laubrechen von Lange, Breslau bei Hirt 1843.

gewährt die Torfstreu den Vortheil, daß der Harn der Thiere für die Düngung nicht verloren geht, indem sie ihn aussaugt, wie auch dadurch die Reinlichkeit der Ställe gewinnt. Dem Viehe giebt sie aber ein eben so weiches Lager als die Nadelstreu.

Wenn man annimmt, daß ein Stück Grasvieh während der 175 Tage, wo es im Stalle steht, täglich einen Kubikfuß Torferde und während der 190 Weidetage jährlich einen halben Kubikfuß Torferde bedarf, so beträgt dies jährlich 260 Kubikfuß. Da nun aber 1 Morgen Torflage von 3 Fuß Mächtigkeit 77,760 Kubikfuß Torferde enthält, so wäre diese für etwa 300 Stück Grasvieh für ein Jahr hinreichend, oder wenn man annimmt, daß 100 Jahre nöthig sind, um abermals ein gleichmäßiges Torflager nachwachsen zu lassen, was jedoch bei Moostorf nicht erforderlich ist, für 3 Stück Grasvieh hinreichend, um für immer das Streumaterial nachhaltig zu liefern.

Die Gewinnungskosten des Torfes und der Waldstreu könnten dabei wohl füglich compensirt werden.

Nach der verschiedenen Mächtigkeit des Torflagers wird die Fläche berechnet werden müssen, welche erforderlich ist, um eine bestimmte Menge dieses Streumaterials nachhaltig zu liefern.

Es giebt noch waldreiche Gegenden, wo der Abraum auf den Nadelholzschlägen, so weit er in dünnem Reisholze besteht, ganz unbenutzt bleibt und verbrannt werden muß, um für die jungen Pflanzen Raum zu gewinnen und den schädlichen Forstinsecten die Gelegenheit zur Vermehrung zu rauben. Die grünen Nadeln haben eine weit größere Düngkraft als die trocknen, verfaulen auch leichter, und wenn nur die ganz schwachen Zweige abgebrochen werden, an denen sie sitzen, oder die stärkern abgestreift, so erhält man dadurch einen weit werthvollern Dünger, als von der gewöhnlichen Waldstreu. Wäre dieser schwache Abraum in solcher Menge vorhanden, und steht dem Waldeigenthümer die Disposition darüber zu, so daß er die Verpflichtung übernehmen könnte, dem Berechtigten alljährlich eine gleiche Fuderzahl zu überweisen, wie er bisher Waldstreu aus dem Walde entnommen hat, so könnte die Entschädigung für diese auch dadurch geleistet werden.

Ebenso wird da, wo große, dem Viehe unzugängliche Brücher sind, in denen hinreichende Schilfstreu ist, deren Wegnahme für den Wald unschädlich ist, durch eine gleiche Zahl von Fudern Schilfstreu ebenfalls eine Entschädigung gegeben werden.

Dies ist aber eigentlich keine Ablösung des Streuservituts, sondern nur eine Umwandlung, welche für den Augenblick dasselbe vielleicht weniger nachtheilig machen, für die Folge aber ebenfalls sehr lästig werden kann.

Auch sind diese Ersatzmittel der eigentlichen Waldstreu selten in solcher Menge vorhanden, daß da, wo das Streurechen am schädlichsten wird, weil es in großer Ausdehnung stattfindet, ihre Lieferung zugesichert werden konnte.

Es bleibt daher gewöhnlich, da, wo keine Torfbrücher abgetreten werden können, nichts übrig, als Kulturland als Entschädigung zu geben. Dies geschieht dann nach der Ansicht, daß dies einen Ueberschuß von Dünger liefern soll, den es selbst nicht zur Erhaltung seiner Ertragsfähigkeit bedarf, um dem Kulturlande, was der Berechtigte schon besitzt, zu gute zu kommen. Das ist natürlich nur dann möglich, wenn das abzutretende Land von einer solchen eigenthümlichen Fruchtbarkeit ist, daß es mehr Düngstoffe erzeugen kann, als es selbst bedarf.

Das ist zuerst der Fall bei gutem Wiesengrunde, besonders wenn er gewässert und zu Rieselwiese eingerichtet werden kann, oder wenn er durch schlickführende Flüsse gedüngt wird. Das Heu, was ihm gewonnen und zur Fütterung des Viehes verwendet wird, macht es möglich, das Stroh, was in Ermangelung von Wiesen verfüttert werden muß, einzustreuen, wodurch schon Streumaterial gewonnen wird. Dann es aber nicht allein der Mist, sondern giebt auch einen kräftigeren, als das Strohfutter, da das Heu eine weit bessere Nahrung liefert.

Der Futterwerth des guten Heues zum Stroh wird folgendermaaßen angegeben:*)

Wenn zur Fütterung einer Kuh erforderlich sind

von gutem Wiesenheu	100	Pfund,
so bedarf sie		
Weizen- und Roggenstroh . . .	400	„
Gersten- und Haferstroh . . .	300	„
Erbsen-, Linsen- und Wickenstroh	250	„
Heu von Klee oder Luzerne . .	80	„

Hiernach würde 1 Centner gutes Wiesenheu 4 Centner verfüttertes Roggenstroh, 3 Centner Hafer- und Gerstenstroh u. s. w. ausgleichen, und da ein Centner Stroh bei dem Einstreuen gleich ist und gerechnet wird, so würde man, wenn Stroh von der Winterung und Sommerung zu gleichen Theilen gefüttert wird, mit einem Centner Heu, nach dem gewöhnlich angenommenen Düngerwerthe der Waldstreu, ersetzen 7 Centner Nadelstreu, 10½ Centner Laubstreu, und 5¼ Centner Moosstreu.

Rechnet man ein zweispänniges Fuder ganz trockne Waldstreu zu 8 Centner, so würde man mit einem Morgen Wiese, welche 20 Centner Heu liefert, einen Ersatz gewähren für

17½ Fuder Nadelstreu.
28¼ „ Laubstreu.
13⅛ „ Moosstreu.

Es bedarf daher nur der Bestimmung der Sachverständigen hinsichts der Menge von Heu, welche ein abzutretender Wiesengrund liefern kann, um die Fläche feststellen zu können, welche zur Entschädigung einer gewissen Quantität Waldstreu gegeben werden muß.

---

*) Sprengel's Lehre vom Dünger. S. 97. u. f., so in Kreyßig Handbuch der Landwirthschaft. 2. Thl. S. 107.

Die Uebermachungskosten oder die Kosten der Einrichtung von Rieselwiesen müssen dabei jedoch der gesetzlichen Bestimmung nach dem Streuberechtigten ersetzt werden. Die Kosten der Gewinnung des Heus und diejenigen der Sammlung der Waldstreu werden nicht sehr verschieden sein, und können füglich compensirt werden. Würden sie größer oder kleiner angenommen werden müssen, so kann dies nach den localen Verhältnissen berechnet und ausgeglichen werden. Besonders in den norddeutschen Kieferhaiden giebt es noch eine Menge mit Erlen bestandene Niederungen, die auf diese Weise sehr gut zur Ablösung dieser so sehr nachtheiligen Streuservituten benutzt werden können, ebenso wie es auch in den Gebirgen noch Gelegenheit genug zu Anlage von guten Rieselwiesen giebt, wodurch dem Landwirthe wie dem Walde geholfen werden kann.

Ebenso wie durch natürliche Wiesen kann die Streugerechtsame auch durch künstliche, oder Land zum Klee- und Futterbau abgelöst werden, wo dies in passender Lage und in geeigneter Beschaffenheit gegeben werden kann. Setzt man die Streuberechtigten dadurch in den Stand, die Stallfütterung einzuführen, wodurch eine Vermehrung des Düngers bewirkt wird, so können sie auch den Zuschuß von diesem aus dem Walde entbehren. Dies hat die Erfahrung in allen größeren gut geleiteten Landwirthschaften gezeigt, bei denen man so wenig mehr etwas von der Waldweide, wie vom Streurechen wissen mag.

Nach Thaer vermehrt sich jedes Pfund Stroh bei dem Einstreuen durch die hinzugekommenen Excremente eines gut und vollständig gefütterten Viehs, und wenn die Einstreu nach den oben gegebenen Sätzen erfolgt, um das Dreifache seines Gewichtes. Es würden folglich 1000 Pfund Stroh, 1500 Pfund Moos, 2000 Pfund Nadeln, 3000 Pfund Laub eine Düngermasse geben, welche dieselbe Wirkung hat, wie 3000 Pfund Strohdünger.

Nach demselben Schriftsteller läßt sich aber der Düngergewinn, den die verschiedenen Futtergewächse geben, wie folgt annehmen: *)

Von einem Morgen			Kartoffeln	8000	Pfund.
=	=	=	zweischnittigen Klee .	5520	=
=	=	=	einschnittigen = .	3080	=
=	=	=	Luzerne	9200	=
=	=	=	Wiesen	4600	=

Zieht man davon den Dünger ab, den diese Fläche selbst zur Unterhaltung ihrer Ertragsfähigkeit bedarf, indem man annimmt, daß der Morgen alle 6 Jahre 10000 Pfund Dünger oder jährlich etwa 1700 Pfund bedarf, so bleibt noch ein jährlicher Düngerüberschuß

vom Morgen, bebaut mit			Kartoffeln . . .	von	6300	Pfd.
=	=	=	= zweischnittigem Klee	=	3820	=
=	=	=	= einschnittigem Klee .	=	1380	=
=	=	=	= Luzerne	=	7500	=
=	=	=	= Wiesen	=	2900	=

Rechnet man nun dabei den jährlichen Düngergewinn von einem Stück Rindvieh zu 2500 Pfund, die durch das Einstreuen von Waldstreu gewonnen werden soll, so würde der Streubedarf für ein Stück Rindvieh, der bisher vollständig aus dem Walde entnommen wurde, abgelöst werden können durch

72	□Ruthen	gutes Kartoffelland,
144	=	mittelmäßiges Kleeland,
60	=	zum Luzernebau geeignet,
156	=	zum Bau von Wiesen bestimmt.

Daß die Urbarmachungskosten des Landes dabei vergütigt werden müssen, ist gesetzlich bestimmt, die Kosten der Gewinnung der Waldstreu, des Anbaues und der Gewinnung der Futtergewächse werden durch Landwirthe berechnet werden müssen, um sie entweder zu compensiren, oder das Mehr oder Weniger den Berechtigten in Anrechnung zu bringen.

---

*) Rationelle Landwirthschaft. 1. Bd. S. 268.

Nach dem Artikel 10. des Gesetzes von 1850 soll zwar die Streugerechtsame auch durch Holzgrund abgelöst werden können, dies ist aber in der Wirklichkeit nichts als eine Ablösung in Geld. Der Werth und Ertrag des Holzes wird immer denjenigen des Holzgrundes bestimmen, denn man kann keinen solchen abgeben, der kein Holz und nur Streu erzeugt. Niemand wird aber Holzgrund abgeben, ohne die Holzerzeugung mit in Rechnung zu stellen, die nur in Geld berechnet werden kann und als Geldentschädigung zu betrachten ist. Diese Bestimmung des Gesetzes scheint daher eine solche zu sein, die selten anwendbar sein wird, und ihre Ausführung wird daher hier auch mit Stillschweigen übergangen, zumal da immer nur der Geldwerth des Holzgrundes dabei in Betracht kommen könnte.

Erfolgt die Entschädigung für Aufgabe des Streurechts in einer Geldrente, so müssen aber jedenfalls die Gewinnungskosten vom Geldwerthe der Streu in Abzug kommen. Die Arbeit, welche zum Einsammeln der Streu angenommen werden muß, kann blos durch erwachsene Menschen verrichtet werden, und fällt in eine Jahreszeit, wo auf dem Lande noch überall volle Beschäftigung ist, so daß durch eine solche das landübliche Tagelohn verdient werden kann. Ebenso muß das Fuhrlohn nach den Sätzen berechnet werden, nach denen man überhaupt die mit Gespann zu verrichtenden landwirthschaftlichen Arbeiten veranschlagt. Wieviel Zeit zum Einharken eines Fuders Streu verwendet worden ist, ist nach der Art des Materials und jenachdem sie von größeren oder kleineren Flächen zur Sammlung eines Fuders zusammengebracht werden muß, so verschieden, daß sich darüber keine bestimmten Sätze geben lassen. Dies gilt ebenfalls in Bezug auf die Fuhrkosten, da diese durch die Entfernung bedingt werden.

§. 45.
Die Ablösung des Rechts zum Plaggen- und Bültenhiebe.

Das Plaggenhauen kann in gut bestandenen Wäldern gar nicht vorkommen, indem sich eine solche dichte Benarbung des Bodens, daß sie zu Plaggen abgeschält werden kann, sich in einer dichten oder auch nur mittelmäßigen Beschattung gar nicht ausbildet. Auch würde es innerhalb der Schirmfläche der Bäume, weil da die Wurzeln in der Oberfläche liegen, weder ausgeübt werden können noch dürfen, indem dabei eine Beschädigung der Wurzeln ganz unvermeidlich sein würde. Man findet es daher mehr in den holzleeren Haidestrichen, auf Waldblösen, die schon lange als solche gelegen haben, oder in so lichten Beständen, daß sich darin der Boden noch mit Haidekraut und ähnlichen Gewächsen bedecken kann. Es würde aber hier, wenn es dauernd ausgeübt werden sollte, aller Holzanbau unmöglich gemacht, denn da, wo dieser stattfinden soll, können keine Plaggen mehr gehauen werden, und wo dies geschieht, kann kein Holz wachsen. Jedenfalls muß daher auf dem Holzgrunde das Recht abgelöst werden.

Die gewonnenen Plaggen werden nicht immer zum Unterstreuen in die Viehställe verwendet, sondern auch wohl in Haufen im Felde aufgeschichtet, wo man sie längere Zeit stehen läßt, bis sie verfault sind, um dann die dadurch gewonnene Dammerde über den Acker zu streuen, und als Dünger zu benutzen. Es kann daher der Bedarf davon als eigentliches Streumaterial nur dann nach dem Viehstande berechnet werden, wenn kein anderer Gebrauch von den Plaggen gemacht wird, als zum Einstreuen. Werden sogenannte Brandhaufen daraus gemacht, so ist die Consumtion nur durch die Menge, welche im Walde gewonnen werden könne, beschränkt. Es muß diese daher bestimmt werden.

Wird der Bedarf zum Einstreuen als maaßgebend angenommen, so rechnet man als Streumaterial von ihm für das ganze Jahr 4½ zweispännige Fuder, oder 1½ Fuder für den Sommer und 3 Fuder für den Winter. Für 100 Schafe werden 36 bis 40 Fuder gerechnet.*) Doch ändert sich dies nach der Dicke der Plagge, indem desto mehr, dem Gewicht nach, erforderlich sind, je dicker sie ausgehauen werden. Die gewöhnlichste und passendste Dicke ist nur dreiviertel bis eineinviertel Zoll, so daß also nur die obere Benarbung des Bodens ganz dünn weggenommen wird.

Der Dungwerth der Plaggen ist ein verschiedener, jenachdem die Wurzeln und holzigen Stengel der Pflanzen, wodurch sie gebildet werden, vollständiger oder unvollständiger verfault sind. Schon darum sind die Rasenplaggen besser, als die Haide-, Heidel- oder Preußelbeer-Plaggen, weil die Wurzeln der Gräser weit eher verfaulen, als die dieser holzigen Gewächse und deren Stengel, welche wegen ihrer antiseptischen Stoffe, die sie enthalten, der Fäulniß sehr lange widerstehen. Dann enthält aber auch der Wurzelfilz des Rasens viel milden Humus, von abgestorbenen Pflanzentheilen herrührend, während die Haideplaggen mehr vollkommenen Haidehumus enthalten, der schwer löslich ist, und daher dem Acker keine Nährstoffe geben kann. Indessen auch die Haideplaggen, wenn sie lange genug in Schafställen oder großen Brandhaufen faulen können, geben ein benutzbares Dungmaterial, dessen Wirkung aber allerdings auf sehr trocknem und lockerem Sandboden geringer ist, als auf einem sehr festen und feuchten Lehmboden. Ueber den Düngerwerth der Plaggen lassen sich daher keine festen Sätze geben, er muß durch sachverständige Landwirthe nach den örtlichen Erfahrungen, welche man darüber gemacht hat, jedesmal bestimmt werden. Für Schafställe sind die Plaggen geeigneter, als zum Einstreuen für das Rindvieh.

Die Wiedererzeugung der abgeschälten Plaggen erfolgt in einer sehr verschiedenen Zeit, jenachdem sie tief herausgenommen werden, so daß sich erst auf dem wunden Boden eine

*) Mayer's Gemeinheitstheilung. 3. Bd. S. 61.

ganz neue Vegetation entwickeln muß, oder ob die holzigen Gewächse blos eben mit der scharfen Hacke abgeschnitten werden, so daß die Wurzeln neue Ausschläge bilden können. Im ersteren Falle dauert es längere, im letzteren kürzere Zeit, ehe sich der Boden wieder mit einer neuen, zum Abplaggen geeignete Vegetation bedeckt. Ebenso bedürfen auch die Plaggen mit holzartigen Gewächsen eine längere Zeit zu ihrer Bildung, wie die Rasenplaggen.

Im großen Durchschnitt wird angenommen werden können, daß wenigstens 10 bis 14 Jahre verfließen, ehe der Boden nach dem Plaggenhiebe wieder so weit bewachsen ist, daß die Bodendecke abermals wieder abgeschält werden kann. Nur bei solchem Boden, welcher Rasenplaggen liefert und frisch genug ist, um einen guten Graswuchs zu haben, wird man vielleicht einen Zeitraum von 6 bis 8 Jahren annehmen können. Die örtlichen Erfahrungen können allein darüber entscheiden, wieviel Zeit man zur Wiedererzeugung der Plaggen annehmen muß.

Die Menge derselben, welche ein Morgen liefert, ist nach dem Wuchse der Gewächse, welche sie bilden, vorzüglich aber danach verschieden, ob sie überall geschlossen stehen, oder ob ein Theil der Fläche gar nicht geplaggt werden kann, weil sie entweder gar nicht bewachsen ist, oder Bäume das Plaggen verhindern. Wird die Quantität nicht nach der Fläche der Plaggen, sondern nach ihrem Gewicht, nach Fudern oder Centnern berechnet, angesprochen, so entscheidet darüber natürlich auch die Dicke derselben, und ob sie flach abgeschnitten oder tief aus der Erde herausgenommen werden. Plaggen von 3 Zoll Dicke geben bei gleicher Zahl von Quadratfußen den dreifachen Kubikinhalt, und mehr als das dreifache Gewicht, wegen der schwereren Erde, als solche von einem Zoll Dicke.

Mayer, welcher in seiner Anleitung zur Gemeinheitstheilung das Plaggenhauen als Servitut und seine Ablösung am gründlichsten behandelt hat, da es in den Haidegegenden des Königreichs Hannover am häufigsten vorkommt, giebt darüber die folgende Nachweisung des Ertrages eines Hannoverschen Morgens, der dem Preußischen ziemlich gleich gerechnet werden kann. *)

Zu dieser Tafel muß aber bemerkt werden, daß die darin angenommene letzte siebente oder beste Klasse des Holzbestandes noch keine ganz geschlossene ist, denn in dem dichten Schatten, den dieser verursacht, kann so wenig eine dichte Benarbung des Bodens stattfinden, wie sie zum Plaggenhauen erfordert wird, noch konnten die Plaggen wegen des zu dichten Standes der Bäume darin genommen werden. Es kann daher immer nur ein so ärmlicher oder lichter Holzbestand darunter verstanden werden, daß sich die Gewächse darin noch erzeugen können, und daß so viel Raum zwischen den Bäumen ist, daß das Plaggenhauen stattfinden kann. Dies wird höchstens bei einem mittelmäßigen oder dem halben normalen Holzbestande der Fall sein, der folglich auch nur für die siebente Klasse anzunehmen ist, und der mit 7 zu theilen ist, um die 7 Klassen zu bilden.

*) 116 Preußische Morgen betragen 113 Hannoversche.

Tafel den Ertrag eines Morgens an Plaggen in zweispännigen Fudern nachweisend.

Bodengüte.	Unbestanden.			Wenn der Boden mit weniger oder mehr Holz bestanden ist, nach Klassen der Holzhaltigkeit.																					
				1ste Klasse.			2te Klasse.			3te Klasse.			4te Klasse.			5te Klasse.			6te Klasse.			7te Klasse.		
	Gut.	Mittel.	Schlecht.	Gut.	Mittel.	Schlecht.	Gut.	Mittel.	Schlecht.	Gut.	Mittel.	Schlecht.	Gut.	Mittel.	Schlecht.	Gut.	Mittel.	Schlecht.	Gut.	Mittel.	Schlecht.	Gut.	Mittel.	Schlecht.
I. Klasse des Bodens.																								
Feuchter Haideboden . .	60	57½	55	52½	50	47½	45	42½	40	37½	35	32½	30	27½	25	22½	20	17½	15	12½	10	7½	5	2½
Frischer Haideboden . . .	57½	55	52½	50	47½	45	42½	40	37½	35	32½	30	27½	25	22½	20	17½	15	12½	10	7½	5	2½	—
Trockener Haideboden . .	55	52½	50	47½	45	42½	40	37½	35	32½	30	27½	25	22½	20	17½	15	12½	10	7½	5	2½	—	—
II. Klasse.																								
Feuchter Haideboden . .	52½	50	47½	45	42½	40	37½	35	32½	30	27½	25	22½	20	17½	15	12½	10	7½	5	2½	—	—	—
Frischer Haideboden . . .	50	47½	45	42½	40	37½	35	32½	30	27½	25	22½	20	17½	15	12½	10	7½	5	2½	—	—	—	—
Trockener Haideboden . .	47½	45	42½	40	37½	35	32½	30	27½	25	22½	20	17½	15	12½	10	7½	5	2½	—	—	—	—	—

Ueber den Ertrag des Bültenhiebes sind weder Erfahrungen bekannt geworden, noch könnten auch wohl solche benutzt werden, um danach Ertragsätze zu geben. Die Bülten kommen vorzüglich in den Mooren und Moorbrüchern vor, wo sie bald dichter, bald weitläuftiger stehen, bald größer, bald kleiner sind. Auch brauchen sie bald eine längere, bald kürzere Zeit, um sich auszuwachsen, so daß sie benutzbar sind. Man muß daher den bisherigen durchschnittlichen Ertrag der Berechtigung zu ermitteln suchen, und diesen der Ablösung zum Grunde legen.

Der Düngerwerth der Grasbülten dürfte demjenigen des Schilfgrases gleich zu setzen sein, da sie theils aus solchen, theils aus den Wurzeln desselben bestehen, welche gleiche Bestandtheile, wie die Stengel und Grasblätter enthalten.

Die Entschädigung für Aufgabe des Rechts zum Plaggen- und Bültenhiebe kann in gleicher Art gegeben werden, wie für das Streurecht, da es dabei ebenfalls nur darauf ankommt, statt derselben ein anderes Streumaterial zu geben, oder den Dungwerth derselben zu ersetzen. Durch Holzgrund ist es aber ebenso wenig abzulösen, als das Streurechen, da man das Holz nicht einstreuen und nicht damit düngen kann, und mindestens erst in Geld verwandelt werden müßte, um Streumaterialien dafür zu kaufen. Dann ist es aber besser, einfacher und sicherer, man stellt die Entschädigung gleich in einer Geldrente fest.

Dritter Abschnitt.

Von der Theilung gemeinschaftlicher Wälder und der Zusammenlegung einzelner privativen Forstgründe zu einem zusammenhangenden Holzgrunde.

---

§. 46.

Allgemeine Ansichten.

Die gemeinschaftlichen Wälder kommen in verschiedener Art vor. Die eigentlichen Communalwaldungen können eigentlich nicht als solche betrachtet werden, sondern sind Eigenthum der Commune als moralische Person, wenn auch der Ertrag, soweit er nicht zur Befriedigung der Communalbedürfnisse in Anspruch genommen wird, unter die einzelnen Mitglieder der Commune zur Vertheilung kommt. Sie können in der Regel auch nicht unter diese getheilt werden, da in allen Staaten von der Regierung Sorge getragen wird, daß das Communaleigenthum zur Befriedigung der Bedürfnisse der Commune als solche erhalten wird. Würde aber eine solche Theilung für zulässig erachtet, so müßte sie nach denselben Grundsätzen, wie bei allen übrigen gemeinschaftlichen Wäldern erfolgen.

Dagegen gehören die Markwaldungen, welche das Eigenthum mehrerer Gemeinden sind oder waren, und an denen auch sehr häufig der Landesherr, als Vorstand der Markgenossenschaft, einen Antheil hatte. Die Erträge derselben gehören zwar den gesammten Markgenossen, stehen aber oft in sehr verschiedenen Antheilen, sowohl nach Menge als Beschaffenheit, den einzelnen Mitgliedern zu. Oft werden diese gemeinschaftlichen Wälder auch mit dem Ausdrucke: Erbenwald, der mehreren Familien gemeinschaftlich gehört, auch ungetheilter oder Interessentenwald bezeichnet. Dabei muß aber, wenn man einen Wald als einen gemeinschaftlichen bezeichnen will, das volle Eigenthumsrecht ein gemeinschaftliches sein, so daß die Gesammtheit derjenigen, welche ihn benutzen, das volle Dispositionsrecht über den Grund und Boden, innerhalb der darüber bestehenden gesetzlichen Bestimmungen, zusteht.

Man hat den allgemeinen Grundsatz, daß ein gemeinschaftliches Eigenthum, was mehreren Eigenthümern gehört, der in Bezug auf das Kulturland ganz richtig ist, mit Unrecht auch auf den Wald angewandt.

Bei dem Kulturlande hindert das gemeinschaftliche Eigenthumsrecht allerdings die vortheilhafteste Benutzung, schon weil diese eine sehr verschiedenartige sein kann, die sogar sich häufig ändert, und die verschiedenen Eigenthümer darüber nicht eine gleiche Ansicht haben, weshalb eine Aenderung der Benutzungsart sehr schwer wird. Das ist aber sehr häufig bei dem Walde nicht der Fall, denn hier ist in den bei weitem mehrsten Fällen nur eine und dieselbe Benutzungsart für eine lange Reihe von Jahren als die vortheilhafteste anzusehen, welche ununterbrochen beibehalten wird, so daß die Stabilität, die Erhaltung des Bestehenden, gerade als unerläßlich anzusehen ist, um dem Grunde den höchsten Ertrag abgewinnen zu können.

Dann ist bei dem Kulturlande die Größe des Besitzes oft hinderlich, um ihm den größten Ertrag abzugewinnen, während wieder bei der Holzzucht gerade das Entgegengesetzte eintritt, indem den kleinen Holzgründen nicht der Ertrag abgewonnen werden kann, als den größeren zusammenhängenden Waldflächen.

Ueber den Ertrag des Kulturlandes entscheidet dann ferner vorzugsweise die sorgfältige Bearbeitung des Bodens, und daß für jeden kleinen Theil des Besitzes die vortheilhafteste Frucht ausgewählt wird, es kann dies zum Theil das Kapital ersetzen, was der große Grundbesitz verlangt. Bei dem Walde ist aber der Materialvorrath, welcher das Betriebskapital bildet, über die Gewinnung der höchsten Bodenrente in sehr vielen Fällen wichtiger, als die Bodenkultur, weil ohne dasselbe sehr oft der Holzboden vortheilhaft benutzt werden kann. Dies kann aber wohl bei einem gemeinschaftlichen Besitze vieler Eigenthümer erhalten werden, da die Mehrzahl derselben sich dafür interessirt, es verschwindet aber stets, wenn der Wald unter diese getheilt wird, wo dann die einzelnen getheilten Stücke nicht mehr den Gesammtertrag des früheren Ganzen liefern können. Dies liegt darin, daß das Materialkapital älterer Bestände sich zu einem geringern Zinsfuße verzinset, als das Geldkapital, was daraus gezogen werden kann.

Dann ist auch bei dem Kulturlande die Arbeitsrente oft bedeutender, als die eigentliche reine Bodenrente. Diese erstere vergrößert sich aber im Verhältnisse zu der ersteren in dem Maaße, wie der Boden mehr getheilt wird, weil dann immer mehr Arbeit auf ihn verwendet wird. Bei dem Holzgrunde ist aber nicht nur überhaupt die Arbeitsrente im Verhältnisse zur Bodenrente viel unbedeutender, sondern dieselbe läßt sich auch gar nicht durch die Theilung größerer gemeinschaftlicher Wälder unter die einzelnen Eigenthümer annehmen.

Die Hauptsache aber ist, daß der Sporn des Eigennutzes bei dem Kulturlande es vorzugsweise ist, wodurch eine höhere Benutzung desselben erzeugt wird, und daß dieser stärker wirkt, wenn der Einzelne den Vortheil seiner Anstrengung von seinem Privatbesitze mit Sicherheit beziehen kann, als wenn er erwarten muß, daß bei dem gemeinschaftlichen Eigenthum Andere den Gewinn seiner Mühen mit ihm theilen werden. Das ist aber wieder bei dem Walde ganz anders. Hier müssen Auslagen gemacht werden, um einen höheren Ertrag zu erlangen, da der gegenwärtige Nutznießer des Bodens oft keine ersetzt erhält, zu denen sich der Eigenthümer eines Privatforstes wenigstens nicht leichter entschließt, als die gesammten Besitzer eines gemeinschaftlichen Waldes es thun, von denen jeder nur einen kleinen Theil dazu beizutragen hat.

So sind die Verhältnisse des Kultur- und Holzlandes in Bezug auf den Werth, den das privative Eigenthum gegen das gemeinschaftliche hat, ganz verschieden, was denjenigen des ersteren erhöht, vermindert sogar oft den des Bodens, der zur Holzerzeugung bestimmt ist, seiner Beschaffenheit nach auch bestimmt bleiben muß. Dies liegt darin, daß die Kulturfrüchte zuletzt noch auf den kleinsten Flächen mit Erfolg gezogen werden können, nicht aber das Holz, was nach seiner Beschaffenheit bald eine größere, bald eine kleinere bedarf, um einen gleichmäßigen Ertrag zu geben, stets doch aber größere, als die Kulturfrüchte, die alljährlich erzeugt und benutzt werden. Als Gartenland können zuletzt noch wenige Quadratruthen benutzt werden; um einen Buchenhochwald nachhaltig bewirthschaften zu können, sind aber kaum 100 Morgen hinreichend.

Es ist gewiß, daß das Ideal der Holzerziehung eine rein gärtnermäßige ist, wobei man jeden einzelnen Baum so pflegt und behandelt, daß man seinen Wuchs beherrscht und beschleunigt. Diese kann auch unläugbar auf kleinen Flächen, in kleinen Pflanzungen, in Hecken, auf Prämen und an Wegen, Bachufern, Feldmarken getrieben werden, wie wir denn größere Landstriche in Europa haben, wo dem Walde eigentlich gar keine besondere Fläche eingeräumt ist, und die dennoch ihren Holzbedarf gewinnen. Dies kann aber nur bei einem günstigen Klima und auf gutem Boden geschehen, wie wir beides in Norddeutschland gar nicht und in Süddeutschland nur in sehr beschränkten Landstrichen haben. So, wie die Verhältnisse in Deutschland jetzt sind, wird man das Holz, besonders das, was Gewerbe und größere Ortschaften bedürfen, oder das, was auf dem eigentlichen absoluten Holzboden vorkommt, nur in größeren geschlossenen Wäldern erziehen können, ebenso wie auch nur der Staat oder die größeren wohlhabenden Grundbesitzer geeignet sind, das nothwendige Materialkapital in diesen zu erhalten. Die einzelnen kleinen Holzgründe können nicht von dem Eigenthümer geschützt werden, sie haben nicht die Größe, um jedes Jahr davon eine Nutzung beziehen zu können, der ärmere Besitzer läßt das Holz nicht so lange darauf wachsen, bis es seine Vollkommenheit erreicht hat, weil sich für ihn das dazu erforderliche Materialkapital zu schlecht verzinset, das Geld für ihn einen höheren Werth hat, als das Holz, er scheut die Auslage, um einen vielleicht kostbaren Anbau des entblöseten und verwilderten Bodens zu übernehmen.

Dies sind Erscheinungen, die uns vor Augen liegen und die nicht der Theorie entnommen sind, denn es lassen sich eine Menge getheilter Waldungen, wie die Markwaldungen in Westphalen, nachweisen, welche früher, wo sie für Rechnung der gemeinschaftlichen Eigenthümer bewirthschaftet wurden, mit den schönsten und ertragreichsten Holzbeständen versehen waren, die jetzt nach der Theilung lauter kleine, mit Gestrüpp bewachsene, oder wüste und kaum mehr kultivirbare kleine Privatgründe zeigen, um die sich der Besitzer theilweise kaum kümmert, und die für ihn ganz werthlos sind, während der Antheil, den er früher an den Erträgen des ungetheilten Waldes hatte, für ihn ein werthvolles Besitzthum bildete.

Wenn es der Zweck ist und die Lage und Beschaffenheit des Bodens es erlaubt, den Wald in Kulturland umzuwandeln, so muß unbedingt eine Theilung desselben erfolgen, denn eine landwirthschaftliche Benutzung desselben für Rechnung der Gemeinheit ist so undenkbar, als sie jedenfalls unvortheilhaft sein würde. Anders ist es aber, wenn die Beschaffenheit des Bodens, oder auch die Entfernung der Gründe von dem Wohnorte ihrer Eigenthümer nur eine Benutzung der einzelnen Theile zur Holzerziehung gestattet. Dann wird durch die Theilung desselben und durch die Umwandlung aus dem gemeinschaftlichen Eigenthum in ein privatives nur unter gewissen Bedingungen ein höherer Ertrag davon zu erzielen sein.

Die erste ist, daß die einzelnen Theile eine hinreichende Größe erhalten, um zur Holzerziehung überhaupt benutzt werden zu können. Diese ist zwar in dem Preußischen Gesetze vom 2. März 1850 zu 30 Morgen als Minimum für den Hochwald angegeben, sie läßt sich aber überhaupt nicht angeben, wenn, wie hier, eine forstmäßige und nachhaltige, das soll wohl heißen, eine solche Benutzung zur Bedingung gemacht wird, daß alljährlich darauf ein Schlag geführt werden kann, welcher das Holz liefert, was der Eigenthümer bisher jedes Jahr aus dem zu theilenden Walde erhielt. Die Größe hängt zuerst von dem Alter ab, welches das Holz erreichen muß, um benutzbar zu sein. Sollen Eichen, Kiefern und Fichten zu Bauholz erzogen werden, will man den Buchenwald ferner als Hochwald benutzen, wozu mindestens ein Alter von 80 bis 100 Jahren erforderlich ist, wie es das Gesetz doch vorauszusetzen scheint, so ist die Fläche von 30 Morgen viel zu klein. Bei 120jährigem Umtriebe erhält man davon Jahresschläge von einem viertel Morgen, bei 90jährigen von einem Drittheile eines Morgens, oder 60 □Ruthen. Diese sind aber viel zu klein, um darauf eine zweckmäßige Saamenstellung in Buchen vornehmen und die Verjüngung bei einer regelmäßigen Behandlung der Schläge bewirken zu können, wenn die Bedingung dabei gestellt wird, daß alljährlich der Durchschnittsertrag des Waldes darauf gehauen wird. In Fichten und Kiefern werden aber bei so kleinen Flächen nicht blos die Schlagränder von dem neben- und umstehenden Holze verdämmt werden, sondern die ganze Fläche wird vom Schatten unterdrückt werden. Dazu kommt, daß diese Fläche gar nicht in einem solchen Zustande abgetreten werden kann, daß sie forstmäßig bewirthschaftet und benutzt werden kann. Unter diesem etwas unklaren und unbestimmten Ausspruche kann man doch wohl nur verstehen, daß der Wald nach den forstwirthschaftlichen Grundsätzen nachhaltig muß bewirthschaftet werden können. Diese können allerdings eine sehr verschiedene Behandlung des Waldes gestatten, man kann dabei ein kürzeres oder längeres Haubarkeitsalter annehmen, Hoch-, Mittel-, Niederwald für vortheilhaft halten, Kopfhölzer und Pflanzwald vorziehen, Hochwald- und Niederwaldwirthschaft treiben, das Gesetz scheint aber bei der Bestimmung von 30 Morgen als geringste Fläche den Hochwaldbetrieb im Auge gehabt zu haben. Es verliert aber freilich seine Bedeutung, wenn man annimmt, daß die einzelnen, bei der Theilung zu bildenden privativen Forstgründe nicht als Hochwald, sondern in einer anderen Art forstmäßig behandelt werden sollen, weshalb es auch wohl zweckmäßiger gewesen wäre, gar keine bestimmte Fläche zu geben, da diese Bestimmung jederzeit umgangen werden kann. Setzen wir nun aber voraus, daß sie wirklich zum Hochwaldbetriebe abgetreten wird, wobei aber erst noch festgestellt werden muß, was denn eigentlich unter einem solchen verstanden wird? — so ist eine nothwendige Bedingung der forstmäßigen und nachhaltigen Benutzung eines Hochwaldes, daß dazu solche Holzbestände mit abgegeben werden, welche alljährlich eine gleichmäßige Benutzung gestatten. Den Ausdruck nachhaltig, im Gegensatz von aussetzender oder ungleicher Benutzung, kann Niemand anders deuten, als daß der Ertrag unvermindert und fortwährend gleich bezogen werden kann. Dies ist aber nur bei einem genügenden Altersklassenverhältnisse möglich. Wie wäre es aber wohl denkbar, daß man einen größeren Wald so theilen könnte, daß jeder Antheil eine verhältnißmäßige Menge von haubarem, mittelwüchsigem und jungem Holze erhält, wie es der §. 112. der G.-T.-O. von 1821 vorschreibt! Es wird schon deshalb allein niemals eine Theilung bewirkt werden können, die eine forstmäßige Benutzung gestattet, was der §. 104. als Bedingung einer zulässigen Theilung aufstellt, wenn der Boden ferner zur Holzerziehung bestimmt ist und nicht als Kulturland benutzbar ist. Es bleibt dann nichts übrig, als den Wald zu verkaufen, denn wenn auch wirklich der, welcher werthvolleres Holz erhält, denjenigen, welchem Blösen oder junge Bestände zugetheilt werden, in Geld oder durch eine Naturalrente (§. 113.) entschädigt, so wird dadurch die verlangte forstmäßige Benutzung der einzelnen Theile immer noch nicht möglich gemacht. Im Gegentheil wird derjenige, welcher das haubare und werthvollere Holz erhält, dadurch genöthigt, dies herunterzuhauen und zu versilbern, um die verlangte Entschädigung dessen, der zu wenig Holz erhielt, gewähren zu können, leisten zu können, was doch wohl in keinem Falle dem Begriffe einer forstmäßigen und nachhaltigen Benutzung eines Waldes entspricht. Ob es aber für die Conservation der kleinen Grundbesitzer vortheilhaft ist, sie zu veranlassen, ein sicheres Einkommen vom ungetheilten Walde gegen einen Kapitalantheil von dem Erlöse zu veräußern, geben wir denen zu bedenken, welche für die unbedingte Theilung der gemeinschaftlichen Wälder stimmen! Schon in der Unmöglichkeit, Boden- und Holzwerth unter die einzelnen Eigenthümer vertheilen zu können, liegt es, daß mit jeder Theilung eines gemeinschaftlichen Waldes eine Verwüstung der Holzbestände desselben ganz unvermeidlich verbunden ist, wenn die einzelnen Antheile nur eine Größe von 30 Morgen bei Hochwald erreichen.

Doch wird dabei erst der Begriff des Hochwaldes festgestellt werden müssen. Dem Wortlaute nach wird man einen Wald darunter verstehen müssen, in dem die Bänme hoch wachsen, ihre vollkommene Höhe erreichen, im Gegensatze des Niederwaldes, bei dem das Holz schon abgehauen wird, wenn es auch noch niedrig ist. In diesem richtigen Sinne wird aber in der Regel dieser Ausdruck nicht gebraucht, vielmehr wird gewöhnlich unter Hochwald das Holz verstanden, was nur aus Saamen erzogen wird, im Gegensatze desjenigen, was durch Stock- oder Wurzelausschläge verjüngt wird, was man dann Niederwald nennt. So würden viele Forstwirthe vielleicht darüber lachen, wenn man von einem Niederwaldbetriebe in Kiefern und Fichten spricht, obwohl die Bauern in den östlichen Provinzen Preußens keinen anderen auf ihren mit Kiefern bewachsenen liegen gebliebenen schlechten Aeckern führen, indem sie diese schon mit 25—30 Jahren zu Knüppel- und Reisholz benutzen.

Dies bei der Anwendung des Art. 10. des Gesetzes von 1850 zu beachten, ist sehr wesentlich. Denn 30 Morgen und vielleicht noch weniger sind allerdings vollkommen hinreichend, von einem Bauer mit Kiefern im 30jährigen Umtriebe nachhaltig benutzt werden zu können, wenn er diese mit 20- bis 30jährigem Holze bestanden erhält, da er alljährlich einen Morgen abholzen und wieder ansäen kann, und auf diese Weise seinen jährlichen Holzbedarf nachhaltig darauf einschlagen kann. Sie wird aber nicht geeignet sein, forstmäßig bewirthschaftet zu werden, wenn ein 120jähriger Umtrieb vorausgesetzt wird.

Geht man auf den Sinn zurück, den die in diesem Artikel enthaltene gesetzliche Bestimmung nur allein haben kann, so liegt unstreitig nur darin: daß die zur Holzerziehung abzutretende Fläche groß genug sein muß, um alljährlich darauf einen Schlag führen und regelmäßig wieder mit Holz anbauen zu können, was benutzbar und geeignet ist, die Bedürfnisse des Berechtigten zu befriedigen. Nach diesem Sinne wird sie auch nur aufgefaßt, und „der kühne Griff" der Bestimmung einer Fläche von 30 Morgen unschädlich gemacht werden können. Daß diese angenommene Fläche eine sehr willkührliche ist, geht aus der Erklärung eines Kammermitgliedes hervor, welches wörtlich sagt: „sie ist durch das Amendement eines Mitgliedes der Kammer in das Gesetz gekommen und war so zu sagen, ein kühner Griff, den man gethan hat; man hätte eben so gut eine größere oder kleinere Bodenfläche annehmen können, nahm aber diese an, weil man doch einmal ein bestimmtes Maaß haben mußte."*)

Diese feste Bestimmung einer gewissen Fläche scheint nun aber weder nöthig, noch ausführbar zu sein, wie bei allen Dingen, welche nach den verschiedenen Verhältnissen in sehr verschiedener Art zweckmäßig sein können. Man handelt gewiß richtiger, wenn man sich in dem vorliegenden Falle mehr an den Sinn, als den Buchstaben des Gesetzes hält, was sehr gut möglich ist, wenn man, da dieses sich nur auf den Hochwaldbetrieb bezieht, annimmt, das nur hochwachsendes Holz als Hochwald anzusehen ist, niedrig abgetriebenes als Niederwald gelten muß, gleichviel ob es aus Samen oder Stockausschlag erwachsen ist, und mit Rücksicht auf das Haubarkeitsalter, welches das Holz erhalten muß, um vollkommen benutzbar zu sein, die Größe der Fläche ermittelt, welche erforderlich ist, um alljährlich darauf einen Schlag führen und regelmäßig wieder anbauen zu können.

Eine andere Bedingung der forstmäßigen Benutzung eines Waldes ist, daß die Fläche in einer Form gegeben werden kann, welche nur regelmäßige Schlagführung, Benutzung erlaubt.

Bei größern ebenen Wäldern kann diese zwar immer erfüllt werden, da man die Form der Theile willkührlich bestimmen kann, sie ist aber bisher nicht immer erfüllt worden, weil man lange schmale Streifen abtheilte, die nicht überall zugänglich waren, deren Ränder von den Nachbarstücken verdämmt werden mußten, die schwer zu schützen waren und bei denen die Abfuhr des Holzes durch die vorliegenden jungen Bestände erfolgen mußte, weil die Nachbarn nicht verpflichtet werden konnten, zur Abfuhr des Holzes von jedem Schlage einen Weg durch ihre angrenzenden Grundstücke zu gestatten. Soweit es thunlich ist, müssen sich die einzelnen Theile, an

---

*) Siehe darüber die Verhandlungen des Schlesischen Forstvereins vom Jahre 1852, S. 95.

einen Hauptweg grenzend, immer mehr der Form des Vierecks nähern, was für die Schlagführung die passendste ist, wie schon die Jageneintheilung der Staatsforsten darthut.

Im Gebirge, wo viele Thäler, Berghänge und Bergköpfe vorkommen, in den durch tiefe Wasserläufe und Brücher getrennten Waldtheilen ist aber eine willkührliche Bildung der einzelnen Waldtheile nicht immer möglich. Hier findet man oft natürliche Grenzen der Wirthschaftsfiguren, die man inne halten muß und die nicht gestatten, daß man kleine Theile davon abschneidet. So kann man nicht einen Theil aus zwei verschiedenen Berghängen bilden, indem man zu dem Nordhange noch einige Morgen des gegenüber liegenden Südhanges, der einem andern Besitzer überwiesen werden soll, abtheilt.

Eine dritte Bedingung ist, daß nicht blos die Güte des Bodens und Holzbestandes ausgeglichen werden kann, sondern auch die Entfernung, die günstigere oder ungünstigere Lage, die Sicherheit der Erhaltung der Bestände, die desto mehr gefährdet ist, je weniger der Besitzer im Stande ist, sie in fortwährender Aufsicht zu halten, je größer die Gefahr des Diebstahls, der Schadenhütung ist. Lassen sich die Holzgründe im Anschlusse der übrigen Grundstücke dessen, dem sie gegeben werden sollen, abtheilen, so wird dies allerdings weniger beachtungswerth sein. Das ist aber nicht immer möglich, wenn Wälder getheilt werden sollen, die gar nicht mit diesen grenzen. Der Mangel an Schutz, der bei den einzelnen kleinen Forstgründen oft stattfindet, da ihn der Eigenthümer selbst übernehmen muß, dies aber wegen seiner anderweitigen Geschäfte nicht immer kann, ist vielfach das allergrößte Hinderniß ihrer Kultur und der Erhaltung der Holzbestände. Wo der Besitzer keine Sicherheit hat, daß ihm das Holz verbleibt, was er erzieht oder besitzt, hat er auch keine Neigung, solches anzubauen oder fortwachsen zu lassen, damit es einen höhern Werth erhält.

Dann kann man auch wohl noch als eine sehr wichtige

Bedingung einer Waldtheilung, wenn dadurch eine bessere Benutzung des Bodens herbeigeführt werden soll, als wie im gemeinschaftlichen Besitze stattfand, die Forderung machen, daß der zur Holzzucht bestimmte Boden nicht armen Grundbesitzern oder Menschen überwiesen wird, welche nicht die Mittel besitzen, die Holzzucht vortheilhaft zu betreiben. Allerdings läßt sie das Gesetz in Preußen nicht zu und man kann davon keinen Einwand hernehmen, um eine solche als unzulässig ansehen zu wollen, aber in national-ökonomischer Hinsicht, verdient sie gewiß alle Beachtung, so daß sie allein schon hinreichend sei, um sich gegen die Theilung gemeinschaftlicher Wälder im Allgemeinen erklären zu müssen, sobald der Boden ferner zur Holzzucht verwendet werden soll.

Um demselben durch dieselbe einen Ertrag abgewinnen zu können, ist durchaus erforderlich, daß man das Holz eine Zeit hindurch wachsen läßt, wenn auch nicht gerade so lange, als es die gewöhnliche Umtriebszeit in den Staatsforsten bedingt, da dies keinesweges nöthig ist, um die größte Holzerzeugung zu gewinnen und in mannichfacher anderer Hinsicht eher nachtheilig als vortheilhaft ist. Aber es müssen die Bestände doch wenigstens länger dazu erhalten werden, als sie als Reisholz zum Verbrennen einigermaßen benutzbar sind, was aber nicht Sache desjenigen ist, der aus der Hand in den Mund lebt. Ebenso ist auch ein solcher wenig geneigt, die nöthigen Vorschüsse zu machen, um Holz anzubauen, was er erst in einiger Zeit ernten kann. Darum findet man denn auch regelmäßig, daß die Holzgründe, welche den ärmern Grundbesitzern gehören, bald ihre Holzbestände verlieren und sehr oft ganz unangebaut liegen bleiben.

Sehr schwierig auszuführen wird auch eine Forsttheilung, wenn der Boden eines Waldes theilweis zu Kulturland geeignet ist, theilweis nur als Holzland benutzt werden kann. Es läßt sich dann freilich wohl jedem der einzelnen Eigenthümer ein Antheil von dem Gesammtwerthe des Waldes überweisen, das demjenigen, den er bisher von dem Gesammtertrage bezog, entspricht, gleichviel ob er im Holz- oder Kulturlande gegeben wird, aber das erstere hat für viele Eigenthümer bei ganz gleichem Geldertrage doch nicht den Werth, wie das letztere. Dies liegt einmal darin, daß das Kulturland eine Gelegenheit giebt, zugleich eine Arbeitsrente darauf zu erwerben, was bei dem Holzlande nicht der Fall ist, dann aber auch darin, daß derjenige, der dies letztere erhält, sich immer auch entfernte Nutzungen muß anrechnen lassen, während bei dem Kulturlande nur die gleich eingehende jährliche Rente kapitalisirt wird. Mögen nun auch die künftigen Nutzungen, welche das Holzland zu geben verspricht, mit einem verhältnißmäßig hohen Zinsfuße und mit Rechnung von Zinseszinsen auf ihren gegenwärtigen Werth reducirt werden, derjenige, welcher die Einnahme, welche er bezieht, nicht zurücklegen kann, sondern sie zu seiner Existenz verwenden muß, wird immer die schon jetzt eingehende jährliche Rente des Kulturlandes vorziehen. Erfolgt daher in dieser Beziehung keine freiwillige Einigung, so muß nothwendig das Kulturland abgesondert gleichmäßig unter alle Theilenden vertheilt werden und eben so wieder das Holzland für sich.

§. 47.

Von der Theilung des Waldes, wenn die Antheile von dem Gesammtertrage sich auf diese gleichmäßig oder auf verschiedenartige Nutzungen beziehen.

Sie hat den Zweck, den gesammten Kapitalwerth des Waldes zu ermitteln und diesen, in Grund und Boden wie im Holze, so unter sämmtliche Eigenthümer desselben zu vertheilen, daß jeder derselben einen Antheil davon erhält, der in einem richtigen Verhältnisse zu demjenigen steht, welchen er bisher von dem Ertrage des Waldes bezog oder doch zu beziehen das Recht hatte.

Nach diesem Begriffe der Waldtheilung würde sie folglich nur eine Waldwerthberechnung sein, verbunden mit einer Vertheilung des Werthskapitals unter die Eigenthümer. Sie unterscheidet sich aber doch von einer gewöhnlichen Waldwerth-berechnung eines zu verkaufenden Waldes wesentlich darin, daß 10 Thaler Werth, die man dem Käufer in haubarem, vollkommen benutzbarem Holze übergiebt, eben so bezahlt werden müssen, als eben so viel Werth in ganz jungen noch unbenutzbaren Beständen, den man so berechnet hat, daß die jetzt dafür gezahlte Summe mit zugeschlagenen Zinsen der davon zu erwartenden Einnahme zu der Zeit gleich ist, wo man annimmt, daß sie eingehen wird. Diese erst in Zukunft eingehenden Einnahme, durch Discontirung auf ihren gegenwärtigen Werth reducirt, kann man von dem freiwilligen Käufer eines Waldes schon jetzt voll bezahlt verlangen, da er dadurch, daß er sich überhaupt bereit erklärt, erst künftig eingehende Nutzungen zu kaufen, er auch die Verpflichtung übernimmt, sie nach ihrem gegenwärtigen wirklichen Werthe zu bezahlen. Etwas anderes ist es aber bei einer Waldtheilung, wo oft wider dem Willen einzelner Betheiligten jeder seinen bis jetzt alljährlich bezogenen Antheil am Gesammtertrage aufgeben muß, um dafür Land und Holz zu erhalten, was denselben Ertrag geben wird. Hier macht es einen großen Unterschied, ob dieser jetzt gleich oder erst in später Zukunft eingeht, wenn dann auch mit vollen, bis zu der Zeit aufgelaufenen Zinsen und Zinseszinsen. Wer einen Wald kauft und dabei Nutzungen bezahlt, die erst in Zukunft eingehen können, belegt sein Kapital im Walde und thut dabei auf die sofortige Erhebung der Zinsen Verzicht, indem er einwilligt, daß diese aufgesammelt werden, bis zu der Zeit, wo die berechnete Nutzung eingehen wird. Dazu muß der Käufer nothwendig ein Kapital übrig haben, auf dessen Zinsen er so lange verzichten kann, bis die Holzbestände benutzbar werden. Das ist aber nicht immer der Fall bei dem, der einen Antheil an dem jährlich eingehenden Forstertrage zu fordern hat, und wenn er es wäre, so ist noch die Frage, ob er geneigt sein wird, dasselbe in dieser Art zu belegen und gegenwärtig auf den Zinsengenuß zu verzichten, um später die Zinsen mit Zinseszinsen aufgesammelt mit einem Male zu erhalten. Gezwungen kann er wenigstens in keinem Falle dazu werden, was aber der Fall sein würde, wenn man ihn nöthigen wollte, seinen Antheil in jungen Beständen oder Grund und Boden anzunehmen, von denen erst später eine Einnahme zu erwarten ist. Darum müßten auch alle Altersklassen der Holzbestände eigentlich gleichmäßig unter alle Eigenthümer vertheilt werden, was auch der §. 112. der G.-T.-O. im Sinne zu haben scheint, wenn es darin heißt: „Die Theilung muß wo möglich so bewirkt werden, daß jeder Miteigenthümer seinen Antheil nicht allein von Grund und Boden, mit Rücksicht auf Verschiedenheit der Güte, sondern auch des stehendes Holzes erhält."

Daß dies niemals möglich sein wird, weil es vielleicht keinen Wald auf der Welt giebt, in welchem die Holzbestände in der Art vertheilt wären, daß man jeden Theil so bilden könnte, daß gleich viel Holz von jeder Altersklasse darauf stände, bedarf wohl keiner weitern Ausführung. Darum bestimmt auch §. 113.: „Ist dies nach der Oertlichkeit nicht zu bewirken, so muß derjenige, welcher einen Ueberschuß im Holze erhält, in Mangel einer Einigung über dessen Bezahlung, dem andern entweder durch Anweisung eines verhältnißmäßigen Districts zur Abholzung in angemessenen Fristen, oder durch Lieferung einer verhältnißmäßigen jährlichen Quantität Holzes auf bestimmte Jahre entschädigen."

Nach der wörtlichen Fassung dieser gesetzlichen Bestimmung scheint sich dies blos auf die Quantität des Holzes zu beziehen, dies würde jedoch offenbar eine zu beschränkte Auffassung sein, indem es dabei nicht blos auf die Menge, sondern auch auf die Beschaffenheit ankömmt, ganz besonders aber auf die Zeit der Benutzung des Holzes. Auf dem Morgen eines 20jährigen Kiefernbestandes können recht gut 1000 Kubikfuß feste Masse stehen, sind diese aber jetzt noch nicht benutzbar und müssen sie noch 20 Jahre wachsen, um dies zu werden, so haben sie, abgesehen von dem verschiedenen Gebrauchswerthe, für den, der sie erhalten soll, gegenwärtig nicht denselben Werth, wie 1000 Kubikfuß 100jähriges Holz, was augenblicklich benutzt werden kann. Man wird daher bei der Theilung und Berechnung des Holzbestandes nicht blos das benutzbare und unbenutzbare trennen müssen, sondern letzteres wird auch nach der verschiedenen Zeit der Benutzung wenigstens in Klassen zu bringen sein, wenn man die Zinsenrechnung bei jedem einzelnen Bestande vermindern will. Dies scheint auch darum ganz zweckmäßig zu sein, weil sich doch das einzelne Jahr, worin die Benutzung erfolgen wird, doch nicht sicher wird speciell voraus bestimmen lassen, sondern höchstens nur ein Durchschnittsalter bei einem geringen Haubarkeitsalter von 5 zu 5, bei dem höhern über 50 und 60 Jahre von 10 zu 10 Jahren wird annehmen lassen.

Die Werthrechnung des zu vertheilenden Waldes beginnt mit der Bonitirung des Bodens. Es ist dazu eine Vermessung, Karte und Vermessungsregister erforderlich, welche denjenigen, welcher den Werth desselben ermitteln will, in den Stand setzt, die Flächen kennen zu lernen, welche der einen oder der andern Bonitätsklasse angehört. Es muß dabei das Kulturland, Acker und Wiese besonders nach ihren verschiedenen Güteklassen getrennt werden, wobei der Landwirth mit dem Forstmanne zusammenwirken muß. Nach dieser Bonitirung muß eine Bodenkarte gefertigt werden, worauf die Flächen ersichtlich sind, welche den verschiedenen Bonitätsklassen des Kultur- oder Forstlandes angehören, deren Inhalt das Vermessungsregister, was der Karte besonders beigegeben werden muß, nachweist.

Kommen Torfstiche oder benutzbare Torfbrücher, welche noch nicht aufgedeckt sind, Lehm-, Kiesgruben oder Steinbrüche in dem Walde vor, so ist das Terrain, was sie einnehmen, zu sondern und ihr Werth besonders zu berechnen. Im Falle nicht einer oder der andere Eigenthümer dieselben freiwillig zu demselben auf seinen Antheil übernehmen will, bleibt nichts anders übrig, als sie im Wege des Meistgebots zu verkaufen und das Geld unter die Eigenthümer des Waldes zu vertheilen.

Von jeder Fläche, welche nach ihrer verschiedenen Beschaffenheit gesondert worden ist, muß zuerst der Bodenwerth und so dann der Werth des darauf stehenden Holzes, jedes für sich durch die Sachverständigen bestimmt werden. Was die Ermittelung des Werths der Kulturgründe betrifft, so ist das Sache des Landwirths, den Werth des Holzbodens bestimmt der Forstwirth ganz nach den Regeln der Waldwerthberechnung.*) Dabei müssen aber die Werthe aller zu Kulturland bestimmten Flächen von demjenigen des Holzlandes gesondert werden, da man beides, jedes für sich, vertheilen muß.

Der Werth der vorhandenen Holzbestände wird ebenfalls von jeder auf der Karte gebildeten, nach der Bodenverschiedenheit gesonderten Figur, nach den Regeln der Waldwerthberechnung für die Gegenwart berechnet.

Liefert der Wald Nebennutzungen, wie Weide, Mast, Waldstreu, so muß der Geldwerth jeder derselben ebenfalls von jeder Figur berechnet werden, wozu oben die Anleitung gegeben worden ist.

In der folgenden Tabelle können die Resultate der Bonitirung zusammengestellt werden.

---

*) Man findet diese in Pfeils Anleitung zur Taxation. Berlin bei Veit u. Comp. 2. Auflage.

Bonitirungs-Tabelle,

den

Werth des Waldes N. nachweisend.

Bezeichnung des Orts.		Güte-Klasse.	Kultur-Land.		Geldwerth.		Holzboden.	
Nr. und Name.	Abtheilung.		Acker.	Wiese.	Ein Morgen.	Die ganze Figur	Buchen.	Kiefern.
			M. Q.R.	M. Q.R.	Thlr. sgr. pf.	Thlr. sgr. pf.	M. Q.R.	M. Q.R.

Holzboden.	Geldwerth des Bodens.						Werth des Holzbestandes.								Gesammter gegenwärtiger Werth d. Bodens und Holzes zusammen auf der Figur.		
Erlen.	Ein Morgen.			Die ganze Figur			Alter.	Liefert bei dem Abtrieb.	Der jetzige Werth des Holzes auf e. Morgen beträgt.			Auf der ganzen Fläche.					
M. Q. R.	Thlr.	sgr.	pf.	Thlr.	sgr.	pf.	Jahr.	Klftr.	Thlr.	sgr.	pf.	Thlr.	sgr.	pf.	Thlr.	sgr.	pf.

Daß diese Tabelle nur bestimmt ist, die Resultate der Ertrags- und Werthberechnung übersichtlich zusammenzustellen, das Taxationsprotokoll, worin die speciell ausgeführten Berechnungen enthalten sind, und aus welchen sie in diese Tabelle eingetragen wurden, besonders beigegeben werden muß, ist wohl kaum zu bemerken nöthig.

Sollten noch Nebennutzungen von dem Holzboden, wie Weide- und Streuertrag zu berechnen sein, weil nachzuweisen ist, daß davon jetzt wirklich eine Einnahme bezogen wird, und ohne einen gleichen oder auch größeren Verlust von der Holzerzeugung auch bezogen werden könne, so muß der Werth derselben in besonderen Columnen ebenfalls in dieser Tabelle nachgewiesen und dem Bodenwerthe zugerechnet werden, wie dies bei der Waldwerthberechnung behufs des freiwilligen Verkaufs eines Waldes vorgeschrieben ist.

Wenn man auf diese Weise den gesammten Werth des Waldes ermittelt hat, der sich aus den von ihm zu erwartenden Einnahmen ergiebt, so schreitet man zuerst zur Theilung des Bodenwerthes, indem man jedem der Eigenthümer einen Antheil überweiset, der in einem richtigen Verhältnisse zu dem Antheil steht, den derselbe von dem Ertrage des Waldes zu fordern hat. Die Theilung des Bodens und des Holzwerthes muß stets gesondert erfolgen, wie dies auch die G.-T.-O. vorschreibt.

Wie dies schon oben bemerkt wurde, muß da, wo der Wald Kultur- und Holzland enthält, jedes besonders vertheilt werden, insofern dies nach seiner Größe und Lage irgend möglich ist. Kämen nur einzelne kleine Niederungen oder Parcellen vor, die nicht ausreichten, um sie gleichmäßig vertheilen zu können, so wird es besser sein, sie von dem zu theilenden Walde zu trennen und besonders zu verkaufen, um das Geld unter die Eigenthümer zu vertheilen.

Das Theilungsproject wird nun auf der Karte so entworfen, daß seinen Antheil von Grund und Boden, ohne alle Berücksichtigung des darauf stehenden Holzes, so erhält, daß er durch die ihm zu überweisende Bodenfläche einen solchen Antheil von dem gesammten Kapitalwerthe des Bodens erhält, wie er ihn nach dem ihm zustehenden Nutzungsantheil zu fordern hat.

Die einzelne Theile müssen

1. mit Rücksicht auf den Anschluß an die Grundstücke, welche der eine oder der andere der Theilenden vielleicht schon besitzt,
2. so daß sie eine passende Form und Grenzen erhalten,
3. an Wege stoßen, die nöthigenfalls neu gebildet und in Abzug gebracht werden müssen

projectirt werden.

Ihre Größe kann vorläufig mehr gutachtlich, mit Rücksicht auf die verschiedene Güte und den verschiedenen Werth des Bodens erfolgen, da das Theilungsproject doch erst den Betheiligten und Ablösungsbehörden zur Genehmigung vorgelegt werden muß. Erfolgt diese, so kann die specielle Ausgleichung der Flächengröße und die definitive Feststellung der Grenzen jedes einzelnen Theils nachträglich erfolgen.

Stehen diese fest, so kann man zur Theilung des jetzt vorhandenen Holzvorrathes schreiten. Es muß nun ermittelt werden, wie viel Holzwerth auf jedem, der blos nach der Bodengüte abgesteckten Antheile der einzelnen Eigenthümer steht, um den Werth desselben mit demjenigen vergleichen zu können, der ihnen vom dem Gesammtwerthe des ganzen Holzwerthes im ganzen Walde gebührt und das, was er entweder zu viel oder zu wenig darauf vorfindet, festzustellen. Da aus der Bonitirungstabelle der Werth des Holzbestandes jeder Bestandsfigur ersichtlich ist, so erfordert dies keine neue Bestandsaufnahme, sondern man legt dabei die früher gemachte zum Grunde. Einzelne Bestandungleichheiten, die bei großen Figuren immer vorkommen, da ihnen selten oder niemals ein Morgen gerade so wie der andere bestanden ist, müssen jedoch berücksichtigt und wenigstens gutachtlich ausgeglichen werden.

Zuerst wird immer der Versuch gemacht werden müssen, ob im Wege der gütlichen Einigung zu bewirken ist, daß derjenige, welcher einen größern Holzwerth mit dem ihm zu überweisenden Grund und Boden erhält, als ihm gebührt, denjenigen entschädigt, welcher einen geringen Werth erhält. Das Zweckmäßigste würde sein, wenn alle die, welche mehr erhalten, als sie von dem vorhandenen Holzwerthe auf ihren Antheil verlangen können, dies herauszahlten und dann die gesammte Summe unter diejenigen nach Verhältniß vertheilt würde, welche zu wenig erhielten. Daß alle die, welche zu viel Holz erhalten, den Werth desselben gleichsam in eine gemeinschaftliche Kasse zahlen, aus welcher diejenigen entschädigt werden, welche einen zu geringen Holzwerth erhielten, ist schon darum nöthig, weil ein einzelner nicht immer soviel heraus zu geben habe, als der andere zu erhalten hat.

Schwieriger wird die Ausgleichung durch Rente, gleichviel ob durch Natural- oder Geldrente, weil der Geldwerth des Ganzen als Kapital berechnet und folglich auch demgemäß getheilt wird, so daß jeder einen bestimmten Kapitalantheil erhält. Man muß aber alle Nutzungen auf den Kapitalwerth reduciren, um den zu berechnenden Gesammtwerth derselben zu finden. Wollte man die Einnahme oder Erträge des Kapitals theilen, so erhält man eine sehr verwickelte Rechnung, die zum Theil kaum zu lösen sein dürfte.

Es erhält z. B. Jemand seinen Antheil von dem Holzkapitale in jungem Holze, weil nur solches auf dem Bodentheile steht, welcher ihm überwiesen worden ist. Dies hat noch nicht das Alter, worin es benutzungsfähig ist und giebt daher jetzt gar keinen Ertrag. Wollte man ihn nun denselben in Geld- oder Naturalrente für so viel Jahre geben, bis dieser Bestand haubar wird, und er ihn benutzen kann, so würde er eine viel größere Summe erhalten, als er je zu fordern hat, weil dann dieses Holz, was er erhält, einen viel größern Werth hat und einen viel größern Ertrag geben wird, als der ist, zu dem er ihn angerechnet worden ist.

Die Rente dürfte daher nur so groß sein, daß sie mit zugeschlagenen Zinsen bis zu der Zeit, wo sie aufhören wird, der Summe gleich ist, welche der zu Entschädigende im Holzwerthe zu wenig erhalten hat. Dies giebt eine weitläuftige Rechnung, die allerdings zu lösen ist, selbst mit Hülfe der Cotta'schen Zinstafeln gelöst werden kann, die aber die wenigsten Betheiligten fassen würden. Bei den Theilungen und Ablösungen ist es aber immer von großer Wichtigkeit, daß alle Berechnungen so einfach und übersichtlich angelegt werden, daß die Betheiligten sie übersehen und sich von der Richtigkeit derselben selbst überzeugen können. Dazu kömmt noch in diesem Falle, daß jede Rente, welche von einem Theil dem andern gezahlt oder in Natura gegeben werden muß, eine neue Reallast bildet, die Hypothek auf das Grundstück eingetragen wird, von dem sie geliefert werden muß, während doch das Holz selbst, dessen Erhaltung schwer zu überwachen ist, sich zu keiner solchen Hypothek eignet und der unbestockte Holzboden oft keine hinreichende Sicherheit gewährt. Das Geschäft der Theilung wird bei fortdauernden Rentenzahlungen, welche die Quelle ewiger Streitigkeiten sind, auch eigentlich gar nicht einmal ganz beendigt und der dazu Verpflichtete erhält kein volles Dispositionsrecht über den verpfändeten Gegenstand, bis die darauf ruhende Last getilgt ist. Kapitalzahlungen zur Ausgleichung des zu viel oder zu wenig empfangenen Holzwerths sind daher jedenfalls vorzuziehen und auch stets auszuführen. Denn weigert sich Jemand, der dazu verpflichtet ist, sie in Gelde zu leisten, so kann er wenigstens durch Abgabe desjenigen Theils des Holzbestandes, den er zu viel erhalten hat, den, der sie zu fordern hat, befriedigen, was auch der §. 113. der G.-T.O. neben der Gewährung einer Naturalrente vorschreibt. Im letzten Falle können die benutzbaren Holzbestände wenigstens verkauft werden, um das Geld zur Ausgleichung zu verwenden.

Die noch nicht benutzbaren Bestände muß aber jedenfalls derjenige, welcher solche auf dem ihm überwiesenen Antheile, der Grund und Boden mit erhält, zu ihrem vollen Werthe, wenn dieser mit Vergütigung der vollen Zinseszinsen bis zur kürzesten Zeit ihrer Brauchbarkeit berechnet worden ist, sich anrechnen lassen. Es ist sehr zu bedauern, daß dies nicht in dem Gesetze selbst vorgeschrieben ist und daß man es nicht gethan hat, sobald der Boden seiner Beschaffenheit nach der Holzzucht auch ferner gewidmet bleiben muß, ist wohl mit Recht als eine große Lücke zu bezeichnen, die so viel als möglich bei den Theilungen, wie Zusammenlegung der Holzgründe auszufüllen gesucht werden muß.

Der größte Uebelstand, der sich dabei besonders bei den sogenannten Separationen, d. h. dem Austausche einzelner Holzgründe gegen einander, um sie zusammenzulegen, bemerkbar gemacht hat, ist der, daß in Folge derselben oft die schönsten jungen Holzbestände absichtlich vernichtet wurden, obwohl sie noch ganz unbenutzbar waren, weil Niemand noch unbenutzbares Holz bezahlen und Keiner, der solches abgeben muß, es einem Andern ohne Vergütigung überlassen will. Die Folge davon ist, daß, wenn junge Bestände abgegeben werden müssen, sie in der Regel absichtlich vorher verwüstet werden. Es ist vorgekommen, daß Leute, welche 2- und 3jährige Schonungen abgeben mußten, Arbeiter gedungen haben, um die Pflanzen auszureißen, blos damit der, welchem der Grund, worauf sie standen, überwiesen wurde, sie nicht unentgeltlich erhält. Das ist doch aber gewiß nicht im Sinne des Kulturgesetzes, wonach die Zusammenlegung einzelner Holzstücke erfolgen soll, und muß zum Besten des Landes und der Bodenkultur wo möglich verhütet werden. Dies geschieht am besten dadurch, daß man dem Eigenthümer des noch nicht benutzbaren Holzes zwar nöthigt es dem künftigen Grundbesitzer zu überlassen, diesen aber auch zu einer billigen Entschädigung dafür verpflichtet, die bei einer Vergütigung voller Zinseszinsen niemals sehr bedeutend sein wird. Um zur Beurtheilung der Höhe einer solchen einen Anhalt zu geben, folgt hier eine übersichtliche Nachweisung des gegenwärtigen Werths junger Kiefernbestände, bis zu einem benutzbarem Alter, wonach jeder Forstmann eine gleiche für alle übrigen vorkommenden Holzarten leicht wird aufstellen können. Es ist dabei der Preis eines Kubikfußes zu 1 Sgr. angenommen worden, und sind mittelmäßige Bestände vorausgesetzt, sowie 5 Procent Zinseszinsen zum Grunde gelegt.

Tafel,

den jetzigen Werth eines Morgens junger Kiefernbestände bei 40 Jahren benutzbar.

Boden-Klasse.	Alter. Jahre.	Holzmasse pr. Morgen bei 40 Jahren. Kub. F.	Der Geldwerth beträgt. Thlr.	Ein Thaler ist jetzt werth.	Der jetzige Werth des Bestandes ist daher. Thlr.	Bemerkung:
I.	4 - 5	1309	43,46	0,16444	7,16	Es ist dabei angenommen worden, daß keine Durchforstung bis zum 40. Jahre erfolgt. Ist eine solche anzunehmen, so muß diese bei dem Alter, wenn sie erfolgen wird, mit ihrer wahrscheinlichen Holzmasse und deren Gelderträge ausgeworfen und mit ihrem jetzigen Werthe hinzugerechnet werden.
	5-10			0,20987	9,12	
	10-15			0,26785	12,53	
	15-20			0,34185	14,76	
	20-25			0,41552	18,07	
	25-30			0,53623	23,06	
	30-35			0,71068	31,5	
	35-40			0,86348	37,75	
II.	1 - 5	1148	38,27	0,16444	6,3	
	5-10			0,20987	8,53	
	10-15			0,26785	10,26	
	15-20			0,34185	13,12	
	20-25			0,41552	15,92	
	25-30			0,53623	20,05	
	30-35			0,7068	27	
	35-40			0,86348	33,10	

Boden-Klasse.	Alter. Jahre.	Holzmasse pr. Morgen bei 40 Jahren. Kub. F.	Der Geldwerth beträgt. Thlr.	Ein Thaler ist jetzt werth.	Der jetzige Werth des Bestandes ist daher. Thlr.	Bemerkung.
III.	1 - 5	916	30,53	0,16444	5,02	
	5-10			0,20987	6,4	
	10-15			0,26785	8,16	
	15-20			0,34185	10,40	
	20-25			0,41552	12,65	
	25-30			0,53623	16,36	
	30-35			0,71068	21,69	
	35-40			0,86384	26,35	
IV.	1 - 5	694	23,43	0,16444	3,8	
	5-10			0,20987	4,85	
	10-15			0,26785	5,98	
	15-20			0,34185	7,90	
	20-25			0,41552	9,60	
	25-30			0,53623	12,39	
	30-35			0,71068	16,43	
	35-40			0,80384	18,59	
V.	1 - 5	473	15,77	0,16444	2,58	
	5-10			0,20987	3,31	
	10-15			0,26785	4,22	
	15-20			0,34185	5,39	
	20-25			0,41552	6,55	
	25-30			0,53623	7,45	
	30-35			0,71068	10,50	
	35-40			0,80384	12,67	

Es wird wohl kaum einer Bemerkung bedürfen, daß diese Tafel nicht den wirklichen Werth der jungen Kiefernbestände für alle Fälle angeben soll, denn dieser ändert sich nach den Holzpreisen, dem angenommenen Haubarkeitsalter, dem Zinsfuße, danach, ob bis zum Abtriebe Durchforstungserträge angenommen werden können oder nicht, nach dem Zustande der jungen Bestände, sondern daß sie nur bestimmt die nöthige Erläuterung zu dem zu geben, was über die Werthberechnung der jungen Bestände gesagt worden ist. Für jeden einzelnen Wald müssen ähnliche Tafeln, die sich auf die herrschenden Holzarten beziehen, angelegt werden, was keine Schwierigkeit hat, sobald man nur die Ertragssätze festgestellt hat, die für die jungen Bestände im Haubarkeitsalter anzunehmen sind. Diese muß man ja aber bei jeder Taxation kennen.

Muß man ein noch höheres Alter annehmen, worin das Holz erst benutzbar wird, als hier angenommen wurde, so vermindert sich der gegenwärtige Werth des Holzes noch sehr bedeutend, indem z. B., wenn 60 Jahren bis dahin verfließen, jetzt der Thaler nur 0,05354 werth ist. Man sieht also, daß es keine Unbilligkeit oder Härte ist, wenn man von demjenigen, welcher junge Bestände übernehmen muß, verlangt, daß er sie mit Vergütigung voller Zinseszinsen, bis zur Zeit ihrer Benutzung, nach dieser Berechnung bezahlen soll. Andere als Zinseszinsen können aber allerdings bei dieser erzwungenen Bezahlung in keinem Falle gerechnet werden.

§. 48.
Fortsetzung.

Wenngleich nach der oben erfolgten Auseinandersetzung eine Entschädigung in einer nur bestimmten Zeit dauernden Rente in keinem Falle empfohlen werden kann, so ist diese doch nach dem Preußischen Ablösungsgesetze zulässig und kann daher hier nicht übergangen werden.

Soll die Ausgleichung der Holzbestände durch Rentenzahlung erfolgen, so muß auch gleich von vornherein nicht der Kapitalwerth des Waldes ermittelt werden, sondern man muß einen Benutzungsplan entwerfen, der den ganzen Umtrieb, wie er bisher in dem zu theilenden Walde bestand, umfaßt, wodurch sowohl die Größe der Nutzungen, die er in demselben wahrscheinlich liefern wird, als die Zeit, wo sie eingehen werden, bestimmt wird. Soll eine Geldrente gezahlt werden, so werden diese Nutzungen zu Gelde veranschlagt, in dem Falle aber, wo eine Naturalrente gegeben werden soll, alle Holzerträge in ein bestimmtes Quantum von Scheitholz, mit Berücksichtigung des Kubikinhalts und des Brennwerths der verschiedenen Sortimenten verwandelt. Sodann werden die Antheile, welche die einzelnen Theilnehmer von dem Gesammtertrage zu fordern haben, ebenfalls in Geld oder in Scheitholze für alle Zeitabschnitte des Umtriebs festgesetzt, um übersehen zu können, wie viel sie nicht blos gegenwärtig, sondern auch bei einem etwa steigenden oder sich ändernden Ertrage des Waldes von diesem, wenn er ungetheilt blieb, zu erwarten haben.

Wenn der Wald dann nach seinem Bodenwerthe getheilt worden ist, der immer die Grundlage der Vertheilung der Bodenfläche bilden muß, so werden die Holzbestände auf jedem Antheile wieder besonders abgeschätzt, um einen Benutzungsplan für jeden derselben entwerfen zu können, wobei man von der Ansicht ausgeht, daß die Benutzung der Holzbestände ganz in derselben Art erfolgt, wie sie bisher in dem zu theilenden Walde stattgefunden hat. Aus diesem wird sich ergeben, ob der Ertrag der Holzbestände, die jeder auf dem ihm überwiesenen Antheile des Bodens erhält, wenn sie in bisheriger Art benutzt werden, demjenigen gleich ist, welchen der Eigenthümer von dem Walde, wenn er ungetheilt geblieben, nur erwarten konnte, sondern ob er auch zu gleicher Zeit eingehen wird, denn eine früher eingehende Nutzung hat größern Werth als eine später zu erhebende. Die Differenz des Ertrages in Bezug auf Größe und Zeit, die sich stets dabei herausstellen wird, muß dann durch eine Geld- oder Naturalrente ausgeglichen werden.

Die dabei nothwendige Reduction aller verschiedenen Sortimente, wie Nutz-, Scheit-, Knüppel-Reisholz und Stockholz, wird am besten nach dem Marktpreise, ausschließlich der Gewinnungskosten, bewirkt, da sich danach der Gebrauchswerth des Holzes am besten und übersichtlichsten darstellt, so daß z. B. 1 Klafter Nutzholz zu 6 Thaler gleich gerechnet wird, 2 Klafter Brennholz zu 3 Thaler oder 2 Klafter Scheitholz zu 3 Thaler gleich 3 Klafter Knüppelholz zu 2 Thaler.

Nehmen wir an, nach dem Benutzungsplane eines gemeinschaftlichen Kiefernwaldes, von dem 10 Eigenthümer gleichen Nutzungsantheil beziehen, was einen Holzertrag zu erwarten läßt, wenn er im 60jährigen Umtriebe bewirthschaftet wird,

in den ersten 10 Jahren	von	1853—1863	von	160 Klftrn.
= = zweiten = =	=	1864—1873	=	200 =
= = dritten = =	=	1874—1883	=	400 =
= = vierten = =	=	1884—1893	=	300 =
= = fünften = =	=	1894—1903	=	500 =
= = sechsten = =	=	1904—1913	=	700 =

so erhält jeder der 10 Theilnehmer

in der ersten Periode	jährlich	1,6	Klafter
= = zweiten =	=	2	=
= = dritten =	=	4	=
= = vierten =	=	3	=
= = fünften =	=	5	=
= = sechsten =	=	7	=

Es wird nun aber einem der Theilenden eine Fläche von 50 Morgen überwiesen, welche mit jungen Pflanzen, 1 bis 2 Jahre alt, gut bestanden ist. Von dieser kann er in den ersten 30 Jahren gar keinen Ertrag beziehen, von wo er aber schon einen solchen durch die einzuschlagende Durchforstung erhält. Er würde folglich in den ersten 10 Jahren jährlich 1,6 Klafter Naturalrente oder ihren Geldwerth, in den zweiten 2 Klafter, in den dritten 4 Klafter Entschädigung erhalten müssen, von da ab vermindert sich aber diese um den Betrag der Durchforstung, deren Werth in Scheitholz festzustellen ist, und hört mit dem fünfzigsten Jahre ganz auf, da man von da ab annehmen kann, daß das Holz schon benutzbar ist, und er die Holzmasse, die er in der fünften und sechsten Periode zu fordern hat, vom eignen Grunde wird beziehen können. Am Ende der sechsten Periode wird er, wenn er den Wald diesem Benutzungsplane gemäß behandelt, sogar ein größeres Holzquantum einschlagen können, als er von dem ungetheilten Walde zu dieser Zeit zu erwarten hat, und wollte man eine mathematisch genaue Rechnung anlegen, so müßte man den größern Werth der dann vorhandenen Holzvorräthe, wieder, indem man sie auf ihren gegenwärtigen Werth mit voller Vergütigung von Zinseszinsen reducirt, von der von Zeit zu Zeit gebenden Rente in Abzug bringen. Dies giebt aber eine so complicirte und künstliche Rechnung, daß man sie wohl mit Recht unpractisch nennen kann, weshalb sie hier auch nicht speciell aufgeführt wird.

Wenn nun aber ein anderer Theilnehmer ebenfalls 50 Morgen mit 60jährigem Holze im Betrage von 100 Klaftern erhält, so haben diese, bei einem Preise der Klafter von 3 Thlr. 10 Sgr. reinen Holzwerth, ein Materialkapital von 333 Thlr. 10 Sgr. in Geldwerth. Wird dieser Geldwerth durch den Verkauf des Holzes gleich eingeschlagen und der Erlös dafür zu 4 Procent Zinsen belegt, so betragen diese 13 Thlr. 10 Sgr., welche der, welcher das Geld erhält, für sich zum Ankauf des Holzes, welches er bisher aus dem ungetheilten Walde bezog, verwenden kann. Er hat dazu aber nur zu fordern:

in den ersten	10 Jahren	jährl.	für 1,6 Klftr.	5 Thlr.	10 Sgr.
= = zweiten	=	=	= 2	=	6 =	20 =
= = dritten	=	=	= 4	=	13 =	10 =

Er braucht also, wenn von da ab die 50 Morgen die Naturalrente liefern, nicht einmal die vollen Zinsen zu verwenden, um sich das Holz kaufen zu können, welches er erhalten haben würde, wenn der Wald nicht getheilt worden wäre. Holzt er aber diese 100 Klafter nach und nach ab, um das ihm gebührende Holz alljährlich zu beziehen, so muß davon noch der progressionsmäßig verminderte Zuwachs berechnet und dann Vorräthe zugezählt werden. Diesen nur zu $1\frac{1}{2}$ Procent angenommen, würden schon 58,037 Klafter genügen, um die oben angenommene Naturalrente so lange davon beziehen zu können, bis das wieder angezogene Holz diese decken kann. Er würde also von jenen 100 Klaftern 41,963 Klafter abgeben können, oder dem, der auf 50 Morgen nur 1 bis 2jähriges Holz erhält, mit der einen Naturalrente im ersten Jahrzehnte von 1,6, im zweiten von 1,65, im dritten von 2,89 Klaftern entrichten können.*)

§. 49.
Fortsetzung.

Bisher ist angenommen worden, daß die Nutzungen eines Waldes allen Eigenthümern gemeinschaftlich gehören, jedoch

*) Diese Annahmen gründen sich auf folgende Rechnung:

Bezeichnet x den jetzt erforderlichen Holzvorrath, welcher im ersten Jahrzehnt eine jährliche Nutzung von 1,6 Klaftern, im zweiten von 2, im dritten von 4 Klaftern gewähren und alsdann vollständig verjüngt sein soll, unter der Voraussetzung, daß der in jedem Jahre bleibende Bestand um $1\frac{1}{2}$ Procent zuwächst, — bezeichnet ferner f den Zuwachsfactor (hier 1,015), und y den Rest des Vorrathes nach 10, z den nach 20 Jahren; so dienen zur Bestimmung von x folgende Gleichungen, worin der Kürze wegen unter k der Bruch $\frac{f^{10}-1}{f-1}$ verstanden wird:

$$f^{10}x - 1{,}6k = y$$
$$f^{10}y - 2k = z$$
$$f^{10}z - 4k = o,$$

woraus folgt $x = \left(\frac{1{,}6}{f^{10}} + \frac{2}{f^{20}} + \frac{4}{f^{30}}\right)k = 58{,}037$ Klaftern.

nicht Jeder einen gleich großen Antheil daran zu fordern hat. Es kann aber auch der Fall sein, daß der Wald verschiedenartige Nutzungen liefert, welche nicht alle Eigenthümer gemeinschaftlich beziehen, sondern einige einzelne Nutzungen, wie die Weide, das Leseholz, die Mast oder Streu ausschließlich beziehen. Geht man dabei von dem Gesichtspunkte aus, daß diese bevorzugten Eigenthümer blos als Servitutberechtigte zu betrachten sind, so sind die Nutzungsrechte von der Theilung des Waldes nach den Vorschriften der Gemeinheitstheilungs-Ordnung abzulösen, und der bleibende Werth ist dann unter die gleichberechtigten Eigenthümer zu theilen. Es kann aber auch der Fall sein, daß die, welche ein besonderes Nutzungsrecht haben, wirkliche Miteigenthümer des Waldes sind und als solche dies besitzen, denn eben so gut wie ein Großbürger gewöhnlich doppelt so viel Holz erhält, wie ein Kleinbürger, kann er auch, da er blos Vieh hält und dieser letztere nicht, ausschließlich ein Recht auf die Weidenutzung haben. Dann stellt sich die Theilung aber anders; denn ist der Weideberechtigte blos als Besitzer eines Nutzungsrechts in einem fremden Walde zu betrachten, so hat er für dasselbe nichts zu fordern, als den Werth der Weidenutzung. Bezieht er diese aber als Miteigenthümer, so kann er auch einen Antheil von dem Vortheile in Anspruch nehmen, welcher der

---

Es gewähren folglich 100 Klaftern, wenn die Abnutzung und Verjüngung binnen 30 Jahren in gleichem Verhältniß erfolgt,

im ersten Jahrzehnt $\frac{100}{58{,}037} \cdot 1{,}6 = 2{,}76$ Klaftern.

" zweiten " $\frac{100}{58{,}037} \cdot 2 = 3{,}45$ "

" dritten " $\frac{100}{58{,}037} \cdot 4 = 6{,}89$ "

mithin ist die Behufs der Ausgleichung von diesem einzelnen Theilnehmer abzugebende Naturalrente im ersten Jahrzehnt 2,76 = 1,46 Klaftern u. s. w., wie oben.

Gesammtheit der Eigenthümer durch die Ablösung der Weide und die Theilung des Waldes erwächst. Dieser kann aber ein sehr bedeutender sein. Denken wir uns z. B. einen Wald, der zwar sehr guten Boden hat, der sich aber in einem sehr devastirten Zustande befindet und als solcher seinen Besitzern nur ein sehr geringes Einkommen gewährt. Er eignet sich aber seiner Lage und der Beschaffenheit des Bodens nach sehr gut zu Kulturland, und wenn er getheilt und in solches umgewandelt wird, kann der Werth des Grundstückes dadurch auf das Drei- und Vierfache erhöht werden. Die Weiderente, wenn sie blos nach ihrem Ertrage durch Rente oder Kulturland zum vollen Werthe abgelöst wird, wird dann ihrem Besitzer eine geringere Entschädigung gewähren, als er für sie erhalten wird, wenn ihr Werth zum Gesammtertrage des Waldes geschlagen und zu seinem Nutzungsantheile, den er von diesem zu fordern hat, gerechnet werden muß, für den er dann einen verhältnißmäßigen Antheil von Grund und Boden zu fordern hat.

Es muß in diesem Falle der Werth jeder einzelnen Nutzung berechnet werden, um den gesammten Kapitalwerth des Waldes zu finden, dann der Kapitalwerth des Nutzungsantheils jedes einzelnen Eigenthümers, um dann den Kapitalwerth des Holzes und Grund und Bodens in demselben Verhältnisse zu theilen, in welchem diese den Wald gegenwärtig benutzen.

Ein Beispiel wird dies am besten erläutern, sowie das Verfahren, welches dann bei der Theilung erfolgen muß, zeigen.

Ein Rittergut und eine Dorfgemeinde besitzen einen Kiefernwald von 1000 Morgen gemeinschaftlich als Eigenthum, der einen sehr guten Boden hat und sich seiner Lage nach zu gutem Ackerlande eignet, und darum getheilt und in solches verwandelt werden soll. Die Erträge desselben werden jetzt in folgender Art bezogen:

1) Das Rittergut hat

a. das ausschließliche Recht der Schafweide,

b. den dreifachen Antheil von dem eingeschlagenen Holze wie ein Bauerngut.

2) 10 Bauern, 5 Kossäthen, 10 Leerhäusler haben die Rindviehhütung mit 100 Stück Rindvieh, wovon die Bauern 50, die Kossäthen 25, die Leerhäusler ebenfalls 25 Stück eintreiben können.

3) Auf den Antheil eines Bauern, deren 13 sind, wenn man das Rittergut gleich 3 Bauern rechnet, fällt der doppelte Theil des eingeschlagenen Holzes wie auf einen Kossäthen. Die Leerhäusler erhalten von diesem gar nichts, wogegen sie aber die Mitbenutzung des Raff- und Leseholzes haben, was der ganzen Gemeinde gehört.

4) Die Bauern und Kossäthen benutzen die Waldstreu ausschließlich. Die Antheile, welche jeder davon erhält, sind zwar nicht genau bestimmt, doch wird nach der Erfahrung angenommen, daß der Bauer doppelt so viel davon bezieht wie der Kossäth.

5) Die ganze Gemeinde bezieht ihren Leuchtkiehn aus dem Walde, dabei bleibt aber noch so viel Kiehn übrig, daß die Kossäthen, welche ausschließlich das Recht dazu haben, jährlich noch einen Brand in einer Theergrube gemeinschaftlich abschreiben können.

Der Ertrag des Waldes ist in folgender Art ermittelt worden:

500 Klaftern jährlich einzuschlagendes Holz, die Klafter zu 3 Thlr.	Thlr.	1500	—	—
der Werth des gesammten Raff- und Leseholzes, einschließlich des Abraumes	"	400	—	—
25 Klafter Leuchtkiehn, auf jede Familie 1 Klafter, nach Abzug der Rodungskosten à 2 Thlr. . . .	"	50	—	—
Latus	Thlr.	1950	—	—

Transport	Thlr.	1950	—	—
ein Brand Theer zum Reinertrage von	=	20	—	—
der Werth der Schafweide auf 800 Morgen nach Abzug des Schonungsantheils à 5 Sgr. . . .	=	133	10	—
der Werth der Rindviehweide auf 800 Morgen à 2½ Sgr. . . .	=	66	20	—
der Werth der Streunutzung von 600 Morgen, da 400 Morgen in Streuschonung liegen, à 6 Centner pro Morgen und 10 Sgr. Streuwerth für den Centner	=	200	—	—
Der gesammte Ertrag	Thlr.	2370	—	—

Diese mit 5 Procent kapitalisirt giebt einen Kapitalwerth des ganzen Waldes von 47,400 Thalern.

1. Das Rittergut hat davon zu fordern:				
a. 86,77 Klafter vom Holzeinschlage	Thlr.	290	9	9
b. den Ertrag der Schafweide . .	=	133	10	—
Summa	Thlr.	423	19	9
2. Die Bauern haben zu fordern:				
322,58 Klafter Holz	Thlr.	967	22	3
0,6 des Raff- und Leseholzes .	=	240	—	—
10 Klafter Kiehn à 2 Thlr. .	=	20	—	—
den halben Werth der Rindviehweide	=	33	10	—
0,8 des Streuwerths	=	160	—	—
Summa	Thlr.	1421	2	3
3. Die Kossäthen haben zu fordern:				
80,645 Klafter	Thlr.	241	28	—
vom Werthe der Rindviehweide	=	16	20	—
vom Werthe des Raff- und Leseholzes	=	80	—	—
Latus	Thlr.	338	18	—

	Transport	Thlr.	338 = 18 = —
5 Klafter Kiehn à 2 Thlr.	.	=	10 = — = —
für 1 Brand Theer	. . . .	=	20 = — = —
ein Fünftheil des Werths der Streunutzung	. . . . .	=	40 = — = —
	Summa	Thlr.	408 = 18 = —

4. Die Häusler haben zu fordern:

vom Werthe des Leseholzes	.	Thlr.	80 = — = —
für 10 Klafter Kiehn à 2 Thlr.		=	20 = — = —
für Rindviehhütung	. . . .	=	16 = 20 = —
	Summa	Thlr.	116 = 20 = —

Die Nutzungen vertheilen sich daher folgendermaßen:

				Kapitalwerth
das Rittergut	Thlr.	423 = 19 = 9	Thlr.	8,473 = 3 = 6
die Bauern	=	1421 = 2 = 3	=	28,421 = 15 = 3
die Kossäthen	=	408 = 18 = —	=	8,172 = 1 = 3
die Häusler	=	116 = 20 = —	=	2,333 = 10 = —
Summa	Thlr.	2370 = — = —	Thlr.	47,400 = — = —

oder es hatten von dem gesammten Kapitalwerthe des Waldes zu fordern:

das Rittergut . . .	0,17,8
die Bauern	0,59
die Kossäthen . . .	0,19
die Leerhäusler . .	0,4,2
	100.

Es wird nun nöthig, den Kapitalwerth des Waldes zu ermitteln, welchen der Wald haben wird, wenn er getheilt, gerodet und in Ackerland umgewandelt wird.

Der Werth des Bodens sei dann, der Morgen im Durchschnitt zu 50 Thaler angenommen, . .	50,000 Thlr.
des nutzbaren Holzes, 12,000 Klafter à 3 Thlr.	36,000 =
	86,000 Thlr.

so muß eine jede Klasse der Theilenden den entsprechenden Antheil sowohl vom Boden, als vom Holze erhalten, das dann wieder gleichmäßig unter die Mitglieder der Klasse zu vertheilen ist. Das junge noch gar nicht benutzbare Holz kann, wenn es bald abgetrieben werden muß, um den Boden urbar zu machen, nicht angerechnet werden.

Daß der Boden nach seiner verschiedenen Güte auf den einzelnen Antheilen veranschlagt werden muß, auch die Urbarmachungskosten, wenn sie ungleich sind, berücksichtigt werden müssen, versteht sich von selbst.

Würde dieser Wald nicht zu Kulturland bestimmt sein, sondern auf den sämmtlichen Antheilen ferner Holz gezogen werden müssen, so erfolgt die Theilung nach seinem gegenwärtigen Kapitalwerthe in der Art, daß alle die Nutzungen, welche diese künftig liefern werden, nach dem Verhältnisse berechnet werden, indem dessen Erträge bisher von den Eigenthümern bezogen wurden.

§. 50.

Von der Zusammenlegung einzelner Forsttheile in ein Ganzes oder der Vertauschung derselben gegen andere.

Eigentliche zusammenhängende Gemeindewaldungen, welche der Gemeinde als solche gehören, besitzen östlich der Elbe in der Regel nur die Städte, die Dörfer haben keine solche, weil den ursprünglichen slavischen Stämmen dieser Gegenden durch die deutschen Eroberer das Gemeindeeigenthum entzogen wurde. Deshalb nehmen aber doch die Dorfforsten große Flächen ein, die aber unter die einzelnen Grundeigenthümer in viele kleine Stücke vertheilt sind. Dies rührt davon her, daß die Gemeindefluren zuerst in verschiedene Felder, nach der Verschiedenheit des Bodens, der Entfernung und der Lage getheilt wurden, und deren jeder Grundbesitzer in jedem Felde seinen Acker streifenweis überwiesen wurde. Die entfernteren Felder von schlechtem Boden bleiben oft unbebaut liegen und bilden die jetzigen sogenannten verstrauchten Aecker,

auch alle übrigen geopfert worden, wodurch der Zweck der Separation ganz verfehlt wurde. Dieser muß doch vor allem Andern immer der sein, daß man die Holzgründe jedem Besitzer in einer solchen Form der Fläche zutheilt, daß sie zweckmäßig bewirthschaftet und benutzt werden können. Nun grenzt der Wald aber nicht immer in einer Art mit dem Felde der einzelnen Eigenthümer, daß man beides zweckmäßig mit einander verbinden könnte, und man hat dann vielfach die alte Feldeintheilung wiederholt, daß man ihn in lange, schmale Streifen theilte, um wo möglich eine Verbindung zwischen den Feldern, die an den Wald stoßen, und diesen herzustellen. Diese langen, schmalen Streifen sind aber die aller unvortheilhafteste Form für den Wald, weil sie lange Grenzen geben und dadurch den Schutz erschweren, keine passende Schlagführung gestatten, viel Wege nöthig machen, die Verdämmung der Schlagränder herbeiführen, selbst Streitigkeiten wegen des Ueberwachsens der Aeste und Wurzeln veranlassen, oder, wenn die Bäume nicht dicht an den Grenzen stehen, einen bedeutenden Verlust an Holzproduction verursachen, indem ein unbebauter Grenzstreifen bleibt. Dann ist es auch zuletzt nicht einmal immer möglich, die Idee des ganzen Besitzthums eines jeden Grundbesitzers zusammenzulegen, wenn der schlechtere Boden mit dem Holze auf der einen und der bessere mit dem Kulturlande auf der entgegengesetzten Seite des Ortes liegt. Bilden die Holzgründe einer Gemeinde eine größere zusammenhängende Fläche, wie das sogar gewöhnlich der Fall ist, da sich am ersten die entfernten schlechten Außenfelder in solche umgewandelt haben, so wird diese wohl in den mehrsten Fällen ganz unabhängig von der Zusammenlegung der Felder, für sich zweckmäßiger zu arrondirten Forststücken einzutheilen sein, die jeder nach Maßgabe seines bisherigen Besitzes erhält.

Das Geschäft beginnt auch hier mit der Bonitirung des Holzbodens, indem man von jedem einzelnen Stücke den Durchschnittszuwachs, der in vollen Beständen vom Morgen jährlich erwarten kann, anspricht, um nach der Größe der Fläche den Durchschnittszuwachs des ganzen Stückes zu bestimmen. Dabei muß bemerkt werden, daß es rathsam ist, den anzunehmenden Durchschnittszuwachs stets an Ort und Stelle, wenn irgend dazu geeignete Bestände vorhanden sind, zu ermitteln und danach die anzunehmenden Bonitätsklassen zu bilden. Die vorhandenen Erfahrungstafeln haben wohl alle für diesen Zweck zu großen Differenzen zwischen den Ertragsklassen, dann gehen sie auch mit diesen nicht so weit herab, als dies vielfach auf diesem ausgetragenen Boden geschehen muß, der in Folge seiner Erschöpfung durch eine vorausgegangene, längere Zeit dauernde Benutzung als Ackerland einen geringern Ertrag giebt, als ein anscheinend ganz gleicher Boden, der stets mit Holz bestanden war. Auch die oft rücksichtslose Benutzung der Bauerhaiden zur Gewinnung von Waldstreu, hat diese oft sehr im Ertrage zurückgesetzt. So findet man denn in ihnen zuweilen so niedrige Erträge, wie die Erfahrungstafeln, z. B. die von Hartig entworfenen, gar nicht mehr enthalten.

Die möglichst, aber vollkommen genügende Art, den Durchschnittszuwachs zu finden, ist, daß man die vorhandene Holzmasse geschlossener oder regelmäßiger Bestände im haubaren Alter untersucht und sie durch die Jahre des Alters theilt. Ist dies kein höheres als ein solches, worin sich die Bestände noch ganz geschlossen halten, so genügt dazu die Untersuchung auf einer kleinen Fläche von vielleicht 6 bis 8 □Ruthen, wozu sich immer Gelegenheit darbieten wird.

Wenn man die Größe der Fläche kennt, welche jeder Einzelne besitzt und den Durchschnittszuwachs, den die einzelnen Stücke gewähren, für einen Morgen jedes Stückes kennt, so braucht nur die durchschnittliche Erzeugung aller Stücke eines Besitzers addirt zu werden, um diejenigen kennen zu lernen, die ihm wieder durch ein im Zusammenhange liegendes Stück zugetheilt werden muß.

Ist diese bekannt, so muß die, aus allen einzelnen Stücken

gebildete zusammenliegende Fläche mit Rücksicht auf ihre Form und natürlichen Grenzen, auf der Karte vorläufig nach der Bodengüte so getheilt werden, daß jedem die ihm zukommende Holzerzeugung in passender Form in einem zusammenliegenden Stücke zugetheilt wird. Dies wird dadurch erleichtert, daß man auf der Karte bei jeder Abtheilung, die einen anderen Besitzer hat, oder von verschiedener Bodenbeschaffenheit ist, den Durchschnittszuwachs, den sie vom Morgen jährlich gewähren kann, und zu dem sie angesprochen ist, einschreibt. Wenn dabei die Bildung neuer Wege nöthig wird, was sehr häufig geschehen kann, so muß jeder Betheiligte im Verhältniß seines Besitzes dazu beitragen, und sich soviel Procente von seiner verlangten Holzerzeugung in Abzug bringen lassen, als durch den gebildeten Weg von der gesammten Holzerzeugung aller Theile verloren geht; denn die Wege, welche zur Benutzung derselben erforderlich sind, müssen als eine Ausgabe betrachtet werden, welche alle gemeinschaftlich zu tragen haben, ohne Rücksicht darauf, ob ein Stück vielleicht mehr oder weniger von denselben berührt wird.

Ist der Separationsentwurf genehmigt und nochmals revidirt, damit jeder die Fläche, welche er zu fordern hat, wirklich bestimmt erhält und sind die Grenzen aller gebildeten Theile festgestellt, so muß zur Ausgleichung der Holzbestände geschritten werden.

Hierzu muß der gegenwärtige Kapitalwerth aller im Alter verschiedenen Bestände, den sie gegenwärtig haben, so ermittelt, daß man die Zeit bestimmt, wo sie eine Nutzung liefern werden, den Geldbetrag derselben feststellt und den Werth, den dieser jetzt hat, wenn man eine volle Vergütigung von Zinseszinsen annimmt, berechnet, oder was gleich ist, daß man die Summe ermittelt, welche mit zugeschlagenen Zinseszinsen diesem Geldertrage zu der Zeit, wo er eingehen wird, gleichkömmt.

Eine ganz besondere Beachtung verdient dabei oft die Streunutzung, auf die in vielen Gegenden die Besitzer solcher

Bauerhaiden vielfach einen größern Werth legen, als auf die Holznutzung. Sie wird von jedem Holzbestande als eine nur eine bestimmte Zeit dauernde Rente berechnet, indem man den Zeitpunkt bestimmt, wo sie anfängt und wo sie aufhört, und die Einnahme bestimmt, den sie in der Zeit, wo sie stattfindet, gewährt.

Es sei z. B. anzunehmen, daß bei einem festgesetzten Haubarkeitsalter eines Kiefernbestandes von 40 Jahren, der jetzt 5 Jahre alt ist, das Streumachen vom 25. Jahre an bis zum 40. Jahre dauert und der jährliche Werth der gesammelten Streu beträgt dann 1 Thaler, so würde man die Rechnung so machen müssen, daß man sagt: was ist eine Rente von 1 Thaler werth, die nach 20 Jahren anfängt, 15 Jahre dauert und dann wieder aufhört. Wäre der Bestand schon 10 Jahre alt, so würde die Rente dann schon nach 15 Jahren anfangen, ebenfalls 15 Jahre dauern und dann aufhören. Der Kapitalwerth dieser Rente muß dann dem Holzwerthe zugerechnet werden. Dieselbe Rechnung wird angewendet werden müssen, wenn in den ältern Beständen eine Weidenutzung für längere oder kürzere Zeit anzunehmen wäre.

Bei Berechnung der Einnahmen, welche vom Holze zu erwarten sind, müssen ebenso gut die etwanigen Durchforstungserträge, als der Abtriebsertrag mit voller Zinsenvergütigung für die Zeit, welche verfließen wird, bevor sie eingehen, angesetzt werden. Kann man z. B. annehmen, daß ein Holzbestand vom Morgen eine Durchforstung von 3 Thalern werth im 20. und nun solche von 5 Thalern werth im 30., einen Abtriebsertrag von 40 Thalern liefern wird, so gehen diese Erträge bei einem 5 jährigen Bestande im 15., 25. und 35. Jahre ein, und müssen durch Discontirung sämmtlich nach ihrem gegenwärtigen Werthe berechnet werden.

Diese Rechnungen können sich aber immer nur auf die jungen, noch nicht nutzbaren Bestände beziehen, die in keinem Falle schon jetzt zu verwerthen sind und von denen erst in spätern, zu bestimmenden Zeiten ein Einkommen zu erwarten ist. Alle die Bestände, welche schon jetzt zu benutzen sind, können nur so berechnet werden, daß man den gegenwärtigen Benutzungswerth oder Verkaufspreis ermittelt. Es kömmt dabei nicht darauf an, ob sie schon das Haubarkeitsalter erreicht haben oder nicht, sondern nur darauf, ob sie schon überhaupt zu verwerthen sind. In diesem Falle wird immer nur ihr gegenwärtiger Geldwerth zu rechnen sein.

Wenn nun durch die vorausgegangene Bestandsaufnahme aller Holzgründe nach dem bisherigen Besitzstande ermittelt worden ist, welchen Holzwerth jeder einzelne Eigenthümer auf ihnen besaß und dann derjenige feststellt, der auf dem ihm nach erfolgter Theilung überwiesenen Grunde sich vorfindet, so kommen durch Vergleichung des Kapitalwerthes des früher besseren und demjenigen des ihm nun überwiesenen Holzes, leicht das finden, was jeder als Entschädigung für das verlorne erhalten oder wegen des mehr erhaltenen herausgeben muß.

Sehr wünschenswerth wäre es, wenn diese überall durch Geld ausgeglichen werden könnte, um die Holzbestände zu erhalten, ist dies aber nicht in Bezug auf das schon jetzt benutzbare Holz ausführbar, so bleibt nichts übrig, als das jeder von dem, was er abgiebt, so viel davon wegnimmt, als er weniger auf dem ihm neu überwiesenen Grundstücke erhält. Die noch nicht benutzbaren Bestände müssen aber entschieden erhalten werden, was nur geschehen kann, wenn der, welcher sie erhält, sie demjenigen nach ihrem vollen Werthe vergütigen muß, der sie abtritt.

Dies kann gewiß auch nach dem §. 22. der G.-T.O. vom Jahre 1821 verlangt werden. In diesem wird ausdrücklich bestimmt, daß Gemeinheitstheilungen nur insofern stattfinden sollen, wenn die Landkultur im Ganzen dadurch verbessert wird. Allerdings wird im folgenden Paragraphen bewiesen werden, daß dies der Fall ist, da sonst immer vorausgesetzt wird, daß eine solche für die Landkultur vortheilhaft ist; allein dieser Beweis ist hier wohl leicht zu führen. Niemand kann wohl bestreiten, daß es für dieser nur nachtheilig sein kann, wenn große Sandflächen mit Holz bestanden, was in der Zukunft einen guten Ertrag verspricht, jetzt aber noch von Niemandem benutzt werden kann, entblößt werden, lange Jahre wüste liegen und vielleicht sich in Sandschollen, die flüchtig werden, umwandeln, was schon vielfach in Folge solcher mangelhaft ausgeführten Separationen stattgefunden hat. Gewiß wird Jeder zugeben, daß vor allem ein Kulturgesetz zur Förderung der Holzkultur darauf bedacht sein muß, die jungen Holzbestände, welche die Hoffnung der Zukunft sind, zu erhalten. Eine Gemeinheitstheilung, welche eine Verwüstung derselben herbeiführt, kann wohl unmöglich als eine solche betrachtet werden, wodurch die Landkultur befördert wird.

Es wird auch nicht schwer sein, die Betheiligten selbst zu bewegen, daß sie die jungen Bestände erhalten und nach ihrem jetzigen Werthe annehmen, wenn nur die Werthberechnung derselben nach richtigen Grundsätzen erfolgt, denn jeder vernünftige Mensch sieht ein, daß eine muthwillige Verwüstung derselben, wovon kein Mensch Vortheil hat, ein so tadelnswerthes als für das Allgemeine nachtheiliges Verfahren ist.

Gedruckt bei Julius Sittenfeld in Berlin.

Berichtigungen.

S. 8 Zeile 19 v. oben muß es heißen: bestockte statt besteckte.
„ 9 „ 5 „ unten „ „ „ Bauholz statt Bruchholz.
„ 11 „ 14 „ oben „ „ „ geeignet statt genügt.
„ 16 „ 10 „ „ „ „ „ beziehet statt begehet.
„ 20 „ 5 „ „ „ „ „ Regale statt Regel.
„ 25 „ 17 „ „ „ „ „ zu rechnen statt zu machen.
„ 25 „ 8 „ unten „ „ „ wenn es für statt wenn er für.
„ 26 „ 9 „ „ „ „ „ einzuschlagen statt umzuschlagen.
„ 35 „ 17 „ oben „ „ „ Buhnenpfähle statt Baumpfähle.
„ 38 „ 7 „ unten „ „ „ Feistung statt Fastung.
„ 38 „ 8 „ „ „ „ „ fehmen statt Fehmen.
„ 40 „ 5 „ oben „ „ „ Buchschlagen statt Buschlagen.
„ 42 „ 3 „ unten „ „ „ Verbeißen statt Verbreiten.
„ 45 „ 11 „ „ „ „ „ anzubauen statt aufzubauen.
„ 47 „ 13 „ oben „ „ „ Waldweide statt Waldrinde.
„ 53 „ 14 „ „ „ „ „ es statt sie.
„ 53 „ 8 „ unten „ „ „ Austrocknen statt Ausbrechen.
„ 60 „ 14 „ „ „ „ „ Waldblößen statt Waldböden.
„ 61 „ 17 „ „ „ „ „ Entwässerung statt Entäußerung.
„ 66 „ 5 u. 6 „ „ „ „ „ vor derselben statt an denselben.
„ 77 „ 7 „ oben „ „ „ Gegenstände statt Schriften.
„ 86 „ 5 „ „ „ „ „ Räumden statt Raine.
„ 88 „ 8 „ unten „ „ „ auch statt nur
„ 95 „ 14 „ oben „ „ „ Kulturland statt Kultur.
„ 101 in der Anmerkung „ „ „ Kammeraltaxe statt Kommunaltaxe.
„ 110 Zeile 3 v. oben „ „ „ Bleichen statt Brühen.
„ 112 „ 9 „ „ „ „ „ bestockten statt besteckten.
„ 112 „ 16 „ „ „ „ „ es kann nur statt es nur.
„ 121 „ 9 „ unten „ „ „ Reisholz statt Raißholz.
„ 131 „ 18 „ „ „ „ „ früheres statt viertes.
„ 142 „ 11 „ oben „ „ „ junger statt junge.
„ 150 „ 2 „ unten „ „ „ Stöcke statt Streu.
„ 152 „ 4 „ oben „ „ „ Abtriebsschläge statt Ablaufsschläge.

S. 152	Zeile 8	v. unt.	muß es heißen:	Kerb statt Korb.
= 171	= 2	= oben	= = =	Baumholz statt Brennholz.
= 190	= 15.16	= unten	= = =	Wiederkultur statt Weidenkultur.
= 191	= 17	= oben	= = =	Weidevieh statt Wildvieh.
= 191	= 16	= unten	= = =	Heisterpflanzung statt Ginsterpflanzung.
= 193	= 12	=	= = =	mittelmäßig statt mittelartig.
= 194	= 14	= oben	= = =	Backen statt Brechen.
= 194	= 17	=	= = =	Eintrieb der Schweine statt Eintrieb.
= 195	= 10	=	= = =	Mastgerechtigkeit statt Abschätzungsgerechtigkeit.
= 202	in der Anmerkung		= = =	Hennert statt Hannert.
= 209	Zeile 1	v. oben	= = =	öftersten statt öftesten.
= 217	= 3	= unten	= = =	Milch gebende statt milchgebende.
= 217	= 1	=	= = =	Schafweide statt Schafsweide.
= 221	= 10	= oben	= = =	Waldfläche statt Waldschläge.
= 223	= 9	=	= = =	warmgründig statt morgründig.
= 228	= 16	=	= = =	jeder Forstort statt jede Forstart.
= 238	= 9	=	= = =	nach statt nur,
= 240	= 5	=	= = =	Gneuß statt Gerus.
= 240	= 6	=	= = =	Urgebirgsarten, dann Grauwacke, statt Vorgebirgsarten, dann Graunacke.
= 248	= 17	=	= = =	keinen Schlick führenden statt keine schlickführenden.
= 249	= 6	= unten	= = =	Hängen statt Gängen.
= 253	= 5	=	= = =	Weidegründe statt Weidegrund.
= 253	= 1	=	= = =	ändert sich dann statt ändert dann.
= 254	= 15	= oben	= = =	Wiederkultur statt Weidenkultur.
= 282	= 15	=	= = =	es hat statt er hat.
= 290	= 14	=	= = =	Kartoffelstechen statt Kartoffelsuchen.
= 291	= 3	= unten	= = =	Niederwaldstöcke statt Niederwaldstücke.
= 319	= 16	=	= = =	unvollkommen statt vollkommen.
= 312	6. 12. 15	oben	= = =	Grosvieh statt Grasvieh.
= 327	= 7	= unten	= = =	Rainen statt Prämen.
= 327	= 6	=	= = =	Feldrunden statt Feldmarken.

FSC
www.fsc.org
MIX
Papier | Fördert
gute Waldnutzung
FSC® C083411

Kolibri 360 GmbH
Ferdinand-Jühlke-Straße 7
99095 Erfurt, Deutschland
produktsicherheit@kolibri360.de